LA GESTIÓN DEL AGUA EN LA PENÍNSULA IBÉRICA

LA GESTIÓN DEL AGUA EN LA PENÍNSULA IBÉRICA

(SIGLOS XIX Y XX)

Juan Manuel Matés-Barco
Maria Ana Bernardo
Ana Cardoso de Matos
(eds.)

Sílex

Editor: Ramiro Domínguez Hernanz

C/ San Gregorio, 8, 2, 2ª Madrid
España
www.silexediciones.com

ISBN: 978-84-19661-91-3
Depósito Legal: M-8500-2024
Colección: Sílex Universidad

Impreso y encuadernado en España

CONTENIDO

LOS AUTORES

Juan Manuel Matés-Barco. Catedrático de Historia e Instituciones Económicas y director del Departamento de Economía de la Universidad de Jaén. Licenciado en Geografía e Historia por la Universidad de Zaragoza. Doctor en Historia por la Universidad de Granada. Cuenta con experiencia investigadora en el campo de los servicios públicos y la evolución económica de la España contemporánea. Ha realizado estancias de investigaciones en varias universidades europeas (Universitá degli Studi di Firenze y European University Institute en Italia, Michel de Montaigne-Bordeaux III en Francia y Universidad de Évora en Portugal). Director de la Revista *Agua y Territorio / Water and Landscape* https://revistaselectronicas.ujaen.es/index.php/atma. Colaborador de varias revistas internacionales. Investigador Responsable del *Grupo de Estudios Históricos sobre la Empresa* (GEHESE) https://www.ujaen.es/investigacion-y-transferencia/grupos-de-investigacion/estudios-historicos-sobre-la-empresa-gehese. Investigador del Seminario Permanente *Agua, Territorio y Medio Ambiente: Políticas públicas y participación ciudadana* (https://www.juanmanuelmatesbarco.com/). Coordinador de diversos proyectos de investigación y editor de varias obras colectivas en prestigiosas editoriales nacionales e internacionales: Pirámide, Marcial Pons, Silex, Brill, Palgrave, Peter Lang y Routledge.

Maria Ana Bernardo (Universidade de Évora – CIDEHUS). Professora na Universidade de Évora, Escola de Ciências Sociais – Departamento de História e investigadora do Centro de investigação CIDEHUS/UE. É doutorada em História pela Universidade de Évora. Os seus interesses de investigação estão centrados na História Urbana, Práticas de Sociabilidade, História do Lazer e do Turismo, Elites Políticas e Estratificação Social. Tem participado em alguns projetos financiados pela Fundação de Ciência e Tecnologia de Portugal, entre os quais: "Cidades em Rede": Infraestruturas urbanas em

Portugal 1850-1950" e "Vida cultural em cidades de província. Espaço público, sociabilidade e representações (1840-1926)". Publica tanto em revistas nacionais como internacionais, é autora ou coautora de alguns livros e participou em livros coletivos.
ORCID – 0000-0002-7156-8352
Ciência ID: 9C13-33DC-6173

Ana Cardoso de Matos. (Universidade de Évora – CIDEHUS). Professora na Universidade de Évora, ECS Departamento de História e investigadora do Centro de investigação CIDEHUS/UE. Desde 2007 é a coordenadora na Universidade de Évora do mestrado Erasmus Mundus Master TPTI – Techniques, patrimoines, territoires de l'industrie, um programa lecionado nas Universidades Paris 1– Panthéon Sorbonne (França-coordenadora), a Universidade de Évora (Portugal), Universita degli Studi di Padova (Itália) e que integra 6 outras universidades. É desde 2012 membro do *Comité d'historie de l'electricité et de l'enérgie* de la Fondation EDF, desde 2013 membro do board da *International Railways History Association (IRHA)/ Association internationale d'Histoire des chemins de fer* (AIHCF) e desde 2016 – Membro da *Associação Ibérica de História Ferroviária.* É membro do editorial board das revistas TST– *Transportes, Servicios y Telecomunicaciones*, e *Journal of Energy History* (*JEHRHE*), e membro do Comité Cientifico das revistas *Patrimonio Industriale AIPAI* (Italy); *e-Phasistos. Revue d'histoire des techniques* ; *Midas-Museus e Estudos Interdisciplinares.* Integra vários projectos nacionais e internacionais e publica regularmente tanto em revistas com refere como em livros de editoras reconhecidas no meio científico.
ORCID – https://orcid.org/0000-0002-4318-5776
Ciência ID: E713-AFCC-5E02

Alberte Martínez-López. Catedrático de Historia Económica de la Universidad de A Coruña, en la que coordina el Grupo de Estudios de Historia de la Empresa. Ha realizado estancias de investigación y docencia en universidades de Europa y América. Sus líneas de investigación son la historia empresarial, los servicios en red (transporte, energía, agua), la inversión extranjera, y la ganadería. En relación con estas temáticas ha publicado una serie de artículos en editoriales de prestigio (Routledge, Peter Lang, Marcial Pons, Síntesis, Sílex), y en revistas de impacto, españolas (Ayer, Historia Agraria, Revista de Historia Industrial, Asclepio, Investigaciones de Historia Económica) e internacionales (Business History, Journal of Urban History, Journal of Urban Technology, Continuity and Change, The Journal of Transport History). Ha dirigido varios proyectos de investigación y convenios con empresas e instituciones.

Jesús Mirás-Araujo. Profesor Titular de Historia Económica en la Universidade da Coruña. Licenciado en Economía por la Universidad de Santiago de Compostela. Licenciado con Grado y Doctor en Economía por la Universidade da Coruña. Cuenta con 3 sexenios de investigación. Su experiencia investigadora se centra en el campo de la historia urbana, la historia empresarial y de los servicios públicos (gas, electricidad, agua, transporte) y la historia portuaria y marítima. Author y editor de varios libros sobre esas temáticas, capítulos en Peter Lang, Routledge o Presses de l'Université Paris-Sorbonne, y artículos en Business History, Continuity and Change, Urban History o Journal of Urban History. Ha participado en diversos proyectos de investigación y en convenios de investigación con empresas. Editor Asociado del *International Journal of Economics and Business Modelling*, y miembro con anterioridad del Comité Editorial de *TST. Transportes, Servicios y Telecomunicaciones*.

José Amado Mendes. Universidade de Coimbra; Universidade Autónoma de Lisboa. É natural do concelho de Coimbra. Licenciou-se em História, pela Universidade de Coimbra (1972). Em 1974 concluiu o *Master's Degree in Sciences of Education*, na Universidade do Texas (Austin, EUA). Doutorado em História História Moderna e Contemporânea pela Universidade de Coimbra (1985), onde também obteve o título de agregado (1991) e foi professor catedrático. Exerceu ali diversas funções, inclusive as de Presidente do Conselho Científico (2002-2006). Criou e coordenou Mestrados (História Económica e Social e Museologia e Património) e orientou dissertações de Mestrado e teses de Doutoramento. É membro de diversas associações científicas e professor catedrático da Faculdade de Letras da Universidade de Coimbra (ap.º) e da Universidade Autónoma de Lisboa, onde coordena o Gabinete de Apoio a Mestrados e Doutoramentos e participa em atividades letivas e de investigação. É autor de várias obras em: História Económica e Social, Historiografia, História Empresarial, Museologia, Património Cultural e Industrial. Colaborou em obras coletivas (*História de Portugal*, dir. por José Mattoso, vol V e *História da História em Portugal. Sécs. XIX e XX*, Círculo de Leitores). Ciência ID: 9B18-9E2E-3C5A

José Manuel Brandão. Investigador integrado do HTC – História, Territórios e Comunidades, polo na Universidade Nova de Lisboa FCSH do Centro de Ecologia Funcional, participa regularmente em atividades no âmbito da formação avançada nas suas áreas de especialidade. Geólogo, MSc. em Museologia e doutorado em História e Filosofia da Ciência, desempenhou, durante vários anos além de funções docentes, posições técnico-científicas no Museu Nacional de História Natural (Universidade de Lisboa) e de Conservador responsável pelo Museu do Instituto Geológico e Mineiro (atual LNEG). Autor e coautor de diversos trabalhos no domínio do ensino e divulgação da história, património e museologia da História Natural, das Geociências e do património geológico e mineiro em Portugal.

José Manuel Lopes Cordeiro. Investigador Integrado do CICS. NOVA – Universidade do Minho. Natural do Porto, é doutorado em História, sendo professor aposentado do ensino superior público e Investigador Integrado do CICS.NOVA.UMinho. É director científico do Museu da Indústria Têxtil da Bacia do Ave, membro do "Board" do "TICCIH – The International Committee for the Conservation of the Industrial Heritage", e presidente da APPI – Associação Portuguesa para o Património Industrial. É também director da revista *Arqueologia Industrial*. Tem inúmeros artigos e livros publicados nas áreas do património e arqueologia industrial, assim como da história económica e política contemporânea. Os seus últimos livros incluem *História da Indústria Portuense* e *1820. Revolução Liberal do Porto*, este último galardoado com três prémios em 2020 – melhor livro de história contemporânea do ano, prémio do Grémio Literário e prémio da Academia Portuguesa de História. Foi o Comissário da Exposição *1820. Revolução Liberal do Porto*, integrada nas Comemorações do Bicentenário da Revolução Liberal, organizadas em 2020 pela Câmara Municipal do Porto. Ciência ID: 2D1D-FC75-06BE

Luis Javier Coronas-Vida. Profesor Titular de Historia e Instituciones Económicas en la Universidad de Burgos. Licenciado y Doctor en Historia por la Univeridad de Granada. Su primera línea de investigación es la agricultura de la Edad Moderna, destacando su libro *La economía agraria de las tierras de Jaén (1500-1650)*, 1994. Más tarde se especializa en el sector servicios durante la Historia Contemporánea, con mayor dedicación al sector financiero, transportes y comercio. Ha realizado una estancia de investigación en la Universidad Montesquieu Burdeos-IV, y ha publicado artículos en revistas de impacto, como *Agricultura y Sociedad, Papeles de Economía Española* y *TST Transportes, Servicios y Telecomunicaciones*, así como en la editorial Peter Lang. Es autor de un libro sobre el sector financiero en Castilla y León y otro sobre el tema del agua en la misma región.

Luís Manuel Simões. Geologist. Adjunct Professor, Department of Environment, School of Technology and Management, Polytechnic Institute of Viseu. Author and co-author of publications in the areas of geology, natural hazards, and the environment and of technical reports in the areas of geology, geotechnics, spatial planning and sustainable development, assessment and management of water resources, environmental monitoring, and climate change. Current research interests in History and Heritage of Geology.

Maria da Luz Sampaio. (HTC / Pólo na NOVA FCSH do CEF da FCT – UC | Colaboradora CIDEHUS – Universidade de Évora). Licenciada em História – Faculdade de Letras da Universidade do Porto (FLUP) (1989). Pós-graduação em Museologia Social – Universidade Lusófona de Lisboa (1987). Mestre em Estudos Locais e Regionais – FLUP (2009) com a tese "*Central do Freixo, um projeto*

Termoelétrico da região do Porto". Doutoramento em História e Filosofia da Ciência, especialização em Museologia na Universidade de Évora (2015). De 1992 a 1994: membro do projeto: "Inventário do Património Industrial da Cidade do Porto". Integrou a equipa responsável pelo Programa museológico do Museu da Ciência e Indústria sediado no Porto. Mais tarde, de 2000 a 2011, assumiu a Direção do Museu. 2017-2020 Pós-Doutoramento com o projeto: *História do Ensino da Engenharia: 1910-1960*. Professora auxiliar do Departamento de História da Universidade de Évora (2023), nas áreas disciplinares do património cultural. Integra projetos de investigação em colaboração com outros centros de investigação nacionais e estrangeiros. É autora de livros e artigos científicos: história da indústria, património industrial, reconversão de edifícios industriais e história do ensino da engenharia.

María José Vargas-Machuca. Licenciada en Ciencias Económicas y Empresariales por la Universidad de Navarra y Doctora por la Universidad de Jaén. Profesora del Departamento de Economía de la Universidad de Jaén, donde imparte la asignatura de Sistema Financiero Español en diversas titulaciones. Pertenece a diversos grupos y equipos de investigación relacionados con su área de conocimiento. Su investigación se ha centrado en la historia del sistema financiero, especialmente en el ámbito local, tema sobre el que ha publicado diversos artículos en revistas especializadas y capítulos en obras colectivas publicadas por reconocidas editoriales nacionales e internacionales: Marcial Pons, Pirámide, Routledge, Palgrave, Brill y Peter Lang.

María Vázquez-Fariñas. Profesora Contratada Doctora en la Universidad de Málaga. Anteriormente ejerció su actividad docente e investigadora en la Universidad de Jaén y en la Universidad de Cádiz. Estudió la Licenciatura en Administración y Dirección de Empresas y se doctoró en Ciencias Sociales y Jurídicas por la Universidad de Cádiz. Es componente del Grupo de Estudios Históricos sobre la Empresa (GEHESE-UJA). Ha realizado estancias de investigación en centros españoles y extranjeros de reconocido prestigio. Sus líneas generales de investigación se centran en la historia económica y empresarial del Cádiz decimonónico (Andalucía, España), y el desarrollo del gas y los servicios públicos en la España contemporánea. Es autora de numerosos trabajos sobre estos temas, publicados en revistas y editoriales nacionales e internacionales. También ha participado en varios proyectos de investigación e innovación docente y forma parte del Consejo Editorial de la Revista *Agua y Territorio / Water And Landscape (AYT/WAL)* desde 2018.

Mariano Castro-Valdivia. Profesor Contratado Doctor de Historia e Instituciones Económicas en la Universidad de Jaén. Licenciado en Ciencias Económicas por la Universidad de Valencia. Doctor en Economía por la Universidad de Jaén. Cuenta con 1 sexenio de investigación. Experiencia investigadora en el campo de los servicios públicos y de la evolución de la inversión extranjera en la España contemporánea. Investigador en varios proyectos de I+D+i del ministerio. Secretario de la Revista *Agua y Territorio / Water and Landscape* https://revistaselectronicas.ujaen.es/index.php/atma. Investigador del *Grupo de Estudios Históricos sobre la Empresa* (GEHESE) https://www.ujaen.es/investigacion-y-transferencia/grupos-de-investigacion/estudios-historicos-sobre-la-empresa-gehese.

Nuria Rodríguez-Martín. Profesora de Historia Contemporánea en la Universidad Complutense de Madrid (España). Doctora en Historia por la Universidad Complutense (2013) y la Universidad de Málaga (2022). Beca de Post-Doctorado en la Universidad de Málaga (2019-20), y Beca Juan de la Cierva en el Departamento de Historia Contemporánea en la Universidad del País Vasco (2016-17). Licenciada en Periodismo (1995) y Máster en Comunicación de Masas, Información y Propaganda por la Universidad Complutense de Madrid (1996). Sus áreas de investigación incluyen la historia urbana y los servicios públicos en la España de los siglos XIX y XX. Ha publicado extensamente sobre la historia del suministro de agua, gas y electricidad en las ciudades españolas durante los siglos XIX y XX. Es autora de 2 libros y 15 artículos académicos.

Pedro Miguel Callapez. Geologist, researcher at the University of Coimbra (UC), Portugal and member of the CITEUC research centre. Current research interests in history and heritage of Geology in Portugal. ORCID – https://orcid.org/0000-0002-6493-2208

Vera Lúcia Magalhães. Degree in History. Master and Ph.D in Art History. Researcher of the Center for Studies in Archaeology, Arts and Heritage Sciences (CEAACP) and the Center for Lusophone and European Literature and Culture of the Faculty of Arts and Humanities of University of Lisbon (CLEPUL). Areas of study and research: Hospital architecture, *Misericórdias* and Assistance.

Víctor Manuel Heredia-Flores. Profesor asociado de Historia Económica en la Universidad de Málaga. Licenciado en Historia Contemporánea y doctor por la Universidad de Málaga con la tesis titulada “Gestión privada y municipalización en el abastecimiento a la ciudad de Málaga. El negocio de las Aguas de Torremolinos (1860-1930)”. Ha sido miembro del proyecto “Estadísticas Históricas de Andalucía” del Instituto de Estadística de Andalucía. Experiencia investigadora en campos como la historia de la enseñanza en Andalucía, la reconstrucción de series estadísticas históricas regionales y la historia industrial y de los servicios públicos.

PRÓLOGO

Juan Manuel Matés-Barco
Maria Ana Bernardo
Ana Cardoso de Matos

Este libro tiene como objetivo principal analizar el origen, desarrollo y evolución del servicio público de abastecimiento de agua potable en la península ibérica. La prestación de este servicio presenta cuestiones de gran importancia y en los años recientes ha adquirido una gran relevancia. En esencia, el propósito principal es contribuir a la extensión del conocimiento y el análisis sobre los procesos de municipalización y/o privatización de este servicio en España y Portugal. Asimismo, con este trabajo se desea contribuir a que los responsables de los gobiernos y administraciones locales, tanto políticos como técnicos, dispongan de una reflexión útil y una información ilustrativa sobre el empleo de la municipalización y/o privatización como instrumentos de reforma del sector público local.

El nacimiento de estos trabajos cabe enmarcarlos en el contexto de las Ayudas a la Movilidad de Estancias Senior Salvador de Madariaga, que otorga el Ministerio de Educación y Formación Profesional del Gobierno de España. Esta beca permitió al profesor Juan Manuel Matés-Barco realizar en 2022 una estancia de investigación en el Centro Interdisciplinar de Historia, Cultura e Sociedades (CIDEHUS) de la Universidad de Évora (Portugal). Esta circunstancia facilitó la estrecha colaboración con las profesoras Ana Cardoso de Matos y Maria Ana Bernardo a través de diversos seminarios, clases y reuniones de trabajo. Fruto de estos estudios e intercambios de ideas, surgió el proyecto de estos libros. En primer lugar, un volumen sobre "Gestión y usos del agua en la península ibérica: perspectivas diversificadas a largo plazo". Como su título indica, estaba centrado en estudios orientados hacia una amplia visión en el tiempo. En segundo lugar, el libro que ahora nos ocupa, se ha ajustado a los siglos XIX y

XX en el ámbito urbano. El novecientos contempló la aparición del "Sistema Moderno de Agua Potable", que derivó en el modelo que actualmente se dispone en las poblaciones. La intención es estudiar el proceso de implantación de este nuevo régimen en las ciudades españolas y portuguesas: servicio universal, continuo y permanente, sistema tarifario, aparición de empresas privadas, procesos de municipalización, surgimiento de las empresas públicas, etc.

La expansión y modernización de los servicios públicos municipales y las industrias de red está exigiendo la incorporación de nuevos modelos de gestión y reglamentación. El liderazgo de Europa Occidental se ha manifestado en el trasplante de sus modelos de gestión de servicios públicos a otros países. Por un lado, ha destacado la experiencia de Francia, por su patrón descentralizado de servicio público a nivel municipal, estructurado alrededor de la empresa privada y con la introducción de competencia mediante procesos de licitación y contratos de concesión. Por otro, resalta el modelo británico, donde se ha llevado a cabo un proceso de consolidación del "prestador del servicio", con el fin de aprovechar las economías de escala, privatizando los agentes que prestan el servicio y creando un sofisticado sistema de regulación económica.

En España, que en buena medida ha imitado el modelo francés, el desarrollo del abastecimiento de agua potable adoptó la titularidad pública por parte de las administraciones locales, pero con la cesión de la gestión a una empresa privada. Este sistema conoció un proceso de ida y vuelta, hasta terminar en un sistema de concesiones a empresas tanto públicas como privadas. En fase posterior se ha utilizado la regulación como una técnica propia de las políticas públicas. El control directo de los servicios ha sido reemplazado, a través de las concesiones, por los contratos con empresas privadas que los prestan en régimen de monopolio.

Por su parte, en Portugal, los municipios fueron los principales responsables del proceso de instalación del moderno suministro de agua potable en las zonas urbanas durante el siglo XIX. Sin embargo, aunque hubo intentos de otorgar concesiones a empresas privadas, tanto para la instalación de la infraestructura como para la posterior explotación de los servicios, los casos en que esto ocurrió fueron escasos. Predominó el modelo de gestión pública por parte de las administraciones locales, mediante gestión directa o con recurso a la municipalización, en muchos casos tras intentos fallidos de concesión a empresas privadas. En el siglo XX, con el régimen del Estado Novo (1933-1974) –periodo en el que la implantación de este suministro urbano se extendió a un mayor número de núcleos de población–, la regulación y la intervención del Estado, junto con la administración local, se convirtieron en el modelo dominante, tanto en lo que se refiere a la construcción de la red como a la explotación de los servicios.

Los enfoques sobre la regulación son múltiples y han generado un amplio debate. La literatura académica, especialmente la británica y la norteamericana, ha tratado la regulación económica desde perspectivas muy diversas. Algunos autores han remarcado la necesidad de la intervención del Estado para suavizar los fallos del mercado, especialmente por la presencia de monopolios u oligopolios. Este control se ha promovido a través de la regulación estatal, para evitar las deficiencias de los agentes privados y posibles riesgos sistémicos de la economía. Otros han mostrado las deficiencias del intervencionismo público –estatal, regional o municipal–, por los problemas de agencia.

En España hay estudios, tanto desde la perspectiva del Derecho Administrativo como de la Economía. Existe una tendencia partidaria de reducir el sector público, con el consiguiente fomento de la privatización, debido a la preocupación para alcanzar una mejora en el funcionamiento de los servicios públicos. Términos como estatalización y monopolio comienzan a cuestionarse y aparecen conceptos nuevos como regulación de la competencia y organismos reguladores. El continuo cambio social, técnico y económico promueve variaciones en los métodos de gestión y se buscan fórmulas que regulen adecuadamente estas actividades mercantiles.

En Portugal, el llamado paradigma hidráulico, expresión utilizada para referirse a que el uso de los recursos hídricos del país estaba estrechamente asociado a la propiedad pública de las aguas, fue dominante desde el siglo XIX hasta muy recientemente, cuando las cuestiones ambientales y de sostenibilidad ganaron relevancia. En este marco, la ingeniería hidráulica fue la principal referencia para los debates sobre la cuestión del agua, a pesar de la existencia de reflexiones provenientes del Derecho Administrativo o de la Economía. Históricamente, la producción intelectual centrada en los temas de la gestión pública o privada del agua no fue particularmente relevante en el país. Concretamente, en relación con la construcción de modernas infraestructuras de abastecimiento de agua en los núcleos urbanos, los argumentos justificativos fueron de carácter sanitario y de salud pública, que posteriormente se asociaron a cuestiones derivadas de los planes de urbanización. Argumentos sociales y políticos que, una vez más, no estuvieron especialmente polarizados por el debate entre los beneficios de la gestión pública o privada.

Este estudio analiza algunos postulados de la teoría económica sobre la gestión de los servicios públicos y, más concretamente, sobre la gestión del abastecimiento de agua potable a las ciudades. Al mismo tiempo se realiza una aproximación a determinadas regiones y ciudades de Portugal y España, analizando su evolución histórica y la situación en la que actualmente se encuentra este servicio público.

La primera parte del libro comienza con un trabajo de Ana Cardoso de Matos y Maria Ana Bernardo, ambas profesoras de la Universidad de Évora, titulado "Las modernas infraestruturas de abastecimento de agua en los centros urbanos de la península ibérica hasta mediados del siglo xx: entre política y economía". Para las autoras, considerados como un elemento clave de la modernización de las ciudades, los nuevos servicios de abastecimiento de agua y saneamiento formaron parte de la revolución sanitaria y fueron una respuesta a las críticas y quejas de las poblaciones urbanas enfrentadas a la insalubridad de la vida en la ciudad. En el marco del modelo regulador, las autoridades públicas crearon las condiciones jurídicas e institucionales adecuadas para la construcción y gestión de los nuevos servicios públicos. En muchos casos fueron ellos quienes gestionaron las nuevas infraestructuras, bien directamente o a través de la municipalización. El objetivo de este capítulo es analizar la historia de la instalación de redes modernas de abastecimiento de agua en zonas urbanas, con especial atención a las soluciones técnicas y de gestión y al marco jurídico e institucional que acompañó el proceso. También tratan de entender las diferencias o similitudes entre Portugal y España, a partir de los tópicos enunciados. La cronología de análisis incluye el siglo XIX y la primera mitad del siglo XX, excluyendo los posibles impactos de la dinámica económica de posguerra en la construcción y expansión de las infraestructuras de abastecimiento de agua en los centros urbanos.

A continuación, aparece un bloque de trabajos realizados sobre ciudades españolas. En el capítulo inicial, Nuria Rodríguez-Martín (Universidad Complutense), estudia el suministro generalizado de agua potable en Madrid durante el primer tercio del siglo XX, describiendo sus avances, conflictos y limitaciones. La inauguración del Canal de Isabel II en 1858 para proveer de agua limpia a la capital del reino impulsó el desarrollo de la ciudad durante la segunda mitad del siglo XIX. En ese periodo el agua potable a domicilio se consideraba un lujo. Sin embargo, al comenzar el siglo XX, las ideas sobre lo que debía ser un abastecimiento moderno de agua habían variado por completo. La aspiración era el suministro universal, abundante, constante y barato en las viviendas. No obstante, entre este deseo y la realidad existió una gran distancia. El capítulo aborda los impedimentos, dificultades y conflictos en el suministro generalizado de agua potable a domicilio en la capital de España durante el primer tercio del siglo XX. El resultado fue un desigual reparto entre sus habitantes en la distribución y en el consumo de agua en esas décadas.

En el tercer capítulo, "Política y negocios en la España de la Restauración. Francisco Bergamín y el abastecimiento de agua a Málaga", Víctor Manuel Heredia-Flores, profesor en la Universidad de Málaga, muestra cómo el sistema de la Restauración consolidó a partir de 1875 el poder de una élite social en la que los intereses económicos y políticos aparecían habitualmente confundidos. Francisco Bergamín inició su trayectoria política en el Partido Conservador como seguidor de Romero Robledo y fue diputado por la población malagueña de Campillos a partir de 1886, disfrutando de un caciquismo estable en las décadas siguientes. En 1888 se hizo, junto a otros socios, con el control de la concesión de abastecimiento de agua a la ciudad de Málaga en una subasta judicial caracterizada por su opacidad. Durante los 25 años siguientes, Bergamín fue progresando en su carrera hasta ocupar su primer ministerio en 1913. Al mismo tiempo, las extendidas quejas por el mal funcionamiento del servicio y las rivalidades internas en las filas conservadoras, propiciaron su forzada desvinculación del negocio del abastecimiento como paso previo a la municipalización.

Con el sugerente título "En tierra de ríos. El abastecimiento de agua en Santiago de Compostela y Ferrol entre finales del siglo XIX y la Guerra Civil", Jesús Mirás-Araujo (Universidade da Coruña) explica cómo la provincia de A Coruña ha dispuesto históricamente de una excelente dotación de recursos hídricos, gracias a una elevada y frecuente pluviosidad y a un prominente número de corrientes de agua. En su debe se encuentra, no obstante, la dispersión de su población y su complicada orografía, que dificulta y encarece la dotación de cualquier tipo de servicio público. Un matiz diferencial reside en el hecho de reunir el mayor número de ciudades de la región (3), con una dinámica de servicios públicos diferente a la del medio rural. El objetivo del trabajo es analizar la evolución del abastecimiento de servicio domiciliario de agua en dos de esas ciudades, Santiago de Compostela y Ferrol, desde sus orígenes, a finales del siglo XIX, hasta la Guerra Civil, momento a partir del cual las condiciones de explotación del servicio sufrieron un deterioro que condujo a su municipalización.

Por su parte, en el quinto capítulo, "La modernización del abastecimiento de agua a las ciudades de Castilla y León: Iniciativas privadas e iniciativas municipales", Luis Javier Coronas Vida (Universidad de Burgos) analiza la primera instalación de servicios de agua a domicilio en seis de las principales ciudades de Castilla y León, entre finales del siglo XIX y principios del XX. Los aspectos estudiados son los sistemas de abastecimiento, la creación de compañías privadas o de servicios municipales, los costes y su financiación, las relaciones entre las empresas y los ayuntamientos, y el desenlace final, que es la municipalización.

En el capítulo sexto "La municipalización del servicio de abastecimiento de agua en España: el caso de la ciudad de Cádiz a comienzos del siglo XX", María Vázquez-Fariñas, profesora en la Universidad de Málaga, presenta un breve análisis de la gestión de este servicio en la capital gaditana. En el desarrollo del sector fueron protagonistas tanto las empresas privadas como el ayuntamiento de la ciudad. Inicialmente el servicio se implantó gracias a la iniciativa de empresarios privados, locales y extranjeros; mientras que desde finales de la centuria decimonónica tuvo lugar un progresivo proceso de municipalización, que culminó a finales del primer tercio del siglo XX. En esencia, esta investigación trata de abordar, a grandes rasgos, esta situación, mostrando las principales características del sector, así como las diferentes modalidades de gestión y los problemas más relevantes acontecidos en esos años, al objeto de conocer cómo se pusieron las bases del actual sistema de abastecimiento y gestión de agua en la ciudad de Cádiz.

El capítulo séptimo incluye la aportación de Alberte Martínez-López, profesor en la Universidade da Coruña, sobre la "Gestión del agua e inversión extranjera, Las Palmas, 1911-1946". El autor examina el papel del capital británico en la gestión del suministro de agua en Las Palmas a través de la empresa *City of Las Palmas Water & Power* desde una perspectiva de Historia empresarial. Emplea fuentes primarias –tanto empresariales como públicas– y secundarias para estudiar su origen, estructura organizativa y rendimiento empresarial. Todo esto estuvo condicionado por variables demográficas y de precipitación, diferentes contextos económicos y regulaciones públicas, dentro del marco de la evolución del sector del agua en España y la inversión británica en el extranjero.

Un interesante estudio sobre "Las empresas extranjeras en el abastecimiento de agua en Andalucía (1860-1960)", lo presenta Mariano Castro-Valdivia (Universidad de Jaén). Este capítulo analiza la participación de empresas extranjeras en el abastecimiento de agua en la citada región. En concreto, estudia la importancia que tuvo la presencia de empresarios y empresas extranjeras en el desarrollo del sistema moderno de abastecimiento de agua andaluz desde 1860 –año el que se detectan las primeras iniciativas–, hasta 1960, que desparecieron de este sector. Además, analiza varios factores determinantes de estas empresas, como el número, el capital, el modelo de gestión y la nacionalidad.

Por su parte, Juan Manuel Matés-Barco (Universidad de Jaén), presenta un estudio sobre "El abastecimiento de agua en Andalucía en el último tercio del siglo xx". Este trabajo no solo analiza la gestión de este servicio público, sino que avanza una posible explicación sobre los factores que han determinado los diferentes modelos existentes. En este contexto, destaca esencialmente el papel que juegan las disposiciones europeas, la legislación española y el concepto de servicio público existente en Europa.

El último capítulo de este primer bloque referido a España, aborda el derecho al agua y sus implicaciones en la tarificación de los servicios públicos y, concretamente, el abastecimiento urbano. María José Vargas-Machuca (Universidad de Jaén), estudia esta problemática realizando una aproximación al caso de Andalucía. El agua es un bien esencial para la vida y la salud, por lo que se hace necesario garantizar su acceso universal, de modo que toda la población pueda disfrutar de forma asequible de un nivel mínimo de servicios de agua y saneamiento. Se puede decir, por tanto, que el acceso al agua es un verdadero derecho humano que debe ser promovido y protegido. Un planteamiento que, incluso mucho antes de ser reconocido formalmente por la Organización de las Naciones Unidas en 2010, era de aceptación general. Pero el hecho de ser un derecho humano no exige su gratuidad. Como recurso escaso y valioso, el agua requiere además una gestión eficiente y sostenible, tanto desde el punto de vista económico como medioambiental. En este contexto, el diseño de los sistemas tarifarios adquiere un papel clave. Sin olvidar los objetivos de eficiencia y sostenibilidad, las estructuras tarifarias deben integrar sistemas de ayudas que permitan que toda la población, incluidos los grupos de menores ingresos, pueda acceder de forma asequible a un nivel mínimo de servicios de agua y saneamiento. Este trabajo plantea una aproximación a los elementos de naturaleza social que protegen el derecho al agua de los ciudadanos en las modalidades tarifarias que se aplican en las capitales andaluzas.

El segundo bloque de este libro está centrado en trabajos sobre la gestión del agua en Portugal. El primer capítulo de esta parte incluye el estudio de María da Luz Sampaio (Universidad de Évora), sobre "O abastecimento de água potável na cidade do Porto e em Vila Nova de Gaia: a municipalização, a gestão urbana e a modernização das cidades (1887-1970)". La autora realiza una reflexión sobre el suministro de agua a los hogares en la primera mitad del siglo XX en las ciudades de Oporto y Vila Nova de Gaia, demostrando el impacto de las políticas municipales en esta red urbana. En este proceso, las políticas públicas tendrán un papel central, buscando frenar los problemas de salud pública, acompañando la modernidad idealizada para los centros urbanos, estableciendo los servicios responsables del abastecimiento de agua y saneamiento y compartiendo financieramente estos procesos. Utilizando esencialmente documentación de archivo y legislación, ha analizado el inicio del suministro de agua a la ciudad de Oporto, el proceso de municipalización a partir de 1927 y cómo los decretos leyes emitidos en 1934 e 1947 reformularon el papel del municipio de Oporto en el suministro de agua potable a los condados vecinos. Vila Nova de Gaia, el municipio demográficamente más relevante en comparación con otros cercanos (Matosinhos, Gondomar y Maia) –conocidos por las bodegas de vino de Oporto ubicadas en las parroquias a orillas del río Duero–, no contaba con una red de abastecimiento extendida a todo el municipio a principios del siglo XX. Entre 1950 y 1970, los planes elaborados por el nuevo Estado y los nuevos instrumentos financieros permitieron a Vila Nova de Gaia iniciar sistemáticamente un conjunto de contratos e inversiones decisivas para estructurar una red pública de suministro de agua potable a la población.

El capítulo siguiente presenta una investigación sobre el abastecimiento de agua potable en la ciudad de Coimbra. El autor –José Amado Mendes (Universidad de Coimbra)–, presenta un resumen desde la perspectiva histórica, destacando algunos de los hechos más relevantes. Tras una introducción, en la que destaca la relevancia del agua en la vida humana y en los distintos vectores socioeconómicos y culturales de la sociedad, analiza el contexto de la evolución histórica de la ciudad de Coimbra, especialmente en lo que se refiere a su expansión, demografía y en términos de área urbana desde finales del siglo XIX. A continuación, esboza las líneas generales de la instalación y desarrollo del sistema domiciliario de agua en la ciudad, desde finales del siglo XIX hasta los albores del siglo XXI. Dada la complejidad del sistema y su evolución, también se da el debido énfasis a las entidades que han estado a cargo de la respectiva administración y gestión, destacando la actuación de algunos de sus protagonistas. Por último, aborda las modernas estrategias de gestión y las actividades en el ámbito de la responsabilidad social de las organizaciones.

En un nuevo capítulo, José Manuel Lopes Cordeiro (Universidad do Minho), analiza la instalación y gestión del abastecimiento de agua a la ciudad de Braga en la etapa contemporánea. Aunque entre 1872 y 1906 se presentaron sucesivamente once proyectos y concursos para el suministro de agua a la ciudad, ninguno de ellos reunió las condiciones para ser realizado. Sin embargo, en 1907 se aprobó un proyecto elaborado por el ingeniero von Hafe y, a partir de 1913, la ciudad por fin contó con un sistema domiciliario de abastecimiento de agua. El estudio presenta los antecedentes de este proceso, incluyendo la construcción del sistema de abastecimiento de agua, las distintas etapas de su evolución, así como la remodelación y ampliación de la red de distribución realizada en el último trimestre del siglo XX. Finalmente, el autor aborda una nueva etapa en la gestión del sistema de abastecimiento, con la creación en 1999 de una empresa municipal y su posterior privatización, imponiendo un nuevo modelo de gestión del servicio.

Maria Ana Bernardo (Universidad de Évora), presenta un estudio sobre "A instalação das modernas infraestruturas abastecimento de águas na cidade de Évora: O projeto, as opções de gestão e o debate político". Desde los años noventa del siglo XIX, este municipio alentejano ha mostrado interés por mejorar los medios tradicionales de abastecimiento de agua a la ciudad, a través de lo que entonces se denominaba un "proyecto modernizador". Para ello, trató de reunir las condiciones técnicas y financieras necesarias, mediante licitaciones públicas para el diseño técnico del proyecto y las obras para su ejecución. Sobre todo se hizo especial hincapié en la construcción de las obras de infraestructura para la recogida del agua, su conducción hasta el centro urbano y su distribución a los puntos de suministro públicos y privados. Con estos objetivos, las autoridades municipales convocaron varias licitaciones. A falta de empresas interesadas, el propio ayuntamiento acabó responsabilizándose directamente de la puesta en marcha de las nuevas infraestructuras. El proceso fue lento, intermitente y experimentó diversas dificultades, principalmente de carácter técnico y financiero. Pasaron más de 25 años entre el inicio y la finalización de las obras. El debate sobre el modelo de gestión de las modernas infraestructuras de abastecimiento de agua a la ciudad fue, durante todo el periodo, uno de los temas más debatidos por las autoridades municipales. El propósito de la autora es identificar los aspectos técnicos del proceso, analizar las deliberaciones municipales con vistas a su desarrollo y los argumentos que las sustentaron, así como las relaciones entre intereses públicos y privados. También pretende evaluar la experiencia eborense teniendo como referencia el debate sobre las modalidades de intervención de los poderes públicos en la organización de las ciudades en la época contemporánea.

En el último capítulo de este libro, José Manuel Brandão (Centro de Ecología Funcional), Luis Manuel Simões (Instituto Politécnico de Viseu) y Vera Magalhães (Unversidad de Lisboa), realizan un estudio sobre el agua en la ciudad de Viseu, analizando los desafíos que afronta en su centenario. Con tal objetivo, a lo largo de sus páginas, repasan las principales etapas y retos a los que se ha enfrentado el ayuntamiento de Viseu, ciudad histórica del interior del centro de Portugal, en relación con el abastecimiento público de agua. Desde una perspectiva moderna, este sistema comenzó a desarrollarse en 1879, cuando se diseñó el primer proyecto. Reformulado, llegaría a materializarse, aunque parcialmente, entre 1897 y 1900, tras su concesión a una empresa de capital privado. Insuficiente para satisfacer las crecientes necesidades de la población, fue reforzado posteriormente con la apertura de nuevas captaciones de aguas subterráneas y, ya en la década de 1980, con el aprovechamiento de los caudales del río Dão, captados en la presa de Fagilde. La tendencia creciente de la población urbana, unida a los cambios climáticos que afectan a la región, exigen, entre otras medidas, nuevos modelos de gestión de los recursos hídricos y un renovado llamamiento al consumo sostenible.

Para concluir, es esencial mostrar nuestro sincero agradecimiento a las numerosas personas que han colaborado para que este libro se vea publicado. En primer lugar, a los evaluadores externos por todas las sugerencias que han realizado para mejorar los contenidos de este libro. También a todos los autores y autoras por su disponibilidad y diligencia en el envío de sus respectivos manuscritos. No podemos olvidarnos de la ayuda de la doctora Sheila Palomares Alarcón en la corrección de textos y supervisión de las traducciones; así como de la revisión realizada por Carmen González García, mientras colaboraba con el grupo de investigación gracias a una Beca Ícaro. Por último, queremos agradecer a Ramiro Domínguez y a la editorial Sílex, su apoyo para agilizar la publicación de estos libros.

Esta investigación forma parte de los resultados del Proyecto FEDER-UJA-1381621 (2021-2022): "La gestión sostenible de los servicios públicos: Agua en Andalucía (1800-2020)", dentro del Programa Operativo FEDER Andalucía I+D+i (2014-2020) y ha sido financiado por la Junta de Andalucía y los Fondos FEDER. Asimismo, ha contado con el apoyo del Centro Interdisciplinar de História, Culturas e Sociedades (CIDEHUS) de la Universidad de Évora en Portugal (FCT-project UIDB/00057/2020).

Évora, 30 de junio de 2023

I.
GESTIÓN DEL AGUA EN ESPAÑA

1.
LAS MODERNAS INFRAESTRUCTURAS DE ABASTECIMIENTO DE AGUA EN LOS CENTROS URBANOS DE LA PENÍNSULA IBÉRICA HASTA MEDIADOS DEL SIGLO XX: ENTRE POLÍTICA Y ECONOMÍA

Ana Cardoso de Matos
Maria Ana Bernardo
Universidade de Évora

INTRODUCCIÓN

El tema de la modernización urbana, que se registró a partir de la segunda mitad del siglo XIX, y el estudio de las redes técnicas asociadas a ella, se integraron a partir de los años setenta del siglo XX en la Historia Urbana y suscitaron un interés creciente entre los historiadores. Los enfoques se han centrado en aspectos diversos, pero en muchos casos interconectados. Los estudios publicados se han dirigido hacia cuestiones como el papel de los actores en la definición de las políticas públicas, la gestión municipal y la influencia de los modelos extranjeros en la implantación de estas redes. Asimismo, otros puntos de interés han sido las empresas extranjeras y las inversiones; la transferencia de tecnología, junto a su aplicación y adaptación a las condiciones específicas de la implantación de las redes de agua, alcantarillado, gas o electricidad; los cambios sociales provocados por el establecimiento de nuevas condiciones para el alumbrado de las ciudades o la higiene pública y privada. Por último, cabe citar las cuestiones medioambientales asociadas a la instalación y el funcionamiento de estas redes técnicas (Fettah y Bocquet, 2007, pp.1-13). También se ha estudiado la cuestión del marco del modelo normativo que creó las condiciones jurídicas e institucionales que permitieron a las autoridades públicas construir y gestionar los nuevos servicios públicos, observándose que en muchos casos fueron los municipios los que gestionaron las nuevas infraestructuras, bien directamente, bien a través de la municipalización.

La cuestión de la reglamentación de las nuevas infraestructuras y redes técnicas en contextos de gran crecimiento de las ciudades ha sido un tema de especial interés. En efecto, el rápido crecimiento de la población urbana y los consiguientes problemas sanitarios, medioambientales, de salud pública y de seguridad ejercieron presión sobre los poderes públicos, el Estado central y las administraciones locales, para una mayor intervención en el espacio urbano. Se ha demostrado que fue en este contexto en el que surgieron iniciativas para la construcción e instalación de redes de servicios públicos, incluidas las relacionadas con el agua y el alcantarillado (Tarr y Dupuy, 1988; Lees y Lees, 2013, pp. 464-482). Consideradas como un elemento axial de la modernización de las ciudades, las redes de abastecimiento de agua y saneamiento formaron parte de la llamada revolución sanitaria. A su vez, fueron un campo de aplicación de los nuevos procesos, técnicas y materiales puestos a disposición por la industria y el avance de los conocimientos científicos y de ingeniería (Konvitz, Rose y Tarr, 1990, pp. 32-37; Vleuten, Oldenziel y Davids, 2017, pp.29-34).

Como ha demostrado Bert De Munck, además de buscar solucionar los problemas de inseguridad, contaminación atmosférica y falta de higiene que afectaban a las poblaciones urbanas, y de intentar poner en práctica los ideales higienistas vigentes en la época, las infraestructuras modernas también funcionaron como dispositivos para inculcar una moral de autorregulación en los habitantes (Munck, 2016, pp.1-12).

Muchos de los instrumentos de planificación urbana, control de las actividades económicas e intervención pública en la vida de las ciudades que surgieron a partir de la segunda mitad del siglo XIX resultaron de las limitaciones citadas con anterioridad (Silva y Sousa, 2009). En el ámbito de las medidas urbanísticas, cabe mencionar la obligación de instalar determinadas industrias consideradas contaminantes fuera del perímetro de las ciudades o las inspecciones realizadas a fábricas cuando había quejas sobre los humos emitidos por las chimeneas o los olores nauseabundos (Cardoso de Matos, 2000).

El llamado *regulatory model*, caracterizado por la intervención de los poderes públicos, desde el Estado hasta los municipios, en los procesos de construcción de la ciudad fue, por tanto, un rasgo definitorio del proceso de desarrollo urbano en la segunda mitad del siglo XIX (Newbery, 2002, pp. 23-51; Cliftona, Lanthier y Schroter, 2011, pp. 659-672).

La intervención de los poderes públicos también estuvo motivada por la complejidad tecnológica presente en la construcción de las redes de agua y alcantarillado. El hecho de que dichas redes se instalaran a nivel del subsuelo urbano exigía no solo el dominio de competencias técnicas en cuanto a las técnicas de construcción y los materiales utilizados, sino también el conocimiento de la topografía y la geología de los lugares donde debían tenderse y la planificación de su trazado. Los conocimientos de los ingenieros se hicieron indispensables tanto para el diseño de los proyectos como para el seguimiento de las obras de instalación (Fernández-Paradas y Matés-Barco, 2022, pp. 75-111, Cardoso de Matos, 2019, pp. 13-22).

Pero la intervención de los poderes públicos en la construcción de estas infraestructuras no solo se debió a su complejidad tecnológica. También estuvo determinada por factores políticos, económicos y jurídicos, así como por las relaciones establecidas entre los distintos actores del proceso. Como afirma Fougères (1998, pp. 202-203), el servicio doméstico de abastecimiento de agua es, como otras infraestructuras urbanas, un lugar de arbitraje entre lo sociopolítico y lo geotécnico.

En Portugal y en España, la cuestión de la gestión pública o privada de las infraestructuras de abastecimiento de agua empezó a plantearse durante la segunda mitad del siglo XIX, de forma simultánea con la puesta en marcha e instalación de esas mismas infraestructuras en algunas ciudades (Silva, 2020, p. 95-99; Silva y Cardoso de Matos, 2004, pp. 1-30; Matés-Barco, 2004, pp. 165-177). Se consideró entonces, como en otros países (Milward, 2000, pp. 315-350), que la mejor solución era la gestión privada, bien mediante la propiedad, bien mediante la concesión a empresas, normalmente en régimen de monopolio natural.

Los estudios sobre la construcción y gestión de infraestructuras de abastecimiento de agua en Portugal son relativamente escasos y han privilegiado la perspectiva monográfica (Pinto, 1989; Amorim y Pinto, 2001; Bernardo, 2013; Mendes, 2013; Brandão y Callapez, 2017; Cordeiro, 2018). En este panorama, destacan los estudios de J. Pato, centrados en las políticas públicas del agua en Portugal desde una perspectiva histórica, entre los años 80 del siglo XIX y la primera década del siglo XXI (Pato, 2011, 2008). Por el contrario, en España existe una importante producción sobre este tema, ya sea desde una perspectiva que abarca todo el país (Matés-Barco, 2021a) o centrándose en regiones y ciudades concretas, como La Coruña (Martínez et al. 2005; Mirás-Araújo, 2003), Málaga (Heredia-Flores, 2013) o Barcelona (Matés-Barco, 2019).

En cuanto a las modalidades de gestión de las infraestructuras de abastecimiento de agua, la historiografía portuguesa sobre el tema no permite extraer conclusiones definitivas, aunque se observa que solo en el caso de Lisboa la gestión ha sido siempre responsabilidad de una empresa privada (Silva, 2020; Saraiva, Schmidt y Pato, 2014). Según los estudios que se han realizado hasta el momento para España en este país no existe un claro predominio de la gestión pública (Villar-Chamorro, Castro-Valdivia y Matés-Barco, 2019, pp. 2-3; Matés-Barco, 2021b).

En el caso portugués, durante el periodo estudiado, los municipios fueron los principales responsables de iniciar los proyectos y desarrollar las obras, desde la fase de captación hasta la instalación de la red de distribución de agua corriente y su gestión. Lo hacían directamente o a través de la municipalización. Algunos municipios, como fue el caso de Coimbra, en 1903, optaron por esta vía (Cardoso de Matos, Fernandez, Larrinaga, 2023). Oporto, la segunda ciudad del país, estuvo gestionada por una empresa privada, pero en 1927 pasó a manos de los Servicios Municipales de Agua y Saneamiento. La década de los treinta del siglo XX fue el período de inflexión de la gestión pública, mediante la opción de la municipalización (Silva y Cardoso de Matos, 2004).

En España, entre 1875 y la década de 1920, las redes urbanas de abastecimiento de agua estuvieron estrechamente vinculadas a la participación del capital privado debido a la debilidad económica y técnica de los municipios. A partir de esa fecha se produjo una tendencia hacia la recuperación de las concesiones y la gestión municipal directa (Heredia-Flores, 2013, pp. 105-106).

En cualquier caso, en Portugal, los líderes locales a menudo se apropiaron de los argumentos de la modernización tecnológica y los utilizaron en discursos de competencia entre ciudades y para legitimar sus acciones como líderes locales. En contextos en los que el capital privado y las empresas no respondían a los llamamientos de las autoridades municipales para la instalación de infraestructuras, las decisiones de gestión directa o la opción por la municipalización no derivaban necesariamente de convicciones de política económica (Bernardo, 2013, pp. 281-313). Además, los aspectos políticos y simbólicos no eran ajenos a la toma de decisiones y podían funcionar de forma autónoma en relación con la racionalidad económica.

Aunque a falta de más pruebas empíricas, nuestra interpretación es que la construcción y gestión de las infraestructuras modernas de abastecimiento de agua no fue solo el resultado de opciones ideológicas entre el mercado y la intervención pública. El tamaño de las ciudades y las características de la red urbana portuguesa, como marco contextual de las elecciones realizadas, fueron igualmente relevantes. En el caso de Portugal, durante el periodo analizado, la red urbana se caracterizaba por la macrocefalia de Lisboa, la capital del país; por el marcado alejamiento poblacional de Oporto, la segunda ciudad; por el número relativamente reducido de ciudades de tamaño medio, cuyo crecimiento demográfico no era muy expresivo; y por un mayor número de ciudades pequeñas, que se mantenían en ese nivel (Silva, 1997, pp. 779-814; Nunes, 1996, pp. 7-47; Veiga, 2003, pp. 91-109). En este marco, la presión demográfica urbana y los consiguientes problemas en materia de higiene y salud pública, salvo en los casos de Lisboa y Oporto, no tuvieron la misma magnitud que en otras ciudades españolas.

Además, en Portugal, con la instauración del régimen dictatorial conocido como *Estado Novo* (Estado Nuevo) a principios de la década de 1930, los argumentos sanitarios, económicos, políticos y simbólicos se articularon con políticas estatales de carácter intervencionista, que favorecieron el predominio de la gestión municipal del abastecimiento de agua en las zonas urbanas.

La primera parte del capítulo expone la fase inicial de la construcción de infraestructuras modernas en Portugal. Privilegia el análisis de los argumentos que justificaron la preponderancia de la acción de los poderes públicos, a nivel central y local, en el proceso de instalación de infraestructuras modernas de abastecimiento de agua en los centros urbanos, así como la opción municipal en cuanto a su gestión. También se hace una primera aproximación a estas cuestiones sobre lo acontecido en España. La segunda sección del capítulo realiza un esbozo de comparación entre Portugal y España, basándose en datos de la literatura especializada y teniendo en cuenta, sobre todo, los aspectos políticos e institucionales del proceso.

EL MARCO INSTITUCIONAL Y JURÍDICO PARA LA CONSTRUCCIÓN DE INFRAESTRUCTURAS MODERNAS

Los códigos administrativos introducidos en Portugal tras la instauración del gobierno liberal monárquico sistematizaron, para los centros urbanos, las responsabilidades atribuidas a las autoridades locales en materia de alumbrado, abastecimiento de agua y saneamiento.

El último código del período monárquico (1895-1896), que mantuvo las fórmulas discursivas de la legislación administrativa anterior, consideraba como competencias y responsabilidades fundamentales de las autoridades locales la administración de los bienes y asuntos de los municipios y la planificación y ejecución de medidas de *melhoramentos materiais* [mejoras materiales] con vistas a aumentar la calidad de vida de la población local (Código Administrativo de 1896, pp. 23-29).

En España las atribuciones de los municipios fueron estipuladas por la Ley Municipal de 12 de octubre de 1877, que establecía que los municipios eran responsables de diversos servicios locales, entre ellos el alumbrado, el abastecimiento de agua y el saneamiento, e por la Ley de Obras Públicas de 13 de abril de 1877, que atribuyó a los municipios la responsabilidad de las obras de abastecimiento de agua en los pueblos. Por otra parte, la Ley de Aguas de 1879 otorgaba a los Consejos Municipales competencias reglamentarias y de concesión de servicios y les correspondía también elaborar reglamentos relativos al sistema y distribución de agua en las localidades, sin perjuicio de las disposiciones administrativas generales. Incluso esta ley "consideraba los abastecimientos de poblaciones de primordial interés, les concedía prioridad sobre cualquier otro aprovechamiento" (Matés-Barco, 2017, p. 47).

A principios del siglo XX, seguía vigente en España la Ley Municipal de 12 de octubre de 1877, que permaneció en vigor hasta la publicación del Estatuto Municipal de 1924. Ese mismo año se publicó el Reglamento de Obras, Servicios y Bienes Municipales, que introdujo cambios en las competencias de los Ayuntamientos en materia de servicios urbanos. Los municipios eran responsables de las solicitudes de concesión, pero no podían conceder el monopolio del agua a una sola empresa privada.

Tras la proclamación de la Segunda República, se aprobó la Ley Municipal de 31 de octubre de 1935, que reiteró la competencia municipal para la prestación de los servicios de abastecimiento de agua potable e inspección y saneamiento de aguas residuales, incluidas las fecales, correspondiendo al Estado velar por el cumplimiento de estas obligaciones (Calvo Miranda 2010, p. 300).

Tanto los municipios portugueses como los españoles explotaban directamente los servicios que requerían menos recursos financieros, como la limpieza pública, los cementerios, los mataderos y los mercados, y otorgaban concesiones privadas para explotar los servicios que requerían mayores recursos financieros y tecnológicos, como el abastecimiento de agua, el alumbrado y el saneamiento.

En el caso de Portugal, el Código Administrativo responsabilizaba a los municipios de las obras de mantenimiento y mejora de las instalaciones, así como los sistemas que tradicionalmente proporcionaban a los habitantes de los centros urbanos el acceso al agua y al alumbrado. Asimismo, abarcaba también los estudios y planes de infraestructuras de esta naturaleza, elaborados según conceptos modernos de ingeniería. Para el periodo considerado en este análisis, en el caso del abastecimiento de agua supuso la realización de análisis científicos periódicos para controlar la calidad para uso doméstico, nuevas fuentes de energía y maquinaria para el aprovechamiento del agua en origen, distribución y almacenamiento, y la construcción de redes de abastecimiento doméstico para consumo público y privado. Así, los nuevos niveles de confort e higiene proporcionados por el progreso tecnológico y científico característico de las sociedades industriales se generalizaron y fueron muy solicitados por la clase media urbana.

La decisión de seguir una política tradicional de mejoras materiales o la opción por soluciones técnicas innovadoras dependía de los ayuntamientos. En otras palabras, dependía de los conocimientos y competencias de las élites que dirigían las administraciones municipales y de hasta qué punto eran receptivas a la innovación. Los estudios de caso realizados para Portugal parecen apuntar a una correlación positiva entre la prosecución de la modernización de las políticas y la presencia de ingenieros que, o bien trabajaban para las autoridades locales, o bien frecuentaban los mismos círculos de sociabilidad que las personas que componían los equipos de los ayuntamientos.

En España ya en la segunda mitad del siglo XIX varios ingenieros se encargaban de realizar los planes de abastecimiento de agua a las ciudades, como fue el caso de Valladolid (Fernández-Paradas y Matés-Barco, 2020). Por otro lado, desde las primeras décadas del siglo XX, la especialización profesional y la eficiencia en la gestión administrativa y técnica de los servicios públicos se valoran cada vez más y, desde entonces, los municipios contratan a mayor número de técnicos cualificados para la gestión de los servicios públicos (Heredia-Flores, 2005, p. 106).

La financiación necesaria para los proyectos de construcción era a menudo un obstáculo insalvable para la modernización, por parte de las autoridades locales portuguesas. Estos planes se financiaban con los ingresos municipales procedentes de la Hacienda municipal de los impuestos recaudados y con las solicitudes de préstamos bancarios. Como la mayoría de los ayuntamientos portugueses sufrían de una falta crónica de fondos, los empréstitos adquirían a menudo proporciones preocupantes y generaban cargas de reembolso de la deuda que podían amenazar la viabilidad financiera de los ayuntamientos. El Código Administrativo de 1896 intentó minimizar este problema mediante un control más estricto de los préstamos y un mayor control del gobierno central sobre las autoridades municipales (Serra, 1988, pp. 1037-1066).

El nuevo Código fue criticado por pretender una centralización excesiva y representar un ataque a la tradicional autonomía de los municipios portugueses. Los republicanos utilizaron este argumento para atacar a los gobiernos monárquicos y prometieron introducir un modelo de administración más descentralizado bajo un futuro régimen republicano.

Pero las circunstancias resultantes del aumento del número de personas que vivían en los centros urbanos de Portugal llevaron al Estado, ya en el período de la Monarquía Liberal, a introducir una legislación destinada a proporcionar un marco jurídico para la intervención, destinada a mejorar las condiciones de saneamiento e higiene en las principales ciudades y pueblos del país.

El brote de peste bubónica que asoló la ciudad de Oporto en 1898 fue determinante para la creación, en 1901, del Consejo de Mejoras Sanitarias, dependiente de la Dirección General de Obras Públicas y Minas (Decreto 14 de octubre de 1901). También en 1901 se introdujo el Reglamento General de Sanidad y Beneficencia Pública, de 24 de diciembre de 1901, cuyo objetivo era proporcionar un marco a las autoridades locales para intervenir en la salud pública (Ley Marco de 24 de junio de 1901). Este brote de peste bubónica en la ciudad de Oporto estuvo directamente relacionado con la decisión del gobierno español, en 1899, de crear la Dirección General de Sanidad (Rodríguez Ocaña, 1994, pp. 20-21). En 1903 esta dirección fue sustituida por la Instrucción General de salud que erigió dos Inspecciones Generales, una para la inspección de Sanidad Interior y otra para la inspección de Sanidad Exterior.

En Portugal, se dio un paso hacia la mejora de la habitabilidad de los edificios de las ciudades en 1903 con la introducción del Reglamento sobre la Salubridad de los Edificios Urbanos (Decreto de 14 febrero de 1903), que establecía las directrices que debían seguirse en la construcción de estos edificios. En él se estipulaba no solo que las licencias municipales para obras de construcción o reconstrucción debían someterse a la aprobación previa de los departamentos regionales del Consejo de Mejora Sanitaria, sino que también se obligaba a los constructores a cumplir las disposiciones del Reglamento General de Sanidad y Utilidad Pública.

En un intento de evaluar directamente la situación en las principales ciudades y pueblos del país, en 1903 el gobierno ordenó la realización de una encuesta de salud pública en los centros urbanos (Montenegro, 1903). También en España, en 1908, la Sociedad Central de Arquitectos publicó un informe sobre la construcción de Casas Baratas e Higiénicas. Sin embargo, la aparición de medidas que hicieran obligatoria la introducción de condiciones higiénicas en las viviendas no se llevó a cabo de forma inmediata. Un momento importante para la introducción de estas medidas en los distintos municipios fue la aprobación, en 1913, del Reglamento para la Higiene y Salubridad de la Ciudad Alicante, y los años siguientes estuvieron marcados por la aparición de diversos estudios y propuestas al respecto (Pérez-del-Hoyo, Gutiérrez-Mozo, 2013, pp. 223 y 234).

En Portugal la revolución del 5 de octubre de 1910 dio paso a la República Liberal. Aunque los dirigentes republicanos querían elaborar rápidamente un nuevo código que reflejara fielmente sus ideas sobre la descentralización administrativa, acabaron manteniendo en vigor parte del Código de 1896, al tiempo que introducían algunas nuevas directrices descentralizadoras.

En cuanto a la mejora material, los aspectos más relevantes de estos cambios fueron la vuelta a un mayor grado de flexibilidad en el endeudamiento para financiar obras públicas y a un control menos estricto por parte del gobierno central.

Por lo tanto, la realización de estudios y la elaboración de planes para la construcción de infraestructuras modernas de abastecimiento de agua y alumbrado urbano siguieron siendo una de las principales responsabilidades asignadas a las autoridades locales.

Sin embargo, los motivos de la descentralización republicana están presentes en la legislación administrativa de 1913 (Ley nº 88 de 7 de agosto de 1913), especialmente la disposición que permitía a los municipios formar agrupaciones para realizar determinadas obras de mejora cuyo volumen de inversión estaba más allá las posibilidades de los ayuntamientos individuales. En el proyecto de ley también se preveía otorgar a los ayuntamientos la facultad de debatir la "municipalización, o prestación de servicios a los ayuntamientos", pero finalmente no se convirtió en ley. Solo en 1927, tras el Congreso Municipal de 1922 y el III Congreso de Electricidad de 1926, en los que se reafirmó la necesidad de que las autoridades locales se hicieran cargo de la prestación de servicios, se concedió autoridad legal a esta disposición (Decreto nº 13.350 de 25 de marzo de 1927)[1]. El reglamento de la ley estipulaba que los servicios municipales debían mantener su autonomía dentro de la administración local y debían ser gestionados por un comité administrativo elegido por el consejo. Cada departamento responsable de la prestación de servicios municipales debía contar con un equipo de personal técnico, administrativo y manual que garantizase la correcta administración del sistema, la planificación y la ejecución de las obras. También se otorgaron a los ayuntamientos competencias específicas para la gestión de servicios y bienes en los siguientes ámbitos: construcción y explotación de redes de abastecimiento de agua para consumo doméstico; limpieza, saneamiento y alcantarillado público, incluida la retirada o aprovechamiento de residuos urbanos; producción y distribución de gas y electricidad; construcción y explotación de mercados, mataderos y frigoríficos; construcción y explotación de baños públicos y lavanderías; construcción y explotación de medios de transporte; y cualesquiera otros servicios que implicasen la producción o distribución de bienes o la prestación de servicios destinados a satisfacer las necesidades e intereses de la población local. Al mismo tiempo, existía una disposición según la cual, cuando una necesidad de funcionamiento o de desarrollo de determinados servicios requiriera un empréstito, el comité administrativo de los servicios municipales no solo tenía que justificar la necesidad del préstamo, sino también asegurarse de que se cumplían las condiciones de reembolso.

La ley de 7 de agosto de 1913 permitió también a los ayuntamientos constituir federaciones para administrar conjuntamente uno o varios tipos de servicios públicos. Dado que la creación de departamentos para la provisión de infraestructuras urbanas requería una enorme

[1] La reglamentación de las disposiciones de este decreto tuvo lugar el 27 de julio de lo mismo año.

inversión financiera, el objetivo de esta medida era garantizar el mejor uso de dicha inversión por parte de los ayuntamientos. De hecho, la preocupación del gobierno por fomentar la prestación de servicios municipales llevó a la introducción gradual de una serie de leyes durante el periodo posterior. También se concedió la exención de la contribución industrial a los ayuntamientos, que operaban directamente y eran responsables financieramente del suministro de agua, alumbrado público y servicios de tracción y electricidad y de fornecimiento de gas a los consumidores privados. En 1920, para animar a los ayuntamientos a iniciar el suministro de agua y alumbrado a los hogares, el Gobierno les eximió de los impuestos de importación sobre todos los materiales importados necesarios para la construcción de las redes de abastecimiento de agua y alumbrado, y simplificó los procedimientos legales para las expropiaciones necesarias para el establecimiento de estas redes urbanas. Medida prorrogada cinco añs más (Decreto-Ley nº 1.789 de 29 de junio de 1925).

En 1927 se consideraba que existía un grado significativo de participación municipal en la prestación de determinados servicios públicos en todo el país (Decreto nº 13.350 de 25 de marzo de 1927), aunque solo alrededor del 15 % de los ayuntamientos disponían de servicios públicos municipales. Un claro ejemplo de la influencia de las ideas de descentralización administrativa deseadas por los republicanos lo proporcionó el movimiento "municipalista" de principios del siglo xx, que celebró congresos por todo el país. Considerado como defensor de la causa de la libertad de que disfrutaban los municipios en el pasado, el movimiento abogaba por la libre asociación de los municipios y la formación de una federación con el objetivo de reforzar el poder local.

Por ejemplo, en el Congreso Municipalista Alentejano, celebrado en 1915, los participantes apoyaron la modernización de los municipios de la región para el "desarrollo del Alentejo", promoviendo una mayor autonomía en materia de impuestos, infraestructuras, actividad económica, difusión de técnicas y asistencia agrícola. Este proceso culminó con la propuesta de creación de una Federación de Municipios Alentejanos (Federação de Municípios Alentejanos) que daría lugar a la creación de un parlamento provincial para la "discusión y deliberación de asuntos de interés para el Alentejo" (Bernardo, 2004). Sin embargo, tales propuestas nunca se llevaron a la práctica, ni en el Alentejo ni en ninguna otra región, aunque reflejaban fielmente el plan de descentralización administrativa presentado por los republicanos.

Para que los planes de las federaciones de municipios y los parlamentos provinciales pudieran llevarse a cabo, era necesario un cambio en el modelo de administración de los gobiernos locales que había existido en Portugal durante cerca de un siglo. Sin embargo, la Gran Guerra obligó al régimen republicano portugués a centrarse en la gestión de la posición política y militar del país ante el conflicto y en la resolución de los problemas económicos y sociales que trajo consigo la guerra. Después de 1918, la inestabilidad política fue en aumento y las críticas al régimen ganaron terreno.

En España, la publicación en 1924 del Estatuto Municipal, cuya redacción estuvo directamente vinculada al jurista Calvo Sotelo, que en diciembre de 1923 había sido nombrado Director General de Administración por la Dictadura de Primo Rivera, fue una medida esencial para la organización jurídica, administrativa, política y urbanística de los municipios españoles (Faria, 2015, p.107).

El 12 de octubre de 1925 surgió en España la idea de organizar un movimiento asociativo municipal. Las asociaciones municipales fueron presentadas en el I Congreso Nacional Municipalista celebrado en Madrid, al que asistieron 429 delegados en representación de 85 municipios. Una vez que esta idea fue bien aceptada por los delegados presentes, se acordó presentarla a los representantes de los demás municipios españoles para que se formalizara durante el II Congreso Nacional Municipalista que tuvo lugar en 1926. Así, en este congreso se creó oficialmente la Unión de Municipios Españoles-UME y se aprobaron sus estatutos (Orduña Rebollo, 2006, p. 335).

El objetivo principal de la UME era estudiar los "grandes problemas que plantea diariamente la administración de la ciudad y la organización y funcionamiento de sus servicios", conceptos que sin duda eran modernos (Orduña Rebollo, 2006, p. 337).

En 1931, en plena vigencia del régimen republicano y en un ambiente de libertades públicas, se aprobó un nuevo Reglamento de

Régimen Interior de la UME que sustituyó al de 1926 e introdujo diversas modificaciones democratizadoras en su estructura. Este nuevo Reglamento preveía la posibilidad de que las entidades locales se adhirieran a la UME individualmente o formaran federaciones regionales, provinciales o comarcales (Orduña Rebollo, 2006, p. 355).

LA GESTIÓN MUNICIPAL A PARTIR DE LOS AÑOS 30

En 1926, un golpe militar apoyado por civiles instauró la Dictadura Militar en Portugal, acabando así con la República Parlamentaria. En el plano administrativo, esta situación eliminó cualquier posibilidad de alcanzar los objetivos descentralizadores del republicanismo liberal, más aún con el paso de los años. António de Oliveira Salazar apareció en la escena política portuguesa en 1928, y fue el responsable de configurar el desarrollo del país durante varias décadas; en 1933, bajo su liderazgo, se instauró un régimen político dictatorial represivo que pasó a conocerse como el *Estado Novo*.

Los consejos de distrito se convirtieron en vehículos para la aplicación a nivel local de la política gubernamental, lo que menoscabó su condición de órganos administrativos municipales que representaban los intereses de la población local de los distritos, para los que habían sido elegidos. El Código Administrativo del *Estado Novo*, que se convirtió en ley en 1936, sirvió para confirmar el papel subsidiario de las autoridades locales.

Desde principios de los años treinta, el Estado se preocupó no solo de encuadrar la actividad económica en su conjunto dentro del marco legal, sino también, y de forma cada vez más evidente, de seguir una política de dirección y control estatal (Rosas,1986, pp. 254-283).

Los efectos económicos y sociales de la crisis de 1929 facilitaron esta postura. Al menos desde 1931, el Gobierno había tratado de evaluar oficialmente el desempleo en Portugal y en 1932 se promulgó una legislación que hacía un esfuerzo concertado para resolver el problema (Decretos nº 20979 y nº 20980 de 7 de marzo de 1932).

En el primer trimestre de ese año se creó la Alta Comisión de Mejoras Públicas, dependiente de los ministerios de Hacienda, Comercio y Comunicaciones y Agricultura, y el gobierno tomó medidas para la provisión excepcional de fondos para obras públicas. Algunos se destinaron a las llamadas mejoras rurales y se distribuyeron a casi todas las parroquias y distritos del país, mientras que también se canalizaron fondos a las "grandes ciudades" con el fin de poner en marcha y ejecutar obras públicas consideradas de "mayor utilidad social", como viviendas sociales en Lisboa, escuelas de enseñanza superior, un hospital en Oporto y un centro de salud para enfermedades mentales en Coimbra.

En julio de 1932, Salazar asumió la presidencia del Ministerio, siendo el primer civil en ocupar el cargo desde el golpe militar de 1926. Dos días más tarde, se creó el Ministerio de Obras Públicas y Comunicaciones, en sustitución del Ministerio de Comercio y Comunicaciones. El simbolismo de este cambio era evidente: se desterraba el legado de la República Liberal y, al mismo tiempo, se recuperaba el nombre del antiguo Ministerio de Obras Públicas, Comercio e Industria, que la memoria colectiva nacional asociaba a la política intencionada de mejora material llevada a cabo por el régimen monárquico en la segunda mitad del siglo XIX. Los fondos destinados al subsidio de desempleo se canalizaron hacia el nuevo ministerio y se inició una fase del *Estado Novo* en la que los programas de obras públicas ganaron importancia y visibilidad (Tostões, 1996, pp. 585-598).

También el 19 de septiembre de 1932 se aprobaron varias leyes que, en conjunto, establecieron el marco jurídico de la política de mejora material y crearon el mecanismo de dirección estatal del proceso en su conjunto. Cada ley abordaba un ámbito de actuación diferente y definía el papel que debía desempeñar el gobierno central y determinaba el tipo de control que ejercería en cada ámbito (Decretos nº 21696, nº 21697, nº 21698 y nº 21699, todos ellos aprobados el 30 de septiembre de 1932).

Los *melhoramentos rurais* [mejoras rurales] se definían como obras a realizar a nivel local fuera de los centros urbanos y las capitales de distrito, tales como: carreteras, caminos vecinales, firmes, fuentes, depósitos de agua y lavaderos. Aunque el Gobierno consideraba que tales obras "podrían implicar cierto grado de descentralización mediante la cooperación con las autoridades locales", añadía que estas "solo podrían lograr una mayor eficacia mediante la centralización técnica". Esta función se encomendó a la Junta Autonómica de Carreteras, encargada de evaluar y aprobar los planes presentados anualmente por las autoridades locales. A partir de estos planes, el Ministerio de Obras Públicas financiaría un máximo del cincuenta por ciento del coste total de las obras, mientras que los municipios tendrían que buscar el resto. Las mejoras urbanas se definían como aquellas "que reportaban el mayor beneficio en cuanto al bienestar de los habitantes", que el Gobierno, "como coordinador y director de todas las actividades de la nación procuraba realizar en escala general para fomentar el desarrollo de los pueblos, villas y ciudades del país" (Decreto nº 21698 de 30 de septiembre de 1932). Las obras consideradas como mejoras urbanas eran "aquellas de interés a nivel local que redunden en beneficio de la comunidad, realizadas fuera de los grandes centros de población, incluyendo la elaboración de planes de desarrollo urbano, la construcción, reparación y remodelación de escuelas primarias, escuelas primarias profesionales, escuelas secundarias municipales, hospitales y otros edificios con función social, museos y monumentos nacionales".

Las *melhorias nas obras de água e nos esgotos* [mejoras en las obras de abastecimiento de agua y alcantarillado] se definió como "las obras de captación y distribución de agua en origen y la construcción, mejora y ampliación de las redes de alcantarillado en las poblaciones importantes y en las ciudades, excepto en los grandes centros urbanos". Se reconocía la "valiosísima contribución" de los entes locales en este ámbito y "la enorme magnitud del problema", al tiempo que el proyecto de ley dejaba claro que "el Estado tenía el deber de facilitar la misión de estos organismos y de velar por su cumplimiento". El Departamento de Salud recibió un plazo de cinco meses para realizar una encuesta en "las capitales de distrito, las principales ciudades de los distritos y otras ciudades y pueblos importantes de cada distrito, en la que se detallaran las posibilidades de cada tipo de servicio público y las deficiencias detectadas en los servicios en funcionamiento que deberían corregirse, destacando los casos más urgentes en cada municipio y distrito". Una vez obtenidos los resultados, el Gobierno se encargaría de elaborar un programa de mejoras a realizar por los municipios y de ordenar, a través de los departamentos competentes, la realización de estudios y la elaboración de planes. La Administración General de Servicios Hidráulicos y Eléctricos dependiente del Ministerio de Obras Públicas, podía autorizar a los ayuntamientos, siempre que lo considerase necesario, a contratar la ejecución de estudios y planes con terceros con conocimientos técnicos especializados.

La ley también establecía que el programa de mejora se revisaría cada tres años para tener en cuenta los resultados de nuevas encuestas; la Administración General de Servicios Hidráulicos y Eléctricos presentaría un informe sobre el plan de obras que debían realizar los consejos de los municipios antes del 31 de marzo de cada año y, una vez aprobados por el Consejo Superior de Higiene y Obras Públicas, los planes se someterían a la aprobación del Ministerio de Obras Públicas.

El coste de estas mejoras debía ser sufragado por los ayuntamientos, salvo cuando se reconociera la imposibilidad de hacerlo, en cuyo caso el Estado participaría en el coste de la inversión hasta un máximo del cincuenta por ciento del coste de las obras. También se establecieron disposiciones específicas para que los ayuntamientos, las comisiones encargadas de proponer los planes y los particulares pudieran realizar las mejoras por su cuenta, con la asistencia técnica del Estado, siempre que dichas obras contaran con la aprobación previa de la Administración General de Servicios Hidráulicos y Eléctricos y estuvieran incluidas en el plan de obras aprobado por el Gobierno.

También el 19 de septiembre de 1932, para combatir la crisis de empleo que afectaba al país, el gobierno creó la Comisión de Desempleo, con departamentos en cada ayuntamiento. Era un departamento del Ministerio de Obras Públicas, aunque su funcionamiento y administración eran autónomos. Sus principales objetivos eran organizar la inscripción de los desempleados, ayudarles a encontrar trabajo y administrar el sistema de subsidios de desempleo. Entre las obras que más se beneficiarían del aprovechamiento de esta fuente de mano de obra, el gobierno consideraba "las obras de mejora rural, las obras de mejora urbana, las obras de abastecimiento de agua y saneamiento, la limpieza de zanjas y acequias, la plantación de árboles, etc.". Entre las obras que debían acometerse para paliar el desempleo, la Ley clasificaba las infraestructuras de abastecimiento de agua y saneamiento como obras complejas que requerían un alto grado de destreza técnica y, por lo tanto, las que "tardarán un tiempo considerable en estar plenamente operativas en zonas extensas, aunque por su gran valor para aportar mejoras a la higiene urbana, son obras cuya ejecución es más necesaria"; la estrecha relación entre el ritmo de ejecución de las obras de saneamiento y la disminución de las tasas de mortalidad es evidente aquí. En conjunto, estas leyes representaban un proyecto de intervención gubernamental concertada en el ámbito de las obras públicas e identificaban al *Estado Novo* con los valores de la modernización y el progreso material. El programa de mejora implicaba así un discurso que, al valorar la "obra realizada", pretendía legitimar el régimen autoritario y presentar la República Liberal como un periodo de anarquía e incertidumbre política.

Además, a finales de 1934 se promulgó una ley que obligaba a todas las ciudades y pueblos que fueran capitales de distrito a elaborar planes topográficos y planes de desarrollo urbano para las poblaciones de más de 2.500 habitantes con un elevado índice de crecimiento demográfico y para los centros o zonas de interés turístico, recreativo, climático, terapéutico, espiritual, histórico o artístico, designados por el Gobierno (Decreto-Ley nº 24802 de 21 de diciembre de 1934).

Como justificación de este requisito obligatorio, el gobierno citó una combinación de "el beneficio de la asistencia social mediante la provisión de trabajo" a la población local que lo necesitaba y el hecho de que los consejos de distrito solicitaban la "intervención del gobierno" para planes que no siempre estaban "elaborados de acuerdo con los mejores criterios y la consideración más justa de las condiciones locales y las necesidades futuras, o de acuerdo con las mejores normas de higiene y conveniencia para los asentamientos urbanos". También se refirió a la frecuente falta de "personal técnico experto en el arte moderno del urbanismo, que también es una ciencia".

La elaboración de los planos topográficos, con excepción de los de Lisboa y Oporto, se ofrecía a concurso público, sobre la base de criterios establecidos por el Gobierno, que también se encargaba de la dirección general y de la inspección de las obras. No obstante, los ayuntamientos debían reembolsar al Estado, por tramos, los gastos realizados. La ley también preveía un plazo de tres años para que los ayuntamientos, una vez elaborados los planos topográficos, presentaran sus planes individuales de desarrollo urbano, que, para ser aprobados por el gobierno, debían obtener un certificado expedido por uno de los Consejo Superior de Obras Públicas, Higiene y Turismo. Entre los requisitos obligatorios de los planes de desarrollo urbano figuraban planos esquemáticos de las redes existentes de abastecimiento de agua y alumbrado público, sistemas de drenaje de aguas y sistemas de alcantarillado, junto con una declaración de lo que era necesario hacer en este ámbito. En teoría, la nueva legislación preveía que las nuevas zonas de crecimiento y expansión de los centros urbanos se dotaran de infraestructuras modernas de alumbrado, abastecimiento de agua y saneamiento.

Toda la legislación analizada anteriormente muestra un objetivo por parte de los responsables políticos del *Estado Novo* de restringir el margen de iniciativa de las autoridades locales en materia de infraestructuras y equipamientos urbanos mediante instrumentos de control como las directrices, la inspección técnica y el control financiero de los planes. En algunos casos, el Ministerio de Obras Públicas, a través de los servicios centrales y/o regionales y de otros departamentos, dirigía él mismo las obras.

De hecho, la intervención del Gobierno en estos ámbitos se basaba en un objetivo más amplio que el contenido en las disposiciones de la ley de 1933, aprobada por el Estatuto Nacional del Trabajo. La ley establecía que "el Estado tiene el derecho y la obligación de coordinar y regular desde arriba la esfera económica y social y de fijar objetivos para ella" (Decreto-Ley nº 23048, de 23 de septiembre de 1933).

De acuerdo con esta directriz, en 1935 se promulgó la *Lei de Reconstituição Económica,* que preveía "planes y obras cuya ejecución sea de imperiosa necesidad en los próximos quince años", y reservaba cuantiosos fondos, considerados como gastos extraordinarios (Ley nº 1914, de 24 de mayo de 1935). Los recursos resultantes del éxito de la política de estabilización financiera y monetaria llevada a cabo en años anteriores debían canalizarse hacia la modernización de las Fuerzas Armadas y la mejora y/o construcción de infraestructuras básicas para el desarrollo económico del país. Las áreas identificadas para la inversión eran: carreteras, ferrocarriles, puertos, aeropuertos, sistemas telegráficos y telefónicos, electrificación, hidráulica agrícola, caminos, edificios públicos y monumentos y una serie de otras instalaciones urbanas en Lisboa y Oporto, así como el crédito colonial.

Dado el carácter ambicioso de tales propuestas, cuando el proyecto se debatió en el Parlamento, el Gobierno dejó claro que no pretendía seguir la política de desarrollo seguida en Portugal entre las décadas de 1850 y 1880, ni tenía afinidad alguna con el modelo de planificación socialista (Nunes, Valério, 1996, pp. 512-513). Sin embargo, cuando en 1944 se introdujo una amplia legislación que abordaba la cuestión del abastecimiento de agua y el saneamiento, el Estado decretó que la construcción de redes de agua potable y alcantarillado en las capitales de distrito del Portugal continental era una cuestión obligatoria y prioritaria, que primaba sobre todas las demás (Decreto-Ley nº 33863, de 15 de agosto de 1944).

En el preámbulo de la ley se hacía una breve reseña de la evolución del país en materia de obras de mejora, destacando la "gravísima situación" en la que se encontraba la nación. Y aunque desde 1932 se señalaba que el Estado había tomado medidas "de la mayor importancia" para el estado sanitario del país, era evidente que quedaba mucho por hacer. Como esas obras eran de gran complejidad y su realización no era obligatoria por ley, muchas autoridades locales habían decidido construir monumentos o realizar obras de urbanización en lugar de llevar a cabo obras de construcción de sistemas de abastecimiento de agua y saneamiento.

Por ello, al tiempo que afirmaba que el problema no podía resolverse con un único programa, el Gobierno propuso dotar de agua potable a todas las ciudades capitales de distrito mediante la ejecución de un plan a lo largo de diez años: una actuación conjunta del Estado y los ayuntamientos, pero con una "característica completamente nueva: el carácter obligatorio de la ejecución de dichas mejoras".

Desde el punto de vista técnico, se decidió que las autoridades locales seguirían siendo responsables de la realización de los estudios y la ejecución de las obras, aunque se preveía que el Estado tomara la iniciativa en los proyectos de construcción y/o interviniera en las operaciones para realizar las obras en determinados casos. Las obras se ejecutarían de acuerdo con un plan de ejecución anual elaborado por el Ministerio de Obras Públicas y Comunicaciones y aprobado por los Ministros de Obras Públicas y del Interior. El Departamento de Obras Hidráulicas se encargaría de organizar las licitaciones de los estudios y planes que debían realizarse anualmente.

La viabilidad financiera de esta iniciativa quedó garantizada de la siguiente manera: se autorizaba a los ayuntamientos a contraer préstamos por un valor máximo del cincuenta por ciento del coste total de las obras, y se les ofrecían condiciones de reembolso favorables, mientras que, para salvaguardar los empréstitos regulares de los ayuntamientos, los préstamos sobre la renta debían garantizarse con los ingresos procedentes de la venta de agua. Para cubrir el coste de inversión restante, debía concederse una subvención de al menos el veinticinco por ciento de la carga total de la deuda con cargo al Fondo de Subsidio de Desempleo, y también debía concederse una subvención del Gobierno central, en caso necesario, "con cargo a sus ingresos generales".

En cuanto a la explotación de los servicios, los ayuntamientos podían elegir entre adjudicar contratos a subcontratistas o municipalización. Solo en casos excepcionales, cuando los ingresos de los ayuntamientos eran demasiado bajos para permitir cualquiera de estas opciones, el Estado autorizó la gestión directa de los servicios por los propios ayuntamientos. Se intentaba así poner remedio a situaciones en las que la falta de ingresos suficientes para la utilización de las nuevas infraestructuras podía poner en peligro el gasto municipal. La ley de 1944 muestra claramente que la intención del Estado era controlar el proceso de construcción de infraestructuras modernas de abastecimiento de agua y saneamiento, al tiempo que reconocía que, a mediados del siglo XX, la situación de Portugal en este ámbito aún dejaba mucho que desear. Aunque basado en fundamentos ideológicos, este enfoque de mando también fue el resultado de la incapacidad reconocida de los municipios para satisfacer satisfactoriamente las necesidades de mejora de los niveles de higiene, salud y comodidad de las personas que vivían en pueblos y ciudades de todo el país.

En 1927, al año siguiente del golpe militar que instauró la Dictadura Militar en Portugal, el jurista Luis Jordana de Pozas, interviniendo en la conferencia "Intermunicipalismo, Mancomunidade y Asociaciones de Municipios", realizada en España, defendió la cooperación intermunicipal (intermunicipalismo), afirmando que "entiendo por intermunicipalismo la acción conjunta y espontánea de varios municipios para fines estrictamente municipales [. ...] que se construye sobre la base respetada del autogobierno" (Estudios, 1961, p. 686, citado por Faria, 2015, p. 117).

También en 1927 se celebró en Barcelona el III Congreso Municipalista. En aquella época en España se seguía creyendo en la autonomía de los municipios, pero se era consciente de que sin cooperación entre ellos no lo podrían conseguir. El año 1929 estuvo marcado por el acercamiento de la UEM al municipalismo internacional. Ese año se organizó en Sevilla el IV Congreso Internacional de Ciudades y Entidades Locales de la Unión Internacional de Autoridades Locales-IULA. Este congreso marcó la "consolidación institucional y profesional del pensamiento municipalista español en la escena internacional" (Faria, 2015, p.118).

Durante los años de la Guerra Civil española, la UME iba a tener mucha menos actividad. Tras el fin de la guerra, la junta de gobierno de este organismo seguía reuniéndose en Madrid, pero en septiembre de 1940 se publicó una ley por la que se extinguía la UME y se creaba el Instituto Estudios de Administración Locales, cuyas funciones principales eran la investigación, el estudio, la docencia y la propaganda en materias relacionadas con la administración local y que funcionaba como asesor del gobierno en estas materias, lo que muestra una clara intención de centralizar los asuntos de la administración municipal (Orduña Rebollo, 2006, p. 359).

LA IMPLANTACIÓN DE LAS INFRAESTRUCTURAS

La evaluación de los logros alcanzados en la construcción de redes de abastecimiento de agua en las ciudades portuguesas se ve complicada por la ausencia de estadísticas sobre estas cuestiones antes de los años treinta. Por lo que respecta al abastecimiento de agua, el primer estudio sistemático de la situación a escala nacional se llevó a cabo en 1934. Esta iniciativa fue motivada por el deseo del gobierno de conocer el estado actual del sistema de abastecimiento de agua y saneamiento en el país, a raíz de la legislación de septiembre de 1932.

Se puede especular que la realización de tales encuestas no se consideró una cuestión prioritaria, porque durante muchos años el gobierno central consideró que la creación de estas infraestructuras urbanas era responsabilidad de las autoridades locales. Aunque haya algo de verdad en ello, esta situación se debió principalmente a las dificultades encontradas por el gobierno central para proporcionar a las autoridades locales medios eficaces para obtener la información necesaria (Sousa, 1995, pp. 250-253).

La creación de infraestructuras modernas de abastecimiento y distribución de agua avanzó muy lentamente. La información disponible, basada en la encuesta de 1934 antes mencionada, abarca todas las ciudades del Portugal continental que eran capitales de distrito, con excepción de las ciudades de Lisboa y Oporto; las autoridades decidieron que se realizaran encuestas separadas para estos casos. Los resultados de la encuesta permiten distinguir entre la captación en origen y el suministro de agua potable a los puntos de acceso público de los centros urbanos y la construcción de redes de distribución de agua a los puntos de suministro público y a los hogares. Las primeras supusieron obras de mejora bastante importantes, tanto en los puntos de captación como en las conducciones para transportar el agua hasta las zonas de consumo, donde se construyeron manantiales y fuentes públicas. En muchos casos, las instalaciones ya existían para satisfacer las necesidades de la creciente población de los núcleos urbanos a los que servían. En otros casos, hubo que realizar obras para poder transportar el agua desde lugares alejados de las ciudades y utilizar las técnicas y tecnologías más avanzadas para salvar los obstáculos naturales.

La encuesta de 1934 abarcó doscientas setenta localidades que eran capitales de concejo en Portugal continental, con el siguiente desglose en términos de población residente: el 75 % de estos núcleos de población tenía menos de 5.000 habitantes; el 16 %, más de 5.000; el 7 %, más de 10.000; y solo el 2 % tenía una población superior a 20.000 habitantes. Es decir, aproximadamente tres cuartas partes de los asentamientos encuestados tenían una población inferior al umbral cuantitativo para ser designados centros urbanos.

Esas características de la red urbana portuguesa han puesto límites a la construcción de redes modernas de abastecimiento y suministro. En primer lugar, el pequeño tamaño de la mayoría de los núcleos de población limitaba la capacidad de los municipios para generar ingresos y les obligaba a endeudarse para financiar costosos proyectos de inversión. Además, los inversores privados, y las empresas que querían construir y explotar esas infraestructuras, estaban menos interesados en las poblaciones pequeñas, dada la importancia de las economías de escala necesarias para hacer rentables esos negocios.

En los asentamientos de hasta 10.000 habitantes, más del 50 % de las fuentes de agua estaban situadas a menos de un kilómetro del centro urbano en cuestión. Los resultados de la encuesta muestran que en muchos casos el agua se suministraba dentro o justo fuera de los límites del consejo. Se trataba de manantiales, pozos, pozos artesianos y ríos, en cuyo caso bastaban obras y canalizaciones relativamente sencillas para que la población local tuviera acceso al agua. En los centros urbanos con una gran población, las fuentes de agua solían estar situadas más lejos. En las ciudades de más de 10.000 habitantes, aproximadamente el 17 % de las fuentes estaban situadas a más de 5 km de los asentamientos, y en los centros de más de 20.000 habitantes el porcentaje rondaba el 33 %. En estos casos, las obras de captación de agua de la fuente eran complejas y suponían una inversión considerable. También hay que señalar que en el 45 % del total de casos estudiados se desconocía el caudal de agua de la fuente y en otros se consideraba insuficiente para las necesidades de consumo. Así pues, puede concluirse que la situación en que se encontraba el país en materia de infraestructuras de utilización de las aguas de origen era aún muy atrasada a mediados de la década de 1930, lo que sin duda limitaba las posibilidades de construcción o ampliación de las redes de distribución de agua.

De las doscientas setenta capitales de consejo encuestadas, solo el 36 % disponía de redes de distribución de agua para uso doméstico. Y en estos casos, hay que señalar que solo una proporción muy pequeña de la población local disfrutaba de los beneficios del sistema:

en alrededor del 15 % de los pueblos, el agua solo llegaba por tuberías a fuentes y manantiales públicos, y en el 48 % de los pueblos no se menciona la existencia de una red de distribución. El acceso al agua para la inmensa mayoría de los habitantes de los asentamientos urbanos encuestados suponía abastecerse de pozos, manantiales y fuentes públicas o privadas, y utilizar los servicios de los aguadores siempre que los ingresos familiares lo permitían.

Examinando el número de casos en los que se menciona específicamente la distribución de agua a puntos de abastecimiento público, puede hacerse una evaluación del ritmo de construcción de las redes de distribución. Es evidente que el proceso se aceleró durante los años veinte y treinta del siglo XX: alrededor del 16 % de las redes se habían construido antes de 1900 o se habían clasificado como "antiguas"; en la primera década del siglo XX se construyeron alrededor del 4 % del total de redes que se pueden datar; en los años veinte, se pusieron en funcionamiento el 10 %; y en los quince años siguientes hasta la fecha de la encuesta, se construyeron el 53 % de las redes. De hecho, el 50 % de las redes de abastecimiento de agua puede datarse entre 1926 y 1934, periodo que coincide con el inicio de la Dictadura y los primeros años del *Estado Novo*.

Em 1930, cerca de 60 % de las 178 ciudades españolas con más de 10.000 habitantes tenían algún tipo de empresa que gestionaba el servicio público de abastecimiento de agua potable. Existió una ligera variación en el número de compañías en los años siguientes: en 1931, 117 empresas; 1933, 122 empresas; y en 1934, 120 compañías (Matés-Barco, 2021a, pp. 142-143).

En España, en 1933, de las distintas empresas que explotaban redes de abastecimiento de agua, 17 eran grandes empresas, mientras que el número de medianas empresas era de 44 y el de pequeñas empresas de 33. Como afirma Juan Manuel Matés-Barco (2021a, p. 95): "Cataluña, Andalucía, Valencia y Murcia eran las regiones con mayor concentración de empresas, tanto en su número como en capital invertido".

En aquella época, en toda Andalucía, solo en la ciudad de Sevilla existía una gran empresa, Aguas de Sevilla, que había sido fundada en 1881, mientras que el número de empresas medianas que operaban en el abastecimiento de agua en Andalucía era de 10, es decir, el 25 %. Y desde entonces hasta 1933 se establecieron en esta región las siguientes empresas: en Cádiz, *Aguas Potables de Cádiz* en 1885; en Córdoba, *Aguas Potables de Córdoba* en 1891; en Linares, *Aguas de Linares* en 1908; en Bujalance, *La Alameda* en 1909; en Martos, *La Fraternidad* en 1900; en Algeciras, *Andalucía Agua C. Ltd.* en 1912; en Villa del Río la empresa *La Estrella* en 1918; en Espejo la empresa *La Constancia* en 1923; en Huelva la empresa *Aguas de Huelva* en 1925 (Matés-Barco, 2021a, pp. 87-91).

Sin embargo, en algunas ciudades españolas la explotación del suministro de agua seguía en manos de los municipios. Este era el caso, por ejemplo, de Málaga, que contaba con una "Municipalización temprana y modernización incompleta". (Heredia-Flores, 2013, p. 112). En esta ciudad, a principios de la década de 1920, los sistemas de abastecimiento de agua y alcantarillado eran insuficientes para dar una respuesta eficaz a la población de 150.000 habitantes que en 1930 había aumentado a 180.000. Por esta razón, en 1921 el Ayuntamiento crio la Jefatura de Vías y Obras, que pasó a ser dirigida por el ingeniero de caminos José Bores Romero, que ese mismo año presentó un proyecto de "Mejoras y reformas en el abastecimiento de aguas potables de Málaga" (Heredia-Flores p. 113-114). Sin embargo, aún pasaron varios años antes de que la ciudad de Málaga dispusiera de un sistema de abastecimiento de agua capaz de satisfacer las necesidades de la población.

CONCLUSIÓN

A partir de la segunda mitad del siglo XIX, las redes urbanas modernas fueron valoradas públicamente por sus ventajas para resolver algunos de los principales problemas urbanos, como la higiene y la salud pública.

En Portugal, y en lo que se refiere a los servicios de abastecimiento de agua, el Estado y los municipios también destacan estas ventajas, incluso en los centros urbanos más pequeños y de menor crecimiento, donde la presión demográfica no era tan intensa. Las externalidades positivas derivadas de las infraestructuras modernas de distribución y suministro de agua (Silva, 2020) fueron reconocidas por los poderes públicos y justificaron la necesidad de su instalación, incluso cuando desde el punto de vista de la obtención de fondos para la inversión el contexto era adverso. Lo que se sabe sobre el proceso de instalación de la red de abastecimiento de agua y alcantarillado en la ciudad de Évora, ilustra precisamente esta situación (Bernardo, 2013).

Aunque el caso portugués requiere más investigación, como ya hemos mencionado, la comparación entre las experiencias históricas de Portugal y España muestra algunas diferencias en la gestión de las redes modernas de abastecimiento de agua.

En Portugal, la propiedad y gestión directa o municipal de estos servicios fue el camino más común para la instalación de estas infraestructuras, a través de una tendencia que se originó en la segunda mitad del siglo XIX y continuó en la primera mitad del siglo XX. En este país, las empresas de suministro de agua que se crearon no ocuparon un lugar importante en el sector empresarial portugués (Silva, 2020; Silva y Cardoso de Matos, 2004). En España, hasta los años 40, las empresas de suministro de agua ocupaban el 15º lugar entre las empresas privadas (Matés-Barco, 2004 y 2021a) y estaban situadas principalmente en ciudades medianas y grandes.

El mayor dinamismo urbano e industrial de España, en comparación con Portugal, es por tanto un elemento clave para entender las diferencias identificadas entre ambos países en cuanto a la creación de empresas vinculadas a la gestión del abastecimiento de agua. Dado que las infraestructuras de abastecimiento de agua son territoriales, de escala y de capital intensivo, los proyectos asociados a realidades urbanas más pequeñas han tenido más dificultades para atraer a las empresas. Una vez lanzadas las licitaciones, a menudo han resultado infructuosas. Esta situación retrasó la ejecución de los proyectos y, en lo que se refiere a Portugal, fue un factor relevante para la preponderancia de los municipios en la gestión de esos proyectos, con recurso al endeudamiento con entidades financieras. Una vez iniciado el proceso, y en situaciones más extremas, una parte muy relevante de los recursos municipales acabó canalizándose hacia el pago de los intereses de la deuda (Bernardo, 2013). En lo que se refiere a Portugal, mantenemos que las razones asociadas a la relevancia histórica de los poderes públicos en la implantación y gestión de las infraestructuras de abastecimiento de agua eran el resultado de las características de la red urbana del país. Una red urbana en la que destacaba la macrocefalia de la capital, Lisboa, la escasez de ciudades de tamaño medio y un gran número de pequeños núcleos urbanos, cuyo dinamismo económico no dejaba lugar a grandes expectativas en cuanto a el universo de consumidores potenciales, privados o públicos.

La propia complejidad técnica de los proyectos de abastecimiento de agua, y su estrecha correlación con las características del territorio (disponibilidad de agua, orografía, morfología urbana), así como la noción de que estos proyectos tenían una expectativa de retorno dilatada en el tiempo, son también factores que contribuyen a explicar la irrelevancia de las empresas privadas en la construcción y gestión de infraestructuras modernas de abastecimiento de agua en Portugal, a lo largo del período estudiado.

El creciente interés por la opción de la gestión municipalizada de las infraestructuras urbanas modernas en Portugal desde el inicio de la segunda década del siglo XX no puede disociarse de la llegada al poder de los republicanos en 1910. En términos de administración territorial, los nuevos dirigentes del país abogaron por una mayor descentralización y autonomía de los municipios para servir mejor a la población. En el caso del abastecimiento de agua, se trataba de garantizar el buen funcionamiento de las infraestructuras, la calidad y cantidad del agua disponible, y el precio adecuado, si era necesario mediante una toma de control de las empresas que gestionaban las infraestructuras y la distribución.

Sin embargo, los argumentos a favor de la municipalización no resultaron únicamente de convicciones político-ideológicas. El ejemplo de Lisboa muestra que fue utilizada en varias ocasiones a lo largo del siglo XIX como forma de presión sobre la empresa que explotaba el abastecimiento de agua de la ciudad, en situaciones de conflicto entre el municipio y esta empresa (Silva y Cardoso de Matos, 2004). En otras circunstancias, ilustradas por el caso de Évora, aunque la opción municipalizadora no fuera ajena a los principios ideológicos republicanos, el estudio del proceso de implantación de infraestructuras modernas de abastecimiento de agua en la ciudad demuestra que el municipio no anuló ni impidió la libre empresa: solo que se vio obligado a desempeñar funciones en un ámbito que no parecía de especial interés para los agentes económicos privados (Bernardo, 2004).

Ante la falta de interés de las empresas y teniendo en cuenta las crecientes exigencias tecnológicas y financieras asociadas a la instalación y mantenimiento de estas infraestructuras, especialmente en los proyectos que articulan el abastecimiento de agua y el saneamiento, los municipios crearon servicios municipales dentro de su estructura administrativa. Se trataba de una opción orientada a la eficiencia técnica y funcional.

Al instaurarse en Portugal, a principios de los años treinta, un régimen autoritario basado en principios centralizadores a nivel administrativo y en el intervencionismo económico, los municipios perdieron su autonomía y se convirtieron en meros agentes de las directrices del Estado dictatorial. Las estructuras de los servicios municipales locales, y sus técnicos, sirvieron a los propósitos del régimen, destacando para las poblaciones las propuestas de una modernización tecnocrática inscrita en una matriz política autoritaria (Rosas, 2000).

No es improbable que la opción de municipalizar las infraestructuras de abastecimiento de agua en España, a partir de la década de 1940, con la instauración del franquismo, se inscribiera en la misma lógica de apropiación de un discurso tecnocrático al servicio de un proyecto político de carácter autoritario y centralizador. La reconocida función de la tecnología en la en la construcción de la nación (*nation building*) (Saraiva, 2007) estaría, en las circunstancias históricas mencionadas, al servicio de la construcción del régimen político.

BIBLIOGRAFIA

Amorim, A. A. & Pinto, J. N. (2001). *Porto d'Agoa: o abastecimento de água à cidade do Porto através dos tempos*. Serviços Municipalizados de Água e Saneamento.

Bernardo, M.A. (2004). Elites, Acção Pública e Infra-estruturas: a construção da moderna rede de saneamento em Évora (1890-1933). *Ler História*, 46, 193-222.

Bernardo, M. A. (2013). *Sociedade e elites no concelho de Évora. Permanência e mudança (1890-1930)*. Gulbenkian.

Brandão, J.M. e Callapez, P.M. (2017). *O abastecimento de água à Figueira da Foz em finais de Oitocentos. Comodidade e modernidade*. Ed. CMFF

Calvo Miranda, J. L. (2010). Abastecimiento de agua potable y saneamiento de las aguas residuales urbanas en España. *Revista Aragonesa de Administración Pública*, 36, 295-312.

Cardoso de Matos, A. (2019). A ciência e a técnica ao serviço de cidades mais modernas e salubres. En R.J.G. Ramos, V. B. Pereira, M. Rocha y S. D. Silva (coord.). *Contexto Programa Projecto: Arquitetura e Políticas Públicas de Habitação* (pp. 14-22). Universidade do Porto. Faculdade de Arquitectura. https://www.up.pt/press/books/978-989-8527-30-1

Cardoso de Matos, A., Fernandez, A. y Larrinaga, C. (2023). "The municipalisation of gas in Latin Europe: Spain, Portugal and France until the First World War" in Andrea Giuntini e Jesús Mirás Araújo (ed.) *The Gas Industry in Latin Europe. Economic Development during the 19th and 20th Centuries*, Ed. Palgrave Macmillan, pp. 83-106. Chapter DOI https://doi.org/10.1007/978-3-031-16309-8_4

Cliftona, J., Lanthier, P. y Schroter, H. (2011). Regulação e desregulamentação dos serviços públicos 1830-2010. *Business History*, 53(5), 659-672. https://doi.org/10.1080/00076791.2011.599592

Cordeiro, J. M. (2018). *História do Abastecimento de Água a Braga* (1913-2013). AGERE, Empresa de Águas Efluentes e Resíduos de Braga, EM.

Faria, R. de (2015). Urbanismo e Municipalismo na Espanha: entre o Estatuto Municipal e a unión de Municipios Españols na década de 1920, *Revista Brasileira. Estudos urbanos e regionais*, 17(1), 105-122.

Fernández-Paradas, M. y Matés-Barco, J.M. (2022). Ingenieros y empresarios en las compañías de abastecimiento de agua en España (1840-1930). *Aportes*, 108(XXXVII), 75-111.

Fettah, S. y Bocquet, D. (ed.) (2007). *Réseaux techniques et conflits de pouvoir: les dynamiques historiques des villes contemporaines*. École française de Rome.

Fougères, D. (1998). Une approche sociotechnique pour l'étude historique des infrastructures et des services urbains: l'exemple du service d'eau à Montréal. En H. Capel y P.A. Linteau (ed.). *Barcelona-Montréal. Desarrollo urbano Comparado* (pp. 202-203). Universidad de Barcelona.

Heredia-Flores, V. M. (2013). Municipalización y modernización del servicio de abastecimientode agua en España: el caso de Málaga (1860-1930). *Agua y Territorio / Water and Landscape*, 1, 103-118.

Jordana de Pozas, L. (1961). *Estudios de Administración Local y General.* IEAL 26.

Konvitz, J., Rose, M. y Tarr, J. (1990). Technology and the City. *OAH Magazine of History*, 32-37.

Lees, A. e Lees, H.L. (2013). Europe:1800-2000. En P. Clark (ed.). *The Oxford Handbook of Cities in World History*. Universidad de Oxford.

Martínez, A., Giadas, L., Miras, J., Piñeiro, C. y Rego, G. (2005). *Aguas de La Coruña 1903-2003. Cien años al servicio de la ciudad.* LID.

Matés-Barco, J.M. (2004). The Development of Water Supplies in Spain. 19th e 20th Centuries. En A. Giuntini, P. Hertner y G. Núñez (ed.). *Urban Growth on Two Continents in the 19th and 20th Centuries: Tecnologia, Redes, Finanças e Regulação Pública. Introdução* (pp. 165-177). Comares.

Matés-Barco, J. M. (2017). El servicio público de abastecimiento de agua en España (siglos XIX y XX): El proceso de acumulación de competencias de los ayuntamientos. *Revista Brasileira de História & Ciências Sociais* – RBHCS, 9(18), 36-57. https://doi.org/10.14295/rbhcs.v9i18.448

Matés-Barco, J. M. (2019). El abastecimiento de agua a Barcelona (1850-1939): origen y desarrollo de las compañías privadas. *Historia Contemporánea*, 59, 61-194

Matés-Barco, J.M. (2021a). Small, Medium and Large Companies in the Supply of Water in Spain (1840-1940). En J. M. Matés-Barco y L. Caruana (eds.). *Entrepreneurship in Spain. A History* (pp. 82-98). Routledge.

Matés-Barco, J.M. (2021b). Public Services in Spain: The Role of Water Supply Companies. En M. Vázquez-Fariñas, P.P. Ortúñez-Goicolea y M. Castro-Valdivia (eds). *Companies and Entrepreneurs in the History of Spain* (pp. 135-159). Palgrave Macmillan. Doi: 10.1007/978-3-030-61318-1.

Mendes, J.M. (2013). *Águas do Mondego e a sua história: tradição e inovação na captação e tratamento de água.* Águas do Mondego.

Milward, R. (2000). The political economy of urban utilities. En M. Daunton (ed.). *The Cambridge Urban History of Britain*, vol. 3. Cambridge University.

Milward, R. (2005). *Private and Public Enterprise in Europe. Energia, Telecomunicações e Transportes, 1830-1990*. Cambridge University.

Mirás-Araujo, J. (2003). Servizo público e grupos empresariais no abastecemento de auga á cidade da Coruña. A empresa Aguas de La Coruña, S.A. *Murguía. Revista Galega de Historia*, 2, 47-59.

Montenegro, A. P. de M. (1903). *Inquérito de salubridade das povoações mais importantes de Portugal.* Imprensa Nacional.

Munck, B. De (2016). Re-Assembling Actor-Net Theory. *Urban History*, 44(11), 1-12.

Newbery, D.M. (2002). Regulating Unbundled Network Utilities. *The Economic and Social Review*, 33(1), 23-41.

Nunes, A.B. (1996). Sistema Urbano Português: 1890-1991. En P. T. Pereira y M.E. Mata (ed.). *Urban Dominance and Labour Market Differentiation of a European Capital City. Lisboa 1890-1990* (pp. 7-47). Kluwer Academic Publishers.

Nunes, A. B. y Valério, N. (1996). Lei da Reconstituição Económica. En Rosas, F., J. M. Brito Brandão de (dir.). *Dicionário de História do Estado Novo* (pp. 512-513). Bertrand.

Orduña Rebollo, E. (2006). La Unión de Municipios Españoles: Antecedentes y evolución del municipalismo associativo. *Revista de Estudios de la Administración Local y Autonómica*, 300-301, 331-360. https://doi.org/10.24965/reala.vi300-301.9300

Pato, J. (2008). Water Governance, CPR's and Public Participation: challenges to water policies in Portugal. In Jan Feye, Kelly Shannon, Matthew Neville (eds.). *Urban Development Paradigms: towards an integration of engineering, design and management* (pp. 681-686). Taylor & Francis / Balkema.

Pato, J. (2011). *História das políticas públicas de abastecimento e saneamento de águas em Portugal.* ERSAR / ICS

Pérez-Del-Hoyo, R.; Gutiérrez-Mozo, M.E. (2013). Primeras políticas de vivienda en España y su influencia en la evolución de la tipología residencial: el caso de Benalúa (1883-1956). *Revista INVI*, 28(78), 222-255. http://dx.doi.org/10.4067/S0718-83582013000200007

Pinto, L. L. (1989). *Subsídios para a História do Abastecimento de Água à Região de Lisboa*. Imprensa Nacional-Casa da Moeda.

Rodríguez Ocaña, E. (1994). La salud pública en España en el contexto europeo, 1890-1925. *Revista de Sanidad e Higiene Pública*, 68(0), 11-27.

Rosas, F. (1986). *O Estado Novo nos Anos Trinta 1928-1938*. Estampa.

Rosas, F. (2000). *Salazarismo e fomento económico*. Editorial Notícias.

Saraiva (2007). Inventing the Technological Nation': O Exemplo de Portugal (1851-1898). *História e Tecnologia*, 23(3), 263-273.

Saraiva, T., Schmidt, L. y Pato, J. (2014). Lisbon Water regimes: Política, Ambiente, Tecnologia e Capital (1850-2010). *Flux*, 97/98, 60-79.

Serra, João Bonifácio (1988). As reformas da administração local de 1872 a 1910. *Análise Social*, 24(103-104), 1037-1066.

Silva, A.F. (1997). A evolução da rede urbana portuguesa (1801-1940). *Análise Social*, 32 (143-144), 779-814.

Silva, A.F. (2020). Sede de Eficiência: Explicações tecnológicas e de custos de transacção para a municipalização dos abastecimentos de água. En A. Duarte Rodrigues y C. Toribio Marín (eds.), *The History of Water Management in the Iberian Peninsula, Trends in the History of Science* (pp. 89-110). Springer Nature.

Silva, A.F. e Sousa, M.L. (2009). In search of the urban variable: Understanding the roots of urban planning in Portugal. *Métropoles*, 6. http://journals.openedition.org/metropoles/4029

Silva, A.F. e Cardoso de Matos, A. (2004). The Networked City: Managing Power and Water Utilities in Portugal, 1850s-1920s. *Business and Economic History-On Line*, 2, 1-45. http://www.thebhc.org/publications/BEHonline/2004/daSilva-Matos.pdf

Sousa, F. de (1995). *História da Estatística em Portugal*. Instituto Nacional de Estatística.

Tarr, J. y Dupuy, G. (ed.) (1988). *Technology and the Rise of the Networked City in Europe and America*. Palgrave.

Tostões, A. (1996). Ministério das Obras Públicas. En F. Rosas, J. M. Brito de Brandão (dir.). *Dicionário de História do Estado Novo* (pp. 585-598). Bertrand.

Veiga, T.R. (2003). A população portuguesa no último século: permanências e mudanças. *Ler História*, 5, 91-109.

Villar-Chamorro, F., Castro-Valdivia, M. y Matés-Barco, J. M., (2019) Crecimiento urbano y abastecimiento de agua potable en España: el protagonismo de las empresas privadas (1840-1950)", *Posición*, 1, 1-21.

Vleuten, E.van, Oldenziel, R. y Davids, M. (2017). *Engineering the Future, Understanding the Past: a social history of technology*. Imprensa da Universidade de Amesterdão, 29-31.

Las modernas infraestruturas de abastecimento de agua en los centros urbanos de la península ibérica hasta mediados del siglo xx: entre política y economía

Resumen: Considerados como un elemento clave de la modernización de las ciudades, los nuevos servicios de abastecimiento de agua y saneamiento formaron parte de la revolución sanitaria y fueron una respuesta a las críticas y quejas de las poblaciones urbanas enfrentadas a la insalubridad de la vida en la ciudad. En el marco del modelo regulador, las autoridades públicas crearon las condiciones jurídicas e institucionales adecuadas para la construcción y gestión de los nuevos servicios públicos. En muchos casos fueron ellos quienes gestionaron las nuevas infraestructuras, bien directamente o a través de la municipalización. El objetivo de este capítulo es analizar la historia de la instalación de redes modernas de abastecimiento de agua en zonas urbanas, con especial atención a las soluciones técnicas y de gestión y al marco jurídico e institucional que acompañó el proceso. También tratamos de entender las diferencias y similitudes entre Portugal y España, a partir de los tópicos enunciados. Nuestra cronología de análisis incluye el siglo xix y la primera mitad del siglo xx, excluyendo los posibles impactos de la dinámica económica de posguerra en la construcción y expansión de las infraestructuras urbanas de abastecimiento de agua en los centros urbanos.

Palabras clave: Abastecimiento de agua, Infraestructuras urbanas, Políticas públicas, Gestión privada, Municipalización.

Modern water supply infrastructures in the urban centres of the Iberian Peninsula until the mid-20th century: between politics and economics

Abstract: Considered as a key element of the modernisation of cities, the new water supply and sanitation services were part of the sanitation revolution and were a response to the criticisms and complaints of urban populations confronted with the unhealthiness of city life.

Within the framework of the regulatory model, public authorities created the appropriate legal and institutional conditions for the construction and management of the new public services. In many cases it was they who managed the new infrastructures, either directly or through municipalisation. The aim of this chapter is to analyse the history of the installation of modern water supply networks in urban areas, with a focus on the technical and managerial solutions and the legal and institutional framework that accompanied the process. We also try to understand the differences or similarities between Portugal and Spain, based on the enunciated topics. Our chronology of analysis includes the 19th century and the first half of the 20th century, excluding the possible impacts of post-war economic dynamics on the construction and expansion of urban water supply infrastructures in urban centres.

Keywords: Water supply, Urban infrastructure, Public policies, Private management, Municipalization

As modernas infraestruturas de abastecimento de água nos centros urbanos da península ibérica até meados do século xx: entre a política e a economia

Resumo: Considerados como um elemento-chave da modernização das cidades, os novos serviços de abastecimento de água e saneamento fizeram parte da revolução sanitária e foram uma resposta às críticas e queixas das populações urbanas confrontadas com a vida pouco saudável da cidade. No quadro do modelo regulador, as autoridades públicas criaram as condições jurídicas e institucionais adequadas para a construção e gestão dos novos serviços de utilidade pública. Em muitos casos foram elas que geriram as novas infraestruturas, quer directamente, quer através da municipalização. O objectivo deste capítulo é analisar a história do estabelecimento de infraestruturas modernas de abastecimento de água em Portugal, na primeira metade do século xx. Centramo-nos nas soluções adoptadas para a gestão das redes de abastecimento de água e no quadro jurídico e institucional que a elas conduziu. Finalmente, com base na mesma cronologia e perspectiva de análise, tentamos comparar os casos portugueses e espanhóis.

Palavras-chave: Abastecimento de água, Infraestruturas urbanas, Políticas públicas, Gestão privada, Municipalização.

2.
EL SUMINISTRO GENERALIZADO DE AGUA POTABLE EN MADRID DURANTE EL PRIMER TERCIO DEL SIGLO XX: AVANCES, CONFLICTOS Y LIMITACIONES

Nuria Rodríguez Martín
Universidad Complutense de Madrid

INTRODUCCIÓN

El abastecimiento de agua potable en las ciudades occidentales durante el siglo XIX se convirtió en uno de los servicios urbanos claves en su transformación y crecimiento. La progresiva disponibilidad del preciado líquido impulsó la industrialización y la urbanización, contribuyó a la implementación, mejora y modernización de otros servicios a la población (baños públicos, mercados, mataderos, limpieza urbana...), y mejoró notablemente las condiciones sanitarias de las urbes y las propias condiciones de vida de sus poblaciones. Sin la construcción de infraestructuras para aumentar y mejorar la provisión de agua limpia a sus habitantes, sin la introducción de sistemas para la eliminación de las aguas negras, el crecimiento de las urbes se habría visto seriamente comprometido (Larrinaga y Matés-Barco, 2011; Matés-Barco, 2013; Otero Carvajal, 2020).

La dotación de agua en las ciudades aumentó gracias a las nuevas técnicas para su suministro y la ejecución de grandes obras para crear y ampliar las redes de abastecimiento a la población (Matés-Barco, 2013, p. 24). El suministro universal a domicilio, sin embargo, no se alcanzó en la mayoría de ellas en ese periodo, ni siquiera hasta bien entrado el siglo XX, aunque ya entonces comenzó a plantearse como un objetivo posible y deseable, también en España. Recientemente Novo López (en prensa) ha constatado cómo en la ciudad de Bilbao, epicentro de una de las regiones más industrializadas y urbanizadas de España a finales del siglo XIX, la escasez de agua limpia fue una constante hasta bien entrado el siglo xx, y aún en 1900, el agua potable a domicilio solo alcanza al 39,1 % de su población (Novo López, en prensa). Esto no fue óbice para que, progresivamente, la disponibilidad de agua corriente en los hogares a través de grifos, retretes, bañeras u otros, fuera percibida como una necesidad en cualquier ciudad que se considerara a sí misma moderna y avanzada.

En Madrid, la aspiración de un abastecimiento universal a domicilio, abundante, constante y barato, era compartida tanto por el propio vecindario, que reclamaba las actuaciones y mejoras necesarias para hacerla realidad, como por los responsables de las entidades que proporcionaban el agua consumida en la capital. En palabras de un gestor del Canal de Isabel II, la empresa estatal que ofrecía la mayor parte del suministro al municipio en el periodo aquí estudiado: "Agua sin tasa, a todas horas, en todos los ámbitos de la ciudad" (Canal de Isabel II, 1918, p. 22).

La etapa que aquí se estudia fue un periodo en el que Madrid experimentó un importante crecimiento demográfico y espacial, lo que provocó un aumento exponencial de la demanda de agua. Como consecuencia, entre los propósitos para hacer efectiva aquella aspiración y la realidad existió una considerable distancia. Ello se debió a una serie de impedimentos, dificultades y conflictos, cuyo estudio se aborda en este capítulo.

SISTEMAS Y ENTIDADES CONCURRENTES EN EL SUMINISTRO DE AGUA A MADRID DURANTE EL PRIMER TERCIO DEL SIGLO XX

A lo largo del primer tercio del siglo xx tres entidades participaron de la dotación de agua a los habitantes de Madrid, dos públicas y la tercera privada. En primer lugar, el Ayuntamiento de la capital, a través de los denominados viajes de agua o viajes antiguos. El Canal de Isabel II, propiedad del Estado, en segundo lugar, y finalmente una empresa fundada por el marqués de Santillana, Hidráulica Santillana. La ausencia de un monopolio y la diversidad y pluralidad de participantes en el abasto, además de la presencia del Estado, puede considerarse una peculiaridad de la capital, aunque no una anormalidad, puesto que los modelos de la gestión para el servicio de suministro de agua limpia en el mundo occidental fueron bastante diversos (Matés-Barco, 2013). En países como México, por ejemplo, el control y provisión de agua estuvo en manos no solo de instituciones oficiales (ayuntamiento, gobierno federal y estatal) sino incluso de hacendados, pequeños agricultores e instituciones religiosas (Contreras Utrera, 2011).

Los viajes antiguos fueron durante varios siglos y hasta la inauguración del Canal de Isabel II en 1858 el único sistema para proveerse de agua en la ciudad de Madrid[1]. Eran un complejo sistema de canalizaciones y conducciones de aguas subterráneas filtradas, a cuya historia se han dedicado diversos y documentados trabajos (Gea Ortigas, 1999; Macías y Segura, 2000; Pinto Crespo, 2010; Guerra Chavarino, 2011; Velasco Medina, 2017). La mayoría eran de titularidad municipal, siendo algunos de ellos propiedad de la Casa Real. Los de mayor importancia por volumen de agua suministrada y número de fuentes abastecidas eran el viaje de la Castellana, el de Alcubilla, y los viajes del Alto y del Bajo Abroñigal. En las primeras décadas del siglo XX seis viajes seguían en servicio, aunque ofrecían un caudal escaso en relación con las necesidades que entonces tenía la ciudad, de en torno a unos 3.000 m^3 de agua por día. No era este sin embargo su principal inconveniente, sino el hecho de que su consumo no era seguro. Al abastecer aguas filtradas, los viajes estaban muy expuestos a la contaminación, particularmente por filtraciones de los numerosos pozos negros que existían en la ciudad.

Este sistema de evacuación de las aguas fecales, muy primitivo y problemático, fue prohibido en 1922, pudiendo utilizarse en su lugar fosas sépticas, más seguras a ese respecto. El empleo de estos métodos se debía a que la red de alcantarillado no alcanzaba a toda la ciudad, por lo que decenas de edificios no podían verter en ella sus aguas negras. En la zona del Extrarradio de Madrid, zona de

[1] El Diccionario de Madoz contiene datos muy detallados sobre la provisión y abastecimiento de agua a Madrid antes de la construcción del Canal de Isabel II. Los datos están referidos al año 1848, y además del volumen de agua, la titularidad, número y localización por distritos y barrios de las fuentes abastecidas por los viajes de agua, se recoge la cifra de aguadores adscritos a cada una de ellas (Madoz, 1848, pp. 700-706).

urbanización informal carente de las infraestructuras y servicios urbanos más básicos, eran los únicos procedimientos de los que disponían sus habitantes para desembarazarse de ellas. Al finalizar la década, el Ayuntamiento cifraba en cerca de 1.000 el número pozos negros que aún existían en su término municipal, habiendo muchos más en localidades vecinas por cuyo subsuelo transcurrían las aguas de viajes como el de la Castellana (Ayuntamiento de Madrid, 1929, pp. 28, 34, 111 y 115).

A pesar de presentar este importante problema referido a la impureza de sus aguas, durante el periodo que aquí se estudia, los viajes de agua de Madrid siguieron jugando un papel significativo en el suministro a la población en determinados momentos, como se expone más abajo. De ahí que hubiera voces que pidieron su reparación y saneamiento para que pudieran continuar siendo un complemento en el abasto a la población, particularmente en situaciones de sequía y restricciones, peticiones rebatidas por la dirección del Canal de Isabel II por el riesgo sanitario que entrañaba para la población[2].

En segundo lugar, el Canal de Isabel II, una entidad del Estado nacida por Real Decreto de 18 de junio 1851 para proveer de agua a Madrid. Fue inaugurado en 1858, y su creación hay que situarla en el contexto de la construcción del Estado liberal. El Ayuntamiento de la ciudad fue incapaz de sacar adelante los proyectos que se habían ido formulando desde comienzos del siglo XIX para dotar de agua abundante y constante a la villa. Por ello, y por la pretensión de las autoridades liberales de elevar Madrid al rango de capital representativa y progresiva del nuevo Estado, además de para estimular su industrialización, la ciudad fue un caso singular en este aspecto, pues fue el Gobierno quien se encargó de impulsar, financiar y construir

[2] El Ayuntamiento estudio en estos años distintos proyectos para realizar reparaciones y mejoras en estos viajes con objeto de mantenerlos en uso (Ayuntamiento de Madrid, 1911 y 1929, p. 115). "Los antiguos viajes" por Norberto de Aroas, en *La Correspondencia de España*, 19 de diciembre de 1908. En 1931, el periodista y exconcejal socialista Antonio López Baeza escribió varios artículos reivindicativos al respecto en el diario *El Sol*, contestados en sentido negativo por el Delegado del Gobierno en Canales del Lozoya, Benito Artigas Arpón (*El Sol*, 24 de octubre de 1931, 30 de octubre de 1931 y 31 de octubre de 1931).

esta gran infraestructura pública, la mayor realizada hasta la fecha[3]. El Canal comprendía el propio canal de transporte de agua del río Lozoya, y todo un conjunto de obras formado por presas y embalses, acueductos, sifones, depósitos, la red de distribución y una red de evacuación, además de una central hidroeléctrica cuya producción comenzó en 1913 (Bello Poëyusan, 1929).

Finalmente, la Sociedad Hidráulica Santillana (HS), fundada por el marqués de Santillana. HS era una sociedad anónima constituida en 1905 para explotar una concesión obtenida en 1900 para surtir a Madrid de agua del río Manzanares, tanto para consumo humano, como para riegos agrícolas y usos industriales. Previas autorizaciones habían facultado al marqués de Santillana la construcción de una presa y un canal, infraestructuras con las que contaba para la explotación del servicio, que inició en 1912 (Villanueva Larraya, 1995; Rodríguez Martín, 2015, p. 234).

La concesión autorizaba el aprovechamiento de un caudal de 3 m³ por segundo del río, para abastecer principalmente los denominados "barrios altos" de la ciudad, particularmente el Ensanche Este (barrio de Salamanca), zona a la que el agua del Canal no llegaba o lo hacía con mucha dificultad. La construcción del Canal de Isabel II estuvo en gran medida ligada a la aprobación de un plan de ensanche para Madrid, encorsetada a mediados del siglo XIX en la cerca que en 1625 ordenó levantar Felipe IV. Una vez aprobado e iniciado el plan de Ensanche diseñado por Carlos M.ª de Castro, se dio la paradoja de que gran parte de los nuevos barrios que se iban construyendo, al estar situados en una altura superior a la que se encontraban los depósitos que almacenaban el agua del Lozoya en el interior de la ciudad, se vieron sin posibilidad de abastecimiento, puesto que el Canal no contaba con los medios técnicos necesarios para elevar el agua y poder así dotar de la misma a las nuevas fincas construidas en la zona de expansión de la capital[4].

---

[3] Todo ello justificado en el preámbulo del Real Decreto de 18 de junio de 1851 por el que se aprobó la construcción del Canal nominado con el nombre de la reina liberal. *Gaceta de Madrid* de 20 de junio de 1851.

[4] En 1907 el Canal inició la construcción de un sistema de agua elevada que comenzó a funcionar en noviembre de 1911 para dar servicio a barrios del Ensanche Norte y Este

En 1929 HS conducía diariamente a Madrid entre 40.000 y 60.000 m^3, cifra bastante inferior a los 86.000 m^3 que por la concesión le correspondían. Frente a este suministro, el Canal transportaba por las mismas fechas 233.000 m^3 por día, lo que por volumen la convertían en la más importante de las tres entidades que concurrían en surtir de agua a la capital (Ayuntamiento de Madrid, 1929, p. 114).

LAS DIFICULTADES EN EL CAMINO HACIA EL SUMINISTRO UNIFORME Y CONTINUO DE AGUA EN MADRID

Las estadísticas elaboradas por los técnicos del Canal de Isabel II referidas a los años que abarca este estudio, indicaban que Madrid se encontraba entre las ciudades occidentales con mayor dotación de agua potable. En los primeros años del siglo XX le correspondían a cada habitante de la capital 250 litros diarios, algo más de los que disponían los parisinos, 216 litros habitante/día, y más del triple en el caso de Berlín, donde apenas contaban con 80 litros habitante/día (Canal de Isabel II, 1907a). Al finalizar los años veinte, con una población que superaba los 800.000 habitantes, el consumo alcanzaba los 298 litros habitante/día (Bello Poëyusan, 1929). El Canal también destacaba en sus escritos que sus tarifas eran inferiores que los precios a que se vendía el agua en la mayor parte de las poblaciones de España y del extranjero[5].

No obstante, esas cifras sobre el suministro y consumo de agua en Madrid son datos generales sobre la captación, el transporte y su distribución en la ciudad. No contamos, sin embargo, con datos detallados sobre el verdadero reparto del fluido, pero no son pocas las fuentes documentales en las que se constata que en estos años el consumo de agua en Madrid fue muy desigual. Como denunciaba un diario madrileño en 1928, el Ayuntamiento madrileño desconocía si la ciudad estaba bien o mal abastecida, porque ignoraba "la cantidad

de Madrid (González Reglero, 2014). El sistema incluía el primer depósito elevado del Canal, con capacidad para 1.500 m^3.

[5] Archivo Histórico del Canal de Isabel II (AHCYII). C. 59 AH bis, Legajo 2º. Expediente sobre rebaja de tarifas solicitada por el Ayuntamiento, 1907.

de agua que gasta el vecino de Madrid para beber, para bañarse, para lavarse, para la limpieza domiciliaria, la que gasta en los hospitales, cárceles y colegios, la que se utiliza en las fuentes públicas y para el riego de la vía pública y de los parques y jardines, el número de caballos, vacas y demás bichos estabulados en la población y el agua que en ello se emplea, la que se invierte en la limpieza del alcantarillado, la que se pierde en roturas y filtraciones" (*El Imparcial*, 26 de febrero de 1928).

El crecimiento demográfico, el cambio en los hábitos higiénicos de la población, unidos a la propia expansión de Madrid durante el primer tercio del siglo xx, hicieron aumentar exponencialmente la demanda de agua limpia. Al mismo tiempo, fue un periodo en el que aumentaron los servicios a la población que requerían de una cierta dotación de agua (parques de bomberos, centros de carácter asistencial y sanitario como Casas de socorro, dispensarios y asilos, escuelas, urinarios y evacuatorios, mercados, el nuevo matadero y la nueva necrópolis, parques y jardines...). Cuando se inauguró el Canal en 1858 la capital tenía una superficie de 777 ha. y 271.254 habitantes. En 1900 la población ascendía a 539.835 habitantes y con el Ensanche aprobado en 1860, la extensión que ocupaba era de 2.294 ha. Además, el denominado Extrarradio, la zona entre el límite del Ensanche y el límite del término municipal, comenzaba a poblarse de edificios y vecinos que reclamaban la instalación de servicios, entre ellos, el suministro de agua. En 1936 Madrid superó el millón de almas. Son cifras que conviene tener presentes a la hora de considerar las actuaciones del Canal y la evolución del abasto de agua a la capital.

Ya en los primeros años del siglo xx se hizo evidente que ni el canal de transporte ni la red de distribución del agua en la ciudad eran eficaces y suficientes para la demanda de agua, especialmente en el verano, cuando esta aumentaba extraordinariamente (Rueda Laffond, 1994). Era una realidad que los responsables del Canal reconocían sin ambages. Si en 1882 el volumen de agua disponible en el único depósito en servicio de la empresa cubría las necesidades de consumo de Madrid durante un plazo de 6 días, en 1905, solo alcanzaba a hacerlo durante 32 horas (Sánchez de Toca, 1908, p. 46).

Los sucesivos gestores del Canal defendían que a pesar del incremento en la demanda y de las graves dificultades que enfrentaron en este periodo, lograron atenderla y proveer del agua necesaria a la población. No obstante, este fue un periodo marcado por las denuncias sobre el excesivo número de viviendas sin suministro, y las frecuentes restricciones al consumo impuestas por distintas causas. También la creación y actividad de HS son un indicador de las limitaciones que enfrentó el Canal ya en los años finales del siglo XIX, incapaz de proveer de agua a la mayor parte de la zona del Ensanche de Madrid. En 1903 Emilio Loza y Collado, médico de la Beneficencia Municipal madrileña, afirmaba en un estudio sobre la distribución del agua en Madrid que era "enormemente defectuosa por insuficiencia de la red repartidora, poca elevación de los depósitos y por haberse hecho muchas concesiones a caño libre. 200.000 habitantes y 4.000 edificios carecen, por estas causas de un abastecimiento regular, y más del 50 % del agua suministrada se desperdicia lastimosamente" (Loza y Collado, 1903, p. 65). Loza Collado apuntaba a los problemas en las infraestructuras para el abastecimiento y al desigual reparto del agua disponible.

En cuanto al primero, hay que indicar que el notable crecimiento demográfico y urbanístico de la ciudad, unido a la obsolescencia de una parte de las construcciones del Canal, hicieron que el suministro se viera muy afectado, tal y como denunciaba el médico madrileño y reconocía la propia empresa proveedora. En la *Memoria* de la entidad correspondiente al año 1908 se recoge el malestar de la población y el juicio tan negativo que se formaba sobre la prestación por "la impresión que recibe del estado de las bocas de riego, de los hundimientos que de continuo se producen en el suelo y subsuelo, de la irregularidad de la presión en los suministros del agua en los domicilios, y de las numerosas interrupciones del servicio" (Canal de Isabel II, 1909, pp. 50-51). Para remediar esta situación, los responsables del Canal habían formulado en 1907 un ambicioso plan de obras, que incluía, entre otras, la construcción de un nuevo embalse, un segundo canal de conducción, un nuevo depósito y la ampliación de la red de distribución en la ciudad (Canal de Isabel II, 1907b).

El plan se vio muy afectado por el contencioso iniciado por la HS, que reclamaba el derecho exclusivo de abastecimiento de agua en la zona alta de Madrid y un derecho de concesión de agua sobre el río Lozoya cerca de la presa del Villar y que no fue totalmente resuelto hasta 1928[6]. En este intervalo de tiempo, la demanda de agua por la población de Madrid siguió incrementándose a un ritmo que el Canal se veía casi imposibilitado de satisfacer. En 1921 se aprobó un nuevo plan de obras a ejecutar que incluía, entre otros, la construcción de un nuevo canal de conducción y las ampliaciones de los embalses del Lozoya[7]. También la ampliación y modernización de la red de distribución de la ciudad, verdadero cuello de botella que impendía el suministro generalizado a la ciudad, y cuyas graves deficiencias motivaban que las presiones cada día fueran menores, dificultando el suministro[8]. Por lo demás, la intensa urbanización de Madrid se traducía en la aparición de nuevos barrios y edificios que demandaban la distribución de fluido, engendrando la necesidad de nuevas extensiones de la red (Canal de Isabel II, 1921, p. 29).

Mientras tanto, la población pagó las consecuencias de estos obstáculos. Obstáculos que hicieron evidente que el postulado de que el abastecimiento de cualquier gran urbe como Madrid fuera "abundante, inagotable e ininterrumpido" (Amezúa y Mayo, 1924, p. 14) estaba lejos de ser una realidad. Sucedió que las averías en las instalaciones del Canal provocaron frecuentes alteraciones en el suministro a la ciudad a lo largo de las primeras décadas del siglo xx. Estas ocasionaron graves restricciones en el consumo de agua en Madrid, además de estar detrás de la aparición de problemas de carácter sanitario. Se produjeron varios episodios de este tipo que afectaron a toda la ciudad en su totalidad. Uno de ellos tuvo lugar en vísperas del verano de 1920, cuando ocurrió un grave accidente por hundimiento en el túnel del Otero, una de las infraestructuras que conformaban el canal de conducción de agua a Madrid.

---

[6] Real Orden de 2 de abril de 1928. *Gaceta de Madrid* de 3 de abril de 1928.

[7] Real Orden de 10 de noviembre de 1921. La descripción detallada por parte de su autor, el ingeniero del Canal, en Nicolau Sabater (1922a).

[8] AHCYII. C. 60, Legajo 3º. Escrito de José Nicolau, Ingeniero-Director del Canal de Isabel II, de 24 de septiembre de 1920.

Debido a la rotura y a las reparaciones necesarias, el abastecimiento en la mayor parte de la ciudad quedó prácticamente suprimido. Los vecinos, desesperados, hubieron de recurrir a las fuentes públicas, entre ellas las servidas por los viajes antiguos, formándose grandes colas antes ellas[9], particularmente en los barrios donde el suministro faltó por completo, como el de Cuatro Caminos y Argüelles. Algunos recogieron el agua de los pilones y estanques de las fuentes ornamentales, otros la tomaron de los canalillos, conducciones de agua del Canal que cruzaban algunos lugares de Madrid construidos para aprovechar los sobrantes de agua y dedicarlos a usos agrícolas e industriales. Al estar descubiertos el agua que transportaban era de fácil acceso, pero por el mismo motivo, eran aguas contaminadas y su ingesta podía causar graves enfermedades. También hubo personas que hicieron saltar las bocas de riego para proveerse de agua.

Las largas esperas para recoger un poco de agua y las aglomeraciones en torno a los puntos dónde era posible conseguir algo de líquido para los domicilios, dieron lugar a peleas y enfrentamientos. Temiendo las autoridades que la avería del Canal acabara por causar un verdadero conflicto de orden público, decidieron movilizar a las fuerzas del orden, enviando la Dirección General de Seguridad guardias para vigilar y controlar a las mujeres y niños que armados con todo tipo de cacharros esperaban horas para poder llenarlos.

Pero el verdadero conflicto era sanitario. Porque el escaso agua disponible para el consumo doméstico mientras duró la avería y las reparaciones, era potencialmente peligrosa para la salud por contaminación[10]. Las autoridades municipales y el Canal alertaron de la necesidad de hervirla y airearla antes de utilizarla. Además, la falta de agua afectó a los servicios públicos, incluidos aquellos de

[9] Algunos diarios afirmaban que hubo personas que se vieron obligadas a esperar hasta 12 horas para recoger agua en las fuentes (*El Liberal*, 20 de junio de 1920).

[10] El agua de las fuentes abastecidas por los viajes antiguos era siempre sospechosa al ser susceptible de contaminación por filtraciones de los numerosos pozos negros que existían en Madrid. En el caso del agua de las fuentes públicas que siguieron recibiendo agua de los depósitos del Canal, la alcaldía advirtió a la ciudadanía que, al no haber entrado nuevo caudal en los depósitos, y estar embalsada sin salida desde hace días la que se estaba distribuyendo, su consumo podía causar problemas intestinales, por lo que no debía ingerirse sin haber sido previamente hervida (*La Época*, 19 de junio de 1920).

los que dependía la higiene urbana, como el riego de las calles –de imperiosa necesidad por entonces por los pavimentos– y la limpieza de las alcantarillas –que los empleados municipales ejecutaban a base de agua íntegramente–. Las nubes de polvo y los olores pestilentes procedentes de las bocas del alcantarillado ahogaron la ciudad.

Una gran preocupación fue el Servicio de Incendios, pero también el aprovisionamiento de establecimientos públicos y benéficos, como los hospitales, cárceles y asilos, donde la falta de agua podía ocasionar gravísimos problemas, y que se solventó a duras penas con la almacenada en depósitos particulares o transportándola en las cubas regadoras del Servicio de Limpieza. Los evacuatorios públicos fueron cerrados por no contar con el agua imprescindible para atenderlos.

A pesar de restablecerse el servicio, prácticamente durante todo el verano de aquel año persistieron los problemas en el suministro. Debido a que debían consolidarse las obras de reparación y para poder llenar de nuevo los depósitos, el Canal cortó el agua a las viviendas desde las primeras horas de la tarde a las primeras de la mañana hasta los primeros días de julio. Aún en el mes de agosto, en plena canícula, el Ayuntamiento anunció que debido a la escasez de agua se veía forzado a suspender durante varios días el riego de las calles y la limpieza de las alcantarillas. Y se recordó al vecindario que debía continuar purificando el agua destinada a la ingesta, hirviéndola y aireándola (*La Libertad*, 1 de agosto de 1920).

El recurso al consumo de agua de los viajes antiguos como consecuencia de los problemas en el suministro del Canal suponía un enorme riesgo sanitario, como quedó en evidencia a finales del año 1920 con la aparición de una epidemia de fiebres tifoideas en la ciudad. La propagación de la enfermedad fue de origen hídrico, como reconocieron las autoridades municipales, y causó un repunte de los casos y fallecimientos por esta causa registrados ese año (*El Globo*, 29 de diciembre de 1920; *La Voz*, 29 de diciembre de 1920). La cifra de muertes por fiebre tifoidea se elevó a 391, la más alta –a excepción del año 1909 que fue de 529[11]– en el periodo 1900 a 1934 (Canales

[11] En 1899, a causa de la escasez de agua en el embalse del Villar del Canal motivada por una prolongada sequía, la población recurrió a los viajes de agua. La contaminación en el del Bajo Abroñigal provocó una gravísima epidemia de tifoideas en Madrid,

del Lozoya, 1937). Los responsables del Canal utilizaron este trágico episodio para denostar el uso del agua de los viajes antiguos, a pesar de que, en determinados momentos a la población de Madrid, por problemas en el abasto del Canal, no le quedó más que ese recurso para abastecerse del imprescindible líquido (*Heraldo de Madrid*, 15 de noviembre de 1929; *El Sol*, 30 de octubre de 1931).

Episodios similares al descrito se repitieron en Madrid en distintos momentos en el periodo al que aquí se atiende, y muestran los obstáculos y dificultades hacia un suministro de agua a su población, constante, universal y seguro en términos sanitarios. En marzo de 1925 otra grave avería provocada por una rotura en uno de los acueductos del canal de conducción dejó la ciudad prácticamente sin suministro de agua durante varios días y con restricciones durante semanas (*La Voz*, 18 de marzo de 1925). La opinión pública reclamó de nuevo la puesta en marcha de obras para ampliar y modernizar las infraestructuras de la empresa pública y, ante todo, insistió en la imperiosa necesidad de construir un segundo canal para el transporte del agua almacenada en las presas y embalses en servicio construidos en la Sierra madrileña. El citado litigio iniciado por HS en 1907 que estaba pendiente de resolución impedía tomar estas y otras medidas mientras la población de Madrid veía periódicamente comprometido el suministro de agua corriente.

La opinión pública se movilizó en torno a la cuestión. Algunos diarios, impacientes, invocaron la intervención directa y expeditiva del Directorio Militar porque "todos los días está Madrid, capital de España, y una de las principales ciudades del mundo, expuesta a quedarse sin agua. Si esto sucede, ¿podrá remediarse el conflicto? No" (*El Sol*, 9 de mayo de 1925). El dirigente socialista Julián Besteiro, desde las páginas de *La Libertad*, se posicionó a favor de los derechos del Canal sobre los de Santillana, a quien se refirió como "un ilustre prócer senador del reino [que] obtuvo para sí la concesión de las aguas del Manzanares". Besteiro afirmó que el pleito no tenía "fundamento de ningún género" y denunció que "una Empresa particular

elevando la mortalidad por esta causa al 91 por 100.000. También los años 1900 fueron especialmente graves en este aspecto, siendo de nuevo atribuido su origen al consumo de aguas de los viajes antiguos (Nicolau Sabater, 1922b, pp. 2-9).

está exponiendo a Madrid a peligros que no se atrevería a provocar el más desenfrenado terrorista" (*La Libertad*, 10 de mayo de 1925).

Por lo demás, se repitieron los episodios de escasez y restricciones en el consumo y abasto de agua del Canal con motivo de sequías que prolongaron el estiaje. En el periodo aquí atendido, fue especialmente grave en este aspecto el año hídrico 1923-1924 (Canal de Isabel II, 1926). A la prolongada sequía se le sumaron las obras ejecutadas en la presa de Puentes Viejas, que hicieron que se almacenara menos agua. Desde agosto hasta noviembre se establecieron rigurosas limitaciones al consumo a toda la ciudad –que llegaron a incluir el corte total del suministro durante las últimas horas de la noche–, creando gran alarma entre los habitantes de Madrid y en el Ayuntamiento, que hubo de anunciar, entre grandes críticas de la prensa, la total supresión de algunos servicios urbanos, como el riego y limpieza de las vías públicas que en buena medida se efectuaba con mangas de agua a presión. A finales de octubre la prensa denunciaba que en las calles se amontonaba el polvo y la basura, y que si no llegaban las lluvias la ciudad estaba expuesta "a que la salubridad pública sufra peligrosas alteraciones" (*El Imparcial*, 25 de octubre de 1924). También la privada, por supuesto, con un número elevado de viviendas sin agua para cubrir las necesidades básicas. La prensa invocó la grave amenaza que suponía la falta de agua "incluso para beber y lavarse. Hay miles de retretes estos días sin agua corriente. Y puede desarrollarse una epidemia" (*La Voz*, 15 de octubre de 1924).

Además, el alcalde trató de paliar la falta de agua en los domicilios ordenando que se suministrara agua de los viajes antiguos al vecindario, a pesar del riesgo que suponían, y aunque el representante del Consistorio en el Canal le pidió que rectificara dicha resolución "teniendo en cuenta que estas aguas eran productoras de la fiebre tifoidea que podían proporcionar grandes quebrantos a la salud del vecindario"[12]. Un diario ironizó respecto a la medida anunciada por el alcalde: "Beberla es tanto como echar un memorial para ser

[12] Archivo de Villa de Madrid. Actas de acuerdos del Ayuntamiento de Madrid. Tomo 615, folio 115.

«agraciado» con el tifus, las tifoideas o alguna modesta infección paratífica" (*El Imparcial*, 21 de octubre de 1924).

Incluso sin sequía, el verano, por el aumento de la demanda y del gasto de agua debido al calor, era un periodo en el que habitualmente se padecía escasez de agua en Madrid y se aplicaban restricciones al consumo por el Canal de Isabel II, en ocasiones sin notificación previa a la población. La reducción en el suministro empujaba a las personas con menos recursos a proveerse de ella en los viajes antiguos. En 1933 el diario *La Voz* se hacía eco de esta situación con una noticia ilustrada con una fotografía de Alfonso en la que un gran número de mujeres y niños se agolpan formando una abigarrada fila ante una fuente servida por uno de estos viajes. La noticia, bajo el título atestiguaba:

Pero donde más típicamente se observa el ansia térmica del público es en torno a las escasas fuentes que manan agua de los viajes antiguos. "Agua gorda, ¡agua fresca! [...] El agua, más fría que la del grifo –¡si cae! Que en muchas casas por unos motivos o por otros, el agua del Lozoya, en estos meses, llega a alcanzar categoría de mito–, será un motivo de regocijo de las familias modestas" (*La Voz*, 9 de agosto de 1933).

EL DESIGUAL REPARTO DEL AGUA Y LA RACIONALIZACIÓN DEL CONSUMO

Se ha señalado más arriba que las estadísticas elaboradas por el Canal de Isabel II sobre agua conducida y consumida en Madrid durante el primer tercio del siglo XX no muestran el verdadero acceso a la misma de los habitantes de la ciudad, debido a las limitaciones y deficiencias en la red de distribución. Además, se producía un desigual reparto del agua surtida, según reconocía y denunciaba la propia entidad, quien además señalaba que las causas detrás del problema eran los abusos y el despilfarro por parte de algunos usuarios. Más concretamente, el Canal apuntaba a las concesiones a caño libre (suministro constante, sin limitación y a precio fijo independientemente del gasto realizado) y el derroche de líquido que a su juicio hacía el Ayuntamiento de Madrid a través de los servicios municipales.

El agua que consumía el Consistorio y lo que pagaba por ella, fue motivo permanente de desacuerdos con el Canal, quien intentó averiguar –sin éxito– cuánta gastaba, exigiéndole una estadística de todos los servicios municipales que de ella se abastecían, así como de los nuevos que tratase de establecer[13]. El Consistorio madrileño había aportado a la construcción del Canal 4 millones de pesetas –mediante un tributo especial a los vecinos–, lo que le daba derecho al gasto gratuito de 6.490 m³ de agua. Posteriormente, el Real Decreto de 22 de enero de 1876, le autorizó a un gasto casi ilimitado, pues le facultaba para "tomar gratuitamente sobre el importe de su suscripción la cantidad de agua que necesite para atender a los servicios que exige el aumento de la población y que no utilice el Estado"[14].

El Consistorio era, en efecto, el mayor consumidor de la ciudad como responsable del uso público que se hacía del agua suministrada por el Canal, que se empleaba, por ejemplo, en fuentes de vecindad y ornamentales y abrevaderos, bocas de riego e hidrantes, en edificios asistenciales y escuelas municipales, y en otros servicios a la población como mataderos, mercados, evacuatorios y urinarios públicos. También en el regado de parques, jardines y en la limpieza de calles y alcantarillas. A medida que crecía la ciudad y el número de sus habitantes, el gasto de agua en los servicios municipales de aprovechamiento común aumentó exponencialmente. Para evitar lo que se considera derroche y abuso en el empleo del agua, el personal técnico del Canal propuso insistentemente que debía diferenciarse entre los servicios en los que el fluido se utilizaba en servicios que utilizaba directamente el común o para el común –como las fuentes o el riego de parques– y el resto. Y en estos últimos, el gasto de agua debería estar sometido al pago de las tarifas correspondientes estipuladas en los reglamentos[15].

En distintas ocasiones el Canal apeló a la responsabilidad del Ayuntamiento en el uso del agua[16], y también le señaló directamente

[13] En 1904 el Canal estimaba el consumo del Ayuntamiento en 40.000 m³ diarios (Canal de Isabel II, 1907).

[14] *Gaceta de Madrid*, 23 de enero de 1876.

[15] AHCYII. C. 60. Legajo 2º. Escrito del Ingeniero-Director Severino Bello, de 17 de octubre de 1929.

[16] En la *Memoria* del *Canal* correspondiente al año 1913, el Ingeniero-director de la entidad consignaba a modo de queja que "el Ayuntamiento toma para sus servicios el agua

ante la opinión pública como responsable de la falta de líquido que en ocasiones, particularmente durante el verano como ya se ha expuesto más arriba, sufría parte de la población (*La Voz*, 15 de octubre de 1924). En julio de 1928, tras las consabidas quejas por la falta de agua, la dirección del Canal envió una circular a sus abonados y a la prensa afirmando que durante los últimos veranos había tenido siempre repletos todos sus depósitos situados en la capital, y que no había cortado ni una sola vez la comunicación de estos con la red general de distribución; Y que la falta de presión que sufrían los domicilios se debía al empleo constante y excesivo de las bocas de riego por parte de los empleados municipales, que no respetaban las horas de mayor consumo del vecindario, que de este modo se veía perjudicado, no por el Canal sino por el Ayuntamiento (*La Libertad*, 6 de julio de 1928).

Poner coto a lo que el Canal consideraba un uso inmoderado de agua por parte de los servicios municipales era casi imposible, dado que estos eran un beneficio a la población, que cada día los demandaba en mayor número y prodigalidad al Ayuntamiento. No obstante, se firmaron distintos contratos y convenios y se llegó a acuerdos entre ambas instituciones para tratar de conjugar sus respectivos intereses en pro del interés público[17].

El mayor avance en la racionalización en la distribución y consumo de agua la obtuvo el Canal con los abonados y concesionarios particulares. Lo hizo a través de un mayor control del gasto de fluido a través de la supresión del suministro a caño libre sin contador y la progresiva instalación de aparatos de medición. En el primer tercio del siglo XX el suministro de agua a los abonados se verificaba mediante tres sistemas: a caño libre, por aforo y por contador. Con la venta a caño libre el Canal fijaba el número, calibre, situación y demás requisitos de los grifos que se instalaban en las viviendas, y después cobraba el consumo haciendo una estimación global del gasto de agua realizado. Con este procedimiento, y aunque los grifos estuvieran permanentemente abiertos, el precio a pagar por

directamente de la red general de distribución y dada la situación especial de sus tomas, antes falta el agua al abonado que al Ayuntamiento" (Canal de Isabel II, 1913, p. 33).

[17] *Contrato para la renovación, reparación y conservación de las bocas de riego y convenios para el abono...*, Imprenta Municipal, Madrid, 1913.

el fluido era fijo, y para evitar abusos y derroche, había continuas inspecciones de agentes del Canal en los edificios de los abonados. La venta por aforo medía el consumo de agua mediante un orificio a presión determinada de antemano como la normal constante del servicio. En el caso de la venta por contador –ya fuera colectivo para cada edificio o bien individual para cada vivienda– permitía al usuario consumir el volumen de agua que necesitara, que quedaba registrado y contabilizado por el aparato, teniendo así el abonado la seguridad de que solo pagaba lo que consumía, pudiendo distribuir a su antojo grifos y cañerías y evitando las periódicas verificaciones.

En los primeros años de funcionamiento del Canal, cuando las cifras de abonados y concesiones eran escasas, el suministro se hacía preferentemente por llave de aforo, pero también se podía solicitar recibir el agua por medio del caño libre[18]. A medida que creció el número de abonados y suscriptores al servicio, este sistema comenzó a ser visto como inadecuado y poco racional. Así, en 1903 se aprobó por Real Decreto un nuevo *Reglamento para el servicio y distribución de las aguas del Canal* que incorporó importantes novedades destinadas a "normalizar el servicio de abastecimiento de la capital; impedir los abusos, respetando los derechos establecidos, y aumentar los ingresos del Tesoro", según se recogía en su Exposición. Las más importantes fueron la supresión de las concesiones gratuitas –que se hacían habitualmente a establecimientos del Estado, la caducidad de las concesiones existentes a caño libre[19], y la obligatoriedad del establecimiento y uso de contadores en los suministros por ese sistema[20].

La medida fue justificada por la necesidad de terminar con el derroche de agua y el quebranto que le causaba suministrarla gratuitamente en exceso sobre la que realmente se pagaba. Sin embargo, fue recibida con general rechazo por la población, y muy particularmente por los propietarios inmobiliarios. En este periodo la vivienda en régimen de alquiler era predominante en la ciudad, y lo habitual era

[18] *Reglamentos para el servicio de las suscriciones y abonos a las aguas del Canal de Isabel II en el interior de Madrid...*, 1863.

[19] En 1899 un Real Decreto había prohibido otorgar nuevas concesiones a caño libre sin contador.

[20] *Reglamento para el servicio y distribución de las aguas del Canal de Isabel II* aprobado por Real Decreto de 6 de febrero de 1903. *Gaceta de Madrid* de 8 de febrero de 1903.

que fueran los caseros los abonados del Canal y que los contratos de arrendamiento incluyeran en el precio del alquiler la factura del agua. De este modo, la norma perjudicaba a los dueños de las casas, que tendrían que hacerse cargo de pagar el contador o su alquiler; Pero también a los inquilinos, quien con motivos fundados temían que, o bien los arrendamientos iban a encarecerse o bien verían como se eliminaba la cláusula del contrato que especificaba que en el precio de la vivienda iba comprendido el pago del agua[21].

El propio Canal reconocía que imponer los contadores podría hacer que brotaran problemas entre propietarios e inquilinos. El proyecto, no obstante, se topó con otros problemas de carácter económico y técnico. Por un lado, el Canal no contaba con medios legales ni materiales para adquirir y entregar los contadores a sus abonados. Estos podían adquirirlos por su cuenta, pero las distintas marcas y modelos disponibles en el mercado ofrecían no solo diferentes precios, sino también calidades. En 1908 el Canal contrató por concurso público el suministro de aparatos para ofrecérselos a sus abonados por una mensualidad que cubría el alquiler y los gastos de entretenimiento y reparaciones por diez años (Canal de Isabel II, 1908). Todavía en 1920 el número de contadores propiedad de los abonados era casi el doble respecto a los que pertenecían al Canal, 8.110 frente a 4.480 (Canal de Isabel II, 1921).

A pesar de las complicaciones, en los años treinta, las concesiones a caño libre sin medidor habían desaparecido. También se redujeron significativamente las de aforo. En 1934 el Canal tenía 27.638 abonados, de los que solamente 1.387 tenían el sistema de aforo. La evolución de las cifras del número de concesiones del Canal en el periodo que abarca este trabajo es ciertamente positiva. En 1903 eran 10.524 los abonos suscritos en los tres sistemas citados, mientras que en 1933 ascendía a 27.638, un crecimiento notable. No obstante, el número de contratos no refleja las dificultades y obstáculos en el suministro real de agua a los habitantes de Madrid, o en palabras del propio Canal

[21] El conflicto a propósito de la instalación de contadores para medir el consumo de agua en los edificios de viviendas se plantó con fuerza entre 1907 y 1909, tomando parte en él el Canal, el Ayuntamiento, la Asociación de propietarios y la Asociación de Inquilinos de Madrid (Rodríguez Martín, 2015, pp. 249-253).

las "limitaciones de agua y red" (Canales del Lozoya, 1937). Como se ha expuesto hasta aquí, dichas limitaciones fueron un impedimento en el camino hacia el ideal de un suministro constante y abundante y un reparto equitativo del imprescindible líquido.

BIBLIOGRAFÍA

Amezúa y Mayo, A. G. (1924). *Informe... de la Comisión dictaminadora en el asunto Sociedad Hidráulica Santillana y Canal de Isabel II*. Ayuntamiento de Madrid.

Ayuntamiento de Madrid (1911). *Informe de remisión de los proyectos de reforma, reparación y saneamiento de los Viajes antiguos de aguas de la Villa por el Ingeniero Jefe del Servicio Julián Clemente*. Imprenta Municipal.

Ayuntamiento de Madrid (1929). *Información sobre la ciudad. Año 1929.*

Bello Poëyusan, S. (1929). *Memoria Información del Canal de Isabel II que abastece de agua a Madrid.* Diana.

Canal de Isabel II (1863). *Reglamentos para el servicio de las suscriciones y abonos a las aguas del Canal de Isabel II en el interior de Madrid...*

Canal de Isabel II (1907a): *Memoria sobre el estado de los diferentes servicios en 31 de diciembre de 1904*. Imprenta de los hijos de M. G. Hernández.

Canal de Isabel II (1907b): *Programa de obras y plan financiero: presentado al Consejo de Administración de este Canal por el comisario regio Joaquín Sánchez de Toca.* Imprenta Municipal.

Canal de Isabel II (1908). *Concurso para la adopción y adquisición de contadores...* Imprenta Municipal.

Canal de Isabel II (1909). *Memoria oficial sobre el estado de los diferentes servicios en 31 de diciembre de 1908*. Imprenta municipal.

Canal de Isabel II (1921). *Memoria sobre el estado de los diferentes servicios en 1º de octubre de 1920*. Imp. de Ramona Velasco, viuda de P. Pérez.

Canal de Isabel II (1926). *Memoria oficial sobre el estado de los diferentes servicios en 31 de diciembre de 1926 por el Ingeniero Director D. Severino Bello con otros documentos.* Voluntad.

Canales del Lozoya (1937). *Memoria de Canales del Lozoya en 1933, 1934, 1935 y 1936 por el Ingeniero Director D. Eduardo Fungairiño y F. Campa con apéndices*, Sucesores de Ribadeneyra.

Contreras Utrera, J. (2011). *Entre la insalubridad y la higiene. El abasto de agua en los principales centros urbanos de Chiapas, 1880-1942*. Umbrales.

Gea Ortigas, M.ª I. (1999). *Los viajes de agua de Madrid*. La Librería.

González Reglero, J. J (2008). 1907, el Canal de Isabel II vuelve a ser empresa, Comunicación presentada en el IX Congreso de la A.E.H.E. https://www.aehe.es/wp-content/uploads/2008/09/1907-el-CanaldeIsabelII-vuelveaserempresa.pdf

González Reglero, J. J (2014). El sistema de agua elevada del Canal de Isabel II: 1907-1911. *Transportes, Servicios y Telecomunicaciones*, 26, 12-35. https://www.tstrevista.com/tstpdf/tst_26/articulo26_01.pdf

Guerra Charavino, E. (2006). Los viajes de agua de Madrid. *Anales del Instituto de Estudios Madrileños*, 46, 419-466.

Larrinaga, C. y Matés-Barco, J. M. (2011). La modernizzazione delle città spagnole: il servizio di approvvigionamento di acqua potabile (1870-1936). *Memoria e ricerca*, 36, 29-44. https://doi.org/10.3280/mer2011-036003

Loza y Collado, E. (1903). *El servicio del agua en Madrid. Estudiado en su aspecto higiénico-administrativo*. Establecimiento Tipográfico de A. Marzo.

Macías, J. M.ª y Segura, C. (coord.) (2000). *Historia del abastecimiento y usos del agua en la Villa de Madrid*. Confederación Hidrográfica del Tajo y Canal de Isabel II.

Madoz, P. (1847). *Diccionario Geográfico-Estadístico-Histórico de España y sus posesiones de Ultramar. Tomo X*. Imprenta del Diccionario Geográfico, a cargo de D. José Rojas.

Matés-Barco, J. M (2013). La conquista del agua en Europa: los modelos de gestión (siglos XIX y XX). *Agua y territorio / Water and Landscape*, 1, 21-29. https://doi.org/10.17561/at.viii.1030

Nicolau Sabater, J. (1922a). Canal de Isabel II: proyecto de un plan de obras e instalaciones a ejecutar en el quinquenio de 1921-25. *Revista de Obras Públicas*, tomo I, (2376), 37-48, (2377), 57-60 y (2378), 67-69.

Nicolau Sabater, J. (1922b). Las aguas del Lozoya y las fiebres tifoideas. *Revista de Obras Públicas*, 70, tomo I (2373), 2-9.

Novo López, P. A. (Inédito). *Bilbao y la municipalización de los servicios esenciales: 1875-1935*.

Otero Carvajal, L. E. (Ed.) (2020). *Las infraestructuras en la construcción de la ciudad moderna. España y México, 1850-1936*. Catarata.

Pinto Crespo, V. (Dir.) (2010). *Los Viajes de agua de Madrid durante el Antiguo Régimen*. Fundación Canal.

Rodríguez Martín, N. (2015). *La capital de un sueño. Madrid en el primer tercio del siglo XX*. Centro de Estudios Políticos y Constitucionales.

Rueda Laffond, J. C. (1994). *El agua en Madrid. Datos para la historia del Canal de Isabel II 1851-1930. Documento de Trabajo 9405*. Fundación Empresa Pública.

Sánchez de Toca, J. (1908). Canal de Isabel II: antecedentes de la actual organización. *Revista de Obras Públicas*, 56, tomo I (1687), 45-48. https://www.fundacionsepi.es/investigacion/publicaciones/DocumentosTrabajo/PHE/hdt9405.pdf

Velasco Medina, F. (2017). *El agua de Madrid: abastecimiento y usos sociales en el antiguo régimen*. Tesis doctoral, Universidad Autónoma de Madrid. https://repositorio.uam.es/handle/10486/680692

Villanueva Larraya, G. (1995). *Hidráulica Santillana: Cien años de historia*. Guillermo Blázquez Editor.

El suministro generalizado de agua potable en Madrid durante el primer tercio del siglo XX: avances, conflictos y limitaciones

Resumen: La inauguración del Canal de Isabel II en 1858 para proveer de agua limpia a Madrid impulsó el desarrollo de la ciudad durante la segunda mitad del siglo XIX. En ese periodo el agua potable a domicilio se consideraba un lujo. Sin embargo, al comenzar el siglo XX, las ideas sobre lo que debía ser un abastecimiento moderno de agua de boca habían variado por completo. La aspiración era el suministro universal, abundante, constante y barato en las viviendas. No obstante, entre este deseo y la realidad existió una gran distancia. El capítulo aborda los impedimentos, dificultades y conflictos en el suministro generalizado de agua potable a domicilio en la capital de España durante el primer tercio del siglo XX. El resultado fue un desigual reparto entre sus habitantes en la distribución y en el consumo de agua en esas décadas.

Palabras clave: Madrid; infraestructuras hidráulicas; abastecimiento de agua; Canal de Isabel II; Ayuntamiento de Madrid.

The widespread supply of clean water in Madrid during the first decades of the 20th century: progress, conflicts and constraints

Abstract: The inauguration in 1858 of the Canal de Isabel II to provide Madrid with clean water boosted the development of the city during the second half of the 19th Century. At that time, drinking-water at home was considered a luxury. However, by the turn of the 20th Century, ideas about what a modern drinking-water supply should be had changed entirely. The purpose was for universal, continuous and cheap clean water supply. Nevertheless, there was a wide gap between this aim and reality. This chapter discusses the impediments, difficulties and conflicts in the widespread provision of drinking water at home in the Spanish capital during the first third of the 20th Century. The result was an unequal distribution and consumption of clean water among its inhabitants in those decades.

Keywords: Madrid; water-supply infrastructure; clean water supply; Canal de Isabel II; Madrid City Council.

O abastecimento geral de água potável em Madrid no primeiro terço do século XX: avanços, conflitos e limitações

Resumo: A inauguração do Canal de Isabel II em 1858 para fornecer água limpa a Madrid promoveu o desenvolvimento da cidade durante a segunda metade do século XIX. Naquela época, beber água em casa era considerado um luxo. No entanto, no início do século XX, as ideias sobre o que deveria ser um abastecimento moderno de água potável mudaram completamente. A aspiração era a oferta universal, abundante, constante e barata nas residências. No entanto, entre esse desejo e a realidade havia uma grande distância. O capítulo aborda os impedimentos, dificuldades e conflitos no abastecimento generalizado de água potável em casa na capital de Espanha durante o primeiro terço do século XX. O resultado foi uma distribuição e consumo desiguais de água potável entre os seus habitantes naquelas décadas.

Palavras-chave: Madrid; infraestruturas hidráulicas; abastecimento de água; Canal Isabel II; Prefeitura de Madrid.

3.
POLÍTICA Y NEGOCIOS EN LA ESPAÑA DE LA RESTAURACIÓN. FRANCISCO BERGAMÍN Y EL ABASTECIMIENTO DE AGUA A MÁLAGA

Víctor M. Heredia Flores
Universidad de Málaga

INTRODUCCIÓN

El sistema de la Restauración consolidó a partir de 1875 el poder de una élite social en la que los intereses económicos y políticos aparecían habitualmente confundidos. Francisco Bergamín inició su trayectoria política en el Partido Conservador como seguidor de Romero Robledo y fue diputado por Campillos a partir de 1886, disfrutando de un cacicato estable en las décadas siguientes. En 1888 se hizo, junto a otros socios, con el control de la concesión del abastecimiento de agua a la ciudad de Málaga en una subasta judicial caracterizada por su opacidad. Durante los veinticinco años siguientes Bergamín fue progresando en su carrera hasta ocupar su primer ministerio en 1913. Al mismo tiempo, las extendidas quejas por el mal funcionamiento del servicio y las rivalidades internas en las filas conservadoras propiciaron su forzada desvinculación del negocio del abastecimiento como paso previo a la municipalización.

POLÍTICA Y NEGOCIOS EN LA ESPAÑA DE LA RESTAURACIÓN

El régimen político que surgió de la Restauración borbónica de 1875, consolidado con la Constitución del año siguiente, se basaba en el control del Estado por una minoría oligárquica y en la construcción de unos mecanismos de manipulación electoral que hacían posible ese control bajo una apariencia de legalidad. El espíritu de consenso que impuso Cánovas llevaba consigo la alternancia en el poder de los dos grandes partidos dinásticos, el liberal o fusionista y el conservador. La representación parlamentaria reflejaba una red clientelar que permeaba toda la sociedad y se hacía especialmente evidente en el medio rural, en el que determinados personajes, los caciques, ejercían un enorme poder político, social y económico. Era habitual que los políticos ejercieran también como notables económicos (Cabrera y Del Rey, 2011).

Los lazos familiares o de amistad contribuían decisivamente a la formación de un sistema clientelista en el que eran frecuentes los intercambios de favores, basado en el control de los recursos públicos y, en consecuencia, en la concesión de obras públicas, la colocación masiva de personas leales y la participación en negocios sostenidos a menudo en prácticas corruptas (Tusell, 1976; Muñoz, 2016). Los partidos dinásticos estaban dirigidos por comités formados por personalidades prominentes y muchas veces enfrentadas entre sí por motivos personalistas más que ideológicos. Abogados, periodistas y propietarios constituían la base profesional del colectivo de políticos que ejercían la representación de intereses sectoriales y territoriales. El liberal conde de Romanones, presidente del gobierno en tres ocasiones, diversificó sus inversiones en propiedades rústicas y urbanas y en la participación en empresas mineras y eléctricas. El también fusionista Germán Gamazo procedía de una familia dedicada al negocio vinícola que amplió su poder económico con la compra de fincas rústicas procedentes de la Desamortización y, más adelante, ejerció como prestamista y realizó inversiones en el sector eléctrico, la industria textil, la construcción naval, los transportes y la banca (Hidalgo, 1995). Cánovas fue consejero del Banco Hipotecario, presidente de la Compañía de Ferrocarriles Andaluces y de otras empresas ferroviarias, además de poseer un amplio patrimonio por su enlace matrimonial con Joaquina de Osma. Otros políticos destacados de la época como Francisco Silvela, Segismundo Moret o Alejandro Pidal tuvieron importantes intereses en empresas de muy diversos sectores. Curiosamente, fue un político surgido en la oposición al sistema, el carismático Alejandro Lerroux, uno de los mejores representantes de la manipulación del poder local para hacer grandes negocios a través de la obtención de concesiones y contratas de servicios municipales en circunstancias ventajosas (Tuñón, 1989).

Las coincidencias entre el poder económico y social y la clase política eran evidentes, aunque fue más común que los políticos se implicasen en actividades económicas que al revés, ya que en menos casos los miembros de las élites financieras participaron en política. Los grupos de interés prefirieron influir en los gobiernos mediante la promoción de personajes afines, como ocurrió con el lobby colonial, organizado en torno al Banco Hispano Colonial, que promocionó a Romero Robledo a la cartera de Ultramar. Los abogados alternaban con frecuencia la actividad política con la asesoría legal de grandes empresas y con asientos en sus consejos de administración (Muñoz, 2016).

Al tratar de negocios las diferencias ideológicas y políticas quedaban a un lado y prevalecían los mutuos intereses personales. Fue habitual, por tanto, la connivencia y la confluencia en sociedades industriales y financieras de políticos liberales, conservadores y republicanos (Gortázar, 1986). Además, ya que el ámbito local fue el nivel territorial básico de la política de la Restauración, fue en esta escala en la que interactuaron preferentemente los intereses económicos en el juego político (Cabrera y Del Rey, 2011). El intercambio de favores y la patrimonialización de la administración en beneficio de intereses particulares o sectoriales eran ideas que formaban parte de la cultura política de la época.

La demanda urbana de agua se incrementó notablemente durante la segunda mitad del siglo XIX y las primeras décadas del XX. El desarrollo industrial, el crecimiento demográfico y el aumento de la renta, con la incorporación de nuevos hábitos de higiene individual y salubridad colectiva, fueron los factores que explican ese incremento del consumo de agua que fue acompañado de la construcción de infraestructuras de abastecimiento y de saneamiento. Las emergentes clases medias disponían de viviendas de mayor calidad y la disposición de agua domiciliaria se convirtió en un requisito indispensable para las formas de vida de la burguesía. Las administraciones locales, encargadas del servicio de suministro, carecían de recursos económicos suficientes para afrontar las inversiones necesarias y recurrieron a las concesiones a empresas privadas como opción natural en un régimen liberal. Las posibilidades de negocio, a pesar de las fuertes inversiones que había que acometer, eran evidentes, dada la relación directa entre el acceso al agua y la mejora del valor de las propiedades. A lo que se añadían los estrechos lazos "entre la clase política y los intereses económicos que tenían el control de estos servicios municipales" (Matés-Barco, 2018). El caso de la ciudad de Málaga y el político Bergamín es una buena muestra de esta afirmación.

FRANCISCO BERGAMÍN, JURISTA Y POLÍTICO

Francisco Bergamín García fue uno de los políticos españoles más importantes de finales del siglo XIX y el primer tercio del XX, desarrollando una dilatada trayectoria que le llevó a ocupar varios ministerios en los gobiernos de la última etapa de la Restauración. A pesar de ser una de las figuras más reconocidas de su época, tanto por los puestos que ocupó como, sobre todo, por su labor profesional como jurista, no existe un trabajo biográfico de profundidad sobre Bergamín, por lo que para trazar unas líneas acerca de su vida hay que recurrir a breves reseñas publicadas en diccionarios biográficos o enciclopédicos, en la prensa o en repertorios de personajes locales ilustres. Además, estas aproximaciones se centran exclusivamente en la política, la abogacía y, como mucho, la docencia, sin apuntar nada sobre sus inversiones y su participación en iniciativas empresariales.

Bergamín nació en Málaga el 6 de octubre de 1855, hijo póstumo del comerciante veneciano Francisco Bergamín y de la malagueña María de los Dolores García[1]. Su padre murió en la epidemia de cólera dos meses antes de su nacimiento y su madre falleció cuando solo tenía cinco años. Las escasas noticias sobre su infancia son, además, confusas. En varias notas biográficas se apunta incorrectamente que era natural de Campillos o de Ronda. Según su propio hijo, el poeta José Bergamín, cuando quedó huérfano fue enviado con unos parientes a un pueblo de la Serranía de Ronda donde se habría ocupado

[1] Archivo Municipal de Málaga (AMM), Registro Civil de nacidos, octubre de 1855 a abril de 1856.

de cuidar ganado (Mapelli, 2006). De allí habría vuelto a Málaga para ser acogido por Fabio de la Rada (Montilla, 1986), profesor de Geografía y Estadística comercial en el Instituto Provincial y futuro rector de la Universidad de Granada. El joven Bergamín estudió bachillerato y estudios mercantiles en el Instituto de su ciudad natal, obteniendo en 1871 los títulos de profesor mercantil y bachiller[2]. Entre ese año y 1874 cursó la carrera de Derecho en la Universidad granadina, alcanzando a continuación el doctorado[3]. Participó en los acontecimientos políticos del Sexenio Democrático y, según su propio testimonio, intervino en combates callejeros entre los federales y la Milicia Nacional a la que él pertenecía como seguidor del republicanismo de Castelar (Ramos Rovi, 2013).

La carrera de Derecho era la que seguían mayoritariamente los que terminaban ejerciendo la política, ya que proporcionaba los conocimientos necesarios acerca del funcionamiento de la administración y, además, desde un bufete se podían establecer los contactos imprescindibles para progresar dentro del sistema político. La abogacía no solo era una profesión compatible con la política, sino que servía como plataforma de acceso a la misma (Hidalgo, 1995). Bergamín abrió despacho en Málaga en 1876 y escribió un libro titulado *Ensayos históricos del Derecho Mercantil* (1875), que dedicó en muestra de gratitud a Fabio de la Rada. En 1880 obtuvo la cátedra de Economía Política de los estudios comerciales que se impartían en el Instituto Provincial de Segunda Enseñanza, iniciando su carrera docente en centros oficiales. Cuando en agosto de 1887 se reestructuró la enseñanza comercial con la creación de las Escuelas de Comercio, Bergamín quedó incluido en el primer claustro de profesores de la de Málaga. Pero, para entonces, ya estaba en excedencia porque había comenzado su carrera como político (Heredia, 2002).

Afiliado al Partido Conservador, se adscribió a la corriente que lideraba el antequerano Francisco Romero Robledo, famoso, entre otras cosas, por el apasionado grupo de leales que le seguían, los llamados "húsares" (Ayala, 1974). Esta relación pudo venir a través

[2] Archivo del Instituto Vicente Espinel (AIVE), libros 45, 47 y 302.

[3] Archivo Universitario de Granada (AUG), cajas 2.537/07, 508/18 y 772/23. *Crónica de Ciencias Comerciales*, 10 de agosto de 1894.

de su matrimonio en 1877 con Rosario Gutiérrez López, nacida en Antequera, con la que tuvo trece hijos. El carácter ambicioso de Bergamín y el recurso a la red de contactos que pudo establecer cerca del por entonces ministro de la Gobernación se evidencia en la carta que dirigió en enero de 1884 a Vicente Robledo, tío y mentor de Romero Robledo, con la petición de ser recomendado para la plaza de fiscal de la Audiencia de Málaga[4]. Tío y sobrino formaban un tándem entre Antequera y Madrid que movía los hilos de buena parte de la política nacional.

Después de la ruptura entre Cánovas y Romero Robledo a consecuencia del Pacto de El Pardo y la cesión del gobierno a los liberales, Bergamín se integró en el nuevo Partido Liberal Reformista formado por el antequerano y López Domínguez. En las elecciones de 1886 consiguió su primera acta de diputado por el distrito de Campillos, al noroeste de la provincia de Málaga, que había estado en manos de los fusionistas durante los diez años anteriores. Ocupó el escaño correspondiente a esta circunscripción entre abril de 1886 y enero de 1914, haciendo de Campillos un cacicato estable a imagen del que su mentor político, Romero Robledo, controlaba en la vecina Antequera, y dentro de la zona de influencia del romerismo, que incluía, además de Campillos, Ronda, Estepa y Priego (Tusell, 1976; Ramos, 1991). Cuando Francisco Bergamín pasó al Senado, el distrito fue "heredado" por su hijo Fabio, que lo retuvo con alguna alternancia hasta 1923[5].

La reconciliación de Romero Robledo con Cánovas permitió al primero acceder a la cartera de Ultramar en el gobierno formado en noviembre de 1891. Al mes siguiente Bergamín fue nombrado director general de Hacienda del Ministerio de Ultramar, cargo que desempeñó hasta finales de 1892, ocupando después la subsecretaría del mismo departamento[6]. Su fidelidad a Romero Robledo se puso

---

[4] Archivo Histórico Municipal de Antequera (AHMA), Fondo de Archivos Familiares (FAF), caja 9/97.

[5] Congreso de los Diputados. Archivo Histórico. https://www.congreso.es/historico-diputados?p_p_id=historicodiputados&p_p_lifecycle=0&p_p_state=normal&p_p_mode=view&_historicodiputados_mvcRenderCommandName=indiceDiputado&_historicodiputados_ndip=(14390)

[6] Archivo Histórico Nacional (AHN), Ultramar, 2.489/27.

en evidencia al acompañar a este a Berlín cuando fue operado de un tumor en 1893[7].

Fue decano del Ilustre Colegio de Abogados de Málaga entre 1893 y 1895. En este último año trasladó su residencia a Madrid después de haber obtenido por oposición la cátedra de Economía Política y Legislación Mercantil de la Escuela Superior de Comercio de Madrid. También fue consejero de Instrucción Pública y en 1902 fue nombrado vocal de Consejo Superior de Agricultura, Industria y Comercio[8]. El ascenso de Silvela al liderazgo de los conservadores condenó al ostracismo a los romeristas, cuya presencia en el Congreso quedó reducida a diez parlamentarios en las elecciones generales de 1901, siendo uno de ellos, por supuesto, Bergamín, quien sirvió como enlace entre Romero Robledo y Silvela (Ayala, 1974).

Después de la muerte de Romero Robledo (ocurrida en 1906), durante los gobiernos de Maura y de los liberales se mantuvo apartado de los cargos oficiales, hasta que Eduardo Dato lo designó ministro de Instrucción Pública y Bellas Artes en octubre de 1913, puesto en el que se mantuvo hasta diciembre de 1914. El 30 de marzo había sido nombrado senador vitalicio por Alfonso XIII, abandonando su escaño en el Congreso[9].

Pérez de Ayala incluía a Bergamín entre los magnates del Partido Conservador, todos abogados, que apoyaban la jefatura de Dato (Tusell, 1976). De hecho, Dato recurrió de nuevo a Bergamín para un cargo ministerial en mayo de 1920. Hasta el mes de noviembre fue ministro de la Gobernación. El asesinato de Dato en marzo de 1921 descabezó al Partido Conservador y dio paso a varios gobiernos de coalición, como el que formó Sánchez-Guerra en marzo de 1922, con Bergamín al frente de la cartera de Hacienda. Sucedió a Cambó en este ministerio y le correspondió aprobar la Ley de Autorizaciones que el catalán había preparado sobre la cuestión arancelaria, en la que introdujo modificaciones que explican la animadversión que Cambó manifiesta en sus memorias hacia Bergamín (Comín et al.,

---

[7] AHN, Familias, 2.542/59.

[8] *Gaceta de Madrid*, 15 de octubre de 1898, 27 de febrero de 1902 y 26 de abril de 1902.

[9] Senado de España, Archivo. https://www.senado.es/web/conocersenado/senadohistoria/senado18341923/senadores/fichasenador/index.html?id1=382

2000). También firmó un decreto por el cual se establecían dos nuevas fábricas de tabaco en Tarragona y Málaga y autorizaba la compra de labores en el extranjero, con el fin de combatir el contrabando que Juan March practicaba desde el Protectorado. En el mes de diciembre de 1922, en un reajuste ministerial, pasó a asumir el Ministerio de Estado durante apenas tres días. Así terminó su experiencia como ministro, en la que gestionó cuatro departamentos a lo largo de nueve años, ocho gobiernos y dos presidentes conservadores, Dato y Sánchez-Guerra.

Los periodos en los que no ocupaba cargos ejercía como docente y, sobre todo, como abogado, compatibilizando estas tareas con otros puestos: presidente de la Real Academia de Jurisprudencia y Legislación entre 1919 y 1923 (Domínguez, 2018), decano del Colegio de Abogados de Madrid en 1922 y presidente de la Real Sociedad Geográfica (1919-1927). Orador ampuloso y brillante jurista, fue autor de varios estudios de contenido jurídico y político e impartió numerosas conferencias por todo el país (Ramos Rovi, 2013, 2018). Según Enrique Mapelli (1985), sus dictámenes eran rigurosos y evidenciaban un profundo conocimiento del Derecho. Su bufete madrileño gozó de un gran prestigio, cimentado en su participación en varios de los casos más sonoros de su época. Uno de los pleitos que le dio más fama en aquellos años fue el del testamento de la condesa de Bornos, en el que Bergamín salió victorioso frente al letrado de la otra parte, Juan de la Cierva[10]. Otro proceso en el que desempeñó un papel destacado fue el del general Sanjurjo, a quien defendió en el juicio por el intento de sublevación de agosto de 1932.

En 1925 se jubiló como catedrático al cumplir la edad reglamentaria y se le otorgó la Gran Cruz de Alfonso XII (Mapelli, 1956). Después del golpe de Estado de Primo de Rivera siguió la línea política marcada por Sánchez-Guerra de oposición a la dictadura. A la caída del dictador en 1930 formó parte del grupo constitucionalista que reclamaba la apertura de un periodo constituyente y cuestionaba al monarca Alfonso XIII (Comín et al., 2000; Sampedro y Alós, 2005). Falleció en Madrid el 12 de febrero de 1937. En una necrológica se le

[10] *Diario de Córdoba*, 24 de noviembre de 1918.

recordaba "como un gran letrado y un político sinceramente liberal, que mantuvo siempre con firmeza y con honradez sus convicciones"[11].

FRANCISCO BERGAMÍN, HOMBRE DE NEGOCIOS

Francisco Romero Robledo fue el mentor político de Bergamín y, por tanto, estableció el modelo de actuación que siguió este, al menos en sus primeras dos décadas de acción política. Aparte de la conocida participación del antequerano en el diseño de las herramientas de control electoral del sistema de la Restauración, de las que, sin duda, se benefició el propio Bergamín en su largo dominio del distrito de Campillos, Romero Robledo acumuló un notable patrimonio que fue forjando a partir de varios mecanismos que han estudiado Fernández Paradas y García Ariza (2020): las herencias recibidas de sus ascendientes (en especial de su tío Vicente Robledo); su matrimonio con la cubana María Josefa Zulueta, hija de un rico hacendado de la isla con intereses en el comercio de esclavos y la fabricación de azúcar; la adquisición de propiedades rústicas y urbanas; y, por último, su participación en diversas empresas, entre las que destaca la Azucarera Antequerana. Además, participó en el accionariado de empresas relacionadas con diferentes sectores: azúcar, banca, industria textil, transporte marítimo, minería y obras públicas. Algunas de ellas estaban relacionadas con sus intereses en Cuba, como el Banco Hispano Colonial, y otras con las actividades de su sobrino José Bores Romero, ingeniero que trabajó en proyectos como la construcción del puerto de Málaga y varias líneas férreas. El poder político del que gozó, sobre todo al frente de diferentes ministerios, le sirvió para tejer unas amplias redes clientelares que a su vez pudo utilizar en sus inversiones económicas.

La gran iniciativa empresarial de Romero Robledo fue, sin duda, la Sociedad Azucarera Antequerana, creada en 1890 para producir azúcar procesando remolacha en una fábrica situada en su ciudad natal. En el grupo de accionistas fundadores figuraban dos diputados

[11] *El Sol*, 13 de febrero de 1937. *La Voz*, 12 de febrero de 1937.

romeristas: Lorenzo Borrego, por Ronda, y Francisco Bergamín, por Campillos. Este perteneció al Consejo de Administración y fue secretario del mismo hasta que en 1899 se desvinculó de la empresa, aunque al mismo tiempo asumió la representación legal de la misma en la demanda que interpuso contra la disposición del Ministerio de Hacienda que anulaba los conciertos fiscales entre el Estado y las empresas azucareras. Durante la etapa inicial de la Azucarera Antequerana se hizo cargo de numerosas responsabilidades financieras, administrativas y técnicas, como gestionar contratos de compraventa, abrir cuentas corrientes, realizar las obras de abastecimiento de agua para la fábrica y representar legalmente a la sociedad ante los tribunales (Postigo, 2011; García Ariza, 2016-2017).

Bergamín, de hecho, actuaba en Madrid como representante de los empresarios azucareros (Pan-Montojo y Puig, 1995). También fue uno de los abogados que trabajó para las compañías ferroviarias, defendiendo los intereses de sus directivos frente a las demandas de los obligacionistas (Cuéllar, 2018). En la década de 1920 estuvo vinculado a la compañía de seguros La Equitativa (Tortella, 2000).

Bergamín mantenía estrechos vínculos con Antequera a través de su esposa y de su mentor político. Además de su participación en la génesis de la industria azucarera de Romero Robledo, también tuvo inversiones en la explotación agraria. En 1889 adquirió la Colonia agrícola de Santa Ana a su fundador, Fernando Moreno González del Pino y mantuvo su propiedad durante unos años, hasta que en 1898 se deshizo la operación y la recuperó Moreno (Escalante, 2009). Es posible que su patrimonio se incrementara por vía matrimonial y que participara en operaciones inmobiliarias. Su posición económica tuvo que ser bastante desahogada ya que se construyó una gran villa en el elegante barrio de El Limonar, en Málaga. Según una guía de la época, era un "barrio de palacios, rodeado de huertas y jardines, descollando entre todos por su suntuosidad y su riqueza el del diputado a Cortes Sr. Bergamín García" (Muñoz Cerisola, 1894).

Durante la década de 1880, coincidiendo con su entrada en la vida política, hay evidencias de la implicación de Francisco Bergamín en negocios relacionados con las obras públicas. En 1883 se hizo con los derechos sobre la concesión de las obras de desviación del río Guadalmedina a su paso por la ciudad de Málaga con el fin de evitar las repetidas inundaciones que provocaban graves daños en la población. La incapacidad del municipio para proceder con las expropiaciones y las dificultades financieras mantuvieron el proyecto paralizado y en 1888 traspasó los derechos a Julio Navalón (Guzmán, 1907). Otra inversión de Bergamín que tuvo mayor fortuna y más largo recorrido fue su participación en la sociedad que gestionaba la concesión de abastecimiento de agua a su ciudad natal.

LA INTERVENCIÓN DE BERGAMÍN EN LA GESTIÓN DEL ABASTECIMIENTO DE MÁLAGA

La situación del suministro de agua a la ciudad de Málaga a mediados del siglo XIX y las soluciones que se plantearon a partir de la década de 1860, así como la decisión de las autoridades municipales de optar por los manantiales de Torremolinos y por un sistema de concesión administrativa a sociedades privadas son cuestiones ya desarrolladas en otros lugares (Heredia, 2013, 2018). La incapacidad financiera del Ayuntamiento para completar las obras del nuevo sistema de abastecimiento llevó a la firma de un contrato de concesión con un empresario francés, Federico Gros, que se formalizó el 2 de agosto de 1875. La inauguración de la nueva traída se realizó en junio de 1876, aunque la primera fase de la red de distribución no se terminó hasta 1879 y el depósito regulador previsto nunca llegó a ser construido.

La concesión fue pasando de una sociedad a otra en los años siguientes. Los herederos de Gros cedieron la explotación de la concesión a una compañía constituida en París en 1880 denominada Compagnie Continentale des Eaux[12]. Poco después esta sociedad fue declarada en quiebra por un tribunal parisino, y, en consecuencia, la concesión de las aguas de Torremolinos fue vendida en subasta judicial, siendo adjudicada en diciembre de 1882 a los socios Jonathan Aldons Mays y Adam Scott, ambos de Londres. Mays y Scott constituyeron, en unión de Leonie Orlhac (nuera de Federico Gros), la sociedad

[12] AMM, legajo 50-C/6.

Scott y Compañía. A pesar de los cambios nominativos, el negocio se mantuvo en las mismas manos, como indica que la nuera de Gros fuera una de las firmantes de la constitución de la sociedad y que su marido, León Gros, fuera el apoderado y representante de la misma.

Después de haber vendido los metros cúbicos disponibles de la concesión, León Gros consiguió del Ayuntamiento un nuevo contrato para que su empresa pudiese utilizar la tubería existente para aportar una mayor cantidad de agua que pudiese adquirir o arrendar. La concesión de englobación, como fue llamada, se firmó en septiembre de 1885 y se hacía a perpetuidad, es decir, que vencidos los 99 años fijados en el anterior convenio, la sociedad Scott y Compañía seguiría disfrutando de la servidumbre de paso para sus aguas.

Circularon rumores sobre supuestos sobornos y cesiones ventajosas de agua, y se comentaba que todo el asunto fue una maniobra de Gros para salir de la apurada situación que atravesaban sus negocios.

Las denuncias de las irregularidades existentes en todo el proceso de concesión, desde 1875, se fueron sucediendo en la prensa y en varias publicaciones que circularon por la ciudad. El ingeniero Mariano Cárcer, en una serie de artículos, recordó la oscuridad que envolvía la legalidad de las sucesivas empresas concesionarias (en el fondo, siempre la misma) e insistió en los argumentos legales y técnicos que debían servir para anular la nueva concesión. En 1887 un informe municipal vertía duras acusaciones sobre las corporaciones anteriores. Parecía que el Ayuntamiento se replanteaba la situación y comenzaba a sopesar la posibilidad de solicitar la declaración de nulidad de las concesiones (Heredia, 2018).

En ese momento se produjo la intervención de Bergamín, quien actuaba como abogado de la sociedad concesionaria y en connivencia con otros socios. En 1887, vendidos o arrendados ya los 7.300 metros cúbicos concedidos según el contrato de 1875, la empresa Scott y Compañía fue declarada en concurso necesario de acreedores debido a dos créditos que sumaban 40.000 pesetas. El concurso fue impulsado por el propio León Gros, a espaldas del socio principal, Adam Scott. Cuando este tuvo noticias de lo que ocurría, revocó los poderes que había concedido a Gros cinco años atrás y se personó en Málaga para intentar paralizar la subasta de la concesión, sin éxito.

El remate fue adjudicado el 26 de mayo de 1888 al único postor, Francisco Bergamín, por 200.000 pesetas.

Avelino España, Simón Castel, Eduardo Palanca (abogado de los acreedores) y Francisco Bergamín (abogado de Scott y Compañía) habían convenido previamente, por contrato privado firmado el 7 de octubre de 1887, la constitución de una sociedad que sería titulada Compañía General de Aguas de Málaga. Su capital se formaría con las fincas El Pozuelo y Cucazorra, ambas en término de Torremolinos y con manantiales de agua, aportadas por Castel; y las concesiones otorgadas por el Ayuntamiento a Gros y Scott y Compañía. Como estas concesiones estaban sujetas a concurso judicial, Bergamín y España se comprometían a concurrir a la subasta para adquirirlas. Avelino España, Eduardo Palanca y Bergamín aportaban igualmente la titularidad de varias cantidades de agua. Estas aportaciones se traducían en un capital total de 1.500.000 pesetas distribuido de esta manera: 500.000 de Castel, 375.000 de España, 125.000 de otro socio cuyo nombre no se expresaba (que luego fue Severiano Arias), 250.000 de Bergamín y otras tantas de Palanca. Bergamín tenía adquiridos los créditos del concurso de Scott y Compañía, salvo el de los herederos de Tena. La constitución de la sociedad se fue dilatando y nunca llegó realmente a formalizarse, actuando los adquirentes de las concesiones como propietarios de las mismas, con Bergamín como principal poseedor y representante[13]. Reconoció años después que Palanca y él convinieron "en el medio de evitar que las concesiones de las aguas fuesen a desaparecer por las condiciones en que se encontraba entonces la explotación del negocio"[14].

Severiano Arias (1827-1895) era funcionario, periodista y propietario. Ocupó varios destinos en la administración de aduanas en la Península y en Puerto Rico, fue diputado en 1871-1872 y en las primeras Cortes de la Restauración, y senador vitalicio a partir de 1879, ya dentro del Partido Fusionista de Sagasta. Luego fue miembro de la Sala de Ultramar del Tribunal de Cuentas (Sánchez y Berástegui, 1886; Palomas, 2002). Avelino España (1827-1902) era un acaudalado

[13] AHMA, FAF, Archivo Ramos, cajas 278/484(1) y 279/484(2).

[14] Archivo del Museo de Artes Populares de Málaga-Fundación Unicaja (AMAP), caja 71/34.

comerciante de origen soriano, que poseía una lujosa villa en El Limonar, próxima a la de Bergamín. Simón Castel Sáenz (1838-1923) era de origen navarro y poseía casa de comercio y negocios en varios sectores agroindustriales, presidiendo la Cámara de Comercio en los periodos 1889-1891 y 1899-1901. Eduardo Palanca Asensi (1837-1900) se había destacado durante la Revolución de 1868 al frente de la junta local para ser más tarde diputado y ministro de Ultramar durante la Primera República, que estuvo a punto de presidir. Luego regresó a Málaga, donde se encargó de organizar a los seguidores de Salmerón a la vez que mantenía un prestigioso bufete. Fue decano del Colegio de Abogados en dos ocasiones.

Como se ve, en el proceso de adquisición de la concesión intervinieron juristas y empresarios de diferentes orientaciones políticas pero unidos por la rentabilidad del negocio y con el objetivo de evitar que el servicio fuera recuperado por el Ayuntamiento. Bergamín actuó de acuerdo con León Gros y con la colaboración de España, Arias, Palanca y Castel estableció las bases de la gestión de la concesión de abastecimiento en los años siguientes. Scott perdió los derechos sobre la empresa y se querelló contra Gros y Bergamín en Francia, donde el primero fue condenado a cinco años de prisión por estos hechos, según se dijo años más tarde, mientras que el abogado malagueño obtuvo resoluciones favorables de los tribunales franceses.

En 1891 Bergamín y sus socios arrendaron la concesión a una sociedad compuesta por Antonio María de Luna Quartín y José Morales Cosso, arriendo que fue prorrogado en 1898 y por el que pagaban un canon anual de 90.000 pesetas a los titulares de la concesión. Estos, a su vez, en virtud de los derechos que concedía el contrato de 1885, incorporaron nuevas aguas a la conducción general, para aumentar el caudal del suministro a la ciudad en unos 6.000 metros cúbicos. Esta acción, conocida como englobamiento, se inauguró en 1893, utilizando aguas arrendadas procedentes de los manantiales del Pozuelo y San José, que eran propiedad de Simón Castel y Felisa García-Serna, viuda de Eduardo Asiego, respectivamente[15].

[15] AMAP, caja 71.

Los vínculos entre Bergamín y Luna y Morales eran evidentes, ya que todos estaban coincidiendo en esos mismos momentos en la creación de la Azucarera Antequerana. Antonio María de Luna Quartín había actuado como síndico representante de los acreedores en el proceso concursal de Scott y Compañía[16]. También fue el encargado de las obras de construcción de la fábrica de azúcar de Antequera, que empezó a levantarse en diciembre de 1890 y de la ejecución del apartadero que enlazaba con la línea ferroviaria de Bobadilla a Granada, mientras que Morales Cosso se encargó de suministrar las tuberías de agua para la red hidráulica del ingenio (García Ariza, 2016-2017). Luna entró poco después en el accionariado junto con Morales y en 1899 sucedió a Bergamín en el consejo de administración cuando este dejó la sociedad (Postigo, 2011). Luna Quartín, cuya actividad principal era la de contratista de obras, fue nombrado presidente del Consejo provincial de Fomento en 1914. Falleció en 1929 y a sus funerales asistió Francisco Bergamín, amigo íntimo desde la infancia[17].

LA GESTIÓN DE LUNA Y MORALES Y EL FIN DE LA CONCESIÓN

La cuestión del abastecimiento de aguas fue uno de los asuntos más polémicos de la política local durante la etapa de entresiglos. Las condiciones de los contratos de 1875 y 1885 y las irregularidades e incumplimientos de los concesionarios dieron pie a frecuentes reclamaciones y denuncias por parte de los usuarios y de la prensa. Un periodista escribía en 1899 que las concesiones de las aguas de Torremolinos deberían haber sido declaradas nulas de derecho por el Ayuntamiento. "No se ha hecho así, según nos informan, por el predicamento político que ha gozado D. Francisco Bergamín, verdadero explotador de las aguas". Seguía preguntándose si se podía dudar de que "las aguas de Torremolinos se están explotando indebidamente por los señores Bergamín y Luna y Morales al amparo del terror

[16] *Gaceta de Madrid*, 17 de septiembre de 1887. AHMA, FAF, Archivo Ramos, caja 228/209.

[17] *La Unión Mercantil*, 27 de agosto de 1929. *ABC*, 26 de septiembre de 1929.

que pueda inspirarle a la corporación municipal el nombre de ese político modernista"[18].

La rivalidad política entre las diferentes corrientes locales de los principales partidos de la época encontró un campo propicio en el asunto de las aguas. En las primeras décadas del siglo xx el Partido Conservador malagueño estaba escindido en dos bloques, liderados por el marqués de Larios y Francisco Bergamín, respectivamente. Ambos bandos carecían de una estructura organizada y funcionaban a través de redes de influencias. Los laristas constituían un conglomerado de carácter oligárquico con bastante poder en la vida política malagueña, mientras que los afines a Bergamín, herederos de Romero Robledo, gozaban de mucha menos autoridad (Tusell, 1976).

Entre finales del siglo XIX y principios del xx varios particulares fueron realizando diversos alumbramientos de agua en las fincas próximas a los manantiales de Torremolinos. Así, mientras se abrían en terrenos privados los del Pozuelo (de Simón Castel), San José (de la familia Asiego García-Serna), Rojas (de los Larios) y La Pellejera, los manantiales de titularidad municipal vieron mermado su caudal: el de La Cueva se secó por completo y el del Albercón redujo su aforo desde los 19.326 metros cúbicos de 1866 a unos 8.000 casi cincuenta años después.

Esta privatización encubierta de las aguas de Torremolinos tuvo su episodio más polémico en el caso del alumbramiento que Antonio María de Luna realizó en la finca de La Pellejera a partir de 1907. Luna quería contar con aguas propias para el englobamiento, ya que las que utilizaba se las había arrendado a Francisco Asiego, dueño de San José (Marín, 1910). La denuncia de varios regantes y molineros llevó al alcalde de Torremolinos a decretar la suspensión de los trabajos a mediados de 1910. El Ayuntamiento de Málaga apoyó la medida y entabló una demanda contra Luna, en razón de que el nuevo manantial iba a perjudicar los intereses de la ciudad al restarle aguas al del Albercón. Los concejales Manuel Cárcer, conservador, y José Murciano, republicano, emprendieron una campaña contra esta obra, contando con el apoyo del diputado republicano Pedro

[18] AMAP, caja 71. *Los Rayos X*, 1 de diciembre de 1899.

Armasa. La paralización de las obras fue levantada en 1912, aunque la influencia del nuevo alumbramiento fue reconocida en una sentencia judicial. Los sucesivos recursos de ambas partes concluyeron con una sentencia del Tribunal Supremo, dictada en 1921, que confirmaba la anterior y rechazaba otras demandas del Ayuntamiento contra Luna, que en todo el proceso estuvo defendido por Bergamín (Ayuntamiento, 1921). Mientras el litigio se dirimía en los tribunales tuvo lugar el rescate de la concesión. La tenaz insistencia municipal contra el alumbramiento de Antonio María de Luna contrastaba con la actitud mantenida hacia el resto de los alumbramientos efectuados por particulares en la zona de los manantiales de Torremolinos[19]. La explicación habría que buscarla en la amistad de Luna con Bergamín, en las influencias de la Casa Larios y en la manifiesta enemistad entre Bergamín y Armasa, líder de los concejales republicanos y, a su vez, amigo de Francisco Asiego (Heredia, 2018).

El proceso que desembocó en la municipalización del servicio se desarrolló a partir de 1911. El diputado Pedro Armasa Ochandorena (1864-1933), figura clave del republicanismo malagueño a principios del siglo XX, presentó en junio de ese año una interpelación en el Congreso sobre las aguas de Torremolinos que dio pie a una agria batalla dialéctica con Bergamín, también diputado. El parlamentario republicano recordó el concurso celebrado en 1888, dejando entrever los manejos oscuros que pudieron ocurrir entonces, y solicitó la rescisión de los contratos por incumplimiento, mientras que el político conservador defendió sus intereses alegando la legalidad de todo el proceso y la falta de capacidad jurídica del Ayuntamiento para decretar la incautación[20].

Un mes después de la discusión parlamentaria, el concejal conservador Manuel Cárcer Trigueros presentó una moción sobre el mismo asunto. Cárcer, recogiendo las palabras de Armasa, recordaba las numerosas irregularidades del famoso concurso de acreedores (entre ellas, la pérdida de los autos judiciales y de varios documentos del Archivo Municipal) y arremetía contra Bergamín, al que acusaba

[19] *El Regional*, 4 de abril de 1919.

[20] Los discursos de Bergamín fueron impresos como hojas sueltas, mientras que los de Armasa aparecieron en las páginas del diario *El Popular*. AMAP, caja 71.

de "querer taparse con los arrendatarios la impopularidad anexa al escandaloso asunto de las aguas, esquivando así las protestas de todo el pueblo de Málaga, que sin distinción de clases, por sus constantes manifestaciones y reclamaciones se considera perjudicado en sus derechos". Las nuevas condiciones políticas del Ayuntamiento malagueño fueron favorables al desarrollo de la iniciativa municipalizadora. La coalición formada por republicanos y socialistas obtuvo la mayoría de concejales en las elecciones municipales de 1911 y 1913, y en su programa electoral se incluía la normalización del servicio de abastecimiento de agua. La municipalización de las aguas de Torremolinos fue "sin duda alguna el mayor de todos los aciertos de la actuación republicana en el Municipio durante el periodo de 1912 a 1915" (Arcas, 1985).

El Ayuntamiento, instado por la Cámara de Comercio, acordó en pleno celebrado el 2 de mayo de 1913 que una comisión estudiase los pasos a seguir para proceder a la rescisión de los contratos de concesión[21]. A continuación se comunicó al concesionario, Bergamín, la voluntad municipal de iniciar el proceso de caducidad. La comisión especial emitió su dictamen, que fue aprobado por el pleno en sesión extraordinaria celebrada los días 10 y 11 de julio de 1913. El dictamen proponía que se rescindieran y se declarasen caducados los contratos de 1875 y 1885, procediendo a la incautación de los bienes y derechos afectados para que el Ayuntamiento se hiciese cargo de forma inmediata de la prestación del servicio. La propuesta se fundamentaba en las infracciones de los compromisos adquiridos por el concesionario en dichos contratos: no construcción del depósito regulador de presión, distribución sin atenerse a lo convenido, la circunstancia de que las aguas englobadas no fuesen de la propiedad del concesionario y la disminución del caudal aportado al suministro. La decisión municipal contó con un amplio respaldo en la sociedad local, que se plasmó en una manifestación que tuvo lugar el domingo 27 de julio[22].

El alcalde procedió a la incautación en nombre de la Corporación del servicio de aguas de Torremolinos, mientras que Francisco

[21] AMAP, caja 71/33-37. *La Unión Mercantil*, 11 de julio de 1913.
[22] *Mundo Gráfico*, 6 de agosto de 1913.

Bergamín, que ya era ministro de Instrucción Pública, solicitaba la suspensión del acuerdo e interponía recurso de alzada ante el gobernador civil de la provincia. La Cámara de Comercio gestionó un acercamiento de las posturas del Municipio y del concesionario, y ambas partes se avinieron a la consecución de un acuerdo amistoso. El Ayuntamiento propuso una comisión de personas ajenas a la ciudad que emitieran un dictamen vinculante, designando como tales a los juristas Gumersindo de Azcárate, Antonio Maura Montaner y Luis Díaz Cobeña, todos ellos con una larga experiencia política y compañeros de oficio de Bergamín. La propuesta municipal fue aceptada por este, dispuesto a resolver tan largo y enojoso asunto. Bergamín actuaba como representante de los concesionarios, cuya participación se repartía así: el 57,5 % del propio Bergamín, el 35 % de los herederos de Avelino España y el 7,5 % de la sociedad Luna y Morales.

Los juristas emitieron su dictamen el 20 de junio de 1915. Partían de la base, previamente acordada por las partes, de la extinción del vínculo jurídico creado por las concesiones de 1875 y 1885, de manera que el Ayuntamiento asumía las facultades para la libre administración y disposición de las aguas de Torremolinos. Después de conocer y estudiar los documentos y alegaciones presentadas por las partes, los letrados elaboraron un laudo cuyas principales conclusiones eran las siguientes: definitiva extinción de los vínculos jurídicos creados por las concesiones de 1875 y 1885; respeto absoluto de los derechos de terceros, es decir, compradores de aguas en propiedad y por el plazo de la concesión; renuncia de las partes a cualquier tipo de reclamación sobre este asunto; y, por último, estimación del saldo neto que el Ayuntamiento debía abonar al conjunto de interesados (concesionarios y arrendatarios) en la cantidad de 576.837 pesetas[23]. Tras este dictamen, Bergamín y el Municipio negociaron los muchos flecos del acuerdo, por lo que no pudo firmarse la escritura de transacción hasta el 1 de mayo de 1918.

De esta manera se producía la desvinculación definitiva de Bergamín y de sus socios del negocio del abastecimiento de agua,

[23] *Boletín Municipal de Málaga*, 6 de julio de 1915.

treinta años después del concurso judicial que le dio la propiedad de la concesión y justo cuando se encontraba en el mejor momento de su larga carrera política, ocupando varias carteras ministeriales en esa etapa. La intervención de Bergamín en esta iniciativa empresarial, en la que actuó a través de la sociedad arrendataria formada por sus amigos Luna y Morales, estuvo apoyada en su confluencia con un pequeño grupo de empresarios y políticos de diferentes tendencias y en el sostenimiento de la explotación de un servicio público que se caracterizó por el mantenimiento de graves deficiencias y, sobre todo, por la carencia de inversiones en infraestructuras. La resolución de esos problemas quedaba en manos del Ayuntamiento.

BIBLIOGRAFÍA

Arcas Cubero, F. (1985). *El republicanismo malagueño durante la Restauración (1875-1923)*. Ayuntamiento de Córdoba.

Ayala Pérez, J. (1974). *Un político de la Restauración: Romero Robledo*. Caja de Ahorros de Antequera.

Ayuntamiento de Málaga (1921). *Copia de varios asuntos relacionados con los alumbramientos de aguas de "La Pellejera" en Torremolinos.*

Cabrera, M. y Del Rey, F. (2011). *El poder de los empresarios. Política y economía en la España contemporánea (1875-2010)*. RBA Libros.

Comín, F. et al. (2000). *La Hacienda desde sus ministros. Del 98 a la Guerra Civil.* Prensas Universitarias de Zaragoza.

Cuéllar, D. (2018): Razones y maravedíes. Una mirada crítica a los negocios del ferrocarril en España (1844-1943). *Hispania Nostra*, 16, 522-557. https://doi.org/10.20318/hn.2018.4047

Domínguez Nafría, J.C. (2018). *Los Juristas en el Poder. Presidentes de la Real Academia de Jurisprudencia y Legislación: 1836-1936*. Editorial Dykinson.

Escalante Jiménez, J. (2009). *Fragmentos para una historia de Antequera*. CEDMA.

Fernández Paradas, M. y García Ariza, F.J. (2020). La forja del patrimonio de Francisco Romero Robledo. *Vínculos de Historia*, 9, 399-416. http://dx.doi.org/10.18239/vdh_2020.09.20

García Ariza, F.J. (2016-2017). La construcción del ingenio de San José. *Revista de Estudios Antequeranos*, 19-20, 39-63.

Gortázar, G. (1986). *Alfonso XIII, hombre de negocios*. Alianza Editorial.

Guzmán Muñoz, A. (1907). *El Guadalmedina*.

Heredia Flores, V.M. (2002). *Gaona. De Congregación de San Felipe Neri a Instituto de Enseñanza Secundaria (1739-2002)*. Editorial Ágora.

Heredia Flores, V.M. (2013). Municipalización y modernización del servicio de abastecimiento de agua en España: El caso de Málaga (1860-1930). *Agua y Territorio / Water and Landscape*, 1, 103-118. https://doi.org/10.17561/at.viii.1038

Heredia Flores, V.M. (2018). El abastecimiento de agua en Málaga (1860-1930). De negocio privado a servicio público. En J.M. Matés-Barco y J.J.P. Rojas-Ramírez (Coords.), *Agua y servicios públicos en España y México* (pp. 121-153). Editorial Universidad de Jaén.

Hidalgo Marín, I.S. (1995). La familia Gamazo: Elite castellana en la Restauración (1876-1923). *Investigaciones Históricas. Época moderna y contemporánea*, 15, 107-118.

Mapelli, E. (1956). Notas sobre un jurisconsulto malagueño. Don Francisco Bergamín. *Gibralfaro*, 6, 59-70.

Mapelli, E. (1985). Francisco Bergamín García (1855-1937). En M. Alcobendas, (Ed.), *Málaga, personajes en su historia* (pp. 101-104). Editorial Arguval.

Mapelli, E. (2006). Francisco Bergamín García. En F. Cabrera Pablos y M. Olmedo Checa (Coords.), *Malagueños en la Historia* (pp. 204-211). Benedito Editores.

Marín, M. (1910). *Aguas de Torremolinos. Los trabajos de alumbramiento de aguas en La Pellejera*.

Matés-Barco, J.M. (2018). De la Regulación a la Privatización y viceversa: La gestión del agua en España y Reino Unido. En J.M. Matés-Barco y J.J.P. Rojas-Ramírez (Coords.), *Agua y servicios públicos en España y México* (pp. 29-68). Editorial Universidad de Jaén.

Montilla y Ordóñez, Rafael (1986). *Ellos fueron ministros. Veinticuatro malagueños se sentaron en poltronas ministeriales*. Editorial Bobastro.

Muñoz Cerisola, N. (1894). *Guía de Málaga. Indicador comercial de España*.

Muñoz Jofre, J. (2016). *La España corrupta. Breve historia de la corrupción (de la Restauración a nuestros días, 1875-2016)*. Editorial Comares.

Palomas i Moncholi, Joan (2002). *El rerefons econòmic de l'activitat dels parlamentaris catalans (1876-1885)* [Tesis doctoral, Universitat Autònoma de Barcelona]. Cora Tesis doctorals en xarxa. https://www.tdx.cat/handle/10803/4785?show=full

Pan-Montojo, J. y Puig Raposo, N. (1995). Los grupos de interés y la regulación pública del mercado de alcoholes en España (1887-1936). *Revista de Historia Económica*, *13*(2), 251-280.

Postigo Durán, I. (2011). Origen de la industria del azúcar de remolacha en Antequera: Las primeras campañas del Ingenio de San José, 1890-1910. *Revista de Estudios Antequeranos*, 15, 53-78.

Ramos Palomo, Mª.D. (1991). *Burgueses y proletarios malagueños. Lucha de clases en la crisis de la Restauración (1914-1923)*. Publicaciones del Ayuntamiento de Córdoba.

Ramos Rovi, Mª. José (2013). *Diccionario biográfico de parlamentarios andaluces (1876-1923)*. Universidad de Sevilla.

Ramos Rovi, Mª. José (2018). Francisco Bergamín García. *Real Academia de la Historia. Diccionario Biográfico electrónico*. https://dbe.rah.es/biografias/8497/francisco-bergamin-garcia

Sampedro, J.L. y Alós Merry Val, F. (2005). *Ministros de Hacienda y de Economía. De 1700 a 2005. Tres siglos de historia*. Ministerio de Economía y Hacienda.

Sánchez Ortiz, M. y Berástegui, F. (1886). *Las primeras cámaras de la Regencia*.

Tortella, T. (2000). *A guide to sources of information on foreign investment in Spain 1780-1914*. International Institute of Social History.

Tuñón de Lara, M. (1989). Las élites del poder en la España de la Restauración. En J.A. Ferrer Benimeli (Coord.), *Masonería, política y sociedad* (Vol. 2, pp. 825-844). Centro de Estudios Históricos de la Masonería Española.

Tusell, J. (1976). *Oligarquía y caciquismo en Andalucía (1890-1923)*. Editorial Planeta.

Política y negocios en la España de la Restauración. Francisco Bergamín y el abastecimiento de agua a Málaga

Resumen: El sistema de la Restauración consolidó a partir de 1875 el poder de una élite social en la que los intereses económicos y políticos aparecían habitualmente confundidos. Francisco Bergamín inició su trayectoria política en el Partido Conservador como seguidor de Romero Robledo y fue diputado por Campillos a partir de 1886, disfrutando de un cacicato estable en las décadas siguientes. En 1888 se hizo, junto a otros socios, con el control de la concesión de abastecimiento de agua a la ciudad de Málaga en una subasta judicial caracterizada por su opacidad. Durante los 25 años siguientes, Bergamín fue progresando en su carrera hasta ocupar su primer ministerio en 1913. Al mismo tiempo, las extendidas quejas por el mal funcionamiento del servicio y las rivalidades internas en las filas conservadoras, propiciaron su forzada desvinculación del negocio del abastecimiento como paso previo a la municipalización.

Palabras clave: Restauración, Bergamín, abastecimiento de agua, Málaga.

Politics and business in Spain under the Restoration. Francisco Bergamín and the water supply to Malaga

Abstract: The Restoration system consolidated from 1875 the power of a social elite in which economic and political interests appeared usually confused. Francisco Bergamín began his career politics in the conservative party as a follower of Romero Robledo and was deputy for Campillos from 1886, enjoying a stable chiefdom in the following decades. In 1888 he became, along with other partners, with control of the concession of water supply to the city of Malaga in a judicial auction characterized by its opacity. During the following 25 years Bergamín progressed in his career until occupying his first ministry in 1913. At the same time, the widespread complaints about the malfunctioning of the service and the internal rivalries in the conservative ranks led to their forced disassociation of the water supply business as a step prior to the municipalization.

Keywords: Restoration, Bergamin, water supply, Malaga.

Política e negócios na Espanha da Restauração.
Francisco Bergamín e o abastecimento de água a Málaga

Resumo: O sistema da Restauração consolidou a partir de 1875 o poder de uma elite social em que os interesses económicos e políticos costumavam confundir-se. Francisco Bergamín iniciou sua carreira política no Partido Conservador como seguidor de Romero Robledo e foi deputado por Campillos desde 1886, desfrutando de uma posição estável nas décadas seguintes. Em 1888, juntamente com outros sócios, assumiu o controle da concessão de abastecimento de água à cidade de Málaga em um leilão judicial caracterizado por sua opacidade. Durante os 25 anos seguintes, Bergamín progrediu na sua carreira até assumir seu primeiro ministério em 1913. Ao mesmo tempo, as queixas generalizadas sobre o mau funcionamento do serviço e as rivalidades internas nas fileiras conservadoras levaram à sua retirada forçada do negócio de abastecimento de água, como etapa prévia à municipalização.

Palavras-chave: Restauração, Bergamín, abastecimento de água, Málaga.

4.
EN TIERRA DE RÍOS. EL ABASTECIMIENTO DE AGUA EN SANTIAGO DE COMPOSTELA Y FERROL ENTRE FINALES DEL SIGLO XIX Y LA GUERRA CIVIL

Jesús Mirás Araujo
Universidade da Coruña

INTRODUCCIÓN

Galicia ha dispuesto históricamente de una excelente dotación de recursos hídricos para atender la creciente demanda de agua que ha acompañado al crecimiento demográfico contemporáneo, gracias a una abundante y frecuente pluviosidad y a un elevado número de corrientes de agua. En su debe se encuentra la dispersión de su población y su complicada orografía, lo que dificulta y encarece la dotación de servicios.

La provincia de A Coruña comparte estos condicionantes. Un matiz diferencial reside en que alberga el mayor número de ciudades de la región (3), con una dinámica de servicios públicos, lógicamente, diferente a la del medio rural. Cualquier equipamiento de esta naturaleza precisa de un determinado umbral de densidad demográfica o de economías de aglomeración que hagan factible su dotación. En el medio urbano esto es más sencillo de lograr, de ahí que la iniciativa para su implantación haya procedido, generalmente, del sector privado. En cambio, el medio rural, en especial el gallego, con la fuerte dispersión de su hábitat, no resulta atractivo para la inversión particular. Ello explica, junto a la posibilidad del autoabastecimiento, el fuerte retraso en la dotación del servicio domiciliario de agua en la Galicia no urbana –mayoritaria hasta fechas muy recientes– y la consiguiente provisión pública del mismo.

El objetivo del trabajo es analizar la evolución del servicio de abastecimiento domiciliario de agua en dos de las principales ciudades de la provincia, Santiago de Compostela y Ferrol, desde sus orígenes, a finales del siglo XIX, hasta la Guerra Civil, momento a partir del cual las condiciones de explotación del servicio sufrieron un deterioro que condujo a su municipalización, dentro de una dinámica que recuerda a lo acontecido en la capital provincial. Las dificultades para acceder a la documentación precisa han sido notorias. En Santiago la información disponible ha sido relativamente escasa, puesto que la que se conserva en el Archivo Histórico Universitario, depositario de los fondos históricos municipales, es exigua y poco relevante. Por otro lado, solo se han podido localizar algunas Memorias de Aguas Potables de Santiago, correspondientes a los años treinta y cuarenta. El panorama es más desolador en Ferrol, en donde el servicio de agua ha sido municipal hasta el año 2000. Por desgracia, su archivo histórico ha sido organizado en los últimos años y apenas conserva documentación sobre el mismo, por lo que la visión de la problemática del agua es más genérica y discontinua.

LA LENTA GÉNESIS DE UNA SOCIEDAD ANÓNIMA EN SANTIAGO DE COMPOSTELA

Dentro del bajo nivel de urbanización de Galicia a comienzos del siglo XIX, las tres ciudades gallegas más dinámicas se localizaban en la provincia de A Coruña. Sin embargo, el Ochocientos no fue pródigo con Santiago de Compostela. Tras la elección en 1833 de A Coruña como capital provincial, los ritmos de crecimiento discurrieron por sendas bien distintas. Esta última se convirtió en el primer centro mercantil y fabril de la región durante el siglo XIX, mientras Santiago sufría un declive económico y demográfico (Pose, 1992) (Tabla 1), lo que acentuó su carácter de economía anclada en funciones de carácter tradicional (Dubert, 2017).

Tabla 1. Evolución de la población de las principales ciudades de Galicia, 1860-1940

	1860	1877	1887	1897	1900	1910	1920	1930	1940
Santiago	23.773	24.166	24.300	24.335	24.120	24.637	28.346	31.137	42.805
Ferrol	21.120	23.848	25.701	24.957	25.281	26.331	30.350	35.563	59.829
A Coruña	30.182	33.739	37.251	40.501	43.971	47.984	62.022	74.132	104.220
Lugo	21.298	18.909	19.952	25.568	26.959	35.726	17.581	21.579	28.397
Ourense	10.775	12.586	14.168	15.250	15.194	15.998	25.870	30.821	36.968
Pontevedra	18.997	19.857	19.996	19.986	22.330	24.222	37.786	38.270	49.191
Vigo	11.070	13.416	15.044	17.222	23.259	41.213	53.100	65.012	85.272

Fuente: Instituto Nacional de Estadística. Censos de la población de España

El suministro de agua de la ciudad se caracterizó, hasta bien entrado el siglo XIX, por los parámetros del Sistema Clásico de Abastecimiento (Matés-Barco, 1999, pp. 59-168). El principal canal de oferta eran las fuentes (Beiras, 2012). Aún debieron transcurrir unas cuantas décadas hasta que se renovó el sistema. Hacia finales de siglo se comienza a contemplar la necesidad de modernizar la red tradicional de distribución, sustituyendo las viejas cañerías de barro y piedra por otras de hierro fundido, como había sucedido en A Coruña por esos mismos años (Tojo, 1998). La corporación compostelana se plantea entonces la contratación de un ingeniero para que realice un estudio sobre la red y elabore un proyecto para su mejora.

En este contexto, se presenta en 1884 una propuesta procedente del ingeniero escocés H. Gilchrist, en nombre de la compañía radicada en Lochburn Iron Works (Glasgow), Macfarlane, Strang & Co., Limited[1]. Esta compañía se dedicaba a la construcción de

[1] La compañía fue constituida en 1877, y se dedicó a la construcción de tubos de hierro fundido, para conducciones de agua, gas y aguas residuales, esclusas para embalses, compuertas, válvulas de marea o desagües y reflujos, etc. Obtuvieron un gran número de contratos muy importantes en numerosos países. Glasgow West End Addresses and their Occupants 1836-1915, http://www.glasgowwestaddress.co.uk/1888_Book/Macfarlane_Strang_&_Co_Ltd.htm; Jimena (2017, pp. 229-230). En 1912 firmó un acuerdo de intercambio de consejeros con Robert Maclaren & Company, otra

tuberías de hierro fundido para agua y gas, por lo que su interés más evidente residía en la remoción de las viejas tuberías de barro, más que en la gestión del servicio de aguas. Este tipo de estrategias de impulso de modernos sistemas de abastecimiento de aguas por parte de sociedades fabricantes de tuberías era algo relativamente frecuente en los medios europeos de la época.

La empresa tenía bastante solvencia y capacidad técnica, y estaba acostumbrada a trabajar para clientes de países distantes, como lo demuestra que en 1886 obtuviese un contrato para suministrar 5.000 toneladas de tuberías para Australia[2]. En 1925 proporcionó tuberías de hierro fundido para la construcción de una planta eléctrica en Ciudad del Cabo (Sudáfrica)[3], siendo también una de las firmas que colaboró en la construcción del acueducto más largo de Gran Bretaña, de 153 km, desde el lago Thirlmere hasta Prestwich, cerca de Manchester, encargado en 1894 y finalizado en 1927[4].

La oferta de Gilchrist consistía en incrementar el número de captaciones, construir un gran depósito y sustituir las antiguas tuberías por otras de hierro, para así ampliar significativamente la disponibilidad de agua per cápita. Esta propuesta concitó cierto rechazo de un sector de la opinión pública, por su procedencia extranjera y, sobre todo, por la adjudicación directa del estudio, sin someterlo a concurso público. Este movimiento fue vehiculizado a través de la Gaceta de Galicia, uno de los principales diarios locales.

Para aminorar este tipo de reticencias y favorecer la penetración en un mercado desconocido y potencialmente poco favorable era frecuente que las empresas extranjeras utilizasen el concurso de notables locales que actuasen como intermediarios ante la sociedad y los poderes locales. En este caso, la persona escogida fue Gerardo

---

empresa también constructora de tuberías (http://familytreemaker.genealogy.com/users/m/a/c/Hamish-S-Maclaren/FILE/0028text.txt).

[2] *Wanganui Herald*, XX(5974), 11 de agosto de 1886, p. 2. *South Australian Register*, Adelaide, SA, 1839–1900, 9 de agosto de 1886, p. 5.

[3] *Electricity Supply Commission. Annual Report of the Commission for the Year ended 31st December, 1925 with a brief review of its activities up to 30th September*. Radford, Adlington, Ltd. Printers, 1926. https://www.eskom.co.za/heritage/wp-content/uploads/2021/09/1925-Annual-Report.pdf.

[4] *The Surveyor and Municipal and Country Engineer*, XXV, 1899, p. 28.

Jeremías Devesa, que sirvió también de traductor del intercambio de misivas entre el ingeniero escocés y los ediles compostelanos[5].

Gilchrist se trasladó a Santiago a principios de 1885 para inspeccionar sobre el terreno la situación y las medidas a adoptar. Dicha visita le permitió hacerse una composición de lugar y plantear una serie de cuestiones al ayuntamiento relativas a la viabilidad del proyecto. Algunas se referían a la titularidad de los derechos legales sobre los manantiales y terrenos sobre los que discurrían las conducciones de agua. El ingeniero parecía inclinarse por el valle situado a la izquierda de la carretera de A Coruña para aprovisionarse de agua. También le interesaba conocer la pluviosidad media de la ciudad y la existencia de gravámenes a la introducción de tuberías de hierro fundido, negocio en el que su empresa estaba directamente involucrada.

Una vez obtenidas las respuestas, Gilchrist retorna a Glasgow, donde elabora una pormenorizada memoria, que incluye planos y presupuestos, en la que plantea tres alternativas. La redacción del proyecto se había complicado, y encarecido, por la inexistencia de un estudio topográfico del distrito y por la imposibilidad de encontrar un barrenista profesional para las operaciones de sonda. Para ello, se había desplazado incluso a Portugal, sin poder encontrar ninguno. Finalmente, había conseguido convencer a un barrenador que estaba realizando trabajos para su compañía en Huelva. Probablemente se tratase de trabajos de tendido de tuberías realizados para la sociedad británica Huelva Gas and Electricity Company, fundada en 1878, significativamente también en Glasgow (Martínez López, 2017).

El proyecto 1 planteaba la construcción de un depósito principal, inmediato al acueducto municipal existente, a partir de las aguas procedentes de los manantiales vigentes y de los pozos a perforar en el valle próximo a la carretera de A Coruña. El depósito tendría una capacidad de 34.100 m^3 y de él saldría la tubería principal y los ramales secundarios, todos con un grueso extra de hierro fundido,

[5] Gerardo Jeremías fue elegido concejal del ayuntamiento en las elecciones de mayo de 1881 y, posteriormente, fue alcalde interino en 1884-1885, además de Rector de la Universidad compostelana entre 1888-1890. Contrajo matrimonio con una sobrina de Eugenio Montero Ríos, lo que explica su filiación política monterista, rama liberal que controlaba la política local en aquella época (Barral, 2006; Fraga, 2020).

para evitar la contaminación de las cercanas cloacas, dada la estrechez de las calles. Cada 150 metros habría un caño de incendios. El presupuesto total, incluida la expropiación de la práctica totalidad del valle, era de 920.000 pesetas. La segunda alternativa consistía en bombear los 454.500 litros diarios adicionales que se precisaban desde el río Sionlla hasta un depósito puente y de allí al depósito principal. Su presupuesto ascendía a 1.110.000 pesetas. La última propuesta era similar a la anterior, pero sugería bombear el agua desde el río Tambre. Su presupuesto subía a 1.208.000 pesetas.

Gilchrist era claramente partidario de la primera opción, por la abundancia y calidad de las aguas, posibilidades de ampliación y menor coste, tanto de puesta en marcha como de mantenimiento. En cualquier caso, solicitó que se le confiase la explotación del servicio en unas condiciones muy favorables para la empresa: setenta años de duración de la concesión, elevadas tarifas, limitación del consumo municipal a 30.000 litros diarios y corte inmediato del servicio a las fuentes por impago municipal.

El arquitecto municipal, Faustino Domínguez Coumes-Gay[6], se inclinó también por la primera alternativa, ratificada por la Corporación. Cuando el alcalde se pone en contacto con la empresa para ultimar los detalles, esta alega que carece de personal para elaborar el presupuesto económico exigido por la Instrucción de Aguas de 14 de junio de 1883 y propone que la redacte el arquitecto municipal.

Como era habitual en aquella época, el proyecto se paraliza sin que se expliciten claramente las razones, aunque lo más probable fuese el desinterés o incapacidad de la empresa para llevarlo adelante. La prensa local reaccionará de nuevo con dureza, criticando al ayuntamiento por su dejadez e ingenuidad. Se consideraba que Gilchrist no había entregado un proyecto completo sino un mero boceto, hurtando documentación para evitar que pudiese ser utilizada por un posible competidor, para asegurarse así la realización de las obras y la explotación del servicio en unas condiciones leoninas.

[6] Faustino Domínguez Coumes-Gay (1845-1890), fue arquitecto municipal de Ferrol en 1868-1870 y, posteriormente, de Santiago de Compostela en 1879-1887 (Sánchez García, 2003).

Entre 1886 y 1897 se renovó casi por completo la red de abastecimiento de agua potable, aunque a costa de un importante esfuerzo de las exhaustas arcas municipales. Se sustituyeron las antiguas cañerías de barro por otras de hierro importadas de Gran Bretaña. Se limpió el acueducto y los manantiales de la periferia. Se construyó una nueva arqueta general, en la que confluían las aguas procedentes de Salgueiriños y de los montes de Vite, desde la cual, en dos ramificaciones independientes, se cubrían las necesidades de la zona norte y sur de la ciudad. Con todas estas reformas se logró duplicar el caudal disponible, aunque seguía siendo inferior al de otras ciudades gallegas, de modo que la mayor parte de la población de la periferia seguía acudiendo a las fuentes vecinales.

Por todo ello, en 1899 el concejal Leopoldo Sánchez propone la construcción de dos grandes depósitos, y el arquitecto municipal Manuel Hernández y Álvarez Reyero[7] la elaboración de un plano topográfico de la ciudad, como requisito previo a cualquier proyecto de traída de aguas. Este último encargo recaerá, en 1907, en Ramón Laforet Cividanes (ingeniero industrial), José de la Gándara y Cividanes (ingeniero militar) y Enrique Cánovas y Lacruz (ingeniero militar), que se comprometieron, por 90.000 pesetas, a elaborar sendos proyectos de abastecimiento de aguas y de alcantarillado.

Ramón Laforet, ingeniero nacido en Vigo, desarrolló una importante actividad en el sector energético en Galicia. Fue el principal responsable de la constitución de la fábrica de carburos de Arcade (Pontevedra), fundada en 1897 y de la Compañía Eléctrica Gallega Laforet y Cía (1899). Fue, asimismo, impulsor de la Electra Popular de Vigo y Redondela (EPVR, 1903) y vocal del consejo de administración de la Sociedad General Gallega de Electricidad (SGGE), compañía constituida en 1900, responsable principal de la futura expansión del sector energético gallego. Actuó como consejero de esta última sociedad entre 1923 y 1931[8].

[7] Ejerció el cargo entre 1899 y 1910, compaginándolo con el de arquitecto diocesano de Santiago. Se encargó, además, de las obras de la Diputación Provincial de A Coruña entre 1900 y 1901 (Fernández, 1995, p. 385).

[8] Memorias de la Sociedad General Gallega de Electricidad. El 20 de septiembre de 1898 se le otorgó una concesión para aprovechar 2.500 litros/segundo del río Verdugo con destino a un aprovechamiento hidroeléctrico en el término municipal de Ponte

José de la Gándara Cividanes, natural también de Vigo, se graduó en la Academia Militar de Ingenieros de Guadalajara (1903), compaginando su profesión militar con el asesoramiento a ayuntamientos y empresas sobre infraestructuras urbanas, trabajando en el ámbito civil en cooperación con Enrique Cánovas. Fue un próspero empresario de gran peso e influencia en el Vigo de finales del siglo XIX y principios del XX, en donde formó parte del consejo de administración del Banco de Vigo. Fue ingeniero director de la EPVR desde 1921, siendo nombrado ingeniero director de la SGGE en 1926 (y miembro del consejo de administración entre 1930 y 1946), miembro del consejo de administración de las Fábricas Coruñesas de Gas y Electricidad en 1931, y del de Saltos del Alberche en 1933, lo que le permitió dirigir los procesos de fusión del conglomerado gasista-eléctrico gallego (Carmona, 2016, p. 93; Martínez López y Mirás, 2021). Figura, asimismo, como consejero entre al menos 1917 y 1925 de Abastecimiento de Aguas de Vigo, fundada en 1902.

El hecho de que el encargo citado se realizase por adjudicación directa y no por concurso provocó la interposición de un recurso de alzada por parte de varios afectados, entre los que se encontraban el arquitecto Jesús López de Rego Labarta y Antonio Montiel.

Mientras tanto, el desfase entre oferta y demanda de agua se agudizaba, ocasionando virulentos debates en el seno de la corporación local. En 1885 el consumo era de unos 13 litros diarios por persona; en 1906, de unos 10. Nos movemos en torno al mínimo biológico, propio del Sistema Clásico de Agua Potable, fijado por Matés-Barco (1999, p. 38) en 5-10 litros diarios, y muy lejos de los estándares recomendados en esos años, fijados entre 100-200 litros diarios per cápita, alcanzados ya por muchas ciudades occidentales en los años ochenta[9].

Ante la incapacidad financiera del ayuntamiento para acometer las inversiones necesarias se hacía preciso el recurso a la iniciativa privada. A tal efecto, se contactó de nuevo con la compañía MacFarlane Strang, pero su representante, el ingeniero John Hevis, informó sobre

---

Caldelas (Pontevedra). El aprovechamiento para el que se otorgó la concesión fue autorizado, al mismo promotor, el 31 de octubre de 1902 por el gobernador civil de la provincia de Pontevedra, Manuel Cojo Varela.

[9] *Revista de Obras Públicas*, 1897, II, pp. 38–41.

la imposibilidad de hacerse cargo de las obras, habida cuenta que Gilchrist hacía años que ya no trabajaba en la empresa y que se había llevado consigo todos los datos técnicos del proyecto compostelano.

En esa coyuntura, Lorenzo López de Rego Labarta, perteneciente a la alta burguesía local (fue banquero y presidente de la Cámara de Comercio compostelana), presentó en 1910 una propuesta al alcalde. El proyecto, redactado por su hermano y arquitecto Jesús, consistía en suministrar 160.000 litros diarios procedentes de manantiales de su propiedad sitos en el monte Pedroso, a las afueras de la ciudad. Las tarifas oscilarían entre 0,65 y 0,80 pesetas/m^3 en función del consumo. Esta propuesta fue avalada posteriormente por un escrito firmado por un grupo de notables locales. No obstante, el preceptivo informe del arquitecto municipal, Álvarez Reyero, demostró la inviabilidad de la propuesta, que adolecía de importantes deficiencias técnicas y legales. Las críticas se centraban en el monopolio que pasaría a ejercer el peticionario, la falta de respaldo legal a sus pretensiones y la discrecionalidad del caudal disponible –en función de las necesidades de su casa de baños–.

La corporación decidió evacuar una consulta con el abogado, catedrático de Derecho y ex-alcalde Lino Torre y Sánchez Somoza (Hernando, 2021). Mientras tanto, López de Rego envió un escrito al ayuntamiento comunicando su intención de iniciar las obras. Finalmente, el informe jurídico concluyó que el peticionario únicamente podía solicitar autorización para utilizar las vías públicas para abastecer de agua a fincas de su propiedad, pero que solo el gobernador civil estaba autorizado a otorgar las servidumbres, tanto en caso de servicio público como de concesión privada para la venta del agua a particulares. No obstante, la mayoría de la corporación seguía inclinándose por la opción de la iniciativa privada, dada la penuria de las arcas municipales. La excepción a este sentir estaba representada por el concejal maurista y futuro dirigente socialcatólico Jacobo Varela de Limia y Menéndez[10], quien editó un folleto defendiendo la municipalización del servicio.

[10] Profesor de la Universidad de Santiago de Compostela, gobernador civil de Lugo durante la Dictadura de Primo de Rivera, tesorero de la CNCA y director del diario El Ideal Gallego.

Finalmente, en 1920 el ayuntamiento somete a concurso público el abastecimiento de agua y la red de alcantarillado. Se presenta una única propuesta, procedente del industrial donostiarra Rafael Picavea y Leguía[11]. En ella se preveía una sustancial ampliación del caudal, conectando a la red varios manantiales de las Brañas de Brins, que permitiese alcanzar los 160 litros diarios por habitante. En el proyecto, elaborado por el ingeniero de caminos Julián Soriano y Gurruchaga[12], socio y amigo de Rafael Picavea, se contemplaba la construcción de dos depósitos, en el alto de la Almáciga, de 4.000 m^3 cada uno. Las tarifas oscilarían entre 0,30 pesetas/m^3 para usos municipales, 0,50-0,60 para particulares y algo más cara para empresas. Se solicitaba una concesión por 99 años, el límite máximo permitido por la Ley de Aguas de 1879.

La propuesta fue aprobada por el ayuntamiento el 14 de diciembre de 1921 y por el gobernador civil el 13 de marzo de 1922. Dos días después, el ayuntamiento adjudica la concesión del servicio a la sociedad Aguas Potables de Santiago S.A. Ambos proyectos, agua y alcantarillado, se adjudicaron de forma independiente. El primero, durante 99 años a esta empresa. El segundo, considerado obra temporal pasajera, se concedió a la Compañía Anónima de Obras Públicas de San Sebastián, traspasada en el mismo acto de adjudicación a Rafael Picavea.

Aguas Potables de Santiago S.A. (Tojo, 1998, pp. 85-98), fue creada en San Sebastián el 1 de marzo de 1922 y se disolvió en 1943. En su constitución participaron los citados Rafael Picavea y Julián Soriano, que actuaron en nombre de la Compañía Anónima de Obras Públicas de San Sebastián (como presidente y vocal, respectivamente), empresa

---

[11] Senador por la provincia de Guipúzcoa en 1907-8, 1910-11 y 1923, político católico maurista primero y del PNV a partir de la República. Con su suegro, el industrial Federico Echevarría, fundó empresas como Echevarría-Picavea (minera), Banco de Vizcaya, Papelera Española, Cooperativa Eléctrica Donostiarra, Saltos de Agua de Valcarlos, y la Sociedad General de Obras de Saneamiento (que actuó en varias ciudades españolas), fue miembro del consejo de administración de la Sociedad Hidroeléctrica Franco-Española, al menos entre 1907-1923. Archivo del Senado, Expediente personal del Senador D. Rafael Picavea y Leguía por la provincia de Guipúzcoa, HIS-0346-04.

[12] En 1930 fue nombrado presidente de la Junta Central de Transportes por carretera. *Gaceta de Madrid*, 3 de diciembre de 1930.

fundada en San Sebastián el 14 de noviembre de 1921[13]. Aguas Potables de Santiago nacía *de facto* como filial de la compañía donostiarra.

En la constitución de Aguas Potables de Santiago participaron también como accionistas: Carlos Berrogain, consejero del Banco Vasco Americano, de Bayona; Pablo Echevarría, consejero del Banco "La Agrícola", de Pamplona, en Estella; Antonio Elosegui, Marqués de Elosegui, industrial de Tolosa; Alfredo Camio, consejero de la Caja de Ahorros Municipal de San Sebastián; y Valentín Erauso, empresario de Obras Públicas y propietario de Irún.

Su domicilio social se estableció en San Sebastián, siendo 99 años la duración de la sociedad. Todos los accionistas tenían voz y voto en las Juntas Generales. Estas estarían legalmente constituidas con cualquier número de accionistas presentes. Las Juntas Generales extraordinarias podrían ser convocadas por el consejo de administración o a propuesta de un tercio de las acciones. El consejo estaba formado por entre cinco y nueve miembros, elegidos por ocho años. Para ser elegible consejero se deberían poseer 25 acciones. El consejo percibiría como retribución de su trabajo un 10 % de las utilidades líquidas y se podría reunir por convocatoria del presidente o a petición de tres consejeros. Entre las funciones del presidente estaba el nombramiento y remuneración del gerente. Este podría pertenecer al consejo (siendo su denominación la de consejero-delegado) o no. Los beneficios de la explotación se destinarían, por orden de prioridad, al pago de intereses y amortización de las obligaciones, retribución a los consejeros, fondo de amortización y dividendos.

Su capital inicial, de 1,5 millones de pesetas, estaba formado por 3.000 obligaciones hipotecarias de 500 pesetas al 6 % de interés, amortizables a 53 años y 1 millón de pesetas en 2.000 acciones liberadas, distribuidas gratuitamente (75 % para los obligacionistas, a razón de una acción por cada dos obligaciones, y 25 % para los concesionarios). El retraso en el pago de los dividendos pasivos generaría un interés del 8 % anual a favor de la sociedad.

El número de accionistas era bastante elevado, como era relativamente frecuente en las compañías de servicios públicos, en

[13] Aguas Potables de Santiago S.A., escritura de constitución, 1 de marzo de 1922.

especial en las de aguas, al ser considerada una contribución cívica a la mejora de la ciudad. En total, eran 160 accionistas. La mayoría de las acciones pertenecían al grupo de promotores de la empresa: Rafael Picavea (100), Julián Soriano (90) y Máximo Núñez de Prado y Zabala[14] (60), además de otras cinco personas, pero también existía una importante participación del ayuntamiento (100), la Caja de Ahorros de Santiago (70) e Hijos de Simeón García (30); el resto pertenecía a comerciantes y profesionales locales. Julián Soriano se convirtió en consejero delegado, Jefe de Personal e Inspector de Obras.

El primer consejo de administración, designado por los fundadores estaba constituido por las siguientes personas (Tabla 2):

Tabla 2. Consejo de administración de Aguas Potables de Santiago en su constitución (año 1922)

Nombre	Cargo	Profesión
Rafael Picavea y Leguía	Presidente	Consejero del Banco de Burgos
Carlos Berrogain	Vicepresidente	Consejero director del Banco Vasco Americano, de Bayona
Toribio Noaín Arzac[15]	Secretario	Consejero de la Banca A. Picavea y Cia, de Irún
Alfredo Camio	Consejero	Consejero de la Caja de Ahorros Municipal de San Sebastián
Julián Soriano Gurruchaga	Consejero	Ingeniero de Caminos

Fuente: Escritura de constitución de Aguas Potables de Santiago

En la escritura de concesión la empresa se comprometía a rematar las obras en tres años. El ayuntamiento quedaría en posesión de las fuentes públicas y entregaba a la compañía 500.000 pesetas en metálico, junto con el estudio realizado anteriormente en las Brañas de Brins.

Durante el tendido de las tuberías, de hierro para el agua y de hormigón para el alcantarillado, se produjeron numerosas protestas

[14] Oficial 1º cesante del Cuerpo Técnico de la Inspección Mercantil de Seguros. *Gaceta de Madrid*, 23 de octubre de 1925.

[15] Era también secretario de la Compañía Anónima de Obras Públicas de San Sebastián.

vecinales por la inundación de bajos, en especial por culpa del alcantarillado. Los técnicos municipales, en presencia de representantes de la empresa, realizaron pruebas periciales que pusieron de manifiesto la permeabilidad de las tuberías del alcantarillado. El ayuntamiento decidió en febrero de 1924 paralizar las obras, a la espera de que la compañía dispusiese de material en condiciones.

Al año siguiente se produce una fuerte polémica en el seno de la empresa, acusando muchos accionistas al consejo de administración de negligencia y posibles responsabilidades. Julián Soriano, consejero delegado, acusa, a través de la prensa local, al ayuntamiento de la paralización de las obras. Este solicita reiteradamente la documentación contable a la sociedad para examinar sus cuentas, sin obtener respuesta.

Una comisión mixta accionistas-ayuntamiento se persona el 26 de febrero de 1926 en las oficinas de la empresa y descubre una serie de graves irregularidades en su documentación societaria: inexistencia de libros de correspondencia y de balances, libros de contabilidad repletos de enmiendas, facturas cuantiosas sin justificar, contrato de la Sociedad de Obras Públicas de San Sebastián con la firma, presuntamente ficticia, Representations Générales d'Industries Françaises, etc. Se denuncian ante el juzgado estos delitos y se convoca Junta General Extraordinaria. En ella, se aprueba el traslado del domicilio a Santiago.

En ese año se rescinde el contrato y el Banco de Crédito Local se hace cargo de él, sufragando las obras de alcantarillado y la traída de aguas. Se nombra en febrero de 1927 un nuevo consejo de administración por ocho años, con tres representantes del ayuntamiento y otros tres del Banco de Crédito Local. Se sustituye la figura de consejero delegado por la de gerente, que recae en Jacobo Díaz de Rábago y Aguiar[16]. Pero las obras continuaban sin rematar, por lo que el aprovisionamiento se tenía que seguir haciendo de forma

[16] Jurista y economista establecido en Compostela, desarrolló la mayoría de su obra vinculado a la Sociedad Económica de Amigos del País de Santiago, de la que fue director en 1883-1889. Fue, además, director de la sucursal del Banco de España en Santiago, desde su apertura en 1886 hasta 1897, Delegado Regio de la Escuela de Artes y Oficios en la ciudad (1889-1898) y recibió también la condecoración de Isabel II por los servicios legislativos prestados al ministro Montero Ríos, con quien le unía una gran amistad. Realizó importantes aportaciones a la difusión del cooperativismo de crédito agrario en Galicia (Martínez Rodríguez, 2006).

manual. Para financiarlas, se realizó una emisión de obligaciones, por valor de 2.525.000 pesetas, de las cuales 60.000 pesetas se hallaban en cartera en 1934.

La situación se enderezó y se produjo un lento aumento de abonados, que alcanzó los 700 en 1930. Las tarifas para uso doméstico eran de 0,6 pesetas/m³ en 1926. A la altura de 1932 la red de cloacas funcionaba a pleno rendimiento y las estaciones depuradoras de aguas residuales estaban prácticamente concluidas.

No obstante, el abastecimiento de agua no estaba todavía plenamente operativo, lo que dificultó la negociación de las obligaciones de la sociedad. Ello obligó a recabar en 1934 una vez más el aval municipal y, a continuación, negociar dichos títulos en el Banco de Crédito Local, a fin de obtener los recursos necesarios para continuar las obras.

Figura 1. Abonados e ingresos de Aguas Potables de Santiago, 1930-1942 (pesetas corrientes)

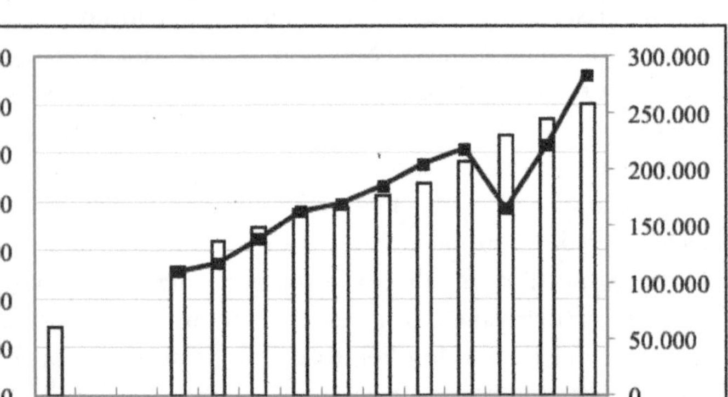

Fuente: Memorias de Aguas Potables de Santiago

Durante el año 1934 las obras consistieron en la captación de tres manantiales en las Brañas de Brins y la unión de otros ya captados anteriormente, que no se podían incorporar a la red por no permitirlo los propietarios de las fincas por donde había de tenderse la tubería. Esto último fue posible gracias a las gestiones efectuadas por el alcalde y los representantes del Banco de Crédito Local ante el Ministerio de Gobernación.

Las anteriores obras permitieron aumentar un 120 % el caudal de agua disponible, lo que no evitó la continuación de las restricciones en el consumo. Durante 1935 se realizaron las obras de captación de un nuevo manantial (Salgueiriños), que se incorporó en septiembre a la red general de conducción. El importe de las obras fue de 15.528,50 pesetas, financiadas por la cuenta de las obligaciones existente en el Banco de Crédito Local. El pago de las expropiaciones, por valor de 21.470,45 pesetas, y la liquidación de la cuenta abierta en el Banco de España con la garantía personal de los consejeros, por valor de 41.781 pesetas, se realizaron mediante un préstamo de 60.000 pesetas concertado con el Banco Pastor, a devolver durante 1936. De este modo, se logró acabar con las restricciones al servicio ocasionadas por el estiaje veraniego.

Todo ello permitió un moderado pero continuo incremento del número de abonados y de la recaudación (Figura 1)[17]. No obstante, las actuaciones desarrolladas por la empresa con anterioridad a la Guerra Civil apenas tuvieron eco sobre el total de abonados, que no experimentó avances dignos de mención, con un número de solicitudes de nuevas altas muy reducido, de modo que hasta los años cuarenta Santiago se abastecía principalmente de aguas de manantiales[18]. La recaudación tendió a crecer en mayor medida, debido seguramente al aumento del caudal disponible en la red. Sin embargo, la inexistencia de remanente durante esos años impidió la distribución de

[17] Los datos de ingresos de 1940-1942 se deben referir a ingresos reales, y los anteriores a facturación, puesto que para 1939 figuran datos distintos.

[18] En el inicio de la posguerra se advertía de que el número de abonados era ligeramente superior a los 2.500, por lo que la utilización del agua de red era escasa. El motivo residía en lo costoso de la instalación, lo defectuoso del servicio existente, con dos cortes de agua diarios, y el "poco uso que en general se hace del agua en la localidad". Asimismo, la dificultad de encontrar contadores provocaba que un elevado número de abonados ("más de 600"), careciesen de ellos y tuviesen servicio a caño libre por un canon reducido. Archivo Histórico Universitario de Santiago de Compostela (AHUS), fondos municipales, conducciones de agua; AHUS, aguas, legajo 3. Memoria de Aguas Potables de Santiago, S.A. 1938. En consecuencia, todavía gran parte de la población se veía obligada a surtirse de las fuentes públicas.

dividendos, ya que la marcha económica del negocio no caminaba con el ritmo que sería de desear[19], lo que multiplicó las dificultades financieras de la compañía[20].

Para estimular el abono, el ayuntamiento comenzó a aplicar en junio de 1936 un arbitrio sobre casas insalubres, consideradas como tales aquellas que, estando comprendidas dentro de la red de abastecimiento de agua, careciesen de dicho servicio. Cabe reseñar también la construcción de doce lavaderos públicos durante la Segunda República, número superior al existente hasta ese momento. Ello favorecería el trabajo de las lavanderas, de extracción social muy baja, con elevado grado de analfabetismo y muy bajas retribuciones, un perfil bastante similar al de las aguadoras.

Tabla 3. Consejo de administración de Aguas Potables de Santiago en 1934-1935

Nombre	Cargo	Profesión
Ramón Beamonte	Consejero	Ingeniero y constructor, Banco de Crédito Local
Santiago Durán Marquina	Consejero, Gerente	Matemático y artillero
José Fariña Ferreño	Consejero	Banco de Crédito Local
Argimiro García Casado	Vicepresidente	
Manuel Lago Aller	Consejero	Concejal
Raimundo López Pol	Presidente	Alcalde
Esteban Mariño	Consejero, Gerente	
José Pasín Romero	Secretario	Concejal
Joan Sardà	Consejero	Banco de Crédito Local
Cándido Varela de Limia y Rueda	Consejero	

Fuente: Memorias de Aguas Potables de Santiago 1934 y 1935

[19] Memorias de Aguas Potables de Santiago, S.A. 1936-1939.

[20] Archivo del Reino de Galicia (ARG), Delegación de Hacienda de La Coruña, administración de rentas públicas, contribución e impuestos (utilidades), Aguas Potables de Santiago, S.A. Expediente 807. Año 1937.

A finales de la República tuvo lugar la renovación del consejo de administración, una vez transcurridos los ocho años preceptivos desde su constitución en 1927. A esa altura, estaba integrado por las personas que figuran en la Tabla 3, básicamente representantes del ayuntamiento y del Banco de Crédito Local. En 1935 falleció Jacobo Varela, que había sido consejero desde 1927. Finalmente, las tensiones entre la empresa suministradora y el ayuntamiento, unido a la ruinosa marcha del negocio (que venía operando con pérdidas desde 1939), incrementaron la presión municipal para hacerse con el servicio, con lo que este adoptó la decisión de considerar caducada la concesión. El servicio se incautó finalmente en 1943, disolviéndose en mayo la sociedad. El 1 de enero de 1948 el servicio fue municipalizado.

EL FERROL DEL ARSENAL Y DEL BARRIO DE LA MAGDALENA

La evolución de Ferrol se ha caracterizado por una sucesión de fases expansivas y de crisis, ligadas a las fluctuaciones de la política del estado respecto de la construcción naval. Desde el inicio de la construcción del Arsenal en la década de 1740, la ciudad entró en una etapa de crecimiento (Cardesín, 2004). A finales del siglo XVIII Ferrol se había convertido en la ciudad gallega más poblada y principal núcleo industrial regional, aunque la situación cambió en la primera mitad del siglo XIX, cuando la actividad del establecimiento decayó fuertemente (Lindoso, 2006, p. 271). Se aprecia una prolongada fase de estancamiento desde finales del Ochocientos hasta las primeras décadas del siglo XX (Tabla 1), con una breve fase de recuperación cimentada en un cambio en la política naval, materializada en la Ley de Organizaciones Marítimas y Armamentos Navales de 1908 (Precedo, 1995, p. 46).

El desarrollo del abastecimiento de agua en el resto de la provincia de A Coruña ha seguido un proceso que se ha desarrollado con lentitud a lo largo del siglo XX. Ha sido y es un servicio muy representativo de la Administración Local en Galicia, caracterizado por una serie de connotaciones en la región que lo diferencian del resto del Estado. Como se indicó, los factores técnicos y la abundancia del recurso han sido muy importantes. Por ejemplo, el coste del agua es, en sí, más barato con respecto a la mayoría de las áreas del resto del Estado, debido a las propias características hidrográficas de la región. Sin embargo, la implantación del servicio tiene un coste mucho más elevado, tanto en cuanto a la construcción de las canalizaciones del agua como a los procesos necesarios para la depuración y las redes de sumideros. El resultado ha sido que la cobertura de este servicio en Galicia ha sido, y todavía sigue siendo, sustancialmente más baja que en el resto de España, ya que el esfuerzo económico es muy superior (Núñez, 2004, p. 263).

En el caso de Ferrol, carecemos prácticamente de cualquier tipo de documentación e información relativa a la implantación y evolución del abastecimiento de agua. La necesidad de proveer a los habitantes y a la industria naval surgida tras la creación del Arsenal y de la población del barrio de nueva construcción de La Magdalena, en rápido crecimiento (Martín García, 2014, p. 113), obligó desde mediados del siglo XVIII a la captación a través de pozos y fuentes (Nores, 1999, pp. 256-257)[21]. En cualquier caso, las escasas referencias existentes revelan que el abastecimiento de agua para el consumo doméstico fue un problema que permaneció sin resolver hasta mediados del siglo XX. De hecho, durante los años diez, y en menor medida en los años veinte y treinta, la ciudad (tanto la población como las instalaciones militares) todavía se abastecía de agua proveniente de manantiales que no garantizaban un adecuado suministro.

Hasta los años noventa del siglo XIX, en los expedientes de obras municipales del ayuntamiento encontramos algunas referencias aisladas a actuaciones puntuales, normalmente para realizar mejoras en las canalizaciones o ampliar el caudal de agua en las fuentes públicas, destacando el alumbramiento de agua al barrio de Esteiro[22].

La primera referencia encontrada de un intento de abastecimiento moderno es una carta, fechable probablemente en 1899[23], en la que

---

[21] Una descripción de las fuentes públicas en Montero (1859).

[22] Archivo Municipal de Ferrol (AMF), servicios, obras y urbanismo, expedientes de obras municipales, cajas 32-7 (1891), 32-17, 32-19 a 32-22, 32-34, 32-65 y 32-87 (1892-1894, 1896-1897).

[23] Antiguo Archivo FENOSA de A Grela, caja 33.

Demetrio Plá y Frige, alcalde conservador de Ferrol hasta 1897[24], contesta a una petición anterior del ingeniero francés Gaston Bertier Descaves, administrador en la ciudad de la SGGE entre 1903-1911[25], requiriéndole una serie de informaciones que sirviesen de base para la redacción de un proyecto de traída de aguas del río Belelle hasta la ciudad departamental[26].

Los 25.000 habitantes del recinto interior de la ciudad disponían de solo doce fuentes de escaso caudal, que durante el estío producían algo más de 100 m^3, equivalentes a unos 5-6 litros diarios por persona, y otro tanto los pozos particulares. Este exiguo caudal bastaba para atender las necesidades de beber y cocinar, pero apenas llegaba para satisfacer las necesidades higiénicas. Las aguadoras se veían obligadas a trabajar día y noche durante el verano[27], portando el líquido en sellas, y los industriales y tropa debían buscar agua en las aldeas cercanas.

Desde mediados del siglo XIX las distintas corporaciones locales trataron, sin éxito, de dar solución a este grave problema. El caudal del río Belelle oscilaba entre 300-3.000 litros/segundo. Para dotar de 100 litros/hora/día a Ferrol habría que detraerle 29 litros/segundo. Las indemnizaciones previstas para las tres fábricas afectadas (dos

[24] Consignatario de buques y de seguros, almacenista de carbón y primer presidente de la Junta de Obras del Puerto (1910) (López Sande, 2010), fue alcalde de la ciudad en varias ocasiones –algo frecuente en Ferrol– en 1875-1879, 1883-1885 y 1895-1897, además de ocupar otros diversos cargos en el ayuntamiento. Estuvo presente en la génesis del alumbrado eléctrico, tras un prolongado conflicto con la empresa gasista concesionaria del servicio, la Sociedad Catalana para el Alumbrado por Gas, de Barcelona, que operó entre 1883 y 1898 (Arroyo, 2006, p. 29). Este hecho no sorprende, dado que fue accionista de la empresa eléctrica, la Electra Popular Ferrolana, constituida en 1894, y cuya instalación se inauguró en 1899. Esta compañía fue absorbida por la SGGE (Carmona, 2016, p. 138). Conviene tener presente que era una empresa térmica, lo que se relaciona con sus intereses en el negocio del carbón.

[25] Fue uno de los socios fundadores de la SGGE, miembro desde entonces de su consejo de administración, y su primer consejero delegado. Sucedió al también ingeniero francés Ernesto Presser Dauphin en la presidencia de ese órgano desde 1904 hasta su retirada en 1911 (Carmona, 2016, p. 62).

[26] El río más importante del partido judicial ferrolano (junto con el Xubia), en donde se ubicará poco después el salto hidroeléctrico explotado por la SGGE que proporcionará electricidad a Ferrol. *Proyecto de aprovechamiento de agua del río Belelle (Salto de la Fervenza). Memoria.* Pan Español, E. (1914). Proyecto de aprovechamiento de agua del río Belelle o de Neda. In E. Gallego Ramos, *Estudios y Tanteos* (pp. 216–239). Madrid.

[27] Una dura labor a la que se dedicó un número importante de mujeres desde el siglo XVIII hasta comienzos del XX (Martín García, 2001, I, p. 317).

de ellas cerradas) y para los 17 molinos, casi todos temporales, serían 805 pesetas anuales.

El coste en esos momentos de una sella de agua (18 litros) en Ferrol era de 10 céntimos (o 1 peseta por abono mensual), pagados por 1.500 vecinos. El consumo estimado era de 5.300 hectolitros: 1.000 abonados a 200 litros/día = 2.000 hectolitros diarios, 1.000 de la Marina, 200 del Ministerio de Guerra, 2.000 del ayuntamiento, 100 para buques de guerra y mercantes.

Sugería como tarifas razonables para un grifo automático una horquilla de 1,50 pesetas a 8,50 pesetas, en función del alquiler (de 15 pesetas mensuales a más de 100). Para los abonos por contador fijaba un precio de 50 céntimos/m^3, con un consumo mínimo de 200 litros diarios. Finalmente, no recomendaba solicitar subvención al ayuntamiento, pues este habría de querer cobrarla posteriormente con creces.

Este plan no se debió materializar, como tantos otros por aquella época, y la moderna traída de aguas a Ferrol no tuvo lugar hasta los años veinte-treinta, como fue el caso de otras ciudades gallegas de tamaño similar. En la escasa documentación conservada en el Archivo Municipal, todavía en esos años se registran solicitudes para la construcción de pozos de agua potable en algunas parroquias de la ciudad[28].

En 1911 una comisión municipal nombrada para analizar la situación del abastecimiento de agua, tanto en lo relativo a su explotación como a las obras necesarias, llegó a dos conclusiones. Por un lado, la carencia de recursos imposibilitaba la realización de las obras necesarias para la ampliación del suministro. Por otro, y a pesar de las voces en el seno de la corporación que reclamaban la municipalización del servicio (sobre todo, el grupo socialista), el ayuntamiento no estaba capacitado para hacerse cargo de su gestión. Por ello, aconsejaba encomendar la gestión a una empresa privada, aprobándose el informe en el pleno de 17 de octubre, y el proyecto para la ejecución de las obras el 15 de diciembre[29]. Este consistió en el aprovechamiento de un caudal de 60 litros/segundo del río Belelle y del arroyo Viladonelle, tomadas inmediatamente aguas debajo

[28] AMF, servicios, obras y urbanismo, expedientes de obras de licencias menores.

[29] AMF. Subasta para la ejecución de las obras de abastecimiento de aguas de esta ciudad y su explotación, caja 106-A (1913). Libro de actas del pleno.

de la fábrica de electricidad de la Fervenza. Se aprobó también el reglamento para el servicio, cuya explotación se prolongaría por setenta y cinco años, con unas tarifas de 0,60 pesetas/m^3 para usos domésticos y de aguada a los buques, y de 0,50 pesetas/m^3 para usos industriales. Las obras se ejecutarían con sujeción a un proyecto que había sido redactado años antes (1904) por el ingeniero de caminos Emilio Pan de Soraluce y Español, con un presupuesto de 1.169.384,82 pesetas. Pero el proyecto sufrió repetidas dilaciones. El pliego de condiciones tuvo que ser rectificado por el ayuntamiento en varias ocasiones y, además, el expediente sufrió retrasos en su tramitación en el Ministerio de Fomento[30].

Sin embargo, el hecho de ser Ferrol una plaza militar condicionó históricamente el abastecimiento. En este sentido, una Real Orden del Ministerio de la Guerra de 29 de octubre de 1910 complicó más la situación[31], pues cualquier actuación relacionada con el abastecimiento de aguas potables debería subordinarse a que quedasen satisfechas las necesidades militares. Se endurecían las condiciones para la ejecución de obras que afectasen a las zonas militares de costas y el paso de conducciones por esos terrenos, lo que perjudicaba a los potenciales candidatos a competir por el servicio. Quizá por ese motivo y por el escaso interés suscitado por el suministro a la ciudad, la subasta, realizada en Madrid el 5 de noviembre de 1913, quedó finalmente desierta. Por otra parte, las necesidades de la base naval obligaron a dotarla de un suministro adecuado, lo que determinó diversos expedientes de expropiación de aprovechamientos de agua en el citado río Belelle, que comenzaron en 1924 y se prolongaron hasta los años treinta[32].

En ese período el ayuntamiento realizó, asimismo, diversas obras de acometida en el casco urbano, que progresivamente se fueron prolongando hacia áreas que en las siguientes décadas se incorporarían

[30] Pliego de condiciones para la ejecución de las obras de abastecimiento de aguas de esta ciudad y su explotación, aprobado por el Excmo. Ayuntamiento en sesión de 14 de diciembre de 1911, y con las reformas acordadas en las de 14 de junio, 13 de septiembre de 1912, 11 de julio, 22 y 29 de agosto de 1913, y por la Junta municipal en 1 de septiembre del mismo año. AMF, caja 106-A (1913).

[31] Relacionada con el Real Decreto de 17 de marzo de 1891, que establecía una zona militar de costas y fronteras.

[32] Archivo Naval de Ferrol. Legajo C-34. Aguas. Junta de Aguas. Abastecimiento a las Bases Navales – Expropiación de terrenos.

al núcleo central, en especial hacia la salida de la ciudad en dirección Este (Canido, Inferniño, etc.)[33], además de mejorar la red de abastecimiento de una infraestructura clave, el puerto, a mediados de los años veinte[34].

Finalmente, la actuación más relevante de esos años fue la construcción de una red de distribución de abastecimiento de la población en el año 1921. El 28 de septiembre, el ayuntamiento aprobó un nuevo proyecto, redactado por el ingeniero de caminos José de la Peña Gabilán, con un presupuesto de 1.259.290,49 pesetas. Para su realización sería necesaria la contratación de un empréstito de 2.500.000 pesetas con el Banco de La Coruña. En subasta celebrada el 31 de enero de 1922 se adjudicó la construcción a la empresa Ibérica de Contratación y Publicidad, S.A. La escritura de contrata se firmó el 3 de mayo, dando comienzo los trabajos en junio. Sin embargo, la compañía acumuló varios retrasos en las obras, por lo que solicitó varias prórrogas para su entrega. Finalmente, en mayo de ese año el consejo de administración de la compañía decidió ceder al ingeniero de minas Patricio Juárez y Juárez los derechos y obligaciones de la sociedad como adjudicataria del servicio, siendo aceptado el cambio por el ayuntamiento en febrero de 1924. El nuevo concesionario acumuló también importantes retrasos hasta 1927[35].

En consecuencia, en un listado de aprovechamientos de aguas públicas para abastecimiento de poblaciones, en explotación entre 1912-1917[36], solo figuran tres en la provincia de A Coruña (cinco

[33] ARG 63850-12 – correspondencia sobre la instalación, por parte del ayuntamiento de Ferrol, de tuberías para la conducción de agua potable en la carretera de la puerta de Canido, en Ferrol, a la carretera de Ferrol a Cedeira. AMF, servicios, obras y urbanismo, expedientes de obras municipales, cajas 39-10 a 39-14 (1931-1932).

[34] AMF, servicios, obras y urbanismo, expedientes de obras municipales, caja 38-59 (1925-1931). Fue continuación de un proyecto presentado en 1911 para proporcionar el servicio de aguada a los buques en la ensenada de A Malata. AMF, servicios, obras y urbanismo, expedientes de concesiones de aprovechamientos de aguas, caja G26456-002 (1911). Por Real Orden de 15 de febrero de 1913 se concedió un aprovechamiento de aguas de 13 litros/segundo del arroyo La Barca, en el vecino término municipal de Serantes, con destino al abastecimiento a los buques en el puerto.

[35] AMF, servicios, obras y urbanismo, expedientes de contratación de obras, caja 121-8 (1921).

[36] *Estadística de las Obras Públicas de España. 1909 al 1916. Obras Hidráulicas. Situación en 1 de enero de 1917*. Ministerio de Fomento. Dirección General de Obras Públicas, 1921.

en el conjunto de Galicia). El primero se refiere al río Barcés, para abastecer a la ciudad de A Coruña; el segundo, la Fonte de Abaixo, correspondiente al lugar de San Xulián, del ayuntamiento de Oleiros, para atender las necesidades de 80 casas de labranza con ganado, otorgado por el gobernador a Juan Parga y otros el 5 de agosto de 1875, es decir, con anterioridad a la promulgación de la Ley de Aguas de 1879. El último aprovechamiento se refería al manantial de Viso, en el lugar del mismo nombre del ayuntamiento de Arzúa. En este caso, se trataba de un caudal minúsculo (0,29 litros/segundo) concedido al ayuntamiento por el gobernador el 28 de abril de 1906. En su cuadro 6, correspondiente a los aprovechamientos concedidos, pero sin terminar, a 1 de enero de 1917, no figuraba ninguno en la provincia de A Coruña, y solo uno en toda Galicia, correspondiente a Vigo, aunque en realidad las obras se habían finalizado el 28 de agosto de 1912.

El abastecimiento a la ciudad se mantendrá hasta finales de los años cuarenta, cuando la escasez que venía padeciendo el suministro aconsejó la redacción de un nuevo anteproyecto de conducción de agua desde la cercana localidad de Neda[37]. En cualquier caso, el servicio continuaba siendo municipal, y probablemente lo fue así desde un principio, por la escasa rentabilidad del mismo, como ya observamos en Santiago, aunque en Ferrol parece que obtenía unos modestos beneficios en los años cuarenta. Las instalaciones militares también se surtían de ese cauce, que a día de hoy todavía se encuentra operativo.

CONCLUSIONES

El abastecimiento en Santiago de Compostela y Ferrol guarda ciertos paralelismos, más allá de las dificultades para recopilar información y de las propias características socioeconómicas de estas ciudades. En ambas, el servicio sufrió un considerable retraso en su implementación.

[37] AMF. Anteproyecto de solución para el abastecimiento de aguas a El Ferrol del Caudillo, 1950.

El consumo fue atendido durante el siglo XIX mediante el acceso a fuentes y pozos, en muchas ocasiones, privados. Las primeras iniciativas arrancan a finales de siglo, aunque su cristalización fue lenta, sobre todo en Ferrol. En la ciudad departamental la presencia de una industria de enclave, el Arsenal, probablemente condicionase el servicio, ya que desde el siglo XVIII este recurría a distintos manantiales. De hecho, el primer proyecto de traída estuvo vinculado a un aprovechamiento hidroeléctrico.

Los problemas financieros de ambos ayuntamientos fueron una constante, común, por otra parte, al resto de ciudades españolas, lo que creó oportunidades a la iniciativa privada. En ambos casos, los proyectos fueron planteados por empresarios o ingenieros extranjeros ligados, además, a la implantación de otros servicios públicos de la segunda industrialización (principalmente gas o electricidad) y con vínculos con las élites locales, presentes en otros negocios emergentes de esa época. Otra constante fueron los continuos retrasos en la construcción de las redes, lo que se traducía en un creciente desfase entre la oferta y la demanda, a pesar del relativamente lento crecimiento demográfico de ambas urbes. Esto revela, posiblemente, un interés por un servicio que se intuía escasamente remunerativo y obligaba a la población a recurrir a otras vías de abastecimiento, de manera que hasta la posguerra civil el acceso todavía se realizaba de forma mayoritaria a través de... ¡manantiales!, es decir, el sistema clásico de abastecimiento...

BIBLIOGRAFÍA

Arroyo Huguet, M. (2006). *El gas en Ferrol (1883–1898). Condiciones técnicas, iniciativas económicas e intereses sociales*. Universidad de Barcelona.

Barral Martínez, M. (2006). *A Administración local en Compostela na era Monterista*. Escola Galega de Administración Pública.

Beiras García, E. (2012). *El arte del agua. Compostela y sus fuentes públicas monumentales de la Edad Media al siglo XX*. InEditor.

Cardesín, J.M. (2004). A tale of two cities: the memory of Ferrol, between the Navy and the working class. *Urban History*, 31(3), 329–356. https://doi.org/10.1017/S0963926805002403.

Carmona Badía, X. (2016). *La Sociedad General Gallega de Electricidad y la formación del sistema eléctrico gallego (1900–1955)*. Fundación Gas Natural.

Dubert García, I. (2017). Transformación urbana y modernidad en las ciudades y villas de Galicia, 1860–1936. En L.E. Otero Carvajal & R. Pallol Trigueros (Eds.), *La sociedad urbana en España, 1900–1936: redes impulsoras de la modernidad* (pp. 132–163). Los Libros de la Catarata.

Fernández Fernández, X. (1995). *Arquitectura del eclecticismo en Galicia (1875–1914). Vol. I. Edificación institucional y religiosa*. Universidade da Coruña.

Fraga, X.A. (2020). Gerardo Jeremías Devesa. Santiago de Compostela, 1847 – Santiago de Compostela, 1890. En Álbum de Galicia. 650 vidas para contar un país. Consello da Cultura Galega. https://doi.org/10.17075/adg.2016.22654.

Hernando Serra, M.P. (2021). Torre y Sánchez Somoza, Lino. En *Diccionario de Catedráticos españoles de Derecho (1847–1984)*. https://humanidadesdigitales.uc3m.es/s/catedraticos/item/14921.

Jimena Juárez, L. (2017). *Trading Nations: Architecture, Informal Empire, and the Scottish Cast Iron Industry in Argentina* [Doctoral dissertation]. The University of Edinburgh.

Lindoso Tato, E. (2006). A la sombra del arsenal: la oferta empresarial ferrolana en el siglo XIX. *Cuadernos de Estudios Gallegos*, 53(199), 269–302. https://doi.org/10.3989/ceg.2006.v53.i119.10.

López Sande, M. (2010). *Un siglo de Autoridad Portuaria*. Autoridad Portuaria de Ferrol.

Martín García, A. (2001). *Población y sociedad del Ferrol y su tierra en el Antiguo Régimen* [Tesis doctoral]. Universidade da Coruña.

Martín García, A. (2014). Higienismo y asistencia en la Galicia urbana de finales del Antiguo Régimen: la Real Villa de Ferrol. En M.J. Pérez Álvarez & M. Lobo de Araújo (Coords.), *La respuesta social a la pobreza en la península ibérica durante la Edad Moderna* (pp. 111–142). Universidad de León.

Martínez López, A. (2017). Transición energética y capital extranjero: Huelva, 1878–1919. En I. Bartolomé Rodríguez, M. Fernández-Paradas & J. Mirás Araujo (Eds.), *Globalización, nacionalización y liberalización de la industria del gas en la Europa latina (siglos XIX-XXI)* (pp. 215–236). Marcial Pons.

Martínez López, A. & Mirás Araujo, J. (2021). La transferencia de tecnología en la Europa Latina: el papel de la *Société Technique de l'industrie du gaz en France, 1895–1938*. *Asclepio. Revista de Historia de la Medicina y de la Ciencia*, 73(2). https://doi.org/10.3989/asclepio.2021.23.

Martínez Rodríguez, S. (2006). *El liberalismo económico y social de Joaquín Díaz de Rábago (1837–1898)*. Fundación Pedro Barrié de la Maza.

Matés-Barco, J.M. (1999). *La conquista del agua. Historia económica del abastecimiento urbano*. Universidad de Jaén.

Montero y Aróstegui, J. (1859). *Historia y descripción de la ciudad y departamento naval del Ferrol*. Imprenta de Beltrán y Viñas.

Nores Castro, R. (1999). *Ferrol de ayer*. Librería del Campus.

Núñez González, A. (2004). Prestación de servizos e participación nos ingresos doutras administracións. En R. Rodríguez González (Dir.) *et al.*, *Os concellos galegos para o século XXI. Análise dunha reestructuración do territorio e do goberno local, vol. I* (pp. 203–274). Instituto Universitario de Estudios e Desenvolvemento de Galicia.

Pose Antelo, J.M. (1992). *La economía y la sociedad compostelanas a finales del siglo XIX*. Universidade de Santiago de Compostela.

Precedo Ledo, A. (Dir.) (1995). *El área urbana de Ferrol. La crisis de un modelo urbano*. Caixa Galicia.

Sánchez García, J.Á. (2003). Faustino Domínguez Coumes-Gay. En *Artistas Gallegos. Arquitectos. Da Ilustración ó Eclecticismo* (pp. 199–225). Nova Galicia Edicións.

Tojo Ramallo, J.A. (1998). *Agua y Saneamiento en Santiago de Compostela. Diez siglos de historia*. Aquagest.

En tierra de ríos. El abastecimiento de agua en Santiago de Compostela y Ferrol entre finales del siglo XIX y la Guerra Civil

Resumen: La provincia de A Coruña ha dispuesto históricamente de una excelente dotación de recursos hídricos, gracias a una elevada y frecuente pluviosidad y a un elevado número de corrientes de agua. En su debe se encuentra, no obstante, la dispersión de su población y su complicada orografía, que dificulta y encarece la dotación de cualquier tipo de servicio público. Un matiz diferencial reside en el hecho de reunir el mayor número de ciudades de la región (3), con una dinámica de servicios públicos diferente a la del medio rural. El objetivo del trabajo es analizar la evolución del abastecimiento de servicio domiciliario de agua en dos de esas ciudades, Santiago de Compostela y Ferrol, desde sus orígenes, a finales del siglo XIX, hasta la Guerra Civil, momento a partir del cual las condiciones de explotación del servicio sufrieron un deterioro que condujo a su municipalización.

Palabras clave: abastecimiento de agua, Santiago de Compostela, Ferrol, siglo XIX.

In land of rivers. Water supply in Santiago de Compostela and Ferrol between the late nineteenth century and the Civil War

Abstract: The province of A Coruña has historically had an excellent endowment of water resources, thanks to high and frequent rainfall and a large number of water flows. In the debit, however, are the demographic dispersion and the complex relief, which makes the provision of public utilities more expensive. A distinguishing nuance lies in the fact that it gathers the largest number of cities in the region (3), with a dynamic of public utilities that was different from that of the countryside. The aim of the chapter is the analysis of the evolution of water supply in two of those cities, Santiago de Compostela and Ferrol, from its origins, by the late nineteenth century, until the Spanish Civil War, a moment from which the conditions of exploitation of the service suffered a deterioration that led to its municipalization.

Keywords: Water Supply, Santiago de Compostela, Ferrol, nineteenth century.

Na terra dos rios. O abastecimento de água a Santiago de Compostela e Ferrol entre finais do século XIX e a Guerra Civil

Resumo: A província da Corunha tem historicamente uma excelente dotação de recursos hídricos, graças a uma pluviosidade elevada e frequente e a um elevado número de correntes de água. Sobressai, no entanto, a dispersão da sua população e a sua complicada orografia, o que dificulta e encarece a prestação de qualquer tipo de serviço público. Uma das diferenças reside no facto de reunir o maior número de cidades da região (3), com uma dinâmica de serviços públicos diferente da do meio rural. O objetivo do trabalho é analisar a evolução do serviço de abastecimento de água ao domicílio em duas destas cidades, Santiago de Compostela e Ferrol, desde as suas origens, em finais do século XIX, até à Guerra Civil, momento a partir do qual as condições de exploração do serviço sofreram uma deterioração que levou à sua municipalização.

Palavras-chave: abastecimento de água, Santiago de Compostela, Ferrol, séc. XIX.

5.
LA MODERNIZACIÓN DEL ABASTECIMIENTO DE AGUA A LAS CIUDADES DE CASTILLA Y LEÓN: INICIATIVAS PRIVADAS E INICIATIVAS MUNICIPALES

Luis Javier Coronas Vida
Universidad de Burgos

LAS OBRAS PARA EL PRIMER ESTABLECIMIENTO DE UN ABASTECIMIENTO URBANO DE AGUAS A DOMICILIO

A finales del siglo XIX se creó un sistema de abastecimiento urbano con distribución de agua hasta los domicilios en las tres mayores ciudades de la región: Valladolid contaba en 1900 con 68.789 habitantes, Burgos con 30.167 y Salamanca con 25.690. León, la cuarta ciudad de la región en 1960, tenía en 1900 una población ligeramente inferior a la de Palencia, que no llegaba a los 16.000 habitantes[1]. La búsqueda de soluciones a los problemas del suministro de agua era difícil y muy debatida, sin duda por la alta inversión que representaban. El primer servicio de aguas a domicilio en Castilla y León fue el de Salamanca. En 1881 había cinco proyectos, siendo elegido el del arquitecto municipal, José González Altes, consistente en la elevación de aguas desde el Tormes. Fue inaugurado en febrero de 1886, adelantándose en unos meses Salamanca a Valladolid en este aspecto[2].

Este primer suministro salmantino servía a una zona muy pequeña de la ciudad, ya que en sus inicios el acceso al agua a domicilio fue un elemento de desigualdad social (Matés-Barco, 1999, pp. 179-181). En 1908 el arquitecto municipal, Santiago Madrigal,

---

[1] En España, la obra más ambiciosa sobre la cuestión es la de Matés-Barco (1999). Este trabajo se encuentra más desarrollado en Coronas-Vida (2016).

[2] Biblioteca Nacional (BN), sign. VC/2.535/41, pp. 8-26. Biblioteca de Castilla y León, Valladolid (BCyL-VA), sign. G 32.285, p. 21 y pp. 65-71.

elaboró un proyecto para mejorar el sistema de elevación, construir nuevos depósitos y filtros de arena, así como para ampliar la red de distribución y alcantarillado. Las obras se subastaron en dos ocasiones, pero quedaron desiertas. En 1912 la Sociedad Franco-Española (en adelante, SFE), domiciliada en San Sebastián, consiguió que el Gobernador Civil autorizara que la contratación se realizara sin subasta. En diciembre de 1912 se acordó que el municipio cediera a la SFE el servicio existente para su unión y explotación conjunta con el nuevo, pero en marzo de 1914 seguía sin firmar el contrato definitivo, por problemas sobre la financiación del alcantarillado, dando lugar a un debate dirigido por los concejales Emigdio de la Riva y Miguel Iscar. Finalmente, en diciembre de 1915, fue la Sociedad Española de Aguas y Saneamientos (en adelante SEAS), de Valladolid, la que, subrogándose en los derechos y obligaciones de la SFE, firmó el contrato de concesión. En marzo de 1918 se acordó comenzar a utilizar los nuevos depósitos y la parte ya construida de la red de distribución, y en julio la ciudad recibió la concesión por parte del Gobierno de 78 litros/segundo del río Tormes[3].

Los problemas comenzaron en septiembre de 1918, cuando la SEAS no concurrió a la subasta de ciertas obras complementarias a las de saneamiento –una condición del contrato de 1915–, y la empresa recurrió otras cuestiones, como las garantías que daba el Ayuntamiento para el pago de las obras. Durante 1919 la tensión entre ambas partes fue creciendo, y en diciembre (fin del plazo para la construcción) quedaban por concluir un tercio de las obras. Finalmente, en junio de 1921 se decidió que la única solución era la reversión. En marzo de 1922, el Ayuntamiento acordó la rescisión del contrato y volver a hacerse cargo del servicio, pero la ejecución se retrasó hasta el 4 de mayo por los fuertes debates internos sobre la financiación de las obras pendientes, y la forma de ejecutar la incautación, efectuada por un nuevo alcalde, Federico Anaya[4].

[3] Expediente de la SFE: BN, sign. VC/2.688/22; Iscar: BN, sign. 1/68.350; De la Riva: BCyL-VA, sign. G 32.285. Archivo Municipal de Salamanca (AMSA), *Actas de 1914* (marzo-octubre); *Actas de 1915* (todo el año); *Actas de 1916* (enero-julio).

[4] AMSA, *Actas de 1918* (septiembre); *Actas de 1919* (marzo-diciembre); *Actas de 1920* (enero-noviembre); *Actas de 1921* (marzo-diciembre); *Actas de 1922* (febrero-mayo). Al mismo tiempo, la ciudad trabajaba en la captación de aguas subterráneas, barajando

En Valladolid, el interés por mejorar el surtido de agua coincide con Salamanca, en la década de 1860. La solución planteada fue la construcción del Canal del Duero (32 km). En 1864, la Unión Castellana (una sociedad de crédito creada al amparo de la legislación de 1856), detentaba todos los derechos y proyectos sobre el mismo, pero la crisis financiera obligó a su paralización. La crisis de la Unión Castellana está estudiada en trabajos como los de Tortella (1982, pp. 108 y 266-267) y García López (1999, pp. 157-168 y 300). Finalmente, los derechos fueron traspasados en 1879 a la Sociedad Canal del Duero (creada por el marqués de Salamanca), que reinició las obras en 1883, y se diseñó el depósito y la red interior de distribución. La inauguración oficial tuvo lugar en noviembre de 1886 (Gigosos y Saravia, 1993, pp. 12-17; Agapito, 1991, pp. 221-235; Bustamante y Caballero, 1991, pp. 13-37; Lozano y De Cuenca, 2003, pp. 168-170).

En Burgos, los promotores de la Compañía de Aguas presentaron en 1888 su proyecto para obtener la concesión de 100 litros/segundo en un punto próximo a Villasur de Herreros. En este caso se captaban aguas subálveas, que después eran transportadas mediante una tubería de hierro (23-24 km) hasta el depósito ubicado en el cerro de San Miguel; el desnivel desde dicho cerro hasta la ciudad fue también utilizado inicialmente para la producción de hidroelectricidad. La concesión fue otorgada en agosto de 1889, y en junio de 1892 comenzó el abastecimiento de agua. Pronto se comprobó que la captación de aguas era insuficiente, y se realizaron obras complementarias, pero la solución tampoco debió ser plenamente satisfactoria. En Burgos existía otra red de distribución municipal en la década de 1920, que debió ser construida en el siglo xx. Abastecía las fuentes públicas, los establecimientos del Ayuntamiento, y atendía a determinadas calles, al parecer en la margen izquierda del Arlanzón. Captaba agua subálvea del río Arlanzón, pero a 4 km de la ciudad. En 1928 se estableció una estación propulsora que la elevaba hasta un depósito cubierto[5].

la posibilidad de evitar por esta vía la construcción de los filtros de arena, un coste muy importante.

[5] Biblioteca Pública de Burgos (BPBU), sign. BU-3.991 (14); sign. BU-3.713. Archivo Municipal de Burgos (AMB), sign. AD-850/2.

Las demás capitales de Castilla y León estudiadas contaban con una población en 1900 que se situaba en el entorno de los 15.000 habitantes[6]. En Soria y Palencia se siguió el mismo método que en Salamanca, la elevación de agua, mientras que en León se prefirió el sistema de captación de aguas subálveas del río Torío. En Soria, el primer proyecto de elevación de aguas al castillo, construcción del depósito y la red de distribución, data de 1883. Nos consta que en 1903 las obras estaban en marcha, y la recepción provisional tuvo lugar en agosto de 1904, pero estas obras tuvieron que ser pronto ampliadas. En 1914, se proyectó la mejora de la maquinaria de elevación de aguas con una turbina y una máquina auxiliar de vapor[7]. Las obras se sucedieron en la década de 1920, pero el abastecimiento era insuficiente. En 1935 se aprobó el proyecto para el suministro de agua rodada desde el manantial de La Toba, que debía sustituir al servicio de elevación del río Duero. Durante la primera mitad del año 1936 se fue gestionando su realización, pero después de la guerra se hicieron nuevos proyectos[8].

En noviembre de 1899 el arquitecto municipal de Palencia, Juan Agapito, presentó un proyecto para el suministro de agua, consistente en la elevación desde el río Carrión al cerro del Cristo del Otero, con una máquina de vapor, donde habría tres depósitos, y desde donde se distribuiría a la ciudad[9]. En 1903 la Jefatura de Obras Públicas recomendó cambiar la máquina de vapor por un motor eléctrico, y el Ayuntamiento decidió iniciar inmediatamente la construcción de dos depósitos. En julio del mismo año se obtuvo la concesión de 40 litros/segundo de agua[10]. Los problemas vinieron al subastar el grueso de las obras, que quedaron desiertas en dos ocasiones. Finalmente, en diciembre de 1906, se acordó anunciar la tercera subasta, dando mayores garantías a los licitadores, siendo las obras

[6] Censo de la Población de 1900. Ávila (11.885 habitantes) y Soria (7.151) eran menores.
[7] Archivo Municipal de Soria (AMSO), secc. Urbanismo, Cajas 1, 2, 3 y 4.
[8] AMSO, secc. Urbanismo, cajas 6, 7, 8, 9 y 10. *Actas de 1935* (agosto-septiembre); *Actas de 1936* (marzo-julio). Secc. Urbanismo, cajas 19, 20 y 21. Biblioteca Pública de Soria (BPSO), sign. SS-F-C-13.
[9] Archivo Municipal de Palencia (AMP), *Actas de 1899*, 8-noviembre. Publicaciones de Agapito sobre la cuestión: BCyL-VA sign. G-F 3.466 y sign. G-F 3.467. Vid. también Agapito (1991).
[10] AMP, *Actas de 1903* (febrero-julio).

adjudicadas a Inocencio Chico Montes en 1907, y en diciembre de 1909 se llevó a cabo la recepción provisional de las obras, incluidas las de distribución por el interior de la ciudad[11].

En León, un proyecto para la conducción del agua (desde un manantial en Matallana), construcción del depósito y la red de distribución data de 1901; se quería encontrar una empresa concesionaria, pero, aunque se interesaron algunas compañías, no se llegó a ninguna realización. En mayo de 1907 se aprobaron de nuevo las condiciones para subastar la ejecución de las obras (de 150 litros/segundo), pero la cuestión seguía siendo estudiada en 1913[12]. Finalmente, un proyecto presentado a un nuevo concurso en 1918, por Antonio García Ballesteros, proponía captar aguas subálveas del río Torío, en las proximidades de San Feliz, consiguiendo el municipio leonés la concesión de 200 litros/segundo en 1922. El proyecto definitivo fue redactado por Ramón Aguinaga y José Paz Maroto. La adjudicación de las obras se efectuó a favor de García Ballesteros, pero este traspasó sus derechos a Aguas de León, S.A. En septiembre de 1924 se autorizó el inicio del servicio, aunque faltaban numerosas obras. En la Memoria de 1928 la empresa consideraba prácticamente acabados los trabajos, aunque se acordó con el Ayuntamiento continuar ejecutando obras de alcantarillado en nuevas calles[13].

EL COSTE DE LOS PROYECTOS DE ABASTECIMIENTO DE AGUA

El establecimiento de una red de distribución de aguas conllevaba la reforma o extensión del alcantarillado, si existía, y eran frecuentes las reparaciones y mejoras periódicas. En Barcelona, la ciudad tuvo que realizar una gran reforma y mejora a partir de 1885 (Matés-Barco,

[11] AMP, *Actas de 1903* (septiembre-octubre); *Actas de 1904* (febrero-marzo); *Actas de 1905* (octubre); *Actas de 1906* (abril); *Actas de 1907* (febrero-marzo); *Actas de 1908* (noviembre); *Actas de 1909* (septiembre-diciembre); *Actas de 1911* (enero).

[12] Archivo Municipal de León (AML), sign. 1.211.

[13] AML, sign. 12.321, 1.396, 1.271, 12.447 y 12.323. Contrato con García Ballesteros: AML, sign. 1.211; bases para la adjudicación (1922): AML, sign. 1.396. Memoria de 1928: Archivo Histórico BBVA, Fondo Memoria de Sociedades (A-BBVA-MS), caja 5; acuerdo sobre continuación de obras de alcantarillado (1929): BCyL-VA, sign. GF 8.101.

1999, pp. 200-214). Cuando se puso en marcha el Canal del Duero, la red de saneamiento de Valladolid era inadecuada, motivo por el que el número de abonados era muy inferior a lo esperado. Sabemos que en 1902 se publicó una ley que permitía recargar con un 4 % la contribución urbana en Valladolid para costear obras de alcantarillado, que es de suponer que se realizaran inmediatamente (Bustamante y Caballero, 1991, pp. 28-29). El estudio detallado del saneamiento de Valladolid ha sido realizado por Rossell (2009)[14]. En Burgos se construyó en 1884 un colector, paralelo al río por la margen derecha, lo que supuso la primera actuación global sobre el saneamiento, ya que el colector de la margen izquierda no se terminó hasta 1903 (Rodríguez Santillana, 2002, pp. 35-71 y 89-148; Andrés, 2004, pp. 95-97). En Soria se proyectaba en 1888 la desviación de un arroyo de aguas fecales, pero no se efectuó hasta 1909. Entre septiembre de 1931 y octubre de 1932 el Ayuntamiento efectuó obras de alcantarillado y pavimentación por valor de 334.309,74 Ptas. En el caso de Palencia, en 1909 se contrató una extensión del colector para alejar los desagües de la ciudad[15].

En el caso de León y en el de la ampliación del servicio en Salamanca desde 1915, las obras de abastecimiento de aguas llevaban parejas fuertes inversiones en mejora y extensión del alcantarillado. En abril de 1929, se habían recibido obras de alcantarillado en León por valor de 849.093,28 Ptas., y faltaban por realizar otras por valor de 409.234,58 Ptas. En el caso de Salamanca, el proyecto de alcantarillado de Mariano Belmás tenía un presupuesto de 1.295.303,22 Ptas., pero tras algunos ahorros planteados, la SFE se comprometió en 1912 a realizarlo por 825.600 (esta cláusula pasó en 1915 al contrato de la SEAS). La diferencia fundamental entre estos dos últimos casos estribaba en la forma de pago de las obras de alcantarillado. En León, la empresa se resarcía de la inversión por medio de la concesión del servicio por 75 años, mientras que en Salamanca las obras de ampliación del abastecimiento de aguas eran las que se pagaban mediante

---

[14] BN, sign. VC/2.688/22, p. 27.

[15] Soria: AMSO, secc. Urbanismo, cajas 1 y 3. *Actas de 1931* (septiembre-octubre); *Actas de 1932*, 15-octubre. Palencia: AMP, *Actas de 1899* (mayo-septiembre); *Actas de 1909* (mayo-agosto).

la concesión del abastecimiento por 99 años, y las de alcantarillado eran abonadas por el Ayuntamiento a la sociedad con una emisión de obligaciones, aceptadas por la misma empresa, que financiaba al municipio. Este se hizo cargo del alcantarillado cuando estuvo terminado[16].

No contamos con el presupuesto del primer establecimiento del servicio de aguas de Salamanca (1886), y los datos que conocemos sobre el Canal del Duero son del proyecto de 1863 (2.218.916,59 Ptas.), pero no parece incluido el depósito ni la red de distribución interior. En el balance de 31 de marzo de 1926 de la Sociedad Industrial Castellana (en adelante, SIC), estaba valorado en un total de 2.856.543,11 Ptas. Esta empresa se había hecho cargo del Canal en 1900 (Bustamante y Caballero, 1991, p. 20; Lozano y De Cuenca, 2003, pp. 168-170)[17]. A partir del Libro Diario de Contabilidad de 1897-1904 de la Compañía de Aguas de Burgos, se deduce que los activos totales en el balance de 1897 eran 2.544.879,66 Ptas., de las que 1.885.680,84 correspondían a instalaciones y materiales relacionados con el suministro de agua; la mayor parte del resto correspondía al negocio eléctrico, quedando algunas pequeñas partidas (caja, cuentas bancarias...). En cuanto al servicio municipal de aguas que coexistía en Burgos, estaba valorado en 1929 en 159.500 Ptas., faltando obras complementarias[18].

En los casos de Soria, Palencia y Salamanca, en los que el abastecimiento se hace por elevación desde un río próximo a la ciudad, los presupuestos correspondientes a la construcción de lo que es propiamente el servicio de aguas (captación, conducción, maquinaria, depósitos de almacenamiento y red de distribución) nos señalan que el coste de establecimiento era de una entidad parecida al presupuesto de ingresos de un año del municipio. En el caso de Soria,

[16] León: BCyL-VA, sign. GF 8.101 (*Memoria* de la Comisión Municipal de Aguas de León). AML, sign. 1.211, Contrato de 1923. Salamanca: BN, sign. 1/68.350, pp. 4-10; BN sign. VC/2.688/22, pp. 8-11 y 27. AMSA, *Actas de 1914*, 25-mayo. *Actas de 1915* (todo el año); *Actas de 1916* (febrero-noviembre); *Actas de 1918*, 28-octubre; *Actas de 1920* (diciembre).

[17] BCyL-VA, sign. GF 10.962.

[18] BPBU, sign. BU-3.991 (14), pp. 11-14. AMB, sign. LI-6.007. BPBU, sign. BU-3.713, pp. 30-32.

la primera instalación costó 186.452,10 Ptas., según un testimonio de 1905; si le añadimos las mejoras complementarias hasta 1915 se alcanzan las 265.054,30 Ptas., siendo el presupuesto de ingresos de 1904 de 250.716,82[19]. El proyecto de 1935 para cambiar el suministro del río Duero por aguas rodadas desde el manantial de La Toba tenía un presupuesto de 868.769,71 Ptas., y el presupuesto de gastos del municipio para 1932 (797.879,53 Ptas.), era también una cifra cercana al coste previsto[20].

En Palencia el proyecto de Juan Agapito tenía un presupuesto de contratación de 512.988,26 Ptas. En noviembre de 1908, el arquitecto municipal valoró las obras hasta la ciudad en 448.693,90 Ptas., pero añadiendo las obras en el interior de Palencia, se alcanzaba un total de 555.491,45 Ptas., y la media de los presupuestos de ingresos municipales del trienio 1910-1912 fue 540.040,04 Ptas.[21]. En relación con Salamanca, el proyecto de mejora y ampliación de 1908 tenía un coste de 1.010.735,45 Ptas. Pues bien, en las actas de 1922 aparecen resumidos los ingresos municipales del cuatrienio 1913-1916 y la media de los mismos fue 931.453 Ptas. El concejal Iscar señala que las obras (alcantarillado y servicio de aguas) en 1912 se cifraban en 1.825.600 Ptas., de las que el municipio solo tenía que pagar las 825.600 correspondientes al alcantarillado, puesto que el resto lo costeaba la SFE a cambio de la concesión. El proyecto de 1908 era menos completo que el planteamiento de la SFE (1912), que exigía como pago por la reversión anticipada durante los quince primeros años un millón de pesetas[22]. En los proyectos de León no se mantiene esa relación entre presupuesto de ingresos municipales y coste de establecimiento del servicio, probablemente porque el agua se traía de lejos, no se elevaba de un río. En 1925 se valoraban las obras de conducción

[19] AMSO, secc. Urbanismo, cajas 1, 2, 3 y 4.

[20] BPSO, sign. SS-F-C-13, pp. 1-3. AMSO, *Actas de 1931*, 5-diciembre (Presupuesto para 1932). Aunque el coste de la traída de aguas desde lejos debía ser muy superior al de la elevación desde un río junto a la ciudad, el proyecto de 1935 no incluye obras de distribución interior en la ciudad, porque ya estaban efectuadas.

[21] BCyL-VA, sign. G-F 3.466, p. 718. AMP, *Actas de 1899*, 8-noviembre. *Actas de 1903*, 15-julio. *Actas de 1908*, 27-noviembre; *Actas de 1909* (agosto-noviembre); *Actas de 1910*, 7-noviembre; *Actas de 1911*, 3-noviembre.

[22] Presupuestos de Salamanca: BN, sign. VC/2.688/22, pp. 8-11, e Iscar: BN, sign. 1/68.350, pp. 2-12 y 20-119. AMSA, *Actas de 1922*, 8-marzo.

de aguas, depósitos y red de distribución en un total de 2.329.077 Ptas., mientras que la media de los ingresos presupuestados para los ejercicios 1922/1923 y 1925/1926 fue 1.294.951,86 Ptas.[23].

En cuanto a la financiación, Juan Agapito, autor del proyecto de Palencia en 1899, propuso la constitución de una empresa formada por el Ayuntamiento y los vecinos, pero los intentos de 1903 y 1905 no fructificaron[24]. La fórmula aprobada consistió en que el contratista que ganara la subasta financiara la construcción, obligándose la ciudad a pagarle las obras en un máximo de diez años, pero la subasta quedó desierta en 1903 y 1904[25]. El alcalde Ignacio Martínez de Azcoitia señaló que era necesario emitir un empréstito, con un plazo de 10 a 12 años, y un interés del 5 %. En noviembre-diciembre de 1906, el pleno municipal dio el visto bueno a la propuesta, y se planteó una nueva subasta, antes de emitir el empréstito. El tipo base era de 497.305,04 Ptas., es decir el presupuesto de Juan Agapito menos el coste de los dos depósitos ya realizados. Si el Ayuntamiento dejara de pagar al contratista, este podría hacerse cargo del servicio. Para el pago se consignaban las cantidades legadas por Casado del Alisal, emigrante palentino en Argentina, el producto de la enajenación de una parte de los títulos de deuda pública procedentes de la venta de los propios desamortizados, y las cantidades consignadas en el presupuesto[26].

La subasta fue finalmente celebrada en marzo de 1907, y adjudicada a don Inocencio Chico Montes[27]. En septiembre de 1908 se llevó a cabo la inauguración oficial, y el contratista se hizo cargo del servicio. La ciudad manifestó su intención de rescatar lo más rápidamente posible el abastecimiento de aguas, para lo que finalmente fue necesaria la emisión de un empréstito de 600.000 Ptas., con la intención de saldar al mismo tiempo otras deudas antiguas y construir

[23] AML, sign. 1.211 (Proyecto de 1913); sign. 1.266 (presupuesto del ejercicio 1922/1923); sign. 12.447 (presupuesto 1925/1926 y escrito de Aguinaga, 1925). Balance 1928: A-BBVA-MS, caja 5.

[24] BCyL-VA, sign. GF 3.466, pp. 728-730. AMP, *Actas de 1903*, 15-julio; *Actas de 1905*, 4-octubre.

[25] AMP, *Actas de 1903* (julio-diciembre); *Actas de 1904* (febrero-marzo).

[26] AMP, *Actas de 1906* (julio-diciembre).

[27] AMP, *Actas de 1907* (febrero-marzo).

un colector, que alejara los desagües de la ciudad. El empréstito fue cubierto completamente por 23 vecinos de la ciudad y la Caja de Ahorros y Monte de Piedad de Palencia, pero la mayor parte fue suscrita por el propio contratista (845 obligaciones) al precio de salida en la subasta (que era 480 Ptas.), y suponía en total 405.600 Ptas. El municipio se hizo cargo del servicio en enero de 1910. El empréstito tenía un plazo de 30 años (al 5 %). El 87,31 % de lo recaudado se destinó a pagar al contratista, y el 6,45 % al nuevo colector[28].

La financiación del primer servicio de aguas de Soria se llevó a cabo mediante la venta de títulos de deuda pública procedentes de la desamortización civil. En 1904 el alcalde García de Zornoza consiguió la autorización para costear con dichos títulos las obras, incluida la desviación del arroyo de aguas fecales. En 1903 la ciudad tenía títulos de deuda pública por un valor nominal de 308.276,87 Ptas., y un efectivo de 5.729,41 Ptas. en la Caja de Depósitos. En 1931 el Ayuntamiento de la ciudad decidió emitir un empréstito de 500.000 Ptas. con un interés del 5 % y un plazo de 10 años, para pagar las deudas procedentes de obras de alcantarillado, citadas anteriormente, y otras nuevas de distribución de aguas por 70.587,42 Ptas. El mayor proyecto durante la Segunda República fue la traída de aguas del manantial de La Toba. Entre septiembre de 1935 y enero del año siguiente se consiguió una subvención para la lucha contra el Paro de 251.312,94 Ptas., quedando a cargo del Ayuntamiento otras 617.456,77. Para costear este y otros gastos, se decidió emitir un nuevo empréstito por 1.400.000 Ptas., que refundía el de 1931; la suscripción quedó cubierta en junio de 1936, al 5 %, pero con un plazo de 30 años[29].

---

[28] AMP, *Actas de 1908* (mayo-diciembre); *Actas de 1909* (febrero-diciembre); *Actas de 1910* (enero-agosto); *Actas de 1911*, 3-noviembre.

[29] AMSO, secc. Urbanismo, caja 2. *Actas de 1931* (septiembre-noviembre); *Actas de 1932* (enero-octubre); *Actas de 1935* (agosto-septiembre); *Actas de 1936* (marzo-julio). BPSO, sign. SS-F-C-13, pp. 1-6.

LAS COMPAÑÍAS DE AGUAS

LAS EMPRESAS DE VALLADOLID Y SALAMANCA

En Valladolid, el suministro de agua a domicilio fue puesto en marcha por la Sociedad Canal del Duero (en adelante, SCD), fundada por el marqués de Salamanca y el Banco General de Madrid (1879). La SCD sucedió a la Unión Castellana, paralizada desde 1864, en la construcción del canal. Una ley de 1882 aprobó la concesión por 99 años, y subvencionó las obras. La SCD quiso explotar sobre todo el negocio del abastecimiento urbano, pero la escasez de usuarios, por falta de un saneamiento adecuado, tuvo como consecuencia que los ingresos apenas cubrieran el mantenimiento. Lozano y De Cuenca (2003, pp. 168-170) afirman que la SCD estaba vinculada al Crédit Lyonnais, lo que quizás ocurriera tras el cierre del Banco General de Madrid (1892). Finalmente, en junio de 1900 el Canal fue comprado por la Sociedad Industrial Castellana, creada dos años antes para la fabricación de azúcar de remolacha, ya que tenía un gran interés en esta infraestructura para desarrollar el regadío en la comarca, y favorecer la producción de su materia prima.

Existía una vinculación entre la SIC y el Banco Castellano, creado en Valladolid en 1900, participando en puestos destacados de ambas empresas diferentes miembros de la élite de la ciudad, y el mismo banco tenía una participación en la SIC (Arroyo, 1998, pp. 14-22). Entre 1949 y 1951 era miembro del Consejo de Administración de la SIC, Ramón Moliner, miembro de una conocida familia de empresarios de Burgos, vinculada también a la Compañía de Aguas de esta ciudad. Los beneficios de la SIC provenían sobre todo del negocio de la fabricación de azúcar y alcohol. En el ejercicio 1925/1926 el suministro de aguas a Valladolid y los riegos solo suponían el 6,25 % de la Cuenta de Pérdidas y Ganancias, y de estos conceptos vinculados al agua, más del 78 % correspondían al suministro de la capital. Entre los ejercicios 1948/1949 y 1950/1951, los conceptos vinculados al Canal del Duero representaban un porcentaje aún menor, entre el 1,4 y el 2,1 %[30].

[30] BCyL-VA, sign. GF 10.962. A-BBVA-MS, caja 335.

Los datos que tenemos acerca de las dos empresas relacionadas con el abastecimiento de Salamanca son muy escasos. Las negociaciones de la SFE con el Ayuntamiento de la ciudad fueron llevadas a cabo por el Consejero-Delegado, Emeterio Ruiz de Urbina, que también había negociado la mejora y ampliación del primer abastecimiento de Logroño (inaugurado en 1888), y estaba relacionado con el suministro de Calahorra. Los datos relativos a la SEAS son aún más escasos. Aparte de estar domiciliada en Valladolid, nos consta que también estaba en el negocio del agua en Miranda de Ebro, y el Ayuntamiento de Salamanca se hizo eco en julio de 1921 de las protestas del vecindario de Miranda contra la SEAS[31].

LA COMPAÑÍA DE AGUAS DE BURGOS, S.A.

En el proyecto de la Compañía de Aguas de Burgos (1889) se preveía la emisión de 500.000 Ptas. en acciones y 1.500.000 Ptas. en obligaciones (al 6 %) amortizables en 25 años. Los promotores habían suscrito ya acciones por valor de 250.000 Ptas., destacando como principal accionista Ramón Aguinaga, el ingeniero autor del proyecto, con 76.000 Ptas. Entre los demás accionistas tenían una especial relevancia Pascual Moliner, primer presidente de la Compañía, que tenía un 12,6 % de las 250.000 Ptas., participando asimismo varios banqueros locales. La formación de Aguas de La Coruña, en 1903, fue llevada a cabo también por un grupo similar de capitalistas locales, aunque en el caso gallego parecen mayores fortunas (Martínez, 2004, pp. 36-43)[32]. El capital social inicial (500.000 Ptas.) fue pronto insuficiente; entre 1897 y 1919 era de un millón de pesetas, completamente desembolsadas. Posteriormente hubo otras ampliaciones de capital, que facilitaron el crecimiento de los recursos propios (tabla 1). Por otra parte, en 1908 se emitió un segundo empréstito de 1.250.000 Ptas. a treinta años, que fue cancelado en 1948. Una tercera emisión

---

[31] BCyL-VA, sign. G 32.285, pp. 65-71 y 136-143. BN, sign. VC/2.688/22. AMSA, *Actas de 1920*, 11-febrero; *Actas de 1921*, 6-julio.

[32] BPBU, sign. BU-3.991 (14), pp. 3-10 y 45-46; sign. BU-3.713, pp. 75-83; sign. BU-3.240, pp. 51-57. Primer Presidente y Gerente: AMB, sign. 2-513, Memorias 1947-1949: A-BBVA-MS, caja 5.

de deuda, en 1949, por valor de 3.000.000 Ptas. al 6 %, fue suscrita inmediatamente[33].

Tabla 1. Compañía de Aguas de Burgos: capital social y recursos propios, 1935-1950. Miles de Pesetas corrientes

	(1)	(2)	(3)	(4)	(5)
1935	3.000	392,2	9,8		2.598,0
1936	3.000	400,1			2.599,9
1937	3.000	400,1			2.599,9
1938	3.000	0,1			2.999,9
1939	4.500	8,7			4.491,3
1947	7.000			418,6	7.418,6
1948	7.000			469,6	7.469,6
1949	7.000			517,6	7.517,6
1950	8.000		1.000	572,6	7.572,6

Fuente: AMB, sign. LI-6009; A-BBVA-MS, caja 5.

(1) Capital social. (2) Capital sin desembolsar. (3) Acciones en cartera. (4) Reservas. (5) Recursos propios.

Para el suministro eléctrico estableció una pequeña central hidroeléctrica, pero pronto tuvo que construir una central térmica de reserva, autorizada en 1900 (Andrés, 2004, pp. 98-100). En el balance de 1918 aparece otra central hidroeléctrica en Covarrubias (dos en las memorias de 1947 a 1949), y en el de 1935 aparece una más en Villasur de Herreros (también hidroeléctrica). Con el tiempo, la empresa se hizo con el suministro de Belorado y Pradoluengo, manteniendo una central térmica en el primero de los citados pueblos, y contaba con una línea de distribución entre Burgos y Lerma. En definitiva, el principal negocio de la Compañía de Aguas de Burgos, al menos

[33] AMB, sign. LI-6007, LI-6008 y LI-6009; A-BBVA-MS, caja 5.

desde 1916, era el suministro de energía eléctrica. En la cuenta de pérdidas y ganancias, entre 1916 y 1919, corresponde un 34 % al servicio de agua, y la parte de los servicios eléctricos supone un 58 %, correspondiendo el resto a rentas, alquileres de contadores, etc. En las cuentas de 1935 a 1939 los ingresos por el servicio de agua ascendían al 35 %, y los del servicio eléctrico al 61 %[34].

La rentabilidad de las inversiones de la empresa, o rentabilidad económica, según se puede comprobar en la Tabla 2, llegó a su máximo nivel en los años treinta, tanto antes como durante la Guerra Civil, y los peores años para la compañía se corresponden con los de la Primera Guerra Mundial, tanto en relación con el valor de las inversiones (Figura 1) como por la rentabilidad obtenida. En el caso de Aguas de la Coruña, la rentabilidad económica en los años treinta era de un orden similar (Martínez, 2004, p. 87). El valor contable de las inversiones iniciales de la empresa en pesetas constantes estuvo desde 1916 por debajo del índice 100, sin retornar al valor correspondiente al periodo 1897-1903, cuando el índice oscilaba entre el 124 y el 136. Aunque el valor de las inversiones mejora en los años treinta, el índice de 1947-1950 no es mucho mejor que el de la Primera Guerra Mundial. La inflación de la Primera Guerra Mundial pudo influir en que la depreciación existente en pesetas corrientes fuera más grave en pesetas constantes. También esta carestía pudo afectar al suministro de carbón utilizado en la central térmica, lo que repercutiría en los resultados, tal y como ocurrió en 1949-1950, por la climatología[35].

[34] AMB, sign. LI-6008 y LI-6009. A-BBVA-MS, caja 5.
[35] A-BBVA-MS, caja 5.

Tabla 2. Compañía de Aguas de Burgos. Rentabilidad económica. Miles de Pesetas

	(1)	(2)	(3)	(4)
1897	2.544,9			1.156.763
1898	2.475,3			1.125.121
1899	2.495,1			1.134.121
1900	2.651,9			1.153.010
1901	2.637,7			1.198.955
1902	2.625,3			1.193.331
1903	2.617,0			1.090.430
1916	2.055,3	128,4	6,25	685.110
1917	1.951,5	136,2	6,98	591.356
1918	2.101,8	68,8	3,28	525.449
1919	2.127,7	98,8	4,64	494.804
1935	3.783,7	516,0	13,64	879.940
1936	3.825,3	439,3	11,48	850.071
1937	3.808,0	520,9	13,68	732.313
1938	4.196,9	532,9	12,70	711.331
1939	5.557,2	476,3	8,57	882.091
1947	8.853,9	769,7	8,69	578.688
1948	10.071,5	857,0	8,51	614.113
1949	12.522,6	907,8	7,25	711.512
1950	12.010,2	465,8	3,88	563.860

Fuente: AMB, sign. LI-6007, LI-6008 y LI-6009; A-BBVA-MS, caja 5.

(1) Inversión total; pesetas corrientes. (2) Beneficio bruto; pesetas corrientes. (3) Rentabilidad económica. (4) Inversión total; miles de pesetas de 1995.

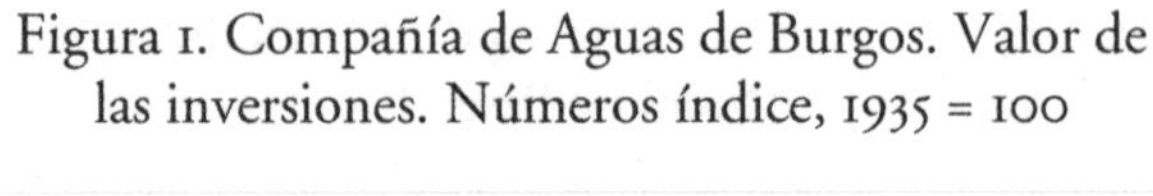

Figura 1. Compañía de Aguas de Burgos. Valor de las inversiones. Números índice, 1935 = 100

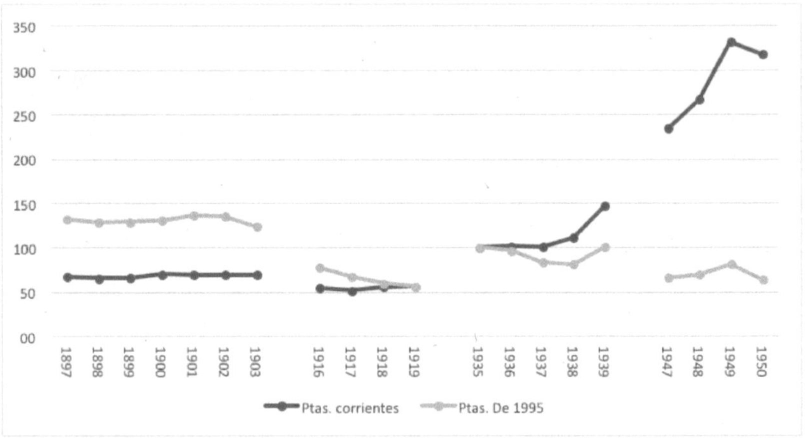

Fuente: AMB, sign. LI-6007, LI-6008 y LI-6009; A-BBVA-MS, caja 5.

En la memoria que el Ayuntamiento realiza en 1956 para la municipalización de la Compañía de Aguas de Burgos, se calcula el valor del capital inmovilizado, de acuerdo con el balance de 1950, en 10.029.703,05 Ptas., de las que un 54,705 % correspondían al servicio de aguas. Entre 1935 y 1939 el servicio eléctrico había supuesto como término medio un 61 % de los ingresos de la empresa. Aunque no tenemos datos que distingan beneficios procedentes del agua y de la electricidad para los años 1947-1950, es fácil suponer que era mucho más rentable el segundo servicio[36].

AGUAS DE LEÓN, S.A.

En 1922 el ingeniero Ramón de Aguinaga, propuso la formación de una sociedad por las "fuerzas vivas" de la ciudad[37], pero finalmente se otorgó una concesión a favor de García Ballesteros, que la transfirió

---

[36] AMB, sign. AD-850/2, pp. 82-90.
[37] AML, sign. 12.447.

a Aguas de León, S.A., una empresa familiar constituida en 1923, y domiciliada en Asturias. En el acta de una Junta extraordinaria de 17 de agosto de 1925, a la que asiste el 89 % del capital social, los tres mayores accionistas, con diferencia, son Guillermo, Ciriaco y Wenceslao Guisasola, seguidos por el primer concesionario, Antonio García Ballesteros. La empresa estuvo presidida a lo largo de toda su vida Guillermo Guisasola[38].

Aguas de León fue una empresa dedicada por completo al abastecimiento de la ciudad, aunque al final de su trayectoria como compañía de aguas entró también en la compraventa y gestión de inmuebles. En el ejercicio de 1928, en el que se dan por terminadas las obras, el capital social era de 2.500.000 Ptas. desembolsadas. Al año siguiente se amplió hasta seis millones, aunque las acciones se pusieron gradualmente en circulación. En 1940 la empresa compró un solar en la Gran Vía de San Marcos (renombrada como Avda. General Sanjurjo) para instalar las oficinas en León y arrendar el resto del inmueble, aunque por los problemas de la posguerra las obras no se iniciaron hasta 1947, año en el que el capital social se amplió hasta 10.000.000 de Ptas. suscritas, aunque desembolsadas gradualmente. En 1955 la empresa fue municipalizada, lo que dio lugar a una reducción del capital social y de los recursos propios (Tabla 3). A diferencia de la Compañía de Aguas de Burgos, no nos consta que Aguas de León recurriera a la emisión de obligaciones para financiar sus expansiones, optando siempre por las ampliaciones de capital.

[38] AML, sign. 12.447 y 12.323 (trámites ante el ayuntamiento); sign. 12.338 (memorias de la empresa); sign. 1.279 (copia del acta, 17-agosto-1925). A-BBVA-MS, caja 5: estatutos de 1944 y memorias de la empresa. BCyL-VA, sign. 11.696 y 1697: memorias de 1954 y 1956.

Tabla 3. Aguas de León, S.A.: capital social y recursos propios (1928-1956). Miles de Pesetas corrientes

	(1)	(2)	(3)	(4)	(5)
1928	2.500				2.500,0
1929	6.000		3.500,0		2.500,0
1940	6.000		472,5	271,9	5.799,4
1941	6.000			271,9	6.271,9
1942	6.000			271,9	6.271,9
1944	6.000			351,2	6.351,2
1947	10.000	3.600		527,0	6.927,0
1948	10.000	3.000		555,5	7.555,5
1949	10.000	2.000		555,5	8.555,5
1950	10.000	1.000		559,4	9.559,4
1951	10.000			559,4	10.559,4
1952	10.000			463,5	10.463,5
1954	10.000			463,5	10.463,5
1956	4.000			677,3	4.677,3

Fuente: AML, sign. 12.338. A-BBVA-MS, caja 5. BCyL-VA, sign. 11.696 y 11.697.
(1) Capital social. (2) Capital sin desembolsar. (3) Acciones en cartera. (4) Reservas. (5) Recursos propios.

En cuanto a la rentabilidad de las inversiones de la empresa leonesa, es fácil establecer una comparación con la burgalesa, para los años 1947-1950, ya que contamos con datos para ambos casos. De la comparación de la Tabla 2 y la Tabla 4, se deduce que la segunda era bastante más rentable, por la aportación del negocio eléctrico. Por otra parte, los ingresos de Aguas de León se debieron en su práctica totalidad a la "renta del agua" entre 1940 y 1951 (entre el 89 y 94 %).

Tabla 4. Aguas de León, S.A. Rentabilidad económica. Miles de Pesetas

	(1)	(2)	(3)	(4)
1928	5.198,2	220,8	4,25	
1929	5.496,8	171,3	3,12	1.308.766
1940	7.519,5	386,0	5,13	1.044.381
1941	8.272,1	461,4	5,58	1.047.107
1942	8.396,2	490,7	5,84	932.915
1944	8.536,8	486,7	5,70	828.816
1947	9.166,9	612,1	6,68	599.145
1948	9.860,9	611,7	6,20	601.275
1949	10.612,1	602,3	5,68	602.958
1950	11.703,1	641,0	5,48	549.440
1951	12.850,6	601,6	4,68	518.169
1952	13.015,1	715,5	5,50	518.528
1954	12.915,7	875,5	6,78	440.809
1956	6.300,5	119,8	1,90	179.500

Fuente: Memorias de Aguas de León, S.A.: AML, sign. 12.338. A-BBVA-MS, caja 5. BCyL-VA, sign. 11.696 y 11.697.

(1) Inversión total; pesetas corrientes. (2) Beneficio bruto; pesetas corrientes. (3) Rentabilidad económica. (4) Inversión total; miles de pesetas de 1995.

A partir de 1952 fue ganando importancia la renta del edificio de León, que en 1956 (tras la municipalización del servicio) supone el 99,03 %. En cuanto a la valoración contable de las inversiones totales de Aguas de León, S.A., solo hay que comentar que se produce un incremento constante en pesetas corrientes, especialmente en los años de construcción de las oficinas de León (1947-1951), y una depreciación, también constante en términos reales, solo paralizada durante la mencionada edificación.

LOS PROCESOS DE MUNICIPALIZACIÓN

En Castilla y León, el primer rescate fue el del servicio de Salamanca, efectuado en 1922, antes de acabar la construcción del mismo. Matés señala que el liberalismo del siglo XIX favoreció la gestión privada del agua, mientras que el intervencionismo de Primo de Rivera y Franco llevó a la progresiva municipalización. En Castilla y León este esquema es perfectamente aplicable (salvo en el caso salmantino), ya que a partir del Estatuto Municipal de 1924 se intentó en todos los casos la municipalización, pero no tuvo lugar hasta la década de los cincuenta. Según Matés-Barco (1999, pp. 48-49), en la posguerra las empresas se vieron afectadas por la intervención de las tarifas y por la inflación, con lo que su rentabilidad cayó, su activo se devaluó y sus finanzas se vieron asfixiadas. Las tarifas siempre estuvieron intervenidas, y los datos con los que contamos para la compañía de Burgos nos muestra una rentabilidad económica mayor entre 1935 y 1949 (el dato de 1950 es muy malo) que la correspondiente a 1916-1919. La compañía leonesa tuvo también una rentabilidad menor en 1928-1929 que entre 1940 y 1954. La rentabilidad de 1956 es muy baja por el fuerte peso que tuvieron los impuestos, tras la municipalización. En el caso de León, los primeros intentos de municipalización se realizan antes de estar acabadas las obras, al comenzar los primeros problemas entre la sociedad, el vecindario y el ayuntamiento. En 1925-1926 se mantuvo un contencioso-administrativo entre el Ayuntamiento y la empresa por la forma de cobranza del llamado impuesto de insalubridad, que debían pagar las viviendas que se negaran a instalar el agua; la sentencia fue favorable a la empresa[39]. En agosto de 1925, la empresa dio al municipio una opción de compra, previo pago de todos los gastos efectuados y una bonificación del 25 %, ya que el contrato de concesión no podía ser rescindido hasta que hubiera transcurrido un tercio de su plazo. Las obras realizadas hasta el momento fueron tasadas en 3.615.056,91 Ptas., y la empresa pidió 4.775.000 Ptas., lo que fue rechazado por el ayuntamiento en 1926[40].

En 1929, según la Comisión Municipal de Aguas existían varios problemas. Uno era que había barrios nuevos, no incluidos en el proyecto inicial, y la empresa pedía nuevos convenios específicos para los casos imprevistos. Otra cuestión era que el Ayuntamiento afirmaba que la empresa había hecho obras sin su consentimiento. La empresa se quejaba de que el Ayuntamiento no cobraba el impuesto de insalubridad en la forma y plazo que la sociedad quería. La solución que propuso la citada Comisión fue estudiar de nuevo la adquisición del negocio, proponiendo ampliar un préstamo que ya tenía el Ayuntamiento del Banco de Crédito Local[41]. En 1931 la Agrupación Socialista planteó diversas cuestiones conflictivas con la compañía, mientras que Aguas de León se consideraba víctima de una campaña por parte del Ayuntamiento, y propuso al municipio que municipalizase el servicio[42], pero no se volvió a plantear la cuestión hasta la década de 1940.

En Valladolid, las primeras intenciones de municipalización son expresadas también en los años veinte. Gigosos y Saravia afirman que en 1922 existía una fuerte "agresividad" contra la SIC, al pretender elevar las tarifas en un 50 %, mientras que los usuarios se quejaban de la falta de abastecimiento en determinadas zonas y de la calidad de las aguas. El concejal Sánchez Porras reclamó que se sustituyera el servicio de aguas, acudiendo si fuera necesario a un empréstito. En 1930, la Cámara de la Propiedad Urbana convocó un "*Concurso de proyectos de*

---

[39] AML, sign. 1.271; sign. 1.396 (expediente sobre ampliación del abastecimiento, 1946-1948).

[40] AML, sign. 1.279, 12.323 y 12.447.

[41] BCyL-VA, sign. GF 8.101. AML, sign. 1.266 y 12.323.

[42] AML, sign. 1.266, y hoja suelta en BCyL-VA, sign. GF 8.101.

abastecimiento de aguas...", señalando el camino de la municipalización. En 1932 el conflicto se planteó por el suministro de agua a varios barrios, solicitado por el Ayuntamiento, y que la SIC consideraba poco rentable. Se planteó una solución premiada en el concurso convocado por la Cámara Urbana, consistente en dejar el abastecimiento de la SIC para usos que no requirieran una alta calidad, y establecer otro abastecimiento para consumo humano con agua traída de los manantiales del Henar. Este abastecimiento en doble red se hacía, por ejemplo, en Bilbao a finales del XIX (Antolín, 1991, p. 297). La citada Cámara cedió el proyecto al Ayuntamiento en 1933 y en los años siguientes se planteó el problema de la financiación, pero la Guerra Civil puso fin a estos planes (Gigosos y Saravia, 1993, pp. 20-26).

En Burgos, el Ayuntamiento acordó la municipalización del servicio en agosto de 1928. Los problemas tenían su origen en las interrupciones del abastecimiento nocturno durante los estiajes desde la década de 1910, y la situación llegó a agriarse a partir de 1923. En 1929 se consideraba el servicio prestado como "*muy defectuoso*" por las suspensiones del abastecimiento, la elevación del precio del alquiler de los contadores, y por problemas en el suministro a nuevas zonas de la ciudad. Una Comisión Especial justificó la municipalización, y propuso una serie mejoras, contando a largo plazo con 200 litros/segundo que la Administración había concedido al Ayuntamiento en el embalse de Arlanzón. Para financiar la operación (2.877.735 Ptas.) se pretendía recurrir a un empréstito. La *Memoria* fue redactada por los ingenieros García Vedoya (alcalde) y Luis Rodríguez Arango. La Compañía de Aguas se defendió de las imputaciones de abusos, y afirmó que el Ayuntamiento había impedido las propuestas de mejora y de acuerdos que habían partido de la empresa. También consideraba imprescindible la generalización de los contadores. Al mismo tiempo dejaba constancia de las deficiencias del abastecimiento municipal y destacaba el mantenimiento llevado a cabo por la Compañía. La empresa planteó la redacción de un proyecto de ampliación previendo el caudal procedente del embalse del Arlanzón, y consideraba inaceptable el precio que la Comisión proponía (1.841.752,32 Ptas.)[43].

[43] BPBU, sign. BU-3.713 y sign. BU-3.240. AMB, sign. AD-850/2.

Las municipalizaciones tuvieron lugar después de 1950. León tenía 21.399 habitantes en 1920, pero en 1950 alcanzó los 59.549. El Plan Aguinaga no estaba preparado para lo que Aguas de León consideraba en 1948 *"el febril crecimiento de la población"*. Entre 1946 y 1948, ante las peticiones del Ayuntamiento, la empresa manifestaba que la red estaba concebida para un servicio determinado y que no podía ser ampliada permanentemente, por lo que las nuevas zonas debían abastecerse de nuevos caudales. En marzo de 1950 una Comisión especial del Ayuntamiento para el tema del agua, informó que era necesaria la ayuda del Estado, para construir un embalse en el río Torío, sin que ello fuera excusa para que la empresa realizara obras de mejora de la captación, de la red, de la presión, etc. Por su parte, el arquitecto municipal informó en 1952 que los problemas de León podían ser resueltos, para veinte años, ampliando la captación hasta los 250 litros/segundo, máximo que podía admitir la tubería de conducción. El agua se obtendría de un pozo artesiano y del subálveo del río Bernesga. Para todo esto preveía un presupuesto de 7.131.833,36 Ptas[44].

En junio de 1952 el Ayuntamiento de León inició la tramitación del rescate de la concesión y propuso como precio 13.000.000 de Ptas., basado en una valoración efectuada por un ingeniero de Madrid. Se redactó una *Memoria* (1953), en la que se indicaba que, vistos los beneficios de Aguas de León entre 1947 y 1951, no se consideraba necesario elevar las tarifas hasta conocer el coste real de las mejoras necesarias en el servicio. El Ayuntamiento acordó la municipalización en julio de 1953, y en mayo del año siguiente la empresa aceptó el precio. En la *Memoria* de 1953 se indicaba que si se llevaba a cabo el plan del arquitecto municipal era necesario un empréstito o préstamo del Banco de Crédito Local de 22.000.000 de Ptas. En septiembre de 1955 el alcalde presentó una serie de proyectos para la mejora del suministro, decantándose por el que suponía la mejora de la captación del río Torío y nuevas obras de captación en el río Luna, presupuestadas en casi 38 millones de pesetas, previendo un caudal de 750 litros/segundo. Para financiar las obras esperaba

---

[44] AML, sign. 1.396 y 12.338.

obtener subvenciones del Estado (50 %), y de la Diputación para el abastecimiento a varios pueblos. Finalmente, el 31 de diciembre de 1955 el alcalde Álvarez de Cadórniga firmó el decreto de constitución de Consejo de Administración del servicio municipalizado. Los primeros resultados económicos del servicio municipal de León (1956) fueron francamente malos. El número de abonados solo creció un 2 %, pero el consumo lo hizo un 31 %, y tuvo unas pérdidas de 1.965.884,06 Ptas.; no sabemos si ese incremento del consumo se puede interpretar como una mejora del servicio[45].

Valladolid había pasado de 68.789 habitantes en 1900 (el servicio se había inaugurado en 1886) a 116.024 en 1940 y 124.212 en 1950. En 1936 un portavoz de la SIC había comunicado al Ayuntamiento de Valladolid que aumentar los servicios sin nuevos elementos era contraer una responsabilidad que la empresa no podían aceptar. Los motivos finales que decidieron la municipalización del abastecimiento de agua fueron las trabas puestas por la empresa a la inspección municipal y un intento de elevar las tarifas en un 400 %. La expropiación se decidió en 1952, y el ingeniero municipal Francisco J. de Quevedo impulsó el proceso, ya que en los cincuenta el crecimiento industrial de la ciudad obligaba a adecuar las infraestructuras urbanas. La tarea no fue fácil, pues el recurso de la SIC llegó hasta el Tribunal Supremo, y finalmente el Ayuntamiento, temiendo mayores dilaciones, prefirió llegar a un acuerdo amistoso. El convenio de 1959 preveía un precio de 27.650.000 Ptas. por los bienes y elementos del servicio de agua potable, cifra que estaba más cerca de los planteamientos municipales que de las pretensiones iniciales de la empresa, aunque también es cierto que el Gobierno había limitado la expropiación a las redes de la ciudad y no a toda la extensión del Canal, como había querido el Ayuntamiento. El convenio fue aprobado en marzo de 1959, e inmediatamente se creó un órgano especial de administración (Gigosos y Saravia, 1993, pp. 26-32; Lozano y De Cuenca, 2003, pp. 170-171).

En el caso de Burgos, el crecimiento demográfico fue muy lento entre 1900 y 1920, pero se aceleró a partir de esa fecha y aún más en las siguientes, de forma que pasó de 30.167 habitantes al comenzar el

[45] AML, sign. 12.338 y 8.838.

siglo XX a 74.063 en 1950. El problema del agua en Burgos no comenzó a solucionarse hasta 1951, cuando el Ministerio de Obras Públicas –a petición del Ayuntamiento– encargó a la Confederación Hidrográfica del Duero la realización de las obras para captar, transportar el agua y construir un depósito suficiente para los 200 litros/segundo concedidos al municipio en el embalse del Arlanzón, subvencionando las obras en un 50 % y anticipándole al Ayuntamiento otro 25 %, que debía devolver en veinte años; el presupuesto alcanzaba la cifra de 46.307.097,73 Ptas., y la construcción fue adjudicada en 1954. Estas obras obligaban al municipio a estudiar el problema de la gestión del servicio, de forma que el Ayuntamiento decidió la municipalización en 1955. En la *Memoria*, redactada en 1956, se vuelve a recordar los frecuentes cortes de agua por la insuficiente captación, y que había que abastecer a Gamonal, núcleo anexionado a Burgos. En conjunto, teniendo en cuenta el rescate de la concesión, obras de mejora y ampliación de la distribución interior, etc. el presupuesto total llegaba a 85.403.199,81 Ptas., de las cuales 15,1 millones debían ser aportados por el municipio, 33,5 eran subvencionados por el Estado, y 36,7 debían obtenerse mediante un préstamo del Banco de Crédito Local. En cuanto a la valoración de la Compañía, se estimó el inmovilizado imputable al servicio de aguas en 5,5 millones de pesetas. La prestación del servicio se realizaría a través de un órgano autónomo, con Consejo de Administración, Gerente y contabilidad propia[46].

En enero de 1957 el presidente de la Compañía de Aguas de Burgos, José Mª Arteche, ofertó a la ciudad los elementos y servicios de agua por ocho millones de pesetas, y el Ayuntamiento debía hacerse cargo de las obligaciones que la empresa tenía en el pasivo (2.891.000 Ptas.). La Comisión Especial, teniendo en cuenta el conocimiento que había obtenido de la rentabilidad del suministro por la experiencia lograda en la captación provisional para la ampliación del abastecimiento de la ciudad, propuso la aceptación de la oferta. En 1957 se redactó un anteproyecto de presupuesto extraordinario para la municipalización, y para la ampliación de la red, compra de contadores, etc., con lo que los gastos totales ascendían a 14.595.795,70 Ptas., para lo que hacía

[46] AMB, sign. AD-850/2, pp. 1-92

falta un préstamo del Banco de Crédito Local, cuya tramitación se prolongó hasta septiembre de 1959[47].

CONCLUSIONES

Los primeros suministros de agua a domicilio en Castilla y León se inician con cierto retraso respecto a ciudades como Madrid y Bilbao, aunque es menor en comparación con Barcelona y Toledo. En Madrid, las obras del Canal Isabel II se concluyen en 1858, y en Bilbao el Ayuntamiento y la Junta de la propiedad llegaron a un acuerdo en 1856 para poner en marcha un suministro domiciliario, pero en 1876 el municipio tuvo que hacerse con el abastecimiento porque la entidad privada no surtía el Ensanche. En Barcelona, el abastecimiento fue iniciado en 1871 por la Compañía General de Aguas de Barcelona. La elevación de aguas a Toledo fue inaugurada en enero de 1870, en 1871 se hizo un segundo depósito y paralelamente las familias más pudientes comenzaron a solicitar acometidas (Antolín, 1991, pp. 290-298; Macías y Segura, 1999, pp. 151-152). Para una ciudad como La Coruña (43.971 habitantes en 1900), la puesta en marcha del servicio en 1908 es considerada tardía (Martínez, 2004, p. 54), pero más tardío fue el caso de León, en la década de 1920.

En Castilla y León el suministro más problemático fue el de Valladolid, porque el Canal nacía en un punto donde el río había arrastrado ya muchas materias. En Salamanca existía cierta preocupación por la calidad del agua del río Tormes durante los estiajes y en épocas de turbiedad de las aguas, por ejemplo, en agosto de 1921[48]. La captación de aguas subálveas en los cursos altos de los ríos, como en los casos de Burgos y León, proporcionaba aguas de mayor calidad. Agapito consideraba posible el uso de la del río Carrión, salvo circunstancias excepcionales, aunque valoraba más la de los manantiales. En el caso de Soria no conocemos preocupaciones por el agua del Duero. La elevación de agua desde un río próximo

[47] AMB, sign. AD-850/2, pp. 92-ss.

[48] AMSA, *Actas de 1921* (junio-agosto).

a la ciudad (Salamanca, Palencia y Soria) era un sistema más barato para el primer establecimiento que la conducción a cierta distancia (Valladolid, Burgos y León).

En Castilla y León no hubo capital extranjero significativo en los servicios de agua. Solo parece probable en la Sociedad Canal del Duero. El nombre de la SFE (Sociedad Franco-Española) también sugiere la presencia de capital francés. Pedrosa (1986, pp. 91-92), afirma que las obras de suministro de Zamora, Valladolid, Toro y Salamanca fueron realizadas por la empresa Docwra & Simpson, pero no hemos encontrado más referencias. En España la inversión foránea se limitó –antes de 1914– a Alicante, Barcelona, Cartagena y Sevilla (Núñez, 1996, p. 409). La Compañía General de Aguas de Barcelona es considerada francesa por Núñez, pero Antolín señala su origen belga. El Estado en el siglo XIX no fue muy activo en estas cuestiones, salvo en la creación del marco legal. Participó directamente en el Canal de Isabel II, y subvencionó el Canal del Duero (Antolín, 1991, pp. 291-292; Matés-Barco, 1999, pp. 46-47).

Salvo en el caso de Soria a comienzos del siglo XX, en el que se recurre a los títulos de deuda procedentes de la desamortización, o cuando se establece un régimen de concesión, la financiación de las obras se hace siempre mediante la emisión de empréstitos. Núñez (2008) ha destacado el papel de este sistema en la modernización de los servicios de muchas ciudades españolas a finales del XIX y el primer tercio del XX. También indica que las iniciativas municipales se asociaron estrechamente con empresarios locales, siendo en Castilla y León el caso más claro el de Palencia, ya que en Burgos la iniciativa privada local se pone en marcha ante la pasividad pública.

Gigosos y Saravia (1993, pp. 30-31) indican que la municipalización en Valladolid se vio impulsada por la nueva Ley de Régimen Local, el ejemplo de otras ciudades próximas y las facilidades otorgadas por el Banco de Crédito Local. Asimismo, consideran que si en Francia la generalización de un abastecimiento urbano ligado a un cierto nivel de confort no se produjo hasta las décadas de 1930 y 1940, en España no se alcanzó hasta la de 1950. Es evidente que el Banco de Crédito Local jugó un papel muy destacado en los tres casos de municipalización estudiados en Castilla y León, y que los sistemas de abastecimiento hasta la década de 1940 inclusive tenían muchas deficiencias. Un hecho determinante en las tres capitales es que las ciudades habían crecido muy por encima de las previsiones con las que se había establecido el régimen de concesión y las empresas privadas no podían fácilmente satisfacer las nuevas necesidades, siendo motivo de numerosos conflictos. En La Coruña la municipalización se retrasó hasta 1968, probablemente porque en la España húmeda las disponibilidades de agua son superiores (Mirás y Piñeiro, 2003, pp. 2-6 y 10-13). Cuando en Burgos se anuncia la adjudicación en 1948 de los 200 litros/segundo que correspondían a la ciudad en el embalse de Arlanzón, el plazo que se ofrece a los adjudicatarios era de 45 años, demasiado corto para que pudieran amortizar y rentabilizar cómodamente las inversiones. El alto volumen económico de las obras que se quieren hacer en los cincuenta requiere medios estatales, como se hizo en Burgos y se planteó en León[49]. No obstante, unas empresas más capitalizadas podrían haber gestionado las redes urbanas, independientemente de las obras que debiera realizar el estado, pagando un canon por el agua procedente de los embalses. En Francia las compañías de aguas han persistido, y son el origen de grandes multinacionales de servicios urbanos en el siglo XXI, como *Veolia*, que procede de la Compagnie Générale des Eaux, y *Suez*, que cuenta entre sus orígenes con la Société Lyonnaise des Eaux (Bonin, 2005). En cuanto a la administración del servicio, en la municipalización de Palencia en 1910, o en Soria hasta la Guerra Civil, el Ayuntamiento lo gestionaba directamente[50], mientras que en las municipalizaciones de León, Valladolid y Burgos se constituyeron Consejos de Administración específicos, y se nombraron gerentes para el mismo.

49 AMB, sign. AD-850/2. AML, sign. 8.838.

50 AMP, *Actas de 1910* (marzo-abril). AMSO, *Actas de 1934*, (abril-julio).

REFERENCIAS

Agapito, J. (1991). *Arquitectura y urbanismo del antiguo Valladolid*. Grupo Pinciano.

Andrés, G. (2004). *La estructura urbana de Burgos en los siglos XIX y XX*. tomo I, Caja Círculo.

Antolín, F. (1991). Las empresas de servicios públicos municipales. En F. Comín y P. Martín-Aceña (dirs.), *Historia de la empresa pública en España*. Espasa-Calpe.

Arroyo, J.V. (1998). *Estudios bancarios: El Banco Castellano entre 1900 y 1935*. BBV.

Bonin, H. (2005). Le modèle français du capitalisme de l'eau dans la compétition européenne et mondiale depuis les années 1990. *Sciences de la société*, 64.

Bustamante, I. y Caballero, P., coords. (1991). *El canal del Duero*. Consejería de Agricultura.

Carricajo, C. (1984). *Las Arcas Reales Vallisoletanas: una obra singular para una ciudad y unos momentos singulares*. C.O. de Aparejadores.

Carricajo, C. dir. (2003). *El viaje de las Arcas Reales*. Ayuntamiento de Valladolid.

Coronas-Vida, L.J. (2016). *El suministro de agua en las ciudades de Castilla y León. Entre la concesión y la municipalización*. Editorial Académica Española.

García López, A. (1999). *Una historia de la banca española a través de sus documentos*. Lex Nova.

Gigosos, P. y Saravia, M. (1993). *El surtido de aguas a Valladolid: de la concesión a la municipalización (1864-1959)*. Ayuntamiento de Valladolid.

González Flórez, M. (1980). Historia del abastecimiento de aguas a la ciudad de León (II). *Tierras de León*, 20(41).

Lozano, J. y De Cuenca, J.M. (2003). De las Arcas Reales a Aguas de Valladolid: Evolución histórica del abastecimiento de agua. En C. Carricajo (dir.), *El viaje de las Arcas Reales*.Ayuntamiento de Valladolid.

Macías, J.M. y Segura, C. (coords.). (1999). *Historia del abastecimiento y usos del agua en la ciudad de Toledo*. Confederación Hidrográfica del Tajo.

Martínez-López, A. (dir.) (2004). *Aguas de La Coruña, 1903-2003. Cien años al servicio de la ciudad*. Lid.

Matés-Barco, J.M. (1999). *La conquista del agua. Historia económica del abastecimiento urbano*. Universidad de Jaén.

Mirás, J. y Piñeiro, C. (2003). El abastecimiento de aguas en la ciudad de A Coruña durante el franquismo. *Revista Galega de Economía*, 12(2), 203-220.

Núñez, G. (1996). Servicios urbanos colectivos en España durante la segunda industrialización: entre la empresa privada y la gestión pública. En F. Comín y P. Martín-Aceña (eds.), *La empresa en la Historia de España.* Civitas.

Núñez, G. (2008). Cittadini-creditori: municipi e mercati finanziari in Spagna durante il primo trentennio del Ventesimo secolo. *Storia Urbana,* 31(119), 101-124.

Pedrosa, R. (1986). *Capital extranjero en la industria de Castilla y León.* Universidad de Valladolid.

Rodríguez Santillana, J.C. (2002). *Saneamiento y espacio urbano. Burgos, 1870-1920.* Dossoles.

Rossell Campos, F. (2009). *Historia del saneamiento de Valladolid.* Ayuntamiento de Valladolid.

Tortella, G. (1982). *Los orígenes del capitalismo en España. Banca, industria y ferrocarriles en el siglo XIX.* Tecnos.

La modernización del abastecimiento de agua a las ciudades de Castilla y León: iniciativas privadas e iniciativas municipales

Resumen: Este capítulo analiza la primera instalación de servicios de agua a domicilio en seis de las principales ciudades de Castilla y León, entre finales del siglo XIX y principios del XX. Los aspectos estudiados son los sistemas de abastecimiento, la creación de compañías privadas o de servicios municipales, los costes y su financiación, las relaciones entre las empresas y los ayuntamientos, y el desenlace final, que es la municipalización.

Palabras clave: servicios de aguas, modernización urbana, políticas públicas.

The modernization of the water supply to the cities of Castilla y León: Private initiatives and municipal initiatives

Abstract: This chapter analyzes the first installation of home water services in six of the main cities of Castilla y León, between the end of the 19th century and the beginning of the 20th. The aspects studied are supply systems, the creation of private companies or municipal services, costs and their financing, relations between companies and municipalities, and the final outcome, which is municipalization.

Keywords: water services, urban modernization, public policies.

A modernização do abastecimento de água às cidades de Castilla y León: Iniciativas privadas e iniciativas municipais

Resumo: Este capítulo analisa a primeira instalação de serviços domésticos de água em seis das principais cidades de Castilla y León, entre o final do século XIX e o início do século XX. Os aspectos estudados são sistemas de abastecimento, criação de empresas privadas ou serviços municipais, custos e seu financiamento, relações entre empresas e municípios e o resultado final, que é a municipalização.

Palavras-chave: serviços de água, modernização urbana, políticas públicas.

6.
LA MUNICIPALIZACIÓN DEL SERVICIO DE ABASTECIMIENTO DE AGUA EN ESPAÑA: EL CASO DE LA CIUDAD DE CÁDIZ A COMIENZOS DEL SIGLO XX

María Vázquez-Fariñas
Universidad de Málaga

INTRODUCCIÓN

El objeto de este capítulo es analizar la evolución experimentada en el abastecimiento de agua potable en la ciudad de Cádiz a comienzos del siglo xx y, más concretamente, el proceso de municipalización de este servicio.

A lo largo del siglo xix, la iniciativa privada había sido fundamental para la llegada del agua potable a la ciudad y el desarrollo del servicio de abastecimiento, pero desde finales de la centuria tuvo lugar un progresivo proceso de municipalización. Por ello, este capítulo trata de abordar, a grandes rasgos, las principales características del sector y mostrar el proceso de cambio en la gestión, al objeto de conocer cómo se desarrolló e implantó el actual sistema de abastecimiento y gestión de agua potable en la capital gaditana.

Para el desarrollo de esta investigación, se han utilizado diferentes fuentes primarias y secundarias. En primer lugar, como fuentes primarias cabe señalar la documentación localizada en diversos archivos, bibliotecas y hemerotecas en la ciudad de Cádiz, tales como la prensa de la época y las Guías de Cádiz, fundamentales para conocer las compañías privadas que participaron en el abastecimiento de agua a la ciudad a lo largo de la centuria decimonónica. Además, en el Archivo Histórico Municipal de Cádiz se conservan las actas capitulares del ayuntamiento de la ciudad para el periodo objeto de estudio, así como informes, memorias y expedientes que proporcionan información muy variada sobre las características generales del servicio, las compañías encargadas del abasto de agua y los proyectos de conducción de agua a la ciudad, entre otros aspectos, fuentes todas ellas primordiales para dar a conocer la historia de la gestión y el abastecimiento de agua a Cádiz entre los siglos XIX y XX. En segundo lugar, las fuentes secundarias están conformadas principalmente por la bibliografía existente sobre la materia objeto de estudio, que nos han permitido contextualizar nuestra investigación y conocer los principales aspectos del servicio de abastecimiento de agua en nuestro país y, más concretamente, en la ciudad de Cádiz. Especialmente significativos han sido los estudios sobre el abastecimiento de agua en España de Matés-Barco (1997, 2014, 2017, 2018, 2020, 2021); el de Pérez, Román, Villatoro y Arévalo (2013), que se centra en el abastecimiento de aguas en la Bahía de Cádiz desde el siglo XVIII; el de Pérez y Román (2015) sobre los conflictos por los recursos hídricos en la Bahía de Cádiz; y el de Piñeiro y Pérez (1998) sobre el desarrollo de los servicios públicos de alumbrado y abastecimiento de agua en la ciudad de Cádiz, entre otros muchos. Cabe señalar también la obra coordinada por Barragán (1993), *Agua, ciudad y territorio*, que ofrece una aproximación geo-histórica al abastecimiento de agua a la ciudad, así como *El agua en Cádiz. 75 años de servicios municipalizados*, coordinada por Juan Ramón Cirici (2002a) con motivo de la conmemoración del aniversario de la municipalización del servicio de abastecimiento de agua en la capital gaditana.

Todas las fuentes señaladas nos han permitido conocer al detalle las características más relevantes del aprovisionamiento de agua a la capital gaditana durante los siglos XIX y XX, así como examinar las distintas modalidades de gestión hasta lograr la completa municipalización del servicio.

Para ello, el capítulo se estructura en cinco apartados. Tras esta introducción, se presentan brevemente las principales características del suministro de agua potable en la ciudad de Cádiz a lo largo de la historia. A continuación, en el tercer apartado, se analizan los cambios en el servicio de abastecimiento hacia el último tercio del siglo XIX, gracias al legado de un rico hacendado gaditano, Diego Fernando Montañés y Álvarez. En el cuarto bloque, se estudian las particularidades del servicio de gestión y abastecimiento de agua en el primer tercio del siglo XX, hasta la municipalización del servicio. Por último, el quinto apartado recoge algunas consideraciones finales a modo de conclusiones y, para terminar, se presentan las fuentes y la bibliografía empleada en esta investigación.

EL ABASTECIMIENTO DE AGUA EN LA CIUDAD DE CÁDIZ: UNA APROXIMACIÓN HISTÓRICA

Tradicionalmente, el servicio de abastecimiento de agua potable a la ciudad de Cádiz ha presentado serios problemas, debido a sus características geográficas, físicas y climatológicas. Su situación geográfica, alejada de manantiales, y el clima seco impedían la recogida de abundantes aguas pluviales. Además, en la ciudad de Cádiz existían muchos pozos, pero el problema residía en la calidad de sus aguas: la gran mayoría contenían aguas salobres, que no eran aptas para el consumo. Por ello, la principal fuente de suministro eran los aljibes, donde se recogía el agua de lluvia. Sin embargo, la escasez de lluvias hacía que este recurso tampoco fuera suficiente (Molina, 1993, p. 151; 2009, p. 73; Piñeiro y Pérez, 1998, p. 333; Ramos, 1992, p. 36). Por tanto, era necesario buscar otras formas de aprovisionamiento.

El Conde de O'Reilly, Capitán General de Andalucía y gobernador de la ciudad, quiso solucionar este problema de forma definitiva, por lo que encargó la reconstrucción del acueducto romano (Figura 1) para llevar el agua desde el Tempul[1] en 1783, así como un estudio de la cantidad y calidad de sus aguas. Por aquel entonces, se calculaba que la ciudad gastaba cerca de un millón y medio de reales en adquirir agua fuera de su término. A comienzos de la centuria decimonónica, la ciudad de Cádiz se abastecía de las aguas de El Puerto de Santa María, de sus aljibes y de los pozos. En 1807 se reiteraron los intentos de mejora, con un proyecto de Agustín López, pero se interrumpieron por el sitio francés a la ciudad durante la Guerra de la Independencia Española. Se recurrió entonces al agua de los pozos de la vecina localidad de San Fernando, aunque las cantidades

[1] Tempul es el diminutivo de Valle del Tempe (Barragán, 1994, p. 15), situado por aquel entonces en Jerez de la Frontera, aunque hoy en día se encuentra dividido entre los términos de Algar, Arcos de la Frontera, San José del Valle y Jerez de la Frontera.

parecían insuficientes para el completo abastecimiento de la ciudad. Terminado el sitio, se retomó el tráfico de agua desde El Puerto de Santa María (Pérez et al., 2013, p. 3; Ramos, 1992, p. 36).

Las aguas sobrantes de esta localidad se transportaban a Cádiz en barcos. El suministro lo llevaban a cabo los asentistas, tras ganar una subasta pública del ayuntamiento, estipulándose en el contrato correspondiente el número de barriles mínimos necesarios, su capacidad y el precio máximo de venta. El papel de estos abastecedores fue muy importante, pues muchos de ellos se convirtieron en auténticos empresarios a lo largo de la centuria. Sin embargo, solo podían hacer sus negocios en el muelle, pues los aguadores eran los únicos autorizados para vender el agua en el interior de la ciudad (Sánchez, 1993, pp. 195-196).

Por otra parte, cabe señalar la adopción de medidas extraordinarias en épocas de grandes dificultades y sequías, tales como la celebración de contratos con particulares dueños de manantiales, el abastecimiento desde otras localidades o la venta de agua dentro de la ciudad, que, como acabamos de comentar, normalmente solo estaba permitida a los aguadores. Asimismo, fue especialmente significativa la llegada del ferrocarril, que evitaba las dificultades de abastecimiento que sufría la ciudad con el transporte marítimo en épocas de temporales (Sánchez, 1993, pp. 197-198).

Por todo lo anterior, podemos decir que la escasez de agua en Cádiz y los problemas de abastecimiento impedían el adecuado y completo desarrollo urbano de la localidad. Hacia mediados de la centuria decimonónica, la ciudad seguía careciendo de fuentes y manantiales, por lo que continuaba abasteciéndose fundamentalmente con las aguas que se recogían en los aljibes, con las de los pozos situados en la zona de extramuros, cuyas aguas eran bastantes saludables, así como con las que provenían de El Puerto de Santa María (Rosetty, 1871, pp. 155-156). Esta situación motivó la aparición de múltiples iniciativas y proyectos privados para la mejora del abastecimiento en los años siguientes, la mayoría de los cuales se basaban en la reconstrucción del antiguo acueducto romano, sustituyendo los sillares y canalizaciones dañados por otros realizados en los mismos materiales, fundamentalmente piedra. Sin embargo, este tipo de proyectos resultaba muy costoso y, además, se necesitaba de cierta pericia para poder canalizar el agua a presión y evitar así las filtraciones salinas en la zona de la Bahía de Cádiz. Las dificultades obligaron a abandonar estos proyectos, dando paso a otros basados en canalizaciones de hierro y depósitos permanentes tanto en la zona de los manantiales como a la entrada de la ciudad (Pérez et al., 2013, pp. 3-4).

Comenzó así una nueva etapa en el abastecimiento de agua a Cádiz, cuando el alto coste del servicio obligó al ayuntamiento a firmar contratos con empresarios privados. Especialmente significativo fue el acuerdo con Matías del Cacho en 1868, quien constituyó la *Empresa de la traída de aguas de los manantiales de La Piedad a Cádiz*, obteniendo la concesión para el abastecimiento de agua a la ciudad y su radio por 99 años[2].

Sin embargo, las dificultades en los años siguientes y el desembolso necesario para acometer todas las obras precisas para el correcto abastecimiento, trajeron consigo varias reestructuraciones del contrato hasta que, en octubre de 1871, Matías del Cacho acordó transferir la concesión y todos los derechos y propiedades a la sociedad londinense *The Cadiz Water Works Company Limited*[3], que no se hizo cargo de las obras hasta abril de 1872 (Fierro, 2002, pp. 52-53). Los trabajos no estuvieron exentos de dificultades y contratiempos. A modo de ejemplo, cabe señalar los problemas con el ayuntamiento de la vecina localidad de El Puerto de Santa María en el verano de 1873, que alegaba defectos de forma en los contratos de abastecimiento, al tiempo que pretendía asegurar que las obras no ocasionasen perjuicios al abastecimiento de su ciudad, ni entonces ni en el futuro, con lo que lograron paralizarlas (Rosetty, 1875, p. 194)[4].

Tras la intercesión del Ayuntamiento de Cádiz en este conflicto y una vez resueltos todos los inconvenientes con la localidad portuense, los trabajos pudieron continuar a buen ritmo hasta que concluyeron en mayo de 1874. En los meses siguientes, las aguas llegaron a Cádiz,

[2] Archivo Histórico Municipal de Cádiz (en adelante, AHMC). C.4646. Traída de aguas: contrato celebrado con D. Matías del Cacho (1868).

[3] AHMC. C.4646. Memoria sobre la traída de aguas a Cádiz y Proyecto de Sociedad (1870); Traída de aguas: nuevo contrato celebrado con D. Matías del Cacho (22 de septiembre de 1871); Expedientes (4 de septiembre de 1872).

[4] AHMC. C.4646. Expedientes (20 de agosto de 1873).

Puerto Real y El Puerto de Santa María, que eran las poblaciones que debían ser abastecidas (Matés-Barco, 2020, p. 19).

Los resultados no fueron del todo satisfactorios, a pesar de los esfuerzos e inversiones realizadas en la primera mitad de la década de los sesenta, pues a la insuficiencia del agua hay que añadir la escasa calidad, ya que llegaban salobres y, además, con poca regularidad, debido a constantes roturas en la red. Existía un gran caudal de agua, pero eran necesarias mejoras para poder explotarlo totalmente. Por ello, se dio a la compañía una prórroga de ocho meses para que realizase las obras y excavaciones oportunas, lo que supuso, de nuevo, un gran esfuerzo y una elevada inversión (Fierro, 2002, pp. 54-55; Pérez et al., 2013, p. 5).

Sin embargo, las obras no produjeron los efectos esperados y la compañía londinense no pudo asumir las continuas dificultades y la elevada y constante inversión que requería el negocio, por lo que declaró la suspensión de pagos, la quiebra y finalmente, procedió a su subasta y liquidación en 1880 (Fierro, 2002, pp. 54-55; Rosetty, 1881, p. 304).

CAMBIOS EN EL SERVICIO DE ABASTECIMIENTO HACIA EL ÚLTIMO TERCIO DEL SIGLO XIX: EL LEGADO DE MONTAÑÉS

La solución a los problemas de conducción y abastecimiento de aguas llegó de la mano de un rico hacendado gaditano, Diego Fernando Montañés y Álvarez, quien, tras su fallecimiento en 1874, dejó en su testamento los legados necesarios para el desarrollo de dos importantes obras públicas: la reforma del puerto y el abastecimiento de agua potable[5].

El testamento suscitó varias polémicas entre los que creían que el problema del agua estaba resuelto o en vías de ello, y los que consideraban que no. Para unos, el deficiente abastecimiento de agua era culpa exclusiva de la empresa británica y era esta quien debía proveer las soluciones pertinentes al problema de abastecimiento,

[5] AHMC. C.5636. Tercera copia de las disposiciones testamentarias que formalizó cerradas el Sr. D. Diego Fernando Montañés y Álvarez, y de las diligencias practicadas para su apertura y protocolización.

mientras que, para otros, la ineficacia que mostraba esta compañía de forma reiterada hacía evidente la necesidad de acogerse al legado de Montañés. En este contexto, *The Cadiz Water Works Company Limited* puso en venta sus propiedades en 1880 y la testamentaría de Montañés acudió a la subasta con el objetivo de hacerse con la empresa. Pero, tras varias incidencias, la compañía fue vendida al empresario inglés John Syer, quién la adquirió para unos clientes franceses (Matés-Barco, 1997, p. 115; Ramos, 1992, p. 38).

Sin embargo, las dificultades impidieron a los nuevos propietarios efectuar todos los trabajos necesarios para la mejora del servicio de abastecimiento, lo que les llevó a aceptar una oferta de los albaceas de Montañés, quienes adquirieron la concesión por 5.150.000 rv (1.287.500 pesetas) el 3 de diciembre de 1882 (Fierro, 2002, p. 56; Ramos, 1992, p. 38). El pago se hizo con el remanente de la herencia de Diego Fernando Montañés, cumpliendo así su voluntad.

Tras la firma de la escritura, y después de recibir todos los bienes necesarios, el ayuntamiento se encargó de abastecer de agua a la ciudad durante algunos meses (Rosetty, 1884, p. 413), pero las insuficiencias presupuestarias y los escasos recursos imposibilitaron el desembolso necesario para acometer las obras que se consideraban imprescindibles para mejorar el servicio (Matés-Barco, 1997, p. 116). Este hecho determinó que la corporación municipal publicase la convocatoria de un concurso público, en el que se presentaron dos proyectos, resultando elegido finalmente el del ingeniero José Bores Romero[6].

El 22 de mayo de 1885 la subasta se concedió a José Ramón Pacheco, en nombre y con poder de José Hernández Quintero, comenzando el usufructo al mes siguiente, el 30 de junio de 1885. A los seis días, cedió la concesión de sus derechos a la *Sociedad de Aguas Potables de Cádiz*, con el visto bueno del ayuntamiento, que aprobó la transferencia el 6 de agosto (Matés-Barco, 1997, p. 117; Piñeiro y Pérez, 1998, p. 336). El objeto social de esta compañía era acometer las obras de abastecimiento de agua potable a la ciudad y su

[6] AHMC. C.5157. Pliego de condiciones particulares y económicas que ha de regir en la subasta para mejorar el abastecimiento de aguas potables de Cádiz (1884).

posterior explotación. Para ello, el capital social se fijó en 2.500.000 pesetas, formado por 2.500 acciones de 1.000 pesetas cada una, de las cuales 2.000 quedaron suscritas por los socios constituyentes y las 500 restantes liberadas en poder del Consejo de Administración para el pago de los desembolsos hechos en los estudios facultativos, costo del proyecto y gastos preliminares[7]. Este capital fue aportado por los empresarios Fernando y Luis de Abarzuza Ferrer, José Ramón Pacheco Bernal, José Martínez Martínez, Laureano Pozzi, Diego Ojeda Vera y Antonio Martínez de Pinillos Izquierdo, todos ellos destacados miembros de la burguesía gaditana (Fernández-Paradas y Matés-Barco, 2022, p. 86).

La compañía emprendió las obras rápidamente, se instaló una nueva red de canalización y se realizaron labores de ampliación del suministro no solo para la ciudad, sino para toda la Bahía de Cádiz, hacia la factoría de Matagorda, la fábrica de Tabacos y el Arsenal de la Carraca, y también la red completa de San Fernando (Piñeiro y Pérez, 1998, p. 336).

Las primeras aguas traídas por esta compañía llegaron a la ciudad en agosto de 1887, aunque continuaban siendo de mala calidad y escasa cantidad. Las necesidades de la población crecían mientras el caudal escaseaba cada vez más, fundamentalmente porque esta empresa se encargaba del abastecimiento de otros núcleos urbanos y, para ello, aprovechaba las canalizaciones que debían emplearse para la capital (Matés-Barco, 1997, p. 117; Piñeiro y Pérez, 1998, p. 336).

Esta situación generó graves conflictos de intereses y las soluciones a los problemas de abastecimiento se demoraban. En 1899, el ayuntamiento retomó el asunto y se elaboró el primer Reglamento del servicio de abastecimiento de agua, que entró en vigor al año siguiente, regulándose así las relaciones entre el ayuntamiento, la compañía y los usuarios[8].

En los años siguientes, a pesar de que la *Sociedad de Aguas Potables de Cádiz* cumplía sus compromisos, el ayuntamiento señalaba

[7] AHMC. Estatutos de la Sociedad anónima de abastecimiento de aguas potables de Cádiz.

[8] AHMC. C.7107. Reglamento del surtido, distribución y venta de aguas potables (29 de diciembre de 1899).

la necesidad de continuar mejorando el servicio[9], por lo que en 1901 se revisó el contrato de concesión y se acordó, entre otros aspectos, realizar obras en un plazo de 2 años para incrementar el caudal, rebajar el precio del agua a los usuarios del servicio y prohibir cobrar los contadores y sus arreglos, debido al malestar que este hecho venía generando entre la población (Matés-Barco, 1997, pp. 117-118; 2020, p. 20)[10].

Así quedó temporal y parcialmente solucionado el problema, aunque, a pesar de las mejoras, las aguas de la ciudad continuaron siendo deficientes en cantidad y calidad. Esas deficiencias del abastecimiento provocaron que, a comienzos del siglo XX, volviera a levantarse la polémica. Las posibilidades de mejora implicaban, de nuevo, el desarrollo de estudios, proyectos y una importante inversión, algo que la compañía no estaba dispuesta a asumir. Por ello, hacia el final del primer tercio de la centuria, se plantearía abiertamente la municipalización (Ramos, 1992, p. 38).

LA GESTIÓN Y EL ABASTECIMIENTO DE AGUA EN EL PRIMER TERCIO DEL SIGLO XX: LA MUNICIPALIZACIÓN DEL SERVICIO

El siglo XX comienza con manifiestas deficiencias en el servicio de abastecimiento de agua en la capital gaditana, lo que motivó la aparición de proyectos sobre el aprovechamiento de las aguas del mar o de los pozos salobres para el saneamiento y alcantarillado de la ciudad. Estos proyectos, que surgían motivados por la escasez, los defendían técnicos del propio ayuntamiento. Los bandos sobre el mantenimiento de los aljibes indicaban la precariedad del abastecimiento y la cuestionable calidad de las aguas, con variaciones bruscas en la salinidad, alteraciones en el aspecto e incluso con la presencia de animálculos. Eran muchas las deficiencias del abastecimiento, pero todas provenían de la misma cuestión: las aguas alumbradas eran pocas y las posibilidades

[9] AHMC. C.6090. Expediente nº 7, sobre si se cumplen las condiciones del proyecto del Sr. Bores.

[10] AHMC. C.6537. Reforma del convenio entre el Ayuntamiento de Cádiz y la Sociedad de Aguas Potables de Cádiz (19 de diciembre de 1901).

de aumentarlas suponían realizar nuevos estudios, proyectos y grandes inversiones que la compañía no quería o no podía soportar. Además, la situación se agravaba con las continuas reclamaciones que tanto la empresa como el ayuntamiento recibían del consistorio de El Puerto de Santa María en defensa de sus aguas (Sánchez, 1993, p. 232).

El ayuntamiento portuense había iniciado de nuevo litigios contra el de Cádiz por el aprovechamiento de las aguas de la Sierra de San Cristóbal. En 1900, El Puerto denunció que las últimas obras ejecutadas por la *Sociedad de Aguas Potables de Cádiz* habían disminuido el caudal del suministro a su localidad, por lo que se creó una comisión para estudiar la situación. Se encargó entonces un estudio a Antonio Gallego, quien señaló algunas irregularidades cometidas por la compañía gaditana que favorecían el suministro a la capital y afectaban al caudal de las aguas de El Puerto. Sin embargo, desde Cádiz se denunció el descrédito del autor del informe, un antiguo trabajador de la empresa que se movía exclusivamente por intereses. El problema continuó en los años siguientes, con diversas inspecciones que confirmaban el descenso del caudal de las aguas suministradas al municipio portuense. Fue en 1907 cuando, reparando los muros de contención, se descubrió una tubería conectada a las conducciones portuenses que iba en dirección de los terrenos de la compañía de Cádiz, por lo que se procedió a romperla. Todo esto aumentó las hostilidades entre las dos localidades, pasando el caso a los tribunales. Durante el proceso, el consistorio portuense encargó más informes, aportando nuevas evidencias de tomas ilegales de agua hacia Cádiz. Ante este panorama, y dado que el pleito podía alargarse sin beneficios claros, en 1912 se firmó un acuerdo entre las partes. El municipio portuense arrendó los manantiales que poseía a la empresa de abastecimiento de Cádiz por 34.000 pesetas al año, a cambio de que esta le proporcionase el servicio y mejorase sus conducciones, lo que mitigó las tensiones (Pérez y Román, 2015, pp. 166-167).

Además, existía otro conflicto a causa de la calidad de las aguas, que tenía su origen en 1910. En ese año se había denunciado el estado de salubridad de varios manantiales, afectados por la ganadería de la zona. El Gobernador Civil obligó entonces a la *Sociedad de Aguas Potables de Cádiz* a realizar obras de mejora en las instalaciones de

La Piedad y el valle de Sidueña para evitar filtraciones. Pero este no fue un episodio aislado y se repitió con el mismo resultado en los años siguientes, pues la compañía no atendía a las peticiones para solucionar los problemas. Por ello, los conflictos se prolongarían durante la primera mitad de la centuria (Pérez y Román, 2015, p. 167; Piñeiro y Pérez, 1998, p. 337).

Esta situación no hacía más que dificultar el buen desarrollo de los servicios de la empresa de abastecimiento de agua y, además, nada se hacía para solventar los problemas de calidad y cantidad. No se podía recurrir a los manantiales más importantes de la provincia, debido a su lejanía y a que en su mayor parte ya eran objeto de utilización (Martín, 2014, p. 229). Pero, en 1924, en un intento por mejorar el caudal del abastecimiento, la empresa adquirió la llamada huerta de Velarde, por lo que, por aquellas fechas, ya contaba con los siguientes focos de suministro: el manantial del Tempul –que también abastecía a Jerez de la Frontera–, en la Sierra de las Cabras, el manantial del Aljibe, situado en la sierra del mismo nombre, el manantial del Valle, en la sierra homónima, y los manantiales de La Piedad y los pozos de la Valenciana y Velarde en el término de El Puerto de Santa María (Piñeiro y Pérez, 1998, p. 337).

No obstante, estas fuentes de abastecimiento no eran suficientes. El 26 de julio de 1926, el secretario del ayuntamiento, Domínguez de Cepeda, envió un informe a la Comisión Municipal Permanente en el que detallaba que la ciudad no estaba abastecida ni para atender las más elementales reglas de higiene, ya que el agua no llegaba a los pisos altos de las casas y se mantenía el servicio a domicilio por medio de aguadores (Matés-Barco, 1997, p. 118). A este respecto, cabe señalar que el papel de los aguadores en Cádiz duró hasta bien entrada esta centuria. En el año 1927, el negociado correspondiente elaboró un padrón o registro de todos los aguadores autorizados en la ciudad con sus nombres, domicilios y los distritos o fuentes donde trabajaban[11]. En la lista aparecían 113 profesionales del gremio, cuya actividad quedaba sujeta a las siguientes reglas[12]:

[11] AHMC. C.7102. Registro de Aguadores Autorizados (1927).

[12] AHMC. C.7102. Edicto Don Ramón de Carranza y Fernández Reguera, Marqués de Villapesadilla y alcalde de esta capital (12 de septiembre de 1927).

1. Cada vendedor ostentaría un número, que correspondería a su inscripción en el registro, en sitio perfectamente visible, en la gorra o sombrero, como distintivo de haber obtenido la autorización para la venta de agua a domicilio.
2. Habrían de cuidar con todo esmero que los envases utilizados para el acarreo de aguas estuviesen perfectamente limpios y cerrados, para evitar contagios que pudieran ser perjudiciales; prohibiéndose asimismo que diesen de beber en ellos a cualquier persona.
3. Sin ningún motivo y bajo ningún pretexto alterarían el precio de cada conducción, establecido en 20 céntimos el viaje de dos latas llevadas a los pisos segundos, terceros y azoteas; y 15 céntimos por igual cantidad de agua para los pisos bajos, entresuelos y primeros.
4. Los que se negasen a facilitar el agua que se les pidiese, serían castigados gubernativamente y, en caso de reincidencia, se les retirarían los permisos.
5. En todo momento en que un agente pidiese la exhibición de las licencias, habrían de presentarlas para las comprobaciones pertinentes.
6. Los aguadores que extrajesen el agua de los aljibes, así como sus viviendas y los hogares en que se almacenasen o depositasen las vasijas empleadas, estarían sometidos a vigilancia sanitaria, pudiéndose retirar el permiso o autorización que tuvieran por motivos de higiene. Las aguas de los aljibes que fuesen a ser destinadas para la venta, necesitarían ser previamente reconocidas, para comprobar su buena calidad y condiciones, sin cuyo requisito no se permitiría su utilización bajo ningún concepto.

En caso de incumplimiento de estas normas, los aguadores se enfrentaban a elevadas multas y a la pérdida de la licencia.

Además, no se solucionaron los problemas de salinidad. A finales de los años veinte, el ingeniero municipal de El Puerto de Santa María, Juan Gavala, elaboró un informe en el que analizaba los pormenores necesarios para hacer frente al problema de aguas que tenía la ciudad de Cádiz. Proponía combatirlo de dos maneras: en primer lugar, con la localización de nuevos manantiales o el aumento de la capacidad de los existentes, modificando los sistemas empleados y desarrollando las obras pertinentes; y, en segundo lugar, con la construcción de 4.000 metros de nuevas galerías de filtración. En cualquier caso, todas las soluciones planteadas acarreaban grandes costes para la compañía, por lo que no era posible dar una solución definitiva a esta situación (Fierro, 2002, pp. 58-59).

El problema se agravaba debido a que la nueva legislación vigente obligaba a suministrar 200 litros por habitante y día (artículo 73 del Reglamento de Sanidad Municipal). Así pues, el abastecimiento de agua potable no podía solucionarse con los contratos vigentes, y, por tanto, era preciso su revisión. La cuestión no estribaba solamente en el incumplimiento por parte de la empresa de las obligaciones que suscribió al formalizar el contrato, sino que la nueva legislación obligaba a reformar las bases del acuerdo (Matés-Barco, 1997, p. 118).

La incapacidad material para prestar el servicio establecido legalmente y la experiencia sumamente negativa del suministro que durante cuarenta años había realizado la empresa, llevó a rescindir el contrato vigente. Fue Ramón de Carranza quien, tras su llegada a la alcaldía gaditana en el verano de 1927, asumió el problema del abastecimiento de agua como un asunto prioritario, con el fin de reorganizarlo y mejorar el caudal y la calidad de las aguas (Cirici, 2002b, p. 63; Heredia-Flores, 2013, p. 113). Se inició así el proceso de municipalización del servicio con la cancelación del contrato firmado en 1885 con la *Sociedad de Aguas Potables de Cádiz.* Los motivos oficiales para esta cancelación mencionaban que ya no se satisfacían ni en cantidad ni en presión de agua a una ciudad con múltiples necesidades (Piñeiro y Pérez, 1998, p. 337).

El 9 de septiembre de 1927 se celebró la firma del convenio entre el ayuntamiento, representado por su alcalde –Ramón de Carranza–, y la compañía, representada por el presidente del Consejo de Administración –Antonio de Abarzuza Ferrer–. Las bases del acuerdo fueron las siguientes[13]:

1. Con fecha de 30 de septiembre de 1927, se daba por finiquitado y totalmente cancelado el antiguo contrato de 6 de julio de 1885.

[13] AHMC. C.5636. Escritura de terminación de contrato de abastecimiento de aguas otorgada por el Excmo. Sr. Don Ramón de Carranza, como alcalde del Excmo. Ayuntamiento de Cádiz, y Don Antonio de Abarzuza y Ferrer, como presidente de la Sociedad de Aguas Potables de Cádiz. 14 de octubre de 1927.

2. La compañía cedía y restituía al ayuntamiento todo cuanto pertenecía al abastecimiento a Cádiz y a todos los pueblos que surtía (fincas, maquinarias, instalaciones, tuberías, contadores, almacenes, oficinas, etc.).
3. El ayuntamiento aceptaba y subrogaba todos los derechos y obligaciones que la sociedad había contraído con la corporación municipal de El Puerto de Santa María en un contrato celebrado el 12 de diciembre de 1912.
4. Se entregaba a la empresa la cantidad de 525.000 pesetas por varios conceptos: 320.000 pesetas por amortización de capital de los ocho años que aún había pendientes del contrato, comprendiendo, además de obras y mejoras efectuadas por la compañía de aguas, el valor de varias fincas que la empresa tuvo que adquirir para la explotación del abastecimiento; 9.000 pesetas por la cesión en propiedad de la huerta La Valenciana y 196.000 pesetas por los créditos activos y todas las maquinarias, instalaciones, tuberías, contadores, etc.

Respecto a las fincas que la compañía se obligaba a entregar en plena propiedad al ayuntamiento, todas se encontraban en El Puerto de Santa María:

· Una huerta situada en el pago de La Piedad, conocida por la de Pérez o del Loro, que medía 97 áreas. Su valor era de 2.500 pesetas.
· Una suerte de tierra en el pago del Palmar de la Victoria, de 2 hectáreas, 23 áreas y 60 centiáreas de cabida. Su valor ascendía a 1.250 pesetas.
· Una huerta de 8 hectáreas llamada El Alcaide.
· Una huerta llamada de La Leona, en el valle de Sidueña, que abarcaba 8 hectáreas, 27 áreas y 32 centiáreas de tierra para hortalizas, incluyendo una noria, una casa con habitación y una cuadra.
· Tres octavas partes proindivisas de la huerta nombrada La Martela, de 146 áreas y 23 centiáreas.
· La mitad proindivisa de la huerta llamada del Algarrobo, en el valle de Sidueña, abarcando una superficie de 1 hectárea, 45 áreas y 34 centiáreas.

El valor de estas últimas cuatro fincas y participaciones de fincas ascendía a 30.000 pesetas entre todas ellas.

Por otra parte, las fincas que constituían la llamada huerta de La Valenciana, también en El Puerto de Santa María, y cuya propiedad se cedió al ayuntamiento por 9.000 pesetas, eran dos:

· Una tierra llamada de La Valenciana, antes denominada huerta del Palmar, situada en el pago del mismo nombre, con cuadra, pozo y noria, que medía 5 hectáreas, 85 áreas y 95 centiáreas.

· Una tierra con casa, pozo y noria, titulada Pastrana y también del ventorrillo de Velarde y huerta de La Valenciana, sita en el pago del Palmar, que medía 8 hectáreas, 97 áreas y 19 centiáreas.

5. La entrega de todo lo expuesto se haría el día 1 de octubre, fecha en la que se firmarían las escrituras.

6. La compañía entregaría al ayuntamiento todos los contratos de sus abonados, incluyendo los de El Puerto de Santa María, tanto de particulares como de entidades oficiales; así como las fianzas, descontadas estas de la cantidad que la compañía tenía que recibir, importando en total de 12.000 a 13.000 pesetas.

7. El cabildo devolvería a la sociedad, en el momento de firmarse la escritura, la fianza que entregó en su día y que se encontraba constituida en las cajas municipales en garantía del contrato.

8. El ayuntamiento aceptaba los contratos que la empresa mantenía con la *Compañía Sevillana de Electricidad* para el consumo de energía eléctrica, los arriendos de locales para los servicios de abastecimiento y cuantos derechos y obligaciones dimanasen de los mismos, así como los de todo el personal afecto al abastecimiento, tanto de oficinas como obreros.

9. El convenio, una vez aprobado por el pleno del ayuntamiento y por la Junta General de Accionistas de la compañía, se elevaría a escritura pública, obligando a ambas partes a su más exacto cumplimiento.

La empresa concesionaria del servicio de agua mostró un alto grado de colaboración desde el principio, lo que permitió que el 14 de octubre de 1927 las aguas pasaran a manos del municipio mediante escritura de rescisión. Entre las ventajas que acarreaba la firma de este acuerdo, cabe señalar los beneficios que, desde ese momento, recibirían las arcas del ayuntamiento en lugar de la sociedad mercantil, y que podrían repercutir en futuras mejoras para el servicio de abastecimiento de la ciudad. Además, por aquel entonces, el negocio rendía a la compañía unas 250.000 pesetas anuales; como aún faltaban ocho años para el vencimiento de su contrato, se podían estimar las pérdidas en aproximadamente 2.000.000 pesetas. Sin embargo, el ayuntamiento solo iba a abonarle la suma de 525.000 pesetas, es decir, una cuarta parte de los beneficios esperados en los años siguientes, por lo que era un precio muy conveniente para la corporación municipal. A cambio, la compañía entregaba al cabildo 7.000 contadores (en lugar de los 600 que recibió cuando firmó el contrato) y las redes de San Fernando, Puerto Real y El Puerto de Santa María –incluyendo la huerta de La Valenciana y los manantiales de La Piedad–; bienes que pasaban a ser propiedad del Ayuntamiento de Cádiz (Piñeiro y Pérez, 1998, pp. 338-339). Así pues, el consistorio gaditano recibió en esta operación las antiguas propiedades, otras nuevas y contadores, además de la posibilidad de intervenir directamente en la mejora del servicio.

No obstante, el gobierno municipal ya venía desarrollando acciones desde algunos meses atrás, concretamente, para mejorar la calidad de las aguas. En agosto de 1927 entró en contacto con la empresa *Jewell Exports Filter Company* para estudiar la posible instalación de unos filtros de agua potable en la ciudad. Los filtros de esta compañía permitían purificar el agua de los ríos, pantanos y manantiales de todo tipo de impurezas, pero el proyecto fue desestimado por su alto coste. Sin embargo, quedó patente la preocupación por esta cuestión, lo que dio lugar a que se estudiaran nuevas opciones para mejorar el servicio en sus diferentes aspectos (Cirici, 2002b, p. 66).

Además, gracias a esta iniciativa, se tomó conciencia de que uno de los puntos principales a trabajar era el aumento del caudal de agua disponible para el consumo, pues el existente era insuficiente para el completo abastecimiento de la ciudad. Ante tal situación, se encargó al ingeniero municipal Eduardo Parodi y al geólogo e ingeniero de minas Juan Gavala un nuevo estudio para la reforma del sistema de traída de aguas. Para la mejora del caudal, y con carácter de urgencia, el informe Parodi-Gavala planteaba la necesidad de poner en explotación nuevas fuentes o aguas superficiales, a través de la instalación de nuevas conducciones, la búsqueda de nuevos manantiales y la reforma completa del alcantarillado de la ciudad. El consistorio decidió asumir esta tarea y, para ello, mandó estudiar las aguas de los ríos Guadalete y Guadalcacín. Los análisis arrojaron que eran aptas para el consumo humano, aunque finalmente no llegaron a ser aprovechadas en las obras que se emprendieron. Por otra parte, se planteó la posibilidad de comprar un pozo en la zona de los manantiales de La Piedad, llamado pozo de Fortes. Este podía llegar a producir de 1.400 a 2.800 m^3 de agua diarios, una cantidad considerable y que solucionaría los problemas de abastecimiento. Por ello, el cabildo decidió adquirir el pozo ese mismo año. El siguiente paso consistió en analizar las aguas que ya se utilizaban, es decir, estudiar la calidad de los manantiales de La Piedad, de los pozos de La Valenciana y Velarde, y de las antiguas canteras de la sierra de San Cristóbal, principales fuentes de suministro por aquel entonces. Las aguas de La Piedad dieron óptimos resultados en los análisis, pero los pozos se nutrían de aguas de lluvia, muy proclives a la salobridad por las condiciones del terreno. Por ello, se decidió instalar máquinas depuradoras en ambos pozos (Cirici, 2002b, p. 67; Piñeiro y Pérez, 1998, pp. 339-341).

Sin embargo, a pesar de las actuaciones, los problemas seguían sin resolverse. Por ello, unos meses más tarde, en diciembre de 1927, se constituyó una Subcomisión Municipal Administradora del Abastecimiento de Aguas Potables de Cádiz, formada por José León de Carranza, que ejercía de presidente, y Manuel Grosso Portillo y Juan Luis Martínez del Cerro, como vocales. Esta subcomisión basaba su estrategia en tres puntos básicos: la reorganización del servicio, el aumento del caudal del suministro y la mejora de la calidad de las aguas[14]. En primer lugar, la reorganización del servicio se llevó a cabo aprovechando el antiguo personal de la empresa. Para lograr un incremento en el suministro, optaron por controlar las líneas de abastecimiento con el objeto de atajar y disminuir las pérdidas de agua; además de revisar las canalizaciones y vigilar con más insistencia

[14] AHMC. Ayuntamiento de Cádiz. Abastecimiento de Aguas Potables. Apuntes y datos relativos a la reversión de los manantiales e instalaciones, municipalización del servicio y proyectos de obras para mejora de la conducción (1959).

los contadores. Otros pasos que se dieron en esta dirección fueron los destinados a la limpieza de los manantiales y a intentar captar la casi totalidad de las aguas de la sierra. También con este objetivo, se procedió a la compra de la finca denominada el Olivar del Madrugador, situada entre los manantiales de La Piedad y los pozos de Velarde y La Valenciana, por lo que podía proporcionar un abundante caudal si se abrían en ella nuevos pozos e instalaciones. Por último, con la construcción de dos depósitos en Puntales de 2.500 m^3 cada uno, se aseguró el abastecimiento sin que se notaran en la ciudad las constantes averías que se producían en la red general (Sánchez, 1993, p. 235).

Respecto a la compra de la finca el Olivar del Madrugador, la adquisición se justificaba por la utilidad que iba a tener para el servicio de abastecimiento, ya que su subsuelo era recorrido por una gran cantidad de aguas subterráneas que también podrían ser aprovechadas. El precio de venta de la finca fue de 16.500 pesetas, y se encargó al ingeniero Juan Gavala el estudio de todas las obras necesarias para explotarla. El 10 de mayo de 1928 se iniciaron los trabajos pertinentes, con un presupuesto de 78.102,20 pesetas. En las tareas de excavación, limpieza e impermeabilización de esta finca, se incorporaron los adelantos técnicos más recientes, como el martillo neumático Flottmann, lo que proporcionó una gran celeridad a las obras. Este proyecto fue el más ambicioso de los referentes al aumento del caudal y su explotación completa tendría lugar dos años más tarde (Cirici, 2002b, pp. 66-67; Piñeiro y Pérez, 1998, p. 341).

Con todas las reformas efectuadas, se logró un aprovechamiento muy rentable del conjunto de manantiales de La Piedad, que, en 1929, quedó constituido por los siguientes (Pérez y Román, 2015, 169-170):

· El manantial de La Valenciana, con las aguas de peor calidad por su cercanía a las marismas, que enviaba 2.000 m^3 de agua diariamente a 90 km/h.

· El manantial de Velarde, con aguas de una calidad similar al anterior, que mandaba 1.000 m^3 de agua al día a 70 km/h.

· El manantial del Olivar del Madrugador, con las aguas de mayor calidad de todo el conjunto, aunque por aquel entonces aún no llegaban a Cádiz, a pesar de que la instalación de sus galerías y bombas ya estaba terminada.

· El manantial de El Alcaide, que era el más cercano a la sierra y producía unos 2.000 m^3 de agua diarios.

· El manantial de La Piedad, que enviaba a la ciudad unos 2.500 m^3 de agua al día a 80 km/h.

Un último esfuerzo por mejorar el caudal de agua en la ciudad vino dado por la reforma de las conducciones desde los diferentes manantiales a la ciudad. Siguiendo las directrices del ingeniero Gavala, se trataba de alcanzar 10.000 m^3 diarios frente a los 6.000 m^3 ya conseguidos. El proyecto partía de la posibilidad de pasar la tubería de conducción por debajo del mar, en el tramo más estrecho de la Bahía, entre los castillos de Matagorda y Puntales, con un acortamiento del recorrido de más de 14 km. Para ello, se llegó a contar con el asesoramiento técnico de la empresa londinense *J. G. White and Co. Ltd.* Se contempló la sustitución de la conducción entre los manantiales y el Trocadero, la recolocación de la tubería retirada en el tramo Puntales-Cádiz y el desdoble, con las tuberías sobrantes, del tramo entre el Trocadero y San Fernando. Una segunda intervención renovaría la conducción de Puntales a San Fernando y, por último, se acometería el enlace entre el Trocadero y Puntales con una tubería submarina de 1.700 m de longitud. La aplicación de estas reformas suponía un coste no superior a 3.000.000 pesetas y quedaban justificadas por los ingresos que podrían producir una vez terminadas las obras. Sin embargo, las dificultades para el mantenimiento y la reparación del tramo submarino planificado llevarían finalmente a desechar la idea (Cirici, 2002b, p. 70).

El problema del incremento del caudal disponible se consideró resuelto con las actuaciones acometidas. El presupuesto del abastecimiento para 1928 refleja los ingresos y gastos previstos, que ascendían en total a 989.924,38 pesetas (Tabla 1).

En los años siguientes, el ayuntamiento se centró en otras reformas y mejoras. Una de las prioridades fue extender el servicio a la población más necesitada. En este sentido, el 6 de marzo de 1929, la alcaldía decretó que todas las casas de vecinos –donde habitaba la población más necesitada– solicitasen las instalaciones necesarias para dotar a sus hogares de agua en cada una de las plantas antes de final de mes. Los propietarios que no ejecutasen las obras serían multados y obligados a pagar la instalación que, en ese caso, se llevaría a cabo por cuenta del propio ayuntamiento. El precio se fijaba en 60 céntimos el metro cúbico para las casas de vecinos y 80 céntimos para las "llamadas de pisos". Además, se abonarían 1,25 pesetas mensuales por el alquiler del contador. Con estas medidas, la alcaldía esperaba que todos los propietarios dotasen del agua necesaria a las casas (Sánchez, 1993, p. 235).

Otra cuestión importante era la construcción de la nueva red de alcantarillado propuesta en el informe Parodi-Gavala, que se inició tras la aprobación en el pleno del ayuntamiento del 30 de abril de 1928. El proyecto se limitaba a conservar el entramado existente, con una ampliación de 42,5 km, aproximadamente, en las zonas donde se habían concentrado las nuevas viviendas en los últimos años, especialmente en extramuros. Pero no estuvo exento de dificultades. Al poco tiempo de iniciarse los trabajos, fueron suspendidos porque no se había hecho público el pertinente informe sanitario sobre el proyecto. Una vez emitido este por una comisión nombrada al efecto, se señalaron una serie de inconvenientes. El más importante era que la acción constante del agua del mar podía producir la desintegración de la futura red de alcantarillado por el tipo de cemento que se había comprado para desarrollar las obras. Esto suscitó una gran polémica que llegaría a poner en peligro el proyecto; pero el 25 de mayo de 1928 se iniciaron los trámites para reformarlo y adecuarlo a las nuevas exigencias. Una vez solucionados los problemas y corregido el proyecto, se reanudaron las obras en el mes de junio y concluyeron en octubre de 1929 (Cirici, 2002b, pp. 68-69; Piñeiro y Pérez, 1998, pp. 344-346).

Tabla 1. Resumen del presupuesto de ingresos y gastos para el ejercicio de 1928

INGRESOS	
Abastecimiento	837.390,00
A abonados en Cádiz	520.480,00
A abonados en San Fernando	61.120,00
A abonados en Puerto Real	20.704,00
A abonados en La Carraca	136.880,00
A abonados en El Puerto de Santa María	32.304,00
A abonados en Trocadero	31.552,00
A abonados en línea general	34.350,00
Reintegros por reparaciones e instalaciones	32.850,00
Aparatos de comprobación (alquiler de contadores)	117.500,00
Rentas de terrenos en El Puerto de Sta. María	2.184,38
Total ingresos	*989.924,38*
GASTOS	
Administración	209.730,72
Personal	92.824,00
Material de oficinas	4.806,72
Arrendamientos	5.700,00
Contribuciones	10.400,00
Adquisición, reparación y verificación de contadores	80.000,00
Imprevistos	16.000,00
Explotación	505.193,66
Personal técnico	14.805,00
Personal obrero talleres Cádiz	24.778,20
Personal obrero talleres San Fernando	6.771,00
Personal obrero talleres La Carraca	1.464,00
Personal obrero talleres Puerto Real	4.941,00
Personal obrero talleres El Puerto de Santa María	3.733,20
Personal obrero talleres La Piedad	17.238,60
Personal obrero eventual	56.000,00

Adquisición de aguas	34.000,00
Elevación de aguas	77.762,66
Conservación y reparación	57.000,00
Alumbramientos	200.000,00
Seguros y retiros obreros	6.700,00
Servicio financiero	75.000,00
Total gastos	*789.924,38*
Superávit inicial que pasa al presupuesto ordinario del Excmo. Ayuntamiento	200.000,00
Total	*989.924,38*

Fuente: elaboración propia a partir de AHMC. C.7102. Ayuntamiento de Cádiz, Negociado de Aguas, Copia del presupuesto del abastecimiento para 1928 (17 de diciembre de 1927).

El resto de las medidas adoptadas tuvieron un efecto significativo y sirvieron para la mejora del abastecimiento gaditano. De hecho, se pasó de los 2.000 m³ en 1927 a los 5.000 en 1930; el número de abonados aumentó de 7.096 a 8.507; y la recaudación creció de 806.000 a 1.344.000 pesetas (Matés-Barco, 1997, p. 119; Sánchez, 1993, p. 236).

Pero, a pesar de todos los avances, las dificultades no cesaban. Ya hemos visto que el gobierno de El Puerto de Santa María llevaba años mostrando su preocupación por si la mejora del abastecimiento a la capital mermaba su propio suministro. Estas hostilidades se agravaron en septiembre de 1929, cuando tuvo lugar un contencioso entre los cabildos de ambos municipios por la propiedad y el uso de los manantiales situados en el valle de Sidueña, debido a que un informe del ingeniero Gavala certificaba que las obras del cabildo gaditano podían dañar el suministro de El Puerto. El ayuntamiento portuense exigió entonces la instalación de contadores para medir la captación de aguas y verificar así el cumplimiento de los caudales establecidos.

Por ello, después de un periodo de tensión en sus relaciones, ambos ayuntamientos acordaron paralizar las obras y nombrar sendas comisiones que, bajo la coordinación de Gavala, se encargaron de fijar una compensación para la localidad portuense por el perjuicio causado. También se convino introducir cambios en las obras proyectadas para no perjudicar el suministro de agua de El Puerto de Santa María. Además, se pactó que este municipio no penetraría con obras de alumbramiento más allá de 100 m de su límite oriental y, a cambio, Cádiz se comprometió a obstruir la galería construida con anterioridad a la firma del convenio a menos de 50 m de su límite. Asimismo, ambos consistorios suscribieron no dar autorización a terceros para explotar en sus terrenos canteras u otros fines que perjudicasen los alumbramientos. Por otro lado, los manantiales incorporados por el Ayuntamiento de Cádiz a su servicio (el Olivar del Madrugador, los pozos de La Valenciana y Velarde, etc.) seguirían siendo utilizados, ya que el municipio había adquirido esos terrenos y, por tanto, tenía pleno derecho de explotación de sus aguas. Con esta decisión, aceptada por los dos municipios, quedó definitivamente solucionado el conflicto (Pérez et al., 2013, pp. 10-11; Pérez y Román, 2015, pp. 170-171; Piñeiro y Pérez, 1998, pp. 346-349).

El proyecto del ayuntamiento gaditano para solucionar las deficiencias existentes en el abastecimiento de agua de la ciudad se dio por terminado en agosto de 1930 (Sánchez, 1993, p. 236). En el Archivo Histórico Municipal de Cádiz se conserva un inventario fechado el 31 de diciembre de 1932, en el que se recogen que todos los terrenos, edificios, instalaciones, maquinarias, herramientas y demás bienes, tanto en la ciudad de Cádiz como en El Puerto de Santa María, Puerto Real, San Fernando y el Arsenal de la Carraca, estaban valorados en un total de 6.605.879,36 pesetas (Tabla 2), muestra del gran esfuerzo realizado por mejorar el servicio de gestión y abastecimiento de agua a la capital gaditana.

Tabla 2. Resumen del inventario del abastecimiento de agua potable, 1932

Terrenos, edificios e instalaciones en La Piedad	*878.059,25*	
Terrenos		100.294,00
Edificios		45.257,80
Núcleo de construcciones		104.029,95
Galerías filtrantes y de conducción		414.010,00
Instalaciones elevadoras		214.467,50
Depósitos en la Sierra de San Cristóbal	*588.070,00*	
Terrenos		10.220,00
Depósitos y construcciones anexas		556.250,00
Tubería		21.600,00
Manantial del Madrugador	*124.606,23*	
Terrenos		22.000,00
Edificios, galería filtrante y pozos		45.406,23
Tubería		31.200,00
Máquinas e instalaciones eléctricas		26.000,00
Valenciana y Velarde	*112.562,17*	
Terrenos		19.100,00
Edificios		53.437,17
Máquinas, material eléctrico y tuberías		40.025,00
Conducción general	*3.529.216,81*	
Primer trayecto		644.082,35
Segundo trayecto		908.678,60
Tercer trayecto		379.600,00
Cuarto trayecto		569.800,00
Quinto trayecto		526.000,00

Sexto trayecto	212.000,00
Tubería para reforma de la conducción	262.479,75
Tubería de acero	26.576,11
El Puerto de Santa María	*147.692,25*
Canalización	140.192,75
Instalaciones especiales	7.499,50
Puerto Real	*86.329,00*
Canalización	14.079,00
Conducción a Matagorda	67.750,00
Instalaciones especiales	4.500,00
San Fernando	*284.614,50*
Canalización	190.114,50
Depósitos	58.000,00
Instalaciones especiales	36.500,00
Arsenal de la Carraca	*38.198,05*
Canalización	33.698,05
Instalaciones especiales	4.500,00
Cádiz	*802.803,25*
Canalización	407.638,25
Canalización Extramuros	105.703,00
Depósitos Puntales	215.000,00
Material eléctrico y mecánico	74.462,00
Valor de útiles, herramientas y enseres	*13.727,85*
Total	*6.605.879,36*

Fuente: elaboración propia a partir de AHMC. C.6537. Excmo. Ayuntamiento de Cádiz, Abastecimiento de aguas, Inventario primer establecimiento (31 de diciembre de 1932).

Sin embargo, no faltaron las críticas, especialmente en los primeros meses de la República. Sobre las obras del alcantarillado, se dijo que no se habían realizado adecuadamente, pues las tuberías se reventaban en días de lluvia y se anegaban las calles. También fue criticado el mantenimiento de los precios de consumo anteriores a la municipalización, bajo el argumento de que así se podía invertir más dinero en las obras de mejora del servicio, lo que repercutía en beneficio de todos. Pero las críticas más duras vinieron por parte del primer alcalde de la República, Emilio Sola, quien argumentaba que el problema del abastecimiento de agua se pudo haber resuelto con una inversión mucho menor. Lo cierto es que las reformas del abastecimiento solo solucionaron parte de los problemas existentes. En 1937, Carranza –en su segunda alcaldía– tuvo que enfrentarse de nuevo al problema de la escasez de agua en la ciudad; y su hijo, José León de Carranza, continuaría en la misma línea, ya avanzada la década de los cincuenta. Esto obligaría a la búsqueda de nuevos puntos para el suministro más alejados; y a emplear nuevas tecnologías y sistemas de organización para poder hacer frente al desafío del agua para la zona (Pérez et al., 2013, pp. 11-12; Pérez y Román, 2015, p. 172; Piñeiro y Pérez, 1998, pp. 349-350).

CONSIDERACIONES FINALES

La ciudad de Cádiz ha sufrido graves problemas de abastecimiento de agua potable a lo largo de la historia por sus limitados recursos hídricos, debido fundamentalmente a su situación geográfica y a su clima seco.

No fue hasta el siglo XIX cuando la iniciativa privada favoreció el desarrollo de este sector, gracias a la puesta en marcha de diversos proyectos por parte de empresarios locales y extranjeros. Entre esas iniciativas, cabe señalar la de Martín del Cacho y la de la compañía londinense *The Cadiz Water Works Company Limited*, cuya implicación en el abastecimiento y gestión de aguas en la ciudad resultó fundamental para la mejora del servicio entre 1872 y 1880, gracias al capital y la tecnología extranjeras. Una de las particularidades a destacar de estas empresas fue su corta duración, clara muestra de la gran inestabilidad que caracterizaba a este sector en España.

En todo este proceso fue también esencial la iniciativa de la testamentaría de Diego Fernando Montañés pues, gracias a este benefactor gaditano que legó su fortuna a la ciudad, se lograron traspasar todos los bienes de la anterior compañía privada al ayuntamiento, comenzando así el gran cambio en el sector entre los siglos XIX y XX. El consistorio nombró una Comisión de Aguas Municipal para su administración y subastó los servicios, de los que se hizo cargo la *Sociedad de Aguas Potables de Cádiz*, aunque los problemas de abastecimiento seguían siendo una constante en la ciudad por aquellas fechas. Esto fue lo que motivó una progresiva y cada vez mayor implicación por parte del cabildo gaditano, que realizó un gran esfuerzo e inversión para mejorar el servicio de gestión y abastecimiento de agua a la ciudad durante el primer tercio del siglo XX. Este proceso culminaría con la rescisión del contrato y la municipalización del servicio en 1927, siendo alcalde Ramón de Carranza, recuperando así el ayuntamiento el control del abastecimiento.

En definitiva, podemos concluir que la evolución del abastecimiento de agua en el Cádiz decimonónico estuvo caracterizada por una gran inestabilidad, lo que dificultó enormemente la supervivencia de las compañías y la adecuada prestación del servicio. Sin embargo, a pesar de todas las vicisitudes, se aprecia la existencia de un sector muy dinámico en la ciudad, en el que el papel de las empresas privadas fue fundamental, al encargarse de la prestación del servicio de gestión y abastecimiento de agua desde mediados de la centuria. Sin embargo, hacia finales del siglo XIX se dieron importantes cambios en el sector, caracterizado por un progresivo proceso de municipalización, hasta que se logró la completa competencia municipal en la gestión a finales de la década de los treinta del siglo XX.

FUENTES MANUSCRITAS Y BIBLIOGRAFÍA

FUENTES MANUSCRITAS

Archivo Histórico Municipal de Cádiz:

Sección 18.13. Agua y alumbrado. Cajas C.4646, C.5157, C.5636, C.6090, C.6537, C.7102, C.7107.

AHMC. Ayuntamiento de Cádiz. Abastecimiento de Aguas Potables. Apuntes y datos relativos a la reversión de los manantiales e instalaciones, municipalización del servicio y proyectos de obras para mejora de la conducción (1959).

REFERENCIAS BIBLIOGRÁFICAS

Barragán Muñoz, J. M. (Coord.). (1993). *Agua, ciudad y territorio. Aproximación Geo-Histórica al Abastecimiento de Agua a Cádiz.* Universidad de Cádiz y SMAES.

Barragán Muñoz, J. M. (Coord.). (1994). *Aguas de Jerez. Tempul: entre el medio natural y la técnica hidráulica* (vol. 3). Aguas de Jerez, Empresa Municipal, S. A.

Cirici Narváez, J. R. (Coord.). (2002a). *El agua en Cádiz. 75 años de servicios municipalizados.* Aguas de Cádiz S.A. y Excmo. Ayuntamiento de Cádiz.

Cirici Narváez, J. R. (2002b). El agua en Cádiz: 75 años de servicios municipalizados. En J. R. Cirici Narváez (Coord.), *El agua en Cádiz. 75 años de servicios municipalizados* (pp. 63-90). Aguas de Cádiz S.A. y Excmo. Ayuntamiento de Cádiz,

Fernández-Paradas, M., y Matés-Barco, J. M. (2022). Ingenieros y empresarios en las compañías de abastecimiento de agua en España (1840-1930). *Aportes. Revista de Historia Contemporánea,* 37(108), 75-111.

Fierro Cubiella, J. A. (2002). El abastecimiento de agua a Cádiz a través de la historia. En J. R. Cirici Narváez (Coord.), *El agua en Cádiz. 75 años de servicios municipalizados* (pp. 37-61). Aguas de Cádiz S.A. y Excmo. Ayuntamiento de Cádiz.

Heredia-Flores, V. M. (2013). Municipalización y modernización del servicio de abastecimiento de agua en España: el caso de Málaga (1860-1930). *Agua y Territorio / Water and Landscape,* (1), 103-117. https://doi.org/10.17561/at.v1i1.1038

Martín Fernández, C. (2014). Juan Gavala y Laborde (1885-1977): estudios geológicos del área bética. *Llull: Revista de la Sociedad Española de Historia de las Ciencias y de las Técnicas*, *37*(80), 219-237.

Matés-Barco, J. M. (1997). Las sociedades anónimas de abastecimiento de aguas en Andalucía: una primera aproximación. *Boletín del Instituto de Estudios Giennenses*, (167), 103-130.

Matés-Barco, J. M. (2014). Las empresas concesionarias de servicios de abastecimiento de aguas potables en España (1840-1940). *Revista TST. Transportes, Servicios y Telecomunicaciones*, (26), 36-67.

Matés-Barco, J. M. (2017). El servicio público de abastecimiento de agua en España (siglos XIX y XX). El proceso de acumulación de competencias de los ayuntamientos. *Revista Brasileira de História & Ciências Sociais*, 9(18), 36-57. https://doi.org/10.14295/rbhcs.v9i18.448

Matés-Barco, J. M. (2018). La distribution de l'eau dans les villes d'Espagne (1840-1936): le rôle des compagnies privées. *Histoire, Économie et Société*, (3), 14-29. https://doi.org/10.3917/hes.183.0014

Matés-Barco, J. M. (2020). El suministro de agua (siglos XIX y XX). Una historia discontinua. *Andalucía en la historia: La ciudad moderna. Infraestructuras en red*, (68), 14-21.

Matés-Barco, J. M. (2021). Public Services in Spain: The Role of Water Supply Companies. En M. Vázquez-Fariñas, P. P. Ortúñez-Goicolea & M. Castro-Valdivia (Eds.), *Companies and Entrepreneurs in the History of Spain. Centuries Long Evolution in Business since the 15th century* (pp. 135-159). Palgrave Macmillan. https://doi.org/10.1007/978-3-030-61318-1_9

Molina Martínez, J. M. (1993). El agua en Cádiz durante la Edad Moderna. En J. M. Barragán Muñoz (Coord.), *Agua, ciudad y territorio. Aproximación Geo-Histórica al Abastecimiento de Agua a Cádiz* (pp. 137-180). Universidad de Cádiz y SMAES.

Molina Martínez, J. M. (2009). Agua y Ciudad. El abastecimiento de agua en Cádiz hacia 1812. En J. M. Fernández-Palacios Carmona (Dir.), *Agua, Territorio y Ciudad. Cádiz de la Constitución. 1812* (pp. 71-81). Consejería de Medio Ambiente, Junta de Andalucía.

Pérez Serrano, J., Román Antequera, A., Villatoro Sánchez, F. P., y Arévalo Santiago, J. M. (2013). El abastecimiento de aguas en la Bahía de Cádiz. En T. M. Ortega López y M. A. Del Arco Blanco (Coords.), *Claves del mundo contemporáneo. Debate e investigación: actas del XI Congreso de la Asociación de la Historia Contemporánea* (pp. 1-12). Comares.

Pérez Serrano, J., y Román Antequera, A. (2015). Conflictos por los recursos en la Bahía de Cádiz: la lucha por el control del agua (1850-1935). *Revista de la Historia de la Economía y de la Empresa, IX*, 155-176.

Piñeiro Blanca, J. M., y Pérez Serrano, J. (1998). La diversificación de funciones de la ciudad europea industrial: los servicios públicos de alumbrado y abastecimiento de aguas en la ciudad de Cádiz (siglos XIX y XX). En M. Aguilar Villagrán, J. Cabral Bustillos, A. Fuego García, J. García Cabrera y C. Orellana González (Eds.), *Panfletos y materiales. Homenaje a Antonio Cabral Chamorro, historiador (1953-1997)* (pp. 333-362). Imprenta Pinelo.

Ramos Santana, A. (1992). *Cádiz en el siglo XIX. De ciudad soberana a capital de provincia*. Sílex Ediciones.

Rosetty, J. (1871). *Guía de Cádiz, El Puerto de Santa María, San Fernando y el Departamento para el año 1871*. Imprenta y litografía de la Revista Médica de D. Federico Joly.

Rosetty, J. (1875). *Guía de Cádiz, El Puerto de Santa María, San Fernando y el Departamento para el año 1875*. Imprenta y litografía de la Revista Médica de D. Federico Joly.

Rosetty, J. (1881). *Guía Oficial de Cádiz, su Provincia y Departamento. 1881*. Imprenta y litografía de la Revista Médica de D. Federico Joly.

Rosetty, J. (1884). *Guía Oficial de Cádiz, su Provincia y Departamento. 1884*. Imprenta y litografía de la Revista Médica de D. Federico Joly.

Sánchez Álvarez, A. M. (1993). Los siglos contemporáneos: una etapa clave del abastecimiento moderno gaditano. En J. M. Barragán Muñoz (Coord.), *Agua, ciudad y territorio. Aproximación Geo-Histórica al Abastecimiento de Agua a Cádiz* (pp. 181-241). Universidad de Cádiz y SMAES.

La municipalización del servicio de abastecimiento de agua en España: el caso de la ciudad de Cádiz a comienzos del siglo XX

Resumen: En este capítulo se presenta un breve análisis del servicio de gestión y abastecimiento de agua en la ciudad de Cádiz (Andalucía, España) desde el siglo XIX hasta el primer tercio del siglo XX. En el desarrollo del sector fueron protagonistas tanto las empresas privadas como el ayuntamiento de la ciudad, pues inicialmente el servicio se implantó gracias a la iniciativa de empresarios privados, locales y extranjeros, y desde finales de la centuria decimonónica tuvo lugar un progresivo proceso de municipalización, que culminaría a finales del primer tercio del siglo XX. Así pues, esta investigación trata de abordar, a grandes rasgos, esta situación, mostrando las principales características del sector, así como las diferentes modalidades de gestión y los problemas más relevantes acontecidos en esos años, al objeto de conocer cómo se pusieron las bases del actual sistema de abastecimiento y gestión de aguas en la ciudad de Cádiz.

Palabras clave: Abastecimiento de agua, Cádiz, Municipalización, Siglo XX.

The municipalization of the water supply service in Spain: the case of the city of Cádiz at the beginning of the 20th century

Abstract: This chapter presents a brief analysis of the water management and supply service in the city of Cádiz (Andalusia, Spain) from the 19th century to the first third of the 20th century. Both private companies and the city council played a leading role in the development of the sector, since the service was initially implemented thanks to the initiative of local and foreign private entrepreneurs, and from the end of the nineteenth century a progressive process of municipalisation took place, which culminated at the end of the first third of the twentieth century. This research, therefore, attempts to address, in broad terms, this situation, showing the main characteristics of the sector, as well as the different management methods and the most relevant problems that occurred during those years, in order to find out how the foundations were laid for the current water supply and management system in the city of Cádiz.

Keywords: Water Supply, Cádiz, Municipalisation, 20th Century.

A municipalização do serviço de abastecimento de água em Espanha: o caso da cidade de Cádis no início do século XX

Resumo: Este capítulo apresenta uma breve análise do serviço de abastecimento e gestão de água na cidade de Cádis (Andaluzia, Espanha) desde o século XIX até o primeiro terço do século XX. No desenvolvimento do setor, tanto as empresas privadas quanto o município foram protagonistas, pois inicialmente o serviço foi implementado graças à iniciativa de empresários privados, locais e estrangeiros, e desde o final do século XIX ocorreu um processo progressivo de municipalização, que culminaria no final do primeiro terço do século XX. Assim, esta investigação procura abordar, em linhas gerais, essa situação, mostrando as principais características do setor, bem como as diferentes modalidades de gestão e os problemas mais relevantes ocorridos naqueles anos, a fim de conhecer como se deram os fundamentos do sistema atual de abastecimento e gestão de água na cidade de Cádis.

Palavras-chave: Abastecimento de água, Cádiz, Municipalização, Século XX.

7.
GESTIÓN DEL AGUA E INVERSIÓN EXTRANJERA, LAS PALMAS, 1911-1946

Alberte Martínez-López
Universidade da Coruña

INTRODUCCIÓN

La Ley de Puertos Francos de 1852 favoreció la inserción de Canarias en la economía internacional. Su sistema productivo se articuló inicialmente en torno a la agricultura de exportación (cochinilla, luego plátanos, tomates y papas) y, a partir de 1880, también en los servicios portuarios, en especial el avituallamiento de navíos. Este modelo librecambista propició un importante crecimiento económico en el período 1860-1930, superior al promedio español (Carnero y Nuez, 2006).

Este contexto benefició especialmente a la ciudad de Las Palmas, cuyo puerto se convirtió en el más importante del archipiélago, apoyado en sus rentas de situación, declaración de Puerto Franco y puerto único de Gran Canaria (Suárez, Jiménez y Castillo, 2011) y constituyó el motor de su crecimiento urbano (Delgado, 1998). Antes de 1860 la población de Las Palmas presenta un crecimiento escaso e irregular, despegó a partir de ese año con su concesión de puerto franco y creció significativamente en el período 1880-1910, con el boom del sector exportador y de los servicios públicos y portuarios. Su expansión se ralentizó en la etapa de entreguerras, por la crisis de la Gran Guerra, Depresión de los 30 y Guerra Civil, y retomó moderadamente la senda del crecimiento durante la autarquía (Tabla 1). Su saldo vegetativo comenzó a crecer a partir de principios del XX y, en especial, después de 1920, motivado principalmente por la caída de la mortalidad, lo que podría estar en relación con la puesta en marcha del abastecimiento domiciliario de agua. Por otro lado, durante el período 1860-1940 tuvo lugar una intensa terciarización de la ciudad (González, 2000). En paralelo al crecimiento poblacional, con un importante aporte inmigratorio provincial, se produjo el de la superficie urbana, en torno a dos ejes de expansión: el casco histórico de la Vegueta y el Puerto, aunque sin una planificación clara, lo que unido a la ausencia de una política de vivienda ocasionó situaciones de especulación, hacinamiento y barriadas con precarios o ausentes servicios públicos como el agua, como veremos muestra su baja tasa de cobertura (Delgado, 1992).

Tabla 1. Población de Las Palmas y tasa de crecimiento anual, 1860-1950

Año	Población	Tasa de crecimiento anual
1860	14.233	
1877	17.789	3,75
1887	20.756	1,50
1897	34.770	5,29
1900	44.517	8,79
1910	62.886	3,50
1920	66.461	0,55
1930	78.264	1,65
1940	119.595	4,33
1950	153.262	2,51

Fuente: González, 2000: 241.

El objeto de este trabajo es analizar en primer lugar las características de la compañía británica que gestionó el servicio de agua a Las Palmas: modelo societario, accionariado, Consejo de Administración, estructura organizativa. En segundo lugar, se procederá a delimitar y caracterizar las principales etapas por las que atravesó. Todo ello permitirá, a partir del análisis de caso, avanzar en un conocimiento más directo de la inversión británica en España. Para ello utilizaremos básicamente documentación empresarial y administrativa de procedencia británica, como memorias de la compañía, listados de accionistas, Estatutos, escrituras públicas, etc. Desgraciadamente, las memorias anuales son bastante parcas, lo que dificulta un conocimiento más detallado y cuantitativo de la evolución de la explotación del servicio y de la marcha de la sociedad.

EL PAPEL DEL CAPITAL EXTRANJERO

El capital extranjero desempeñó un importante papel en la puesta en marcha y gestión de los servicios públicos urbanos en España, como en otros países periféricos, debido a la reticencia de los capitalistas españoles a financiar actividades que implicaban elevadas inversiones y requerían conocimientos tecnológicos y de gestión de redes. En el caso del agua la restricción técnica era menor, lo que explicaría la mayor presencia relativa de empresas autóctonas. El capital francés fue el mayoritario en esta actividad, seguido del británico y del belga (Costa, 1981). La eclosión de inversiones extranjeras en este sector tendrá lugar en las dos últimas décadas del siglo XIX, a través de una conjunción de intereses bancarios, de empresas gestoras de agua y productoras de tuberías (Matés-Barco, 2002). A partir de 1920 se producirá, como en otros servicios públicos, la retirada del grueso del capital extranjero, en especial en las grandes ciudades. Este proceso estuvo motivado por la confluencia de dos factores: la pérdida de rentabilidad derivada del impacto de la Gran Guerra y la inflación de costes y, en menor medida, el creciente nacionalismo español (Castro-Valdivia y Matés-Barco, 2020). A nivel geográfico, las inversiones se centraron en ciudades de tamaño medio y grande, como Barcelona, Sevilla, Alicante o Las Palmas, donde las expectativas de beneficio eran más elevadas debido a las economías de escala y posibilidades de expansión de las redes.

La inversión exterior británica en el sector del agua fue relativamente tardía, centrada en 1885-1914 (Stone, 1999), relacionada con el agotamiento de las posibilidades domésticas de expansión en el sector derivadas del intenso proceso de municipalización de la actividad desplegado en Gran Bretaña durante el último tercio del XIX

(Millward, 2007; Hassan, 1998). Se trataba, además, de una inversión relativamente secundaria en el conjunto de las infraestructuras urbanas. En el caso español, la inversión británica en provisión de agua fue modesta, tanto en términos absolutos como relativos, muy irregular en el tiempo y ocupaba una posición media en el interés británico por las infraestructuras urbanas españolas. En términos geográficos, los británicos centraron sus iniciativas en territorios donde mantenían ya intereses económicos y estratégicos (minas, puertos, viticultura), como Andalucía (Sevilla, Cádiz, Huelva, Algeciras), Las Palmas, Alicante o Cartagena (Broder,1981).

La inversión extranjera en Canarias ha sido interpretada con enfoques contrapuestos. Por un lado, los defensores de su inserción en el modelo centro/periferia, responsabilizando a los inversores foráneos del subdesarrollo regional. Por otro lo que hablan de la "dependencia próspera", situando a los terratenientes y burguesía agroexportadora canarios en el centro de las decisiones. Su evolución atravesó tres grandes etapas. La primera, durante la segunda mitad del siglo XIX, se caracteriza por su escasa cuantía y estar centrada en el sector agroexportador. La segunda, hasta 1929, conoce un fuerte crecimiento debido a la reforma del sistema de puertos francos, la repatriación de capital colonial, la devaluación de la peseta y el incremento generalizado de la inversión extranjera, con un boom en 1910-1914, con la consolidación de la agricultura de exportación y el auge de los servicios públicos urbanos y portuarios. Finalmente, el período 1930-1945 asiste a la rápida caída de la presencia foránea hasta su casi desaparición, motivada por la depresión internacional, crisis cambiaria y la política autárquica. Su importancia fue menor a la admitida habitualmente, pues representó solo un 14 % de la inversión total en Canarias durante 1860-1930. Más de la mitad de los capitales se dirigieron al mercado inmobiliario, básicamente relacionado con la agricultura de exportación. En segundo lugar, a empresas energéticas, de servicios portuarios y comercio exterior. Gran Bretaña acaparó el grueso de la inversión foránea (Carnero y Nuez, 2006).

El interés británico por las islas estuvo relacionado con su privilegiada ubicación, en el contexto de la estrategia británica de control de las principales rutas de navegación mundiales, y con la potenciación de determinadas líneas de exportación de productos primarios, en este caso cochinilla, plátanos y tomates. Geográficamente la inversión se concentraba principalmente en la ciudad de Las Palmas, donde se ubicaban las compañías de mayor capitalización.

Las inversiones británicas en Canarias comenzaron a tener importancia a partir de mediados del siglo XIX, con el establecimiento de Puerto Franco, y conocieron su mayor florecimiento entre 1880 y 1913. El grueso de la inversión se centraba en los servicios portuarios (suministro de carbón, petróleo, agua, reparación de buques), en especial en el puerto de Las Palmas, y la agricultura de exportación. A bastante distancia se situaban la banca, hostelería y comercio exterior, en buena medida para complementar las actividades de los anteriores (Quintana, 1992a).

La Primera Guerra Mundial y crisis posterior de adaptación iniciaron el declive de dichas inversiones. La expansión de los años veinte permitió una nueva, aunque efímera, oleada inversora. La contracción del tráfico marítimo y la caída de las exportaciones durante los años treinta obligaron a una reorganización empresarial en forma de fusiones y ajustes de plantillas, fuertemente contestados por los trabajadores. La decadencia culminó durante la Guerra Civil y la política autárquica del régimen franquista con su eliminación de los puertos francos, lo que llevó a la casi desaparición de las empresas británicas en Canarias. Esta cronología, como veremos, ayuda a entender muy bien las vicisitudes de la compañía de agua que vamos a estudiar.

EL ABASTECIMIENTO TRADICIONAL DE AGUA

La obtención de agua para la ciudad de Las Palmas fue un problema desde su fundación, junto al cauce del Guiniguada, a finales del siglo XV debido a la escasa e irregular pluviosidad, con episodios esporádicos de lluvias torrenciales e inundaciones (Mayer, 2002), precario sistema hidrológico y condicionantes orográficos de la isla de Gran Canaria. Durante la Edad Moderna el agua se obtenía de pozos locales y de la Mina de Tejeda, aguas de calidad procedentes de las zonas altas del interior de la isla, a unos 44 km de la ciudad, canalizadas hacia esta mediante una galería que accedía a Las Palmas a través de dos acequias y servía al vecindario en tres fuentes públicas. Las condiciones higiénicas de esta agua eran muy deficientes debido a que discurrían por cañerías de barro descubiertas, atravesaban abrevaderos de animales y lavaderos, y arrastraban el fango de las lluvias torrenciales invernales. Para suplir estas deficiencias y ampliar la dotación de agua se emprendió a finales del XVIII la canalización de las aguas del Guiniguada, la llamada Fuente de los Morales, cuyo primer acueducto, cubierto, entró en funcionamiento en 1792, con carácter intermitente debido a los temporales, y continuo en 1853, con el consiguiente abandono de la Mina de Tejeda.

El creciente desfase entre una oferta escasa e irregular y una demanda creciente, procedente de la fuerte inmigración, concentrada en los nuevos barrios de las zonas altas, causada por la crisis de la cochinilla y la puesta en marcha del puerto de La Luz, obligó a plantearse nuevas alternativas durante el último cuarto del siglo XIX. La carencia de recursos financieros y técnicos motivó su limitación a meras reparaciones del acueducto (Galván, 1995a). El movimiento higienista, con presencia también en Canarias, denunciaba la insalubridad del hacinamiento urbano derivado del industrialismo y su conexión con las epidemias (Martín, 2003). Por su parte, los informes del cónsul británico de principios del XX resaltaban la escasez de agua y su carácter estratégico para el desarrollo del puerto (Quintana, 1992b: 601, 741).

Históricamente el mercado del agua en Canarias ha estado concentrado en pocas manos, en parte por los elevados costes de ampliación de la oferta a causa del régimen pluviométrico y orografía. Este mercado oligopólico ha encarecido el precio del agua, beneficiado por la competencia entre los usos residenciales, portuarios y de la agricultura de exportación (Nuez y Carnero, 2003). El riego de las explotaciones agrícolas, la aguada a buques y el abastecimiento de sus cada vez mayores núcleos urbanos aumentaron sobremanera la demanda hídrica. Debido a la reducida pluviosidad, las aguas superficiales resultaban insuficientes para atender dicho consumo. Por ello, se crearon un elevado número de sociedades para la captación de aguas subterráneas y su posterior distribución y comercialización, 27 de ellas en la isla de Gran Canaria con un boom en 1911-1915, momento en que se constituirá City of Las Palmas Water & Power (Carnero y Nuez, 2001).

LA POLÉMICA EN TORNO A LA CONCESIÓN DEL SERVICIO DE AGUA

El ingeniero de caminos Felipe Gutiérrez elaboró en 1905, por encargo del ayuntamiento, un proyecto que contemplaba el abandono de la Fuente de los Morales y su sustitución por las aguas de filtración existentes a los pies de la cumbre central de la isla, a unos 25 km, zona de elevada pluviosidad y de terrenos permeables. El presupuesto estimado era de 2,5 millones de pts. Inicialmente el ayuntamiento pretendía realizar el mismo las obras, pero su incapacidad financiera, problema crónico de las haciendas locales españolas, le obligó a recurrir al capital privado. Por dicho proyecto se interesaron ingenieros alemanes, belgas, franceses y británicos, aunque solo este último grupo presentó propuesta, a través de su representante local, el comerciante Bernardo de la Torre, logrando en 1911 la adjudicación.

El proyecto británico introducía varias modificaciones en el de Felipe Gutiérrez: suprimía el embalse previsto, sustituía los cuatro saltos de agua, que se podrían aprovechar para generar electricidad, por dos de doble potencia y las tuberías de hierro por acero, más resistentes. Todo ello duplicaba el coste del proyecto inicial.

Las condiciones de la concesión eran bastante favorables a la compañía británica: 60 años de duración, garantía de un beneficio mínimo anual, aprovechamiento de los saltos para producir energía eléctrica, y concesión adicional de las aguas de la fuente de los Morales a cambio de un canon anual.

La adjudicación, realizada directamente sin mediar el preceptivo concurso público, generó una fuerte oposición de tintes nacionalistas articulada en torno a la sociedad Fomento de Gran Canaria, constituida en 1909. Esta entidad aglutinaba los poderosos intereses de los propietarios de los pozos de Guanarteme, que abastecían al puerto y navíos, los de los aljibes y la compañía eléctrica. Este conflicto obligó al ayuntamiento a convocar concurso en 1911, al que solo se presentaron la compañía británica y Fomento de Gran Canaria.

El cinco de septiembre de ese año Bernardo de la Torre firmó un contrato con Las Palmas Syndicate, principal grupo inversor inicial[1], para tratar de conseguir la concesión del servicio de aguas y de electricidad que se generase con el salto de agua. De lograrlo obtendría 4.000 libras en efectivo y un número indeterminado de acciones de la compañía que se crearía para la gestión del servicio. El 28 de noviembre Las Palmas Syndicate, representado por Ernest Schenk, firmó un contrato con la Société d'Éléctricité de Las Palmas, empresa belgoalemana fundada en 1898, para el suministro de electricidad en caso de obtener la concesión.

La propuesta de Fomento de Gran Canaria era substancialmente mejor, en duración de las obras y de la concesión, canon, bonificación de tarifas al ayuntamiento, garantía y posibilidad de reversión. Pese a ello, el ayuntamiento adjudicó finalmente en 1912 la concesión a la empresa inglesa, a través de Bernardo de la Torre, luego de varias sesiones tumultuosas y con la fuerte oposición de buena parte de los concejales, cuatro de ellos miembros de Fomento de Gran Canaria. Hábilmente y para dividir y desactivar a la oposición, la compañía británica integró al año siguiente en su Comité local de Las Palmas a varios de los más señalados líderes de la campaña anterior en su contra, como Francisco Gourié (presidente), Lucas Alzola (secretario), José Mesa y López o Miguel Curbelo (Galván, 1995b).

LA CARACTERIZACIÓN DE LA COMPAÑÍA BRITÁNICA

Por acuerdo de 7 de febrero de 1913 entre Las Palmas Syndicate, Bernardo de la Torre y la recién creada City of Las Palmas Water & Power, Bernardo de la Torre recibía 4.000 libras en efectivo y 24.550 acciones de la compañía a cambio de la concesión. Las Palmas Syndicate obtenía, a cambio de la concesión, 8.000 libras en

[1] Sus consejeros eran Rutherford y Watlington, secretario Gurr.

efectivo por el depósito de 9.500 libras hecho al ayuntamiento y gastos adicionales para conseguir la concesión y crear la compañía, también recibía 44.450 acciones de la misma (Agreement with Las Palmas Syndicate, 1913).

La fundación de la empresa se puede considerar tardía, pues fue la última compañía extranjera de agua fundada para actuar en España, ocupando una posición intermedia en lo relativo a su capital, como corresponde también a una ciudad de tipo medio (Castro-Valdivia y Matés-Barco, 2020). Su aparición coincide con el boom de la inversión extranjera en Canarias y de los servicios portuarios. Su creación se puede enmarcar en el deseo británico de asegurar el avituallamiento estratégico de agua a sus navíos, en un momento álgido de la rivalidad con Alemania, en especial por los servicios portuarios y telegráficos en Canarias (Ponce, 2002).

Se trata de una free-standing company. Este tipo de forma societaria fue bastante utilizada por pequeñas empresas británicas que operaban en el exterior (Wilkins, 1998). Su principal peculiaridad radicaba en que se trataba de una compañía independiente, no integrada en un grupo empresarial, cuya vocación manifiesta de partida era operar en un país extranjero. Otro de sus rasgos, común al conjunto de las compañías británicas, era su financiamiento principalmente a través del mercado de capitales y no tanto de las entidades bancarias como era más habitual en las compañías alemanas y belgas.

El capital nominal de la compañía estaba constituido por 125.000 acciones de una libra, de las que en 1914 se habían emitido y desembolsado 96.108[2], un 76,9 %, porcentaje bastante elevado para los estándares de este tipo de sociedades. Adicionalmente, disponía de 237.000 libras procedentes de una emisión de obligaciones al 5 %[3]. El número mínimo de acciones a suscribir era de siete, aunque esto no se cumplió, pues la moda era de 5 (Tabla 2). Para ser consejero se debían poseer 250 o más acciones. Estos podrían recibir una remuneración anual de 200 libras, 50 libras más el presidente. A mayores, podrían

[2] El máximo desembolsado, a partir de 1915, fue de 97.535 acciones.

[3] Esta emisión la vendió íntegramente al Sindicato HAC el 16 de mayo de 1913 por el 82 % de su valor nominal, pagadero en tres plazos a lo largo de 8 meses, Agreement with HAC Syndicate, 1913.

percibir un 7,5 % de los beneficios una vez satisfecho un dividendo del 5 % (Articles of Association, 1913).

Tabla 2. Estructura del accionariado en 1914 y 1937

	1914	1937
Accionistas	474	497
Acciones/accionista	205	195
Moda	5	5
Coeficiente de variación	8,35	7,58
% accionistas mujeres	19,60	29,60
Acciones/accionista mujer	13,70	48,10
% accionistas británicos	95,60	93,80
% accionistas españoles	0,50	1,90
% accionistas resto de países	3,90	4,30
% acciones británicos	51,00	52,10
% acciones españoles	48,40	47,20
% acciones resto de países	0,60	0,70
Principales accionistas y nº de acciones		
Curbelo, Miguel, comerciante, Las Palmas	25.250	
Curbelo, Miguel (hijo), comerciante, Las Palmas		20.450
De la Torre, Bernardo, comerciante, Las Palmas	20.400	20.400
Mark, William Radcliffe, banquero, Londres	17.193	
Lloyds Bank, Londres		14.443

Fuente: Public Record Office, BT 31-35113-126916, BT 31-35114-126916. Elaboración propia.

El número de accionistas era muy elevado, casi 500, algo bastante habitual, aunque no en tan elevada cuantía, en las empresas británicas dedicadas a la explotación de servicios públicos, pues este tipo de inversiones atraía al gran público al ser considerado casi tan seguro como la deuda pública. La inversión bursátil se popularizó en Gran Bretaña a partir de finales del siglo XIX, conforme se incrementaban los niveles de renta y se creaba una especie de "protocapitalismo popular". El elevado número de accionista de esta compañía se vio favorecido, sin duda, por el reducido valor monetario de cada acción, solo una libra, aunque teóricamente había que adquirir un mínimo de siete. No obstante, el promedio de acciones por accionista era muy elevado, aunque esta cifra resulta engañosa y poco representativa, pues en realidad el accionista típico, la moda, poseía un número muy inferior de acciones, tan solo cinco. Por otro lado, oculta profundas diferencias internas en el número de acciones poseídas, dado que el coeficiente de variación es muy elevado (superior a 1), aunque tiende a reducirse algo con el paso del tiempo. De hecho, por ejemplo, en 1914 solo los tres mayores accionistas poseían el 64,6 % de las acciones.

La procedencia social de los accionistas es muy variada, aunque no fácilmente identificable, pues en muchos casos no figura el dato o bien se refiere a categorías genéricas como "gentleman" (caballero). En general, proceden de sectores mesocráticos como comerciantes, pequeños empresarios, militares, baja nobleza, eclesiásticos, abogados, médicos, ingenieros, profesores, profesionales del sector financiero (banqueros, agentes de bolsa, contables), etc., siendo comerciantes y financieros los que poseían, con gran diferencia, un promedio mayor de acciones por individuo. A destacar la presencia de 18 inversores institucionales (6 en 1914 y 12 en 1937), todos británicos: grupos inversores, bancos, aseguradoras o compañías, entre ellas la empresa constructora, con un número de acciones muy variado y generalmente pequeño o mediano, con las únicas excepciones de tres que detentaban entre tres y catorce mil acciones.

Como era de esperar en una sociedad patriarcal, aunque comparativamente avanzada en la presencia social femenina como el Reino Unido, el porcentaje de mujeres accionistas es escaso, aunque relativamente alto para la época, seguramente por la baja barrera de entrada que significaba la adquisición de alguna acción. Significativamente, la casi totalidad de ellas se identificaba "profesionalmente" por su status matrimonial: casada o soltera, detentando estas últimas un número promedio de acciones algo menor. Más relevante aún resulta el muy inferior número promedio de acciones por mujer en comparación con la media, indicativo de que los grandes accionistas son prácticamente todos hombres y de la menor capacidad de decisión y posibilidades económicas de las mujeres. Con todo, hay también que destacar la significativa mejora en ambos parámetros, en especial en el número de acciones por mujer, durante el período de entreguerras, a la que no son ajenos los avances feministas de la época, como la obtención del sufragio en 1918.

La inmensa mayoría de los accionistas, y del capital, eran británicos, como parece lógico por la ubicación de su razón social. Sorprende algo la mínima presencia de inversores españoles (todos de Las Palmas), territorio de actuación de la empresa, aunque su porcentaje aumenta significativamente en el período de entreguerras, quizás en relación con el aumento de la renta, de la inversión bursátil y del creciente nacionalismo de la época. También es cierto que entre los mayores inversores se sitúan varios españoles, miembros del Comité local de Las Palmas, fruto de los acuerdos de obtención de la concesión. Algo superior, aunque también muy reducida, es la presencia de otros países, generalmente de Europa occidental, con una tendencia ligeramente alcista. No obstante, el porcentaje de acciones poseídas en función de la nacionalidad es muy diferente. Debido al importante peso de algunos españoles entre los mayores accionistas, estos poseen casi la mitad del capital a lo largo de toda la vida de la compañía. Esto concuerda con la reciente revisión historiográfica del papel de la burguesía canaria, más activo del admitido habitualmente (Carnero y Nuez, 2006: 23). Por su parte, los británicos detentan apenas la otra mitad, algo infrecuente en las empresas británicas actuantes en España. Finalmente, la participación accionarial del resto de los países es anecdótica, muy inferior a su número de accionistas.

Su estructura organizativa era sencilla. Se basaba en un Consejo de Administración radicado en Londres, aunque integrado también por españoles, formado por presidente, secretario, director gerente y consejeros. Este tipo de empresas solía tener un gerente local. En este caso no se menciona expresamente a lo largo de las memorias anuales, por lo que se colige que sería el director gerente el que se encargaría de estas funciones. El Consejo de Administración se caracteriza por su estabilidad, pues generalmente los consejeros se mantienen en sus cargos durante muchos años, con frecuencia hasta su fallecimiento (Tabla 3). Son básicamente comerciantes (los dos españoles), ingenieros (algo frecuente en empresas de servicios públicos, ostentando la gestión), banquero (representando el enlace con el sector financiero) y pequeños nobles. En este caso la conexión política directa, en especial a través de los representantes españoles, muy frecuente en las compañías extranjeras actuantes en otros países, es algo más tenue y se manifiesta en la figura de Miguel Curbelo Espino. Los dos representantes españoles, en especial Curbelo, pertenecen a la élite de la burguesía comercial canaria, muy vinculada al puerto, la exportación de productos canarios y el capital extranjero, británico principalmente (Quintana, 2011). Salvo los dos españoles, los restantes consejeros no poseían un número excesivamente elevado de acciones. Las conexiones empresariales parecen limitarse a Ross y Morris, que compartían asiento también en Salinas of Mexico.

Tabla 3. Consejo de Administración, 1913-1946

Consejero	Profesión	Cargo/años	
Colquhoun, Arthur Phayre		C1933-1940[4]	
Curbelo Espino, Miguel	Comerciante[5]	C1913-1934[6]	
De la Torre y Cominges, Bernardo	Comerciante[7]	C1913-1929[8]	
Ford, Hugo Robert	Ingeniero	C1913-1922, 1934-1942[9]	G1914-1922, P1923-1933
Fox, Douglas	Ingeniero	C1913-1921[10]	
Jackson, James	Banquero	P1913-1923[11]	
Milbanke, John P.	Barón	C1913[12]	
Morris, Robert Douglas Gordon	Empresario[13]	C1942-1946	
Norton, Robert D.	Caballero	C1913	G1913
Ross, John Alexander	Empresario[14]	C1929-1933	P1934-1946
Shepherd, Percy	Secretario	C1923-1946	S1913-1946

P: Presidente; C: Consejero; S: Secretario; G: Gerente.

Fuente: *Annual Reports*, 1913-1945, *Directory of Directors*, 1913. Elaboración propia.

[4] Fallecido en 1940.

[5] Consignatario del puerto ("el rey del puerto"), Presidente de la Cámara de Comercio, de la Junta de Obras del Puerto y de la empresa Servicios del Puerto, vocal del Cabildo insular. Intereses en el comercio de exportación, seguros, construcción urbana y explotación de aguas.

[6] Fallecido en abril de 1934.

[7] Consignatario del puerto y comisionista, comerciante de exportación de plátanos, con centros distribuidores en Inglaterra y Hamburgo. Con domicilio en Londres y Las Palmas.

[8] Fallecido en 1929.

[9] Fallecido en 1942.

[10] Fallecido el 13/11/1921.

[11] Renunció en 1923 por enfermedad, siendo sustituído por el secretario, Percy Shepherd.

[12] Fallecido en la Gran Guerra en 1914.

[13] Consejero de Salinas of Mexico.

[14] Presidente de Pacific Salt, y de Salinas of Mexico, Consejero de Aux Classes Laborieuses.

LA DILATADA PUESTA EN MARCHA DEL SERVICIO, 1913-1918

El 15 de noviembre de 1912 Las Palmas Syndicate firmó un contrato con la firma constructora Dick, Kerr & Co. para la realización de las obras. En este caso no parece existir una conexión empresarial previa entre ambas compañías, como era relativamente frecuente en las concesionarias de servicios públicos. El maridaje de intereses se produce, como también resultaba bastante habitual, por el hecho de que la insuficiencia de capital propio de la concesionaria para completar unas obras cuyo presupuesto se va a incrementar substancialmente respecto a las previsiones iniciales llevará a retribuir a la constructora con obligaciones en contrapartida de esos trabajos adicionales.

La expropiación de los terrenos para los embalses eléctricos y tuberías y, sobre todo, los manantiales de La Cumbre chocaron con una fuerte oposición, instigada según la empresa por agitadores locales. Se tuvo que acudir al lento procedimiento de expropiación forzosa, recurriendo incluso a la intervención de la guardia civil. Todo ello retrasó las obras de puesta en marcha del servicio. Por este motivo, la empresa tuvo que solicitar una prórroga del ayuntamiento para la finalización de las mismas hasta el 19 de junio de 1916. Obtuvo dicho aplazamiento, pero con la condición de modificación del proyecto inicial, lo que lo encareció significativamente, pasando de 125.000 libras a 170.000 libras. Por otro lado, la Primera Guerra Mundial encareció todavía más los costes. Los constructores ofrecieron aportar el capital adicional necesario, es decir 45.000 libras, a cambio de garantías complementarias a través de una nueva emisión de obligaciones, amortizables un año posterior a la firma del tratado de paz. Por todo ello la compañía tuvo que emitir 100.000 obligaciones prioritarias adicionales al 7 %. Simultáneamente dejó de pagar los cupones de las obligaciones existentes sustituyendo, durante dos años, su pago en efectivo por entrega de las nuevas obligaciones[15].

[15] Para compensar el sacrificio de los obligacionistas, les subió el interés al 6 %, y libre de impuestos, durante ese período.

A finales de 1917 la compañía todavía no disponía de la mayor parte de los caudales de agua necesarios, debido a que los recursos de los propietarios de los manantiales no se habían resuelto aún en los tribunales de Madrid, lo que obligó a posponer a dos años después del armisticio el pago de intereses de las obligaciones iniciales. La Gran Guerra dificultó y encareció el acceso a los materiales precisos para la realización de las obras, lo que contribuyó a su prolongación, además de los recursos judiciales de los afectados. Finalmente, la compañía pudo disponer de los manantiales en las postrimerías de 1918 y solo quedaba pendiente conectarlos a la red, así como concluir los trabajos de construcción del salto hidroeléctrico y de la línea de transmisión. Los ingresos por venta de agua eran todavía escasos, pero se contaba con incrementarlos. Habían transcurrido nada menos que seis años desde la obtención de la concesión hasta que el servicio estuvo relativamente operativo, lo que implicó la acumulación de compromisos financieros, en forma de sobrecostes e intereses pendientes.

CRECIENTE DESAJUSTE OFERTA/DEMANDA Y NEGOCIACIONES CON EL AYUNTAMIENTO, 1919-1929

La puesta en marcha completa del servicio en 1919 permitió aumentar significativamente los ingresos por agua. Habrían sido mayores si la compañía dispusiese de mayor capital para acometer más conexiones domiciliarias. Por primera vez la explotación arrojó datos positivos, antes del pago de intereses e impuestos. No obstante, el retraso en la ocupación de los terrenos y manantiales contemplados en la concesión obligó a la empresa a un importante incremento de capital y le ocasionó aumentos significativos de gastos por intereses, gestión, etc.

Se disponía ya de agua en abundancia, superior a la exigida por la concesión. Los trabajos estaban prácticamente finalizados, solo faltaba completar las conexiones a las viviendas, retrasadas por la falta de pago de los propietarios. El tendido de tuberías en el muelle para abastecer de agua a los navíos estaba pendiente de autorización del gobierno central. La puesta en marcha del negocio eléctrico se encontraba mucho más retrasada, debido también a la falta de capital, pues se necesitaban 60.000 libras para finalizar las obras del embalse, línea de transmisión y conexión a la red eléctrica de la ciudad. Esta se hallaba en manos de la Société d'Électricité de Las Palmas, la cual demandó a la empresa británica por incumplimiento de contrato, debido a dicho retraso en el suministro de fluido. Los británicos negociaron la posible adquisición de la compañía eléctrica, para gestionar conjuntamente los servicios de agua y electricidad, aunque debido seguramente a sus problemas financieros dichas negociaciones quedaron en nada. En realidad, las obras del apartado eléctrico nunca se debieron concluir ni poner en marcha, pues no se vuelven a mencionar en las memorias anuales de la empresa. Por otro lado, la falta de generación de suficientes beneficios que pudiesen hacer frente a sus crecientes compromisos financieros obligó a un nuevo aplazamiento en el pago de los intereses de las obligaciones, esta vez por cuatro años.

Durante los primeros años la rentabilidad económica fue moderadamente negativa, debido a la amortización de los gastos acumulados en el dilatado período previo a la puesta en marcha del servicio. A lo largo de la segunda mitad de los años veinte dicha rentabilidad fue progresiva y moderadamente creciendo. No obstante, los escasos beneficios de explotación generados resultaban totalmente insuficientes para atender los elevados compromisos financieros derivados del desfase existente entre sus recursos propios y los importes finales de las obras, bastante superiores a las previsiones iniciales. Todo ello provocaba una rentabilidad financiera muy negativa y que se deterioraba año tras año por los impagos de intereses y su consiguiente acumulación en los ejercicios posteriores (Figura 1).

Por otro lado, habían variado algunos aspectos de la concesión respecto a las condiciones pactadas en la misma. Así, por ejemplo, el caudal del manantial de Fuente Morales, por el que la compañía pagaba un canon anual de 110.000 pts. se había reducido en un 25 % y además el agua no era apta para el consumo. Por otro lado, la tarifa para la venta de agua a los barcos, de 1,5-2 pts./m^3 en la concesión se había reducido a 0,80 pts. Por todo ello, la empresa inició negociaciones con el ayuntamiento para lograr una modificación de la concesión, considerada imprescindible para alcanzar la estabilidad financiera. En concreto, la empresa pretendía modificar la cláusula relativa a los beneficios. Proponía exonerar al ayuntamiento de la garantía de 312.000 pts. de beneficio neto garantizado a la compañía a cambio de eliminar también que el ayuntamiento recibiese la mitad de los beneficios que superasen dicha cantidad. En su lugar, la compañía pagaría al ayuntamiento una cantidad fija anual de 40.000 pts. Por su parte, el alcalde propuso crear un comité local para explorar la posibilidad de reunir capital autóctono para adquirir la compañía, pero la idea no prosperó.

Figura 1. Rentabilidad económica y financiera, 1919-1941

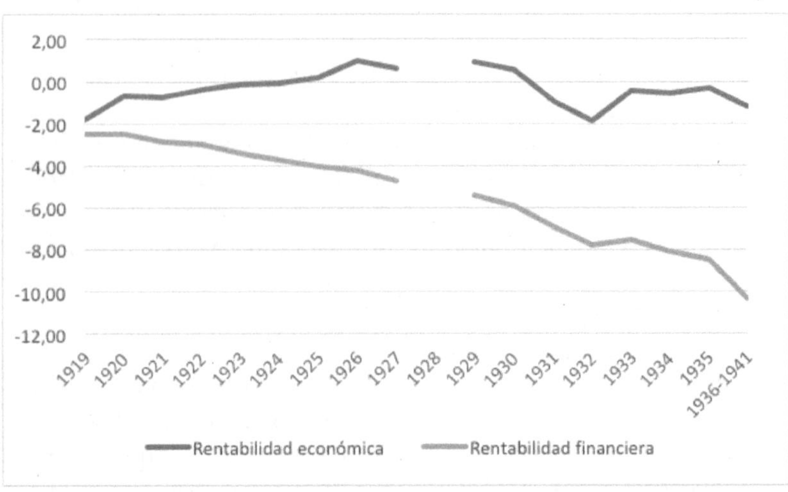

Fuente: *Annual Reports*, 1919-1941. Rentabilidad económica en porcentaje y rentabilidad financiera en tanto por uno. 1936-1941: promedio anualizado, pues los datos contables figuran agregados para el sexenio. Elaboración propia.

Las negociaciones se van a prolongar a lo largo de la década sin que se alcanzase un acuerdo satisfactorio para ambas partes, lo que llevó a la empresa a presentar en 1927 una demanda contra la institución municipal. La compañía pretendía modificar la concesión o, en su defecto, obtener una compensación remuneradora, 26.000

pts. anuales durante 25 años, por la cesión de las instalaciones al ayuntamiento. Este se inclinaba por la reversión de la concesión, pero carecía de recursos propios para ello y las condiciones que ofrecía a la empresa eran rechazadas por esta.

El impase en las negociaciones y la delicada situación financiera de la empresa generaba desconfianza en los inversores, lo que dificultaba la obtención del capital necesario para completar los trabajos pendientes de obtención de más recursos hídricos, completar las conexiones domiciliarias y concluir los trabajos del negocio eléctrico. De hecho y a pesar de la puesta en marcha del servicio, su todavía reducida implantación provocaba las llamadas de atención de destacados higienistas locales acerca de las condiciones de salubridad en esos años (Martín, 2003). La empresa estaba entrando en un círculo vicioso, pues la falta de capital para completar las instalaciones y ampliar la red repercutía negativamente en la generación de ingresos, lo que a su vez impedía hacer frente a sus compromisos financieros, pues año tras año se exigían continuos sacrificios a los obligacionistas en forma de aplazamientos de intereses, así como a los accionistas, huérfanos de dividendos.

El problema no era de demanda, pues esta aumentó sostenidamente, aunque de un modo moderado durante los años veinte, debido a esas insuficiencias de capital. La tasa social de cobertura era baja inicialmente, como cabría esperar de la puesta en marcha del servicio, aunque creció suavemente en esos años, de modo que, a una media de 4 personas por hogar, pasaría de cubrir a un 24 % de la población a un 28 % entre 1923-1926 (Tabla 4). Simultáneamente, la compañía fue adquiriendo contadores, método más eficiente y rentable de contabilizar el consumo real de los usuarios, de modo que solo entre 1923-1925 el porcentaje de abonados con contador pasó de un cuarto a casi la mitad.

Tabla 4. Abonados y porcentaje sobre la población, 1923-1936

Año	Habitantes	Abonados	% abonados
1923	69.802	4.200	6,0
1924	70.952	4.500	6,3
1925	72.121	4.950	6,9
1926	73.310	5.150	7,0
1933	88.881	8.051	9,1
1934	92.730	8.312	9,0
1935	96.747	8.773	9,1
1936	100.938	9.267	9,2

Fuente: *Annual Reports*, 1923-1936 y *Censos de Población*. Elaboración propia.

Paralelamente, las ventas por agua también se incrementaron, en especial en el sector de particulares (del 8 % al 18 % anual) y hasta mediados de la década de los veinte, siendo menor en la aguada a los buques (del 11 % al 13 % hasta 1924 y del -2 % al 4 % posteriormente) debido a huelgas en el puerto y al estancamiento del tráfico marítimo en la segunda mitad de dicha década. Existía también una importante y creciente demanda de agua para regar terrenos agrícolas, pero solo se disponía, según los términos de la concesión, de una pequeña cantidad para ello: el sobrante después de atender la demanda particular y del puerto. La empresa estaba consiguiendo cumplir con la cantidad de 33 litros por segundo estipulados en la concesión. No obstante, el continuo y acentuado aumento de la demanda hará que esa cantidad fuese resultando cada vez más insuficiente.

El problema era, pues, de oferta. Para tratar de incrementarla, la empresa excavó una serie de galerías en Las Cumbres, zona elevada del interior de la isla, y un pozo en el valle de Camaretas. No obstante, la crónica falta de recursos financieros retrasó en exceso dichos trabajos, los cuales, por otro lado, proporcionaron una escasa cantidad adicional de agua. También las frecuentes sequías invernales mermaron la disponibilidad de agua. Todo ello obligó a la empresa a partir de 1926 a comprar agua para atender la creciente demanda urbana. El precio del agua en Canarias, habitualmente elevado por su oferta oligopolística y su creciente demanda, sufrió un importante incremento en el contexto inflacionista de la Gran Guerra e inmediata posguerra, se mantuvo en esos niveles durante los años veinte y se redujo en el entorno deflacionista de la depresión de los 30, para conocer una fuerte subida durante la Guerra Civil y mundial (Nuez, 2003: 378). Esta continuada y creciente necesidad de la empresa de adquirir agua en el mercado mermó aún más sus márgenes de beneficio. Por si fuera poco, Hacienda reclamó en 1926 a la compañía 238.829 pts. por acumulación de intereses de las obligaciones, aunque no se hubiesen pagado, lo que fue recurrido por esta, quedando finalmente en 152.996 pts.

EL IMPACTO DE LA DEPRESIÓN Y LA POLÍTICA AUTÁRQUICA, 1930-1946

La depresión económica de los años 30 no afectó excesivamente al consumo de un bien de primera necesidad como el agua, pues el número de abonados continuó creciendo en valores absolutos, aunque se estancó en su tasa de cobertura, que se situó en un 36 % de la población en 1936, bastante modesta dados los años transcurridos desde la puesta en marcha del servicio. En consonancia con ello, las ventas a particulares se incrementaron ligeramente, salvo algún año puntual. Por el contrario, la aguada a los navíos tendió a reducirse a causa de la fuerte contracción del comercio marítimo. Aunque el crecimiento de la demanda no fue excesivo, el escaso caudal adicional obtenido de las obras hidráulicas realizadas resultó insuficiente, llegándose apenas a cumplir los mínimos establecidos en la concesión, lo que siguió obligando a adquirir agua en los mercados para satisfacer a la demanda no cubierta. Todo lo cual restaba margen de beneficio, que seguía resultando insuficiente para atender al servicio de la deuda acumulada, lo que continuó obligando a posponer año tras año el pago de intereses a la consecución de un acuerdo con el ayuntamiento sobre modificación de la concesión o reversión de la misma.

La rentabilidad económica volvió a números ligeramente negativos como consecuencia del impacto de la Gran Depresión, sobre todo en el primer bienio republicano, recuperándose algo en los años posteriores, aunque se volvió a deteriorar durante la Guerra Civil y posguerra. Por su parte, la rentabilidad financiera continuó su caída a causa de la acumulación de intereses impagados de las obligaciones, agravándose también la situación en los años finales por el deterioro del tipo de cambio (Figura 1).

El Tribunal Supremo dictó sentencia en julio de 1930 sobre la rescisión del contrato de concesión. Esta resultó favorable a la compañía, declarando el contrato rescindido y con derecho a una compensación. Como consecuencia de dicha sentencia la empresa presentó una reclamación ante el ayuntamiento. Este disintió del importe estimado y de otros elementos de la demanda, por lo que recurrió ante los tribunales locales. La Audiencia de Las Palmas emitió sentencia en abril de 1933, contra la que ambas partes recurrieron ante el Tribunal Supremo. Este confirmó dicha sentencia, que obligaba al ayuntamiento a pagar el agua que la compañía tenía que adquirir para satisfacer la demanda. En enero de 1935 salió la sentencia del Tribunal Supremo sobre la rescisión de la concesión. Dio la razón a la compañía excepto en la responsabilidad del ayuntamiento respecto a costes de formación de la compañía en Londres, interés compuesto y pago en pts. oro. Como consecuencia, la compañía presentó la correspondiente reclamación al ayuntamiento. La Audiencia provincial, a petición de la compañía, exigió en junio de 1936 al ayuntamiento el cumplimiento de la sentencia del Supremo en un plazo máximo de dos meses. El estallido de la Guerra Civil interrumpió sine die dicho plazo, por decreto del Gobierno de Burgos.

El servicio no se alteró por el conflicto, pero se cancelaron los envíos de divisas a Londres desde febrero de 1936, debido a la suspensión de los acuerdos de clearing. Por otro lado, la devaluación de la peseta durante los años treinta y cuarenta, especialmente intensa a partir de 1936, le afectó también negativamente. Las ventas continuaron aumentando, incluso se intensificaron durante la guerra y postguerra, debido al crecimiento demográfico pero la insuficiente oferta siguió obligando a adquirir agua para atender la demanda. Debido a las circunstancias políticas del período, la ejecución de la sentencia de compensación por la rescisión de la concesión se siguió dilatando, aunque al parecer las relaciones de la compañía con el ayuntamiento eran buenas.

A 26 de diciembre de 1945 los compromisos financieros de la compañía ascendían a un total de 335.011 libras. Finalmente, en abril de 1946 se procedió a la municipalización del servicio, tras rescate de la concesión, contando, en esos momentos, con un centenar de trabajadores. Pocos meses después, la Asamblea General extraordinaria de accionistas celebrada el 25 de julio de 1946 aprobó la disolución de la compañía. Durante todo su ciclo de negocio, no llegó a repartir nunca dividendos a sus accionistas ni pagó intereses a sus obligacionistas, por lo que resultó un negocio ruinoso para ambos colectivos.

CONCLUSIONES

Los condicionantes climáticos y orográficos dificultaron históricamente el acceso al agua en Las Palmas. El abastecimiento tradicional de agua llegó a una situación límite a finales del siglo XIX, lo que obligó a buscar alternativas. Estas se dilataron en el tiempo, debido a la carencia de capitales y de experiencia empresarial, hasta que se materializó en una polémica concesión en 1912 a una compañía británica, enfrentada a una fracción de la burguesía local por el control estratégico de la aguada al puerto. Hábilmente, la empresa neutralizó dicha oposición integrándola.

La creación de la compañía, tardía, se enmarca en la edad dorada de la inversión internacional y reforzaba la fuerte presencia británica en un puerto estratégico en las rutas marítimas. Se configuró bajo la flexible forma de free-standing company. Su accionariado era numeroso y de procedencia social variada, aunque un número muy reducido de ellos, varios de ellos comerciantes canarios, controlaban la compañía. Su Consejo de Administración se nutría de comerciantes, banqueros, empresarios e ingenieros, con limitadas conexiones empresariales externas.

La modificación del proyecto inicial, oposición de propietarios de manantiales y la Primera Guerra Mundial retrasaron y encarecieron notablemente las obras. La falta de recursos propios obligó a un elevado endeudamiento, con los consiguientes compromisos financieros. Las dificultades para incrementar la oferta de agua acorde a una demanda en expansión, restaron capacidad de generar suficientes excedentes para atender al pago de la deuda, que hubo que aplazar continuamente.

Ante esta situación crítica, la empresa entabló negociaciones con el ayuntamiento para modificar los términos de la concesión o que revertiese a la institución local. La consecución de un acuerdo se fue dilatando, vía demandas judiciales por medio, lo que acentuó la debilidad financiera de la compañía. Esta llegó a una situación límite con el contexto extraordinario de la Guerra Civil y mundial, desembocando finalmente en la municipalización del servicio.

El perfil de esta compañía y sus vicisitudes se acompasan bastante bien a lo acontecido con otras empresas británicas actuantes en ese sector en España, como Algeciras (Martínez-López, 2020) o, en parte, Sevilla, por ejemplo: modelo organizativo de free-standing company, carácter portuario y estratégico, débil estructura financiera, tardía puesta en marcha del servicio, prolongada crisis, acelerada a partir de 1931, escasa rentabilidad para accionistas y obligacionistas, municipalización durante el primer franquismo.

FUENTES Y BIBLIOGRAFÍA

FUENTES

City of Las Palmas Water & Power, Annual Reports 1913-1945.
Public Record Office:
– City of Las Palmas Water & Power, BT 31-35113-126916.
– City of Las Palmas Water & Power, BT 31-35114-126916.
London Stock Exchange, Annual Reports, 1913-1945.
Directory of Directors, 1913.

BIBLIOGRAFÍA

Carnero, F. y Nuez, J.S. (2001). Empresa capitalista y agua en Canarias, 1896-1936. Una primera aproximación. En *VII Congreso de la Asociación de Historia Económica. Ponencias y comunicados.*

Carnero, F. y Nuez, J.S. (2006). Deshaciendo mitos. La inversión extranjera en Canarias, c. 1850-1936. En *Anales de Economía Aplicada. XX Reunión Anual ASEPELT,* La Laguna (pp. 2068-2092).

Castro-Valdivia, M. y Matés-Barco, J. M. (2020). Los servicios públicos y la inversión extranjera en España (1850-1936): las empresas de agua y gas. *História Unisinos*, 24(2), 221-239.

Costa, M. T. (1981). Iniciativas empresariales y capitales extranjeros en el sector servicios de la economía española durante la segunda mitad del siglo XIX. *Investigaciones Económicas*, 14, 45-83.

Delgado Aguiar, G. (1992). Crecimiento urbano y desequilibrios territoriales en Las Palmas de Gran Canaria. *Vegueta: Anuario de la Facultad de Geografía e Historia,* 0, 319-330.

Delgado Aguiar, G. (1998). Las relaciones puerto-ciudad en Las Palmas de Gran Canaria. Tensiones y tendencias territoriales. *Vegueta: Anuario de la Facultad de Geografía e Historia*, 3, 243-253.

Galván González, E. (1995a). El abastecimiento de agua potable a Las Palmas de Gran Canaria, 1800-1946. *Vector Plus.*

Galván González, E. (1995b). El servicio de abastecimiento de agua potable a Las Palmas de Gran Canaria: implicaciones políticas derivadas de su concesión a una compañía inglesa. *Boletín Millares Carlo,* 14, 119-133.

González, A. (2000). El desarrollo demográfico de la ciudad de Las Palmas de Gran Canaria (siglos XVI-XX). *Arquipélago-Revista da Universidade dos Açores,* 239-256.

Hassan, J. (1998). *A history of water in modern England and Wales.* Manchester, Manchester University Press.

Martín, J. F. (2003). Higienismo antiepidémico en Las Palmas de Gran Canaria (1920-1921): divulgación y terapeútica. *Boletín Millares Carlo*, (22), 131-145.

Martínez-López, A. (2020). Inversión extranjera y abastecimiento de agua: Algeciras, 1895-1952. *História Unisinos*, 24(2), 209-220.

Matés-Barco, J. M. (2002). Strategies of foreign firms in the sector of water supply in Spain (1850-1990). In H. Bonin (coord.). *Transnational Companies, 19th-20th Centuries* (pp. 301-316). Plàge.

Quintana Navarro, F. (1992a). Los intereses británicos en Canarias en los años treinta: una aproximación. *Vegueta: Anuario de la Facultad de Geografía e Historia*, 0, 137-147.

Quintana Navarro, F. (1992b). Informes consulares británicos sobre Canarias (1856-1914). *Centro de Investigación Económica y Social de Canarias.* Las Palmas de Gran Canaria.

Quintana Navarro, F. (2011). Barcos, negocios y burgueses en el Puerto de La Luz, 1883-1913. *Cuadernos Canarios de Ciencias Sociales*, 12.

Mayer Suárez, P. (2002). Desarrollo urbano e inundaciones en la ciudad de Las Palmas de Gran Canaria (1869-2000). *Investigaciones Geográficas (Esp)*, 28, 145-159.

Millward, R. (2007). La distribution de l'eau dans les villes en Grande Bretagne au XIXe et XXe siècles: le gouvernement municipal et le dilemme des compagnies privées. *Histoire, economie, sociétè*, 26(2), 111-128.

Nuez Yánez, J. S., & Carnero Lorenzo, F. (2003). El mercado del agua en Canarias: una perspectiva histórica. *Revista de Historia Economica-Journal of Iberian and Latin American Economic History*, 21(2), 373-398.

Ponce Marrero, J. (2002). La rivalidad anglo-alemana en Canarias en vísperas de la Gran Guerra, *Anuario de Estudios Atlánticos*, 48, 133-152.

Stone, I. (1999). *The Global Export of Capital from Great Britain 1865-1914. A Statistical Survey.* Macmillan Press,

Suárez, M., Jiménez, J. L. y Castillo, D. (2011). Puerto, Empresas y Ciudad: una aproximación histórica al caso de Las Palmas de Gran Canaria. *Revista de Historia Industrial*, 46, 73-96.

Wilkins, M. (1998). The Free-Standing Company Revisited, in M. Wilkins and H. G. Schröter, *The Free-Standing Company in the World Economy, 1830-1996.* Oxford University Press, 3-64.

Gestión del agua e inversión extranjera, Las Palmas, 1911-1946

Resumen: En este capítulo se busca examinar el papel del capital británico en la gestión del suministro de agua en Las Palmas a través de la empresa *City of Las Palmas Water & Power* desde una perspectiva de Historia empresarial. Serán utilizadas fuentes primarias tanto empresariales como públicas, así como también fuentes secundarias para estudiar su origen, estructura organizativa y rendimiento empresarial. Todo esto se verá condicionado por variables demográficas y de precipitación, diferentes contextos económicos y regulaciones públicas, dentro del marco de la evolución del sector del agua en España y la inversión británica en el extranjero.

Palabras clave: agua, inversión extranjera, inversión británica, Canarias.

Water management and foreign investment, Las Palmas, 1911-1946

Abstract: In this chapter, the aim is examine the role played by British capital in the management of water supply in Las Palmas through the company *City of Las Palmas Water & Power* from a Business History perspective. Primary sources, both from businesses and the public sector, as well as secondary sources will be used to study the company's origins, organizational structure, and business performance. All of these will be conditioned by demographic and precipitation variables, different economic contexts, and public regulations, within the framework of the evolution of the water sector in Spain and British investment abroad.

Keywords: water, foreign investment, British investment, Canary Islands.

Gestão da água e investimento estrangeiro, Las Palmas, 1911-1946

Resumo: Este capítulo procura examinar o papel do capital britânico na gestão do abastecimento de água em Las Palmas por meio da empresa City of Las Palmas Water & Power, a partir de uma perspectiva de História Empresarial. Serão utilizadas fontes primárias empresariais e públicas, bem como fontes secundárias para estudar sua origem, estrutura organizacional e desempenho empresarial. Tudo isto estará condicionado por variáveis demográficas e de precipitação, diferentes contextos económicos e regulações públicas, no quadro da evolução do setor da água em Espanha e do investimento britânico no estrangeiro.

Palavras-chave: água, investimento estrangeiro, investimento britânico, Ilhas Canárias.

8.
LAS EMPRESAS EXTRANJERAS EN EL ABASTECIMIENTO DE AGUA EN ANDALUCÍA (1860-1960)

Mariano Castro-Valdivia
Universidad de Jaén

INTRODUCCIÓN

El aumento de la población en las ciudades europeas a finales del siglo XVIII generó una mayor demanda de agua potable y el progresivo colapso de los sistemas clásicos de abastecimiento. Durante el siglo XIX hubo una modernización de los servicios públicos en el ámbito urbano, con un proceso de renovación en el que fueron determinantes las empresas privadas (Matés-Barco 1998, 1999, 2013, 2019). La gestión delegada, a través de concesiones administrativas, de los servicios de abastecimiento de agua potable y de alumbrado público por gas fue necesaria, ya que los municipios no disponían de los fondos suficientes para llevar a cabo dichas inversiones, ni tampoco del conocimiento necesario para implantar los nuevos sistemas de esta industria de red emergente. Esta comenzó a desarrollarse en Inglaterra con la revolución industrial. Las primeras empresas autorizadas por el parlamento inglés para prestar estos servicios fueron la *Manchester and Salford Waterworks* en 1809 (Hassan, 1983) y la *London and Westminster Chartered Gas Light and Coke Company* en 1810 (Goodall, 2005). A partir de la segunda década del siglo XIX comenzó el proceso de difusión de esta industria de red al resto de Europa. Su expansión estuvo condicionada por su regulación (Matés Barco, 2016; Castro-Valdivia, Matés-Barco y Vázquez-Fariñas, 2023).

La recepción de esta industria en España fue tardía. La presencia de empresas extranjeras fue significativa durante la segunda mitad del siglo XIX (Costa, 1981; Castro-Valdivia y Matés-Barco, 2020). En

1841, Charles Lebón (1799-1877) obtuvo del Ayuntamiento de Barcelona la concesión para el alumbrado público por gas de la ciudad durante 15 años. Después de construir la primera fábrica de gas en la Barceloneta, que comenzó a prestar servicio en 1842, constituyó en Barcelona, junto a la familia Gil —su socio financiero—, la *Sociedad Catalana para el Alumbrado por Gas* en 1843 (Fàbregas, 2018). Respecto al sistema moderno de abastecimiento de agua, la primera empresa que se estableció en España para este fin fue la *Sociedad de la mina pública de aguas de la villa de Tarrasa*, constituida el 17 de marzo de 1842 por vecinos de la misma villa, ante la imposibilidad económica que el ayuntamiento de dicha localidad tenía para realizar la obra de una mina para la conducción de aguas potables para el abastecimiento público. La corporación municipal solicitó el 20 de abril de 1841 a la Diputación provincial de Barcelona la declaración de utilidad pública de esta obra y cedió la concesión el 18 de abril de 1842 a la empresa indicada. (Franquet, 1864; Matés-Barco, 2014). Por otra parte, la primera empresa de capital extranjero que se estableció en España para prestar este servicio fue la *Compañía de Aguas de Barcelona*, constituida en París en 1867 (Costa, 1981).

Este nuevo modelo de abastecimiento en España estuvo determinado por su regulación. En concreto, las reales ordenes de 14 de marzo de 1846, de 21 de agosto de 1849 y de 5 abril de 1859 y el Real Decreto de 29 de abril de 1860 definieron claramente el dominio público sobres las aguas corrientes y sentaron las bases de este modelo. Por ello, desde 1846 fue necesaria una autorización previa para cualquier uso o aprovechamiento de las aguas corrientes. Además, la concesión otorgada tendría caducidad. Todo ello supuso que a partir de 1850 el interés por redactar una ley de aguas fuese aumentando, formulándose varias tentativas (Franquet, 1864).

La primera propuesta fue presentada a Su Majestad el 13 de febrero de 1851 por la Junta de Agricultura de la provincia de Gerona, que formuló en 43 artículos las bases para una ley de aguas, solicitando que se presentara a las Cortes un proyecto sobre el régimen, uso y aprovechamiento de las aguas. Fruto de esta solicitud, el 22 de enero de 1852 el Gobierno creó una comisión para que formulase un proyecto de una ley general de aguas, que no consiguió dicho objetivo.

La Real Orden de 11 de julio de 1856 nombró una comisión para estudiar un proyecto inicial de ley de abastecimiento de aguas a poblaciones, redactado por Constantino Ardanar, Ingeniero Oficial del Ministerio de Fomento, de 110 artículos[1]. El dictamen de la comisión fue favorable al proyecto, pero indicaban la necesidad de redactar una ley general de aguas (Vila, 2015).

El siguiente proyecto, el de Cirilio Franquet y Bertran (1859), mandado publicar por Real Orden de 24 de febrero de 1859, fue el documento de partida de la comisión de redacción de la Ley de Aguas de 1866, nombrada por Real Decreto de 27 de abril de 1859. El ponente general de esta comisión fue Antonio Rodriguez de Cepeda, catedrático de la Universidad de Valencia, que presentó su texto a la comisión el 4 de enero de 1861. Los trabajos de dicha comisión terminaron el 23 de abril de 1863. El trámite parlamentario de este proyecto de ley fue lento, ya que no fue aprobado hasta el 4 de julio de 1866, siendo publicado en la *Gaceta de Madrid* el 7 de agosto de ese mismo año.

Esta ley recogió las bases del sistema moderno de abastecimiento de agua potable en los artículos 211 al 219, indicando que el caudal normal debía ser de 50 litros al día por habitante y no inferior a 20; que la concesión sería otorgada por el gobernador provincial siempre que el abastecimiento no superase los 50 litros por segundo y por el gobierno cuando lo rebasase; que otorgada la concesión, correspondía al ayuntamiento ordenar y vigilar dicho servicio en su municipio; y que si la concesión fuese otorgada a una empresa privada, la tarifa de precios de suministro debería recogerse en las condiciones concesionales, que esta sería temporal y no podría exceder de 99 años, y que tras la finalización de la concesión toda la infraestructura revertería al ayuntamiento, que respetaría todos los contratos de suministros de agua a domicilio que el concesionario hubiese firmado. Estos principios prevalecieron en la Ley de Aguas

[1] Como indica Sebastián Martín-Retortillo Baquer (1960), una copia firmada el 3 de marzo de 1857 de este proyecto se encuentra entre la documentación del expediente sobre la elaboración de la Ley de Aguas de 1866, que se conserva en el Archivo del Ministerio de Obras Públicas.

de 1879, vigente hasta 1985, en la sección segunda del capítulo XI, artículos 164 al 171.

En este contexto, este trabajo analiza las empresas extranjeras que desarrollaron el sistema moderno de abastecimiento de agua potable en ocho ciudades andaluzas entre 1860 y 1960, periodo donde hemos detectado la presencia de inversión extranjera en este sector (Matés-Barco, 1997, 2002, 2006; Castro-Valdivia, Fernández-Paradas y Matés-Barco, 2019; Castro-Valdivia, Matés-Barco y Vázquez-Fariñas, 2020; Castro-Valdivia, 2021).

El trabajo consta de una introducción y ocho apartados, uno para cada ciudad estudiada. El primero analiza el abastecimiento de la ciudad de Cádiz, el segundo aborda Málaga, el tercero examina el caso de Ronda, el cuarto estudia Sevilla, el quinto está dedicado a Garrucha y el sexto a Huelva. A continuación, los siguientes bloques examinan lo sucedido en Carmona y Morón de la Frontera y, por último, se presenta la experiencia de Algeciras. Para finalizar, se exponen algunas conclusiones y una lista de las referencias consultadas para la realización de este trabajo.

LOS INGLESES Y EL ABASTECIMIENTO DE AGUA EN CÁDIZ

La inquietud de Cádiz por modernizarse durante el siglo XIX fue significativa. En 1846 ya disponía de una fábrica de gas para el alumbrado público, siendo la tercera ciudad española en tener este tipo de iluminación, después de Barcelona (1842) y Valencia (1844). El proceso para conseguir la concesión fue complejo y largo (Fernández-Paradas, 2015). En el caso del abastecimiento de agua potable, que vamos a analizar a continuación, ocurriría una situación similar.

El primer proyecto para un sistema moderno de abastecimiento de agua fue presentado por el ingeniero inglés Thomas White en 1855 (Pérez y Román, 2015). Posteriormente, le siguieron el de D. Ignacio Mendez de Vigo, Gobernador de la provincia de Cádiz, en 1860; el de D. Francisco Menoyo, el del ingeniero inglés Mr. Samuel Morton Peto (1809-1889) y el inglés de D. Guillermo Partington

Hurst (1814-1908), todos ellos presentados en 1861 (Ayllon, 1862, pp. 10-11). En este contexto, el ayuntamiento gaditano comenzó a debatir sobre esta materia y el 27 de agosto de 1861 acordó abrir un plazo de cuatro meses para la presentación de proyectos contados desde el día en que dicho edicto fuese publicado en la *Gaceta de Madrid*. Este apareció en la sección de *Anuncios Oficiales* del n. 261 de 18 de septiembre de ese mismo año. El 20 de enero de 1862 se convocó pleno del cabildo para ver las propuestas presentadas, que fueron tres: la de D. José María Favres firmada en Cádiz, la de Mr. Easton Amos Hory firmada en Londres y la de *Francisco de Menoyo y Compañía*, firmada en Madrid[2].

Tras analizar las propuestas, el debate se centró en los dos proyectos que culminaron los estudios para abastecer de agua a la ciudad, el de D. Ignacio Mendez de Vigo y el de D. Francisco Menoyo. Este último fue el elegido y aprobado en pleno del 6 de febrero de 1862. No obstante, Guillermo Partington impugnó el acto de concesión y el contrato fue revocado por Real Orden de 13 de diciembre de 1862. El ayuntamiento no cesó en sus actuaciones y encargó al ingeniero Luis de la Escosura y Morrogh (1829-1904) la redacción de un nuevo proyecto basado en los anteriores. Este fue aprobado por el consistorio el 23 de junio de 1863. No obstante, no fue hasta 1867 cuando D. Matías del Cacho, vecino de Madrid, intentó ponerlo en práctica. El contrato de concesión se firmó el 4 de febrero de 1867, siendo ratificado por Real Orden de 30 de julio del mismo año, que declaró la utilidad pública de la obra y dio pie a la constitución de la *Empresa de la traída de aguas de los manantiales de La Piedad a Cádiz*. Las obras fueron inauguradas oficialmente el 12 de junio de 1868. No obstante, el concesionario no pudo terminar el proyecto y transfirió la concesión el 30 de octubre de 1871[3] a la empresa *The Cadiz Water Works Company Limited,* sociedad constituida en Londres con este

[2] Los datos ofrecidos por Julio Pérez Serrano y Alejandro Román Antequera (2015, p. 161), que obtiene de Joaquín María Piñeiro Blanca (1997, p. 169), son diferentes y dicen lo siguiente: "José Mª Fabrés, de Madrid, el de Easton Amot & Hone, de Londres —con el proyecto de Thomas White— y el de Menoyo".

[3] Contrato legalizado en escritura pública el 26 de marzo de 1872 (Anónimo, 1872, p. 633).

fin en 1871, y que suministró agua a la ciudad en el verano de 1874 (Rosetty, 1877, pp. 206-210).

The Cadiz Water Works Company Limited fue la primera empresa extranjera que se dedicó al sector del abastecimiento de agua potable en Andalucía. Según el prospecto de 13 de julio de 1872 de emisión de acciones preferentes (Anónimo, 1872, p. 633). Su capital inicial era de 150.000 libras esterlinas, divididas en 15.000 acciones ordinarias de 10 libras cada una, de las que estaban consignadas 14.917. Las necesidades financieras de la empresa para llevar a cabo el proyecto eran importantes, ya que el gasto presupuestado ascendía a 450.000 libras. La ampliación de capital planteada suponía emitir 20.000 acciones preferentes de 10 libras cada una. Además, se ofrecía a los suscriptores un interés del 10 % anual, que sería del 7 % hasta la finalización de las obras. Estas fueron contratadas el 15 de junio de 1872 con los señores E. W. Barnett y H. Gale y su plazo de ejecución era de 18 meses. Las oficinas de la empresa estaban en Londres —4, Skinner's place, Queen Victoria-street— y Wiliam Hawes (1805-1885) era su presidente. El ingeniero de la empresa era Valentine G. Bell (1839-1908).

La emisión de acciones preferentes no alcanzó su objetivo, ya que el anuncio que los directores de la empresa insertaron en el semanario *The Economist* invitaba a suscribir las 7.955 acciones no suscritas en la emisión de julio de 1872 (Anónimo, 1873a, p. 13). Por tanto, la empresa tenía una capital de desembolsado de 269.630 libras esterlinas el 4 de enero de 1873, cantidad insuficiente para concluir las obras de abastecimiento. Por este motivo, el 31 de octubre de 1873, la empresa realizó una emisión de 1.000 obligaciones hipotecarias de 100 libras cada una, con una retribución anual del 8 %, reembolsables a partir del 1 de octubre de 1876. El prospecto de la emisión indicaba que el capital desembolsado de la sociedad en ese momento era de 332.990 libras esterlinas entre acciones ordinarias y preferentes (Anónimo, 1873b, p. 556). Esta emisión tampoco fue cubierta y el 17 de enero de 1874 la compañía insertó un anuncio en el semanario *The Railway Times*, invitando a suscribir 696 obligaciones no suscritas en la emisión de octubre de 1873 (Anónimo, 1874, p. 70). Los problemas financieros de la compañía inglesa no cesaron, a pesar de empezar a suministrar agua en el verano de 1874 a las ciudades de Cádiz, Puerto Real y El Puerto de Santa María, siendo declarada en liquidación en 1877 (Anónimo, 1877, p. 2.697). En 1880 la empresa fue vendida al empresario inglés John Syer, quién la adquirió para unos clientes suyos franceses (Matés-Barco, 1997, p. 115; Ramos Santana, 1992, p. 38). Este pagó 35.200 libras por el patrimonio de *The Cadiz Water Works Company Limited,* lo que ponía de manifiesto la situación de quiebra técnica en la que se encontraba la empresa. Los nuevos propietarios constituyeron en enero de 1881 una nueva compañía en Londres con la denominación de *The Cadiz Waterworks Limited,* siendo el director en Cádiz de dicha empresa Victor Dephieux (Vázquez-Fariñas, 2023, p. 62).

Esta empresa tenía su domicilio en el 21, Leadenhall-street y fue declarada en liquidación el 26 de octubre de 1883, siendo sus liquidadores Horatio Brandon, Henry Dixon Fisher, Matthew Eugene Hutchinson y Edouard Darlus (Anónimo, 1883, pp. 5.584-5.585). De nuevo los problemas financieros hicieron que la concesión fuese vendida en este caso al Ayuntamiento de Cádiz el 23 de septiembre de 1883, pero ante la imposibilidad de gestionar directamente el servicio, el ayuntamiento realizó en agosto de 1884 una nueva convocatoria de concurso para solucionar el problema del abastecimiento. El nuevo proyecto fue puesto en marcha en 1885 a través de una empresa de capital nacional: *Sociedad de Aguas Potables de Cádiz,* que gestionó el servicio hasta su municipalización en 1927 (Heredia-Flores, 2013, p. 113).

MÁLAGA Y LOS FRANCESES

Al igual que Cádiz, Málaga buscaba su modernización urbana, la fábrica de gas para la iluminación fue fundada en 1852 por el francés Luis Gosse (Fábregas, 2003). En la misma década, el Ayuntamiento de Málaga buscó solucionar el problema del abastecimiento de agua, y en este caso, la solución parecía encontrarse en los conocidos manantiales de Torremolinos, distante unos 15 kilómetros (Heredia-Flores, 2013).

El proyecto para dotar a esta ciudad de un sistema moderno de abastecimiento de agua fue encargado a D. José Morer y Abril (1823-1906) y a D. Joaquín Perez de Rozas y Campuzano en 1866.

El ayuntamiento aceptó dicho proyecto y obtuvo la autorización y su declaración de utilidad pública por Real Orden de 9 de agosto de 1867, publicada el 21 del mismo mes y año en la *Gaceta de Madrid.* El plazo de ejecución de las obras era de dos años. El presupuesto para la ejecución del proyecto fue de 849.481,455 escudos[4], desagregado en tres partidas: 163.161,425 para obras de fábrica, 543.346,050 para los tubos de hierro y 142.973,980 para su colocación. El proyecto aprobado para abastecer de agua potable a la capital malagueña autorizaba al ayuntamiento a utilizar 152 litros por segundo de los manantiales de Torremolinos, que eran de su propiedad (Dirección General de Obras Públicas, 1871, pp. 67-68 y 192-193).

Para conocer la historia de esta traída de aguas, resulta muy interesante leer la sentencia n. 133 de la Sala Primera del Tribunal Supremo de 6 de diciembre de 1887 (Ministerio de Gracia y Justicia, 1889, pp. 791-817). En los siguientes párrafos vamos a sintetizar y comentar la misma en relación a la concesión del servicio de abastecimiento de agua potable de Málaga de 1875.

El ayuntamiento contrató con los Sres. Pellicer y Balaciar los tubos metálicos y su colocación, presupuestados según el proyecto de 1866 en 1.715.800,08 pesetas, y con D. Joaquín Bournar el resto de trabajos: apertura de zanja, relleno, casas de registro, etc., cuyo presupuesto ascendía a 407.903,56 pesetas. Para financiar estas obras la alcaldía destinó lo obtenido por la demolición de dos conventos y la venta de dichos solares, 515.438 pesetas, y lo conseguido por la venta a perpetuidad de las aguas de la traída por unidades de metro cúbico diario[5]. A lo largo de 1870 se vendieron un total de 3.334 metros cúbicos diarios, con lo que el consistorio ingresó 1.082.675 pesetas (Heredia-Flores, 2013, p. 109). Por tanto, el ayuntamiento disponía de 1.598.113 pesetas para comenzar la obra, el 75 % de lo presupuestado en el proyecto, y decidió comenzarla. Desconocemos la fecha exacta de inicio de las obras de la traída de aguas de Torremolinos,

[4] Entre 1864 y 1868 la moneda oficial en España fue el escudo de plata. En 1869 se estableció que 2 escudos de plata eran equivalentes a 5 pesetas. Por tanto, el coste del proyecto en pesetas ascendía a 2.123.703,64 pesetas.

[5] Regulado en el Reglamento de traída de aguas de Torremolinos, aprobado por el Ayuntamiento de Málaga en enero de 1870.

pero sabemos que estas tuvieron que paralizarse en octubre de 1873 porque la municipalidad no tenía fondos para realizar los pagos de las obras realizadas por Pellicer y Balaciar. La deuda con estos contratistas ascendía entonces a 439.810,05 pesetas.

Ante esta situación la corporación local buscó soluciones que le permitieran pagar la deuda al contratista y concluir la obra, por lo que decidió la privatización de la concesión del abastecimiento de aguas a través de un llamamiento. A este acto solo acudió D. Federico Gros y Cronés o Crovués, vecino de París, de profesión negociante y residente en Málaga. El ayuntamiento aceptó su propuesta y firmó con él un contrato de concesión que fue legalizado en escritura pública el 2 de agosto de 1875. Los firmantes por parte del ayuntamiento fueron D. Manuel Orozco y Boada, acalde primero accidental, y D. Joaquín Narváez y Martínez, primer síndico.

Las condiciones del contrato fueron desarrolladas en 39 artículos. El primero indica que de los 13.130 metros cúbicos de agua diarios que el ayuntamiento proyectaba traer a la ciudad desde los manantiales de Torremolinos, 2.500 eran para los servicios públicos del municipio y no serían renumerados al concesionario. El segundo aborda que el concesionario tendría que asumir las suscripciones de aguas realizadas por la alcaldía en 1870 con el objeto de financiar la obra de 3.330 metros cúbicos diarios. En el tercero, el ayuntamiento cedía a Gros los derechos de cobro de los suscritores de agua de 1870. El cuarto señala que la concesión era de 99 años y que el concesionario podía explotar 7.300 metros cúbicos diarios libremente. El quinto otorgaba al ayuntamiento una reserva de 1.500 metros cúbicos diarios durante toda la vida de la concesión a un coste de cinco céntimos por cada metro cúbico consumido. Por tanto, el concesionario tenía potestad solo sobre 5.800 metros cúbicos diarios.

Por otra parte, el artículo 38 del contrato reconocía a Gros la posibilidad de formar una sociedad anónima o de otra especie a la cual podría trasmitir dicha concesión. La incorrecta constitución de esta empresa fue el origen del problema judicial abordado en la sentencia judicial indicada de 1887.

La empresa *Federico Gros y Compañía* fue constituida en París el 30 de agosto de 1875. Un documento privado firmado por D.

Federico Gros, D. Alberto Nillus, ingeniero, D. Fernando Gros, D. José Chaix, D. C. Picaluga, D. Ernesto Nillus, Sr. Mecenze y D. A. Denomy dio fe de su creación. Estos eran conocedores del proyecto y encargaron a D. Federico Gros la regularización de la sociedad formada por ellos. Esta adoptó la forma de comandita simple bajo la denominación comercial de *Compañía de las aguas de Torremolinos*. D. Federico Gros era el Director Gerente y único responsable de la sociedad, mientras que los otros siete otorgantes eran socios comanditarios. D. Federico Gros aportó la concesión obtenida del ayuntamiento malagueño, que fue valorada en 250.000 francos, y los otros sietes socios aportarían igual cantidad. El objeto de la misma era la explotación de la concesión de las aguas de Torremolinos y la sociedad estaba obligada a ejecutar y seguir los convenios firmados por D. Federico Gros en relación con dicha concesión. El domicilio principal de la empresa estaba en París y en Málaga habría una oficina para gestionar el servicio. El fondo social se fijó en 2 millones de francos. Este contrato fue depositado por Gros en el archivo del Consulado de Francia en Málaga el 30 de noviembre de 1875. A pesar de los problemas financieros que Gros tuvo para realizar la obra, el agua de los manantiales de Torremolinos llegó a Málaga el 19 de junio de 1876. No obstante, las obras continuaron varios meses más para concluir la red de distribución establecida en el contrato de concesión. En concreto, D. Luis María Moliné, como apoderado de *Federico Gros y Compañía,* notificó el 15 de marzo de 1877 al Ayuntamiento de Málaga la terminación de la misma y que esta era la fecha para los efectos del contrato de concesión. Por tanto, esta finalizaría el 14 de marzo de 1976.

Por otra parte, en escritura pública firmada por D. Federico Gros y D. Domingo Rodríguez López, de 17 de mayo de 1879, en que el primero subarrendaba al segundo 750 metros cúbicos diarios de la concesión, Gros advertía que su compañía comanditaria no había cumplido con los requisitos necesarios para su legalización en España. Su fallecimiento repentino, acaecido el 15 de agosto de 1879 en París, le impidió terminar dicho proceso. Según la sentencia comentada, la no existencia legal de dicha compañía en España no implicaba la nulidad de los compromisos firmado por D. Federico

Gros en nombre de su empresa, como solicitaba su hijo D. León Gros e Imbert, y obligaba a sus herederos a hacer frente a dichas deudas.

La situación financiera del fallecido era desconocida para sus hijos y herederos, León y María, tal y como quedó recogido en la sentencia del 27 de diciembre de 1879 del Tribunal Civil del Sena de París, en la que aceptaron su herencia a beneficio de inventario. En dicha sentencia se indicaba que hasta la liquidación de la herencia y para asegurar la continuidad del abastecimiento de agua a Málaga, D. Luis María Moliné continuaría como administrador al frente del servicio.

El 12 de abril de 1880 se otorgó escritura de liquidación y los herederos de Gros reconocieron tener una deuda de 926.935,95 pesetas con D. José Tena y Martínez y D. Domingo Rodríguez y López, quienes aceptaron un plan de pagos que implicaba la liquidación de esta deuda más los intereses correspondientes a finales de diciembre de 1880.

Para intentar resolver el problema financiero de la concesión, los herederos de Gros cedieron la explotación a la *Compagnie Continentale des Eaux,* constituida en París con un capital social de 6.000.000 de francos, dividido en 12.000 acciones de 500 francos, en 1880. En concreto, esta empresa fue constituida por D. León Gros, D. Alberto Nillus, esposo de D.ª María Gros, y otros, en documento privado fechado en París el 2 de marzo de 1880 y depositado en una notaría parisina el día 10 del mismo mes y año. En dicho documento se indicaba que 1.200.000 francos del capital social de la empresa se destinarían a saldar las deudas de la compañía distribuidora de las aguas de Torremolinos. Posiblemente, la nueva sociedad no pudo suscribir todo su capital social y hacer frente a las deudas acumuladas por la concesión, por lo que fue declarada en quiebra en 1881 y la concesión fue vendida en subasta judicial.

El 23 de diciembre de 1882, la concesión fue adjudicada a Jonathan Aldons Mays y Adam Scott, ambos vecinos de Londres, que junto a Leonie Orlhac, esposa de León Gros Imbert, constituyeron el 18 de febrero de 1883 la sociedad *A. Scott y Compañía* en París, siendo nombrado León Gros Imbert apoderado y representante de la misma en Málaga. Entre 1875 y 1888, el servicio estuvo en manos de la familia Gros, que utilizó todos los medios legales para mantener la concesión a pesar de los problemas financieros que la gestión de la misma le había generado (Heredia-Flores, 2013). El último intento de D. León Gross para salvar el negocio fue la de negociar una concesión a perpetuidad con el ayuntamiento para poder adquirir agua de manantiales cercanos a los de este y utilizar la conducción actual para llevarlos a Málaga. El consistorio aceptó la propuesta y firmó el contrato el 12 de septiembre de 1885, pero la situación financiera de la empresa no mejoró. En 1887 fueron vendidos a particulares los derechos de agua de la concesión, por lo que la sociedad *A. Scott y Compañía* dejó de tener ingresos y estaba abocada a la quiebra. En concreto, la *Gaceta de Madrid* de 15 de enero de 1888 convocaba la junta general de acreedores de esta empresa para el 4 de febrero de ese mismo año para el reconocimiento de créditos. Ante esta situación, el 26 de mayo de 1888 la concesión fue vendida a Francisco Bergamín, que la arrendó a la sociedad formada por sus amigos Antonio de Luna y José Morales Cosso, que no mejoraron el servicio y obligaron al ayuntamiento a incautarse de la concesión en 1913 ante su deterioro.

RONDA Y CARLOS LAMIABLE

Otra ciudad malagueña que tuvo presencia de inversores extranjeros en la implantación del sistema moderno de abastecimiento de agua fue Ronda. El proceso de implantación en este municipio es similar al comentado en el apartado anterior. En primer lugar, la concesión se adjudicó a un particular ante la imposibilidad de que el municipio prestase directamente el servicio, luego se creó una empresa *ad-hoc* a la que se transfirió la misma para su gestión y al final, debido a problemas con el servicio prestado por el concesionario, el ayuntamiento recuperó la concesión y municipalizó el servicio (Heredia-Flores, 2013).

Para indagar sobre esta materia, el trabajo de Pedro Sierra de Cózar y José Eugenio Sierra Velasco (2011) resulta primordial y es la fuente principal utilizada para redactar este apartado.

Los problemas de abastecimiento de agua de Ronda fueron creciendo durante la primera mitad del siglo XIX. Por dificultades financieras, el ayuntamiento rondeño no fue capaz de solucionarlos a pesar de haber promovido estudios para ello en 1822 y 1867. Ante la imposibilidad de poder realizar una gestión directa del servicio de abastecimiento de agua, el 6 de mayo de 1875 el pleno del ayuntamiento aprobó privatizar dicho servicio. La *Gaceta de Madrid* publicó el anuncio el 15 de ese mismo mes y año. En respuesta a la convocatoria fueron presentadas dos propuestas: la de D. Antonio Blanco Caballero, vecino de Madrid, y la de D. Federico Dubernoy, en representación del ingeniero francés D. Carlos Lamiable y Watrin (1828-1888), vecino de Sevilla.

El 30 de junio de 1875 el pleno del consistorio abrió las propuestas y aprobó la realizada por Lamiable. Para empezar a negociar las condiciones del contrato, el ayuntamiento exigió al concesionario una fianza de 100.000 pesetas, que este realizó el 12 de julio de ese mismo año depositando 12 títulos de deuda de publica por valor de 40.000 escudos. El 15 de julio de 1875 fue formalizado mediante escritura pública el contrato de concesión, que en veinte cláusulas regulaba su funcionamiento. El caudal de agua no podría ser inferior a 2.500 metros cúbicos diarios y el concesionario se comprometía a traerlos de los manantiales de La Hidalga, Coca y Fuente de la Arena, en el arroyo Perdiguero. El plazo de ejecución de la obra era de 5 años. La concesión sería por 36 años y el precio por metro cúbico fue fijado en 3 reales y 72 céntimos[6].

El proyecto definitivo de abastecimiento fue presentado por el ingeniero francés el 12 de agosto de 1875. El presupuesto de la obra ascendía a 951.053,50 pesetas. Tras su aceptación por parte el ayuntamiento, el proyecto fue remitido para su aprobación al Gobierno Civil. El ingeniero jefe provincial, Luis Vasconi, emitió informe favorable el 12 de enero de 1876, aunque señaló la necesidad de realizar ciertas modificaciones técnicas y presupuestarias al mismo. El ayuntamiento y Carlos Lamiable aceptaron las propuestas realizadas y prosiguieron con los trámites para la aprobación definitiva

[6] 0,93 pesetas, ya que una peseta equivalía a 4 reales de vellón.

del proyecto. El proceso no resulto fácil, ya que hubo un grupo de rondeños, capitaneados por D. Rafael Reguera Peñaranda, que eran contrarios a la privatización del servicio y recurrieron los acuerdos adoptados por el ayuntamiento y el Gobernador Civil, de tal manera que el pleito tuvo que resolverlo el Consejo de Estado. Este validó el contrato de Lamiable y el ayuntamiento rondeño lo aprobó el 11 de abril de 1876 con algunas consideraciones. La Real Orden de 14 de mayo de ese mismo año del Ministerio de Fomento estableció las condiciones de la concesión de abastecimiento de agua de esta ciudad. Estas quedaron recogidas en la escritura pública firmada por José María Jaudenes, Alcalde de Ronda, y por D. Carlos Lamiable, concesionario del servicio, el 15 de julio de 1876. Las obras comenzaron rápidamente y el agua llegó a la ciudad el 31 de diciembre de 1876. Para la obra y la gestión del servicio Lamiable constituyó la *Empresa de Aguas Potables de Ronda* en 1875.

El ingeniero francés arribó a España muy joven. En 1858, con solo 30 años, estaba trabajando en la construcción de la línea férrea entre Córdoba y Sevilla. En 1865, en la de Zafra a Huelva. Nuestro personaje fue consciente de la posibilidad de negocio existente para un ingeniero y estableció una oficina técnica en Sevilla para ofrecer sus servicios para proyectar y construir ferrocarriles, traídas y distribución de aguas, canales de riego, edificios públicos, etc. En 1869 obtuvo la concesión para la construcción de la línea férrea entre Sevilla y Huelva y las Minas de Riotinto. Para ello constituyó la *Empresa de Ferrocarriles de Carlos Lamiable,* que vendió en 1875 a Guillermo Sundheim ante los problemas surgidos para la construcción de la línea. La obtención de la concesión para el abastecimiento de aguas potables de Ronda le obligó a trasladarse con su familia a dicha ciudad, convirtiéndose en unos de los personajes más influyentes de la misma, ya que fue quien impulsó la construcción de la línea férrea Bobadilla-Ronda-Algeciras. Posiblemente, su interés por este proyecto hizo que descuidara la gestión de la *Empresa de Aguas Potables de Ronda,* pues las quejas sobre el servicio fueron constantes. Su inesperada muerte a finales de diciembre de 1888 en Málaga dejó una empresa descapitalizada, ya que Carlos había derivado parte de sus recursos al proyecto del ferrocarril, y dirigida por su viuda, D.ª

María Ana Grandvallet, y su hijo, D. Luis Lamiable y Grandvallet, que eran inexpertos en la materia.

Los conflictos entre el ayuntamiento y el concesionario se agravaron con la muerte de Carlos Lamiable. Los litigios entre ambas partes fueron interminables, por lo que el ayuntamiento buscó una solución negociada al conflicto. La corporación municipal desarrolló un proyecto de bases para un nuevo contrato de abastecimiento de aguas potables con la empresa concesionaria. Este fue legalizado por escritura pública el 7 de septiembre de 1898. Los firmantes del documento eran D. José Aparicio, Alcalde de Ronda, y D. Luis Lamiable y Grandvallet, como representante de la empresa. Este contrato no era muy distinto al anterior, aunque estipulaba la terminación de las obras que faltaban en el plazo de 10 meses. En el caso de incumplimiento el consistorio rescindiría el contrato, se incautaría de la obra y prestaría directamente el servicio. Por otra parte, ampliaba la concesión inicial hasta 1932. Además, el ayuntamiento quedaba exento del compromiso de gestionar la exención de aranceles de los materiales para la obra. Este asunto había sido uno de los motivos de conflicto, ya que la corporación local no lo había conseguido en 1876 y había supuesto un sobrecoste a la empresa de 116.444 pesetas en gastos de aduanas. Por último, como la situación financiera de la empresa no permitía realizar las nuevas obras y había que ejecutarlas para no perder la concesión, D. Domingo Zarazúa Larrabe fue admitido como nuevo socio capitalista y la *Empresa de Aguas Potables de Ronda* pasó a denominarse *Sociedad Lamiable, Zarazúa y Compañía.*

La nueva empresa volvió a incumplir lo acordado y de nuevo volvió a plantearse la municipalización del servicio en los plenos municipales de 1908, pero aún pasarían bastantes años hasta que la corporación municipal tomara dicha decisión. El 27 de mayo de 1924 el ayuntamiento acordó municipalizar el servicio. El proceso para llevar a cabo la misma fue lento. En 1925 una comisión municipal redactó un informe para aplicarlo. El 12 de mayo de 1927 el ayuntamiento acordó rescindir el contrato con la empresa concesionaria y pagar la indemnización correspondiente. La *Sociedad Lamiable, Zarazúa y Compañía* planteó un recurso y consiguió la paralización inicial de la incautación del servicio, aunque no ganó el pleito, de tal manera que a finales de 1928 el ayuntamiento ya podía rescatar la concesión. Ante esta situación, el 19 de diciembre de ese mismo año, la empresa propuso al consistorio hacer la entrega de la concesión el 1 de enero de 1929 a cambio de una indemnización de 200.000 pesetas. El ayuntamiento aceptó la propuesta el 22 de diciembre de 1928.

SEVILLA Y LA PUGNA ENTRE LAS COMPAÑÍAS EXTRANJERAS

La ciudad Sevilla, igual que el resto de las principales urbes españolas, realizó una gran transformación urbana en la segunda mitad del siglo XIX. El proceso de modernización de la ciudad implicaba el desarrollo de servicios como el alumbrado público por gas, implantado en 1850, o la mejora del abastecimiento de agua. En este caso, fueron presentados diversos proyectos para resolver la escasez. El ayuntamiento sevillano intento solucionar este problema y para ello el 26 de agosto de 1871 abría un expediente con el objetivo de mejorar el abastecimiento. Resultado del mismo fue la convocatoria de un concurso de proyectos para tal fin el 3 de julio de 1874, pero dicho concurso fue suspendido por el ayuntamiento ante su incapacidad económica para poder realizar la obra en función de las bases establecidas en dicho concurso (Sánchez, 2016).

En 1875 se publicaron unas nuevas bases que recogían la tramitación y subasta del servicio de abastecimiento de agua de la ciudad, acorde con la Ley de Aguas de 1866, concesión de 99 años y un caudal de mínimo de 50 litros por habitante y día. El ingeniero Julio Yribe presentó un proyecto el 29 de octubre de 1875. No obstante, de nuevo el ayuntamiento paralizó el procedimiento para una nueva reformulación de las bases de la concesión. El 18 de marzo de 1876, el consistorio volvió a convocar de nuevo el concurso. Fueron presentados varios proyectos nacionales y extranjeros. Resultando ganador el presentado por Julio Yribe en nombre de una sociedad de crédito francesa, que cedió el 28 de agosto de 1876 a la empresa parisina *A. Dalifol, L. Huet & Cia.*, que tuvo que reformular el proyecto inicial. El ayuntamiento aceptó el nuevo proyecto y firmó el contrato de concesión por 50 años con esta empresa el 6 de noviembre de ese mismo año. A pesar de que la empresa francesa depositó la fianza de 300.000 pesetas establecida en el contrato, traspasó la concesión a la *Sociedad Anónima de las Aguas de Sevilla* el 7 de febrero de 1877, que presentó un nuevo proyecto firmado por el ingeniero Luis María Stoffel. Tras su estudio, la comisión municipal que lo analizó, lo consideró incompleto y recomendaba que se diese por caducada dicha concesión. (Sánchez, 2016, pp. 30-31).

Todo parece indicar que así fue pues, al poco tiempo, el ingeniero Jaime Font Escolá, que estuvo encargado de las obras del Guadalquivir y del Puerto de Sevilla desde 1871 hasta 1879, presentó las bases de un proyecto de abastecimiento de agua para la ciudad que fue aprobado por el Ministerio de Fomento el 28 de agosto de 1878. El ayuntamiento subastó la ejecución del proyecto por 915.764 pesetas en dos ocasiones, diciembre de 1878 y febrero de 1879, pero no hubo participantes, por lo que las obras no fueron ejecutadas (Sánchez, 2016, pp. 32-33).

Las propuestas para mejorar el abastecimiento de agua de la ciudad continuaron durante 1880. El ingeniero inglés Jorge Higgin Winfield (1833-1892) presentó su proyecto el 22 de julio. León Booniol, como representante de *Compagnie Générale d'Eaux pour l'Étranger,* filial de la empresa francesa *Compagnie Générale d'Eaux,* lo hizo el 11 de septiembre. Luis María Moliní Ulibarri (1848-1924), vecino de Málaga e ingeniero director de la construcción y explotación de las aguas de dicha ciudad, lo entregó el 12 de octubre. La comisión municipal estudió los proyectos y aprobó el proyecto de Jorge Higgin el 6 de noviembre de 1880, de tal manera que este presentó al ayuntamiento el 11 de noviembre de ese mismo año la memoria, planos y el presupuesto del proyecto y depositó 98.540,85 pesetas en la Tesorería municipal en concepto del 1 % del total del coste de las obras. Además, el ayuntamiento acordó formular el pliego de condiciones de la subasta de la concesión de abastecimiento de agua de la ciudad en base al proyecto de Higgin, a quien se le concedía el derecho de tanteo. De nuevo, el proyecto fue paralizado porque la captación de agua del río Guadalquivir propuesta en el proyecto entraba en conflicto con los derechos que Francisco Coello y Quesada poesía como titular de la concesión de aguas para el Canal de Lora del Río. (Sánchez, 2016, p. 34).

La disputa por conseguir la concesión continuó durante 1882. Por una parte, Eduardo Argenti Sulse, ingeniero y apoderado de Higgin en Sevilla, presentó una modificación del proyecto inicial el 20 de enero, de tal manera que el abastecimiento de la ciudad fuese realizado desde los manantiales de Alcalá de Guadaira y el agua de riego desde el río a su paso por la ciudad. De otro lado, Francisco Coello y Quesada, en representación de la *Compagnie Générale d'Eaux pour l'Étranger,* entregó otro proyecto de abastecimiento el 3 de febrero. Tras el estudio de ambos proyectos, el ayuntamiento optó por la propuesta de Higgin y el 27 de febrero de 1882 fueron aprobadas las bases de la nueva concesión. (Sánchez, 2016, pp. 37-40).

Por fin, después de siete años desde el primer intento de capital francés por mejorar el abastecimiento de agua de la capital hispalense, se otorgaba la concesión al capital inglés. El 4 de marzo de 1882 fue firmada la escritura por la que el ingeniero inglés Jorge Higgin Winfield, de 48 años, obtenía por 99 años la concesión para abastecer la ciudad de Sevilla. Las obras deberían comenzar en un mes y finalizarse en dieciocho. El precio por metro cúbico era de 50 céntimos para el público en general y de 25 céntimos para el ayuntamiento. El precio fijado para el agua de riego estuvo entre 15 y 12 céntimos por metro cúbico, en función de la cantidad consumida. El convenio firmado fue ratificado por el Ministerio de Fomento en junio de 1882. Terminados los trámites administrativos, el ingeniero Eduardo Argenti, en representación de Higgin, presentó al ayuntamiento la memoria y planos del proyecto de abastecimiento el 31 de agosto de dicho año, que se conservan en el *Archivo Municipal* (Sánchez, 2016, pp. 41-48).

Como hemos abordado en los casos anteriores, tras la obtención de la concesión, esta era transferida. Por escritura pública de 15 de diciembre de 1882, Jorge Higgin Winfield transfirió al empresario inglés James Easton y Shaw (1830–) la titularidad de la concesión de abastecimiento de aguas de Sevilla. En realidad, esta trasmisión era fruto de una estrategia empresarial entre ambos individuos, ya que Higgin asumía la parte técnica de negociación y obtención de la concesión y Easton, a través de su empresa: *Easton and Anderson*

Limited, la ejecución del proyecto. Al igual que en otras concesiones, se creó una empresa *ad-hoc* para la gestión del servicio a la que se trasmitiría finalmente los derechos de la concesión. El 2 de abril de 1883 fue constituida en Londres la *Seville Waterworks Company Limited* en la que figuraba Jorge Higgin Winfield como ingeniero de la misma. El 9 de noviembre de ese mismo año, ante un notario de Londres, la *Easton and Anderson Limited* formalizaba el acuerdo de futura trasmisión a la *Seville Waterworks Company Limited* de la concesión de abastecimiento de aguas de Sevilla bajo ciertas condiciones, de tal manera que la trasmisión efectiva de la misma no se realizó hasta 1899 (Sánchez, 2016, pp. 62-68 y 77-82).

El anuncio de emisión de acciones publicado en el periódico *La Andalucía* el 29 de abril de 1883 facilita una información muy interesante de esta de empresa. En concreto, la sociedad en España fue conocida cono la *Compañía de Aguas de Sevilla Limitada.* Esta primera emisión era de 10 millones de pesetas, dividido en 20.000 acciones de 500 pesetas cada una, podía suscribirse en los banqueros de la empresa en Sevilla, D. Tomas de la Calzada y D. Gonzalo Segovia, entre el 1 y el 5 de mayo de 1883. La empresa indicaba que su capital social era de 12.500.000 pesetas y que esta emisión de acciones estaba asegurada y suscrita por tenedores ingleses, que estaban dispuestos a ceder todas las acciones necesarias a los inversores españoles interesados. Igualmente, esta emisión de acciones fue anunciada en la prensa inglesa, donde se indicaba que la *Seville Waterworks Company Limited* tenía un capital social de 500.000 libras esterlinas y que la primera emisión de capital ascendía a 400.000 libras, dividido en 20.000 acciones de 20 libras cada una. Los resultados de la emisión no fueron los esperados, ya que solo hubo suscriptores en Londres, 10.500 acciones, 210.000 libras, es decir, 5.250.000 pesetas[7], en torno a un 55 % de la cantidad que la empresa debería entregar a Easton *and Anderson Limited*, para la realización de las obras de abastecimiento

[7] El tipo de cambio histórico medio de la peseta frente a la libra esterlina, publicado por el *Banco de España* en https://repositorio.bde.es/handle/123456789/15657 para 1883 fue de 25,63, ligeramente superior al recogido en el anuncio de la emisión de acciones que era de 25. En las valoraciones económicas realizadas en pesetas para dicho año hemos utilizado este último.

de agua de la ciudad de Sevilla, que el acuerdo de 9 de noviembre de 1883 entre las partes fijaba en 9.500.000 pesetas. En Sevilla, la empresa no consiguió suscribir ninguna acción ante el problema planteado sobre la salubridad de las aguas del Guadalquivir para abastecer la red de riego de la ciudad (Sánchez, 2016, pp. 94-99).

Según el *Anuario financiero y de sociedades anónimas de España* (Riu, 1922), la *Seville Waterworks Company Limited* solo emitió 17.500 acciones de las 25.000 previstas y de estas solo fueron desembolsadas 13.806. Además, en 1915, las 25.000 acciones iniciales fueron divididas en ordinarias y preferentes. Las 17.500 emitidas fueron declaradas ordinarias y el resto, 7500, serían preferentes retribuidas al 6 %. Esta propuesta no tuvo el éxito esperado, ya que el balance de situación a 31 de diciembre de 1921 muestra que solo se habían suscrito 133 acciones preferentes completamente y otras 168 solo habían desembolsado una libra. Además, tenía autorizadas 180.000 libras en obligaciones al 5 % de interés, de las que estaban desembolsadas 145.360.

En cuanto a las obras para establecer un nuevo abastecimiento de agua de Sevilla, estas comenzaron en febrero de 1883, aunque la inauguración oficial fue realizada por la reina madre Isabel II el 8 de marzo de ese mismo año. A principios de 1884 el agua llegaba ya algunas casas sevillanas. La compañía publicó sus primeras tarifas en diciembre de 1883, distinguiendo entre abastecimiento por contador o caño libre. El contrato establecía que estas debían concluir en el plazo de 18 meses desde su inicio. Ante la imposibilidad de acabarlas para el 4 de septiembre de 1884, Eduardo Argenti, representante de *Easton and Anderson Limited,* pidió una prórroga. Para responder a dicha solicitud, el ayuntamiento pidió informe sobre el estado de las obras al ingeniero Luis María Moliní Ulibarri. Las conclusiones de este reconocieron los argumentos que la empresa alegaba para ampliar el plazo de ejecución, pero señalaban mejoras respecto al proyecto inicial de Higgin que obligaba a introducir nuevas bases en el contrato concesional. Las negociaciones para ello fueron complicadas y estas no fueron firmadas hasta el 12 de diciembre de 1885. El plazo para terminar las obras se fijó en 12 meses. Entre las obras acordadas estaba la de prestar servicio al barrio de Triana. En este proyecto surgieron problemas y las obras recogidas en la *addenda* de

1885 no concluyeron hasta 1898. (Sánchez, 2016, pp. 131-132, 162-175 y 234-242).

Terminada las obras de las dos redes de distribución pactadas en la concesión con el ayuntamiento, la de agua potable y la de riego, llegaba el momento de cumplir lo acordado en 1883 entre la *Easton and Anderson Limited* y la *Seville Waterworks Company Limited,* la trasmisión de la concesión. El proceso comenzó el 23 de junio de 1899, cuando ambas empresas reconocieron en escritura pública, dada en Londres, haber cumplido las obligaciones mutuas de su acuerdo de 9 de noviembre de 1883. El ayuntamiento aceptó el cambio de concesionario el 21 de julio de ese mismo año. El traspaso fue formalizado en escritura pública el 21 de junio de 1900 en Londres. El nuevo concesionario pagó al antiguo la cantidad de 4.961.034,15 pesetas por el traspaso (Sánchez, 2016, pp. 246-247 y 254-259).

Desde comienzos del siglo XX hasta el 31 de diciembre de 1956, en que el ayuntamiento rescató la concesión, el abastecimiento de agua de la capital hispalense fue realizado por la *Seville Waterworks Company Limited.* Durante este periodo, la empresa intentó cubrir las necesidades de la ciudad, pero nunca llegó a conseguirlo debido a su alto crecimiento demográfico (Matés-Barco, 1997).

Respecto a la evolución económica de la compañía son varios los trabajos que nos permiten conocerla (Castro-Valdivia, Fernández-Paradas y Matés-Barco, 2019; Castro-Valdivia y Matés-Barco, 2020; Castro-Valdivia, Matés-Barco y Vázquez-Fariñas, 2020; Castro-Valdivia, 2021). La información utilizada en estos trabajos ha sido la publicada en la *Gaceta de Madrid* relacionada con la Contribución sobre Utilidades de la Riqueza Mobiliaria.

El primer dato publicado corresponde al balance de situación de 31 de marzo de 1905. El patrimonio de la empresa era de 459.471 libras, 19 chelines y 5 peniques[8], es decir, 15.162.575,01 pesetas[9]. Las ganancias fueron de 4.906 libras, 9 chelines y 7 peniques, que en

[8] Antes de la adopción del sistema decimal por la libra esterlina en 1971, una libra equivalía a 20 chelines y un chelín en 12 peniques.

[9] El tipo de cambio histórico medio de la peseta frente a la libra esterlina, publicado por el *Banco de España* en https://repositorio.bde.es/handle/123456789/15657 para 1905 fue de 33,00.

pesetas eran 161.913,84. El balance de situación de 31 de marzo de 1906 reflejaba un patrimonio de 476.751 libras, 4 chelines y 7 peniques, o 13.682.760,30 pesetas[10], lo que supone un incremento de valor de la empresa de un 3,76 % en un año. El beneficio fue de 7.010 libras, 15 chelines y 10 peniques, o 201.209,67 pesetas, un aumento anual del 42,89 %.

El siguiente balance de situación localizado está publicado en el *Anuario* de José María García Ceballos (1919) y fue fechado el 31 de marzo de 1918. El patrimonio de la empresa era de 551.941 libras, 10 chelines y 10 peniques, o 10.961.558,98 pesetas[11], lo que supone un incremento medio anual entre 1906 y 1918 del 1,31 %. No obstante, hay que indicar que, ante la apreciación de la peseta frente a la libra en dicho periodo, el valor patrimonial de la empresa en pesetas disminuyó casi un 20 %. Las ganancias de este ejercicio fueron de 37.118 libras, 19 chelines y 9 peniques, o 737.183,14 pesetas, que supuso un aumento medio anual del beneficio del 35,79 % en el periodo analizado.

El último balance de situación localizado está fechado el 31 de marzo de 1921 y fue publicado en el *Anuario financiero y de sociedades anónimas de España* (Riu, 1922). El patrimonio de la empresa entonces era de 552.650 libras, 10 chelines y 2 peniques, o 15.756.066,33 pesetas[12]. Los beneficios fueron de 17.035 libras, 4 chelines y 6 peniques, o 485.674,41 pesetas. Los números muestran que la empresa continuaba creciendo, aunque a un ritmo menor que en años anteriores.

Por otra parte, los datos publicados por el Ministerio de Hacienda en la *Gaceta de Madrid* sobre el capital fijado para tributar en España en la Tarifa 3ª de la Contribución sobre Utilidades de la Riqueza Mobiliaria, muestran que entre 1911 y 1920 la empresa se recapitalizó

[10] El tipo de cambio histórico medio de la peseta frente a la libra esterlina, publicado por el *Banco de España* en https://repositorio.bde.es/handle/123456789/15657 para 1906 fue de 28,70.

[11] El tipo de cambio histórico medio de la peseta frente a la libra esterlina, publicado por el *Banco de España* en https://repositorio.bde.es/handle/123456789/15657 para 1918 fue de 19,86.

[12] El tipo de cambio histórico medio de la peseta frente a la libra esterlina, publicado por el *Banco de España* en https://repositorio.bde.es/handle/123456789/15657 para 1921 fue de 28,51.

un 23 %, aunque la evolución fue desigual en el periodo estudiado (Castro-Valdivia y Matés-Barco, 2020).

Por último, cabe señalar que el nombre de la *Seville Waterworks Company Limited* fue españolizado de diversas formas. En 1883, en los anuncios de la primera emisión de acciones, era la *Compañía de Aguas de Sevilla Limitada,* en los títulos de acción al portador de 21 de diciembre de 1887 fue denominada como *Sociedad para explotación de aguas de Sevilla Limitada,* y en 1915, el Ministerio de Hacienda la identificaba como *Compañía de Abastecimiento de Aguas de Sevilla,* al igual que en los anuarios consultados.

GARRUCHA Y EL VICECÓNSUL INGLÉS

Hay personajes en la historia de las ciudades que determinan su progreso. Este es el caso de George Clifton Pecket (1846-1904) y de Garrucha, municipio del levante almeriense. La biografía sobre el vicecónsul inglés de Garrucha (Berruezo, Navarro y Soler 2022), permite conocer lo que este personaje aportó al proceso de modernización de esta ciudad: la construcción del ferrocarril minero de Bédar a Garrucha, el abastecimiento de agua, que vamos a comentar, y la promoción turística.

La importancia de esta población estaba en su puerto, que gestionaba a través de su aduana un flujo comercial muy importante con Gran Bretaña. Por tal motivo, el Reino Unido estableció un Viceconsulado en Garrucha en 1852, dependiente del Consulado de Málaga. Tras la muerte del primer vicecónsul, Alejandro Kirkpatrick (1829-1869), George Clifton Pecket fue nombrado para dicho puesto, que ocupó durante cerca de 35 años.

A principios del siglo XIX, Garrucha era una pedanía de Vera. En el segundo tercio de la centuria, el auge minero de la Sierra Almagrera aumentó significativamente su población, segregándose en 1861. En el momento en que nuestro personaje llegó a Garrucha el abastecimiento de agua era escaso y de poca calidad. El problema fue creciendo con el aumento de la población y el 21 de noviembre de 1882 George Clifton Pecket ofreció al ayuntamiento garruchero realizar una conducción de aguas potables con tuberías de hierro desde el paraje de las Saetías, ubicado en la Sierra Cabrera y distante unos 7 km., hasta Garrucha, donde construiría tres depósitos. Para ello, solicitaba una concesión de 80 años y cobrar 5 céntimos de peseta por cántaro. El 27 del mismo mes, el ayuntamiento acordó dar publicidad al asunto con el objeto de que, si hubiera otros interesados, presentaran su propuesta en el plazo de 30 días. El pleno de 7 de enero de 1883 estudió la propuesta de Nicolás Carrillo, vecino de Mojácar, que mejoraba la del Vicecónsul. Enterado Arturo Lengo Castañeda (1840-1906), administrador de los negocios de este, mejoró la propuesta de Carrillo y el consistorio la aceptó, lo que suponía reducir la concesión a 70 años y pagar un canon anual al ayuntamiento de 1.000 pesetas. Las obras estuvieron bajo la dirección del ingeniero civil George Lee y terminaron en septiembre de 1884. Las cuatro fuentes que prestaban el servicio en la ciudad fueron inauguradas el 21 de dicho mes.

Al igual que en otros casos, la concesión fue trasmitida a una empresa *ad hoc*. *The Garrucha Waterworks Company Limited* fue constituida en Londres en 1884. Su capital inicial fue de 25.000 libras esterlinas, o 637.000 pesetas[13], y estaba dividido en 2.500 acciones de 10 libras cada una, que fueron suscritas por Robert Hammond y otros socios. El gerente de la compañía en Garrucha sería el Vicecónsul y este recibiría un número de acciones equivalente a 25.000 pesetas, cerca de 1.000 acciones por su gestión. Poco más sabemos de la explotación de esta concesión, salvo que en 1926 *The Garrucha Waterworks Company Limited* figuraba como compañía disuelta en los registros londinenses. Posiblemente, al igual que en otros municipios, el servicio fue municipalizado.

[13] El tipo de cambio histórico medio de la peseta frente a la libra esterlina, publicado por el *Banco de España* en https://repositorio.bde.es/handle/123456789/15657 para 1884 fue de 25,48.

HUELVA Y VARIAS COMPAÑÍAS EXTRANJERAS

La ciudad de Huelva, al igual que otras muchas ciudades españolas, tuvo un notable crecimiento demográfico a partir del último tercio del siglo XIX y las mismas inquietudes sobre la modernización de los servicios urbanos. La fábrica de gas para alumbrado público se inauguró en 1879 (Fernández-Paradas, 2005). En cuanto al abastecimiento de agua potable a la capital onubense, los trabajos de Garcia Sanz y Rufete Tomico (1996) y de Díaz Zamorano (1999) son la base de para analizar este tema.

Varias fueron las traídas de agua para intentar solucionar el problema de escasez de agua de Huelva, pero en este caso no hubo exclusividad hasta 1925. La primera de ella es la de Antonio Mora y García que data de 1878. La segunda es la de Wilhelm Sundheim de 1883, que es la que nos interesa para nuestro trabajo, y la última es la de los herederos de Vázquez López en 1918. Las tres empresas crearon su propia red de abastecimiento de agua potable y dieron servicio a Huelva hasta 1930, cuando fueron adquiridas por el ayuntamiento onubense.

En la historia de la modernización de Huelva, el ingeniero de minas y empresario Wilhelm Sundheim, que nació el 3 de julio de 1840 en la ciudad alemana de Giessen y murió en Huelva el 7 de agosto de 1903, ha sido fundamental. Se instaló en la capital onubense en 1864 y al año siguiente fundó con su compatriota Henry Doetsch (1839-1894), también ingeniero de minas, la sociedad *Sundheim & Doetsch,* que le permitió desarrollar y financiar varios proyectos modernizadores en la provincia de Huelva. Entre ellos, encontramos la construcción del Gran Hotel Colón en 1883 que incorporaba habitaciones con cuarto de baño, agua corriente fría y caliente, etc. Para dotarlo, realizó una traída de aguas, que también serviría para abastecer la línea de ferrocarril de Huelva a Zafra y dar servicio en torno a 250 abonados en la ciudad onubense.

Generalmente, como hemos visto a lo largo de este trabajo, después de consolidarse el servicio, los promotores constituían una empresa específica para su explotación. En 1891 fue constituida la *Doetsch, D. L.*

La repentina muerte de Henry Doetsch, acaecida el 25 de mayo de 1894 en Londres, implicó un cambio de titularidad de la empresa. El testamento del fallecido obligaba a liquidar todas las sociedades de las que él era socio en un plazo no superior a cinco años. El 29 de enero de 1895 Jorge Riecken y Gesdes adquirió la compañía de aguas, uno de los colaboradores de Sundheim, que la vendió el 22 de marzo de 1900 a la empresa francesa *Fould & Cia.* de París, que también estuvo vinculada a los herederos de Sundheim, ya que en 1919 estaba al frente de ella Carlos Doetsch y Kalt (1870-1951), sobrino de Henry Doetsch y yerno de Wilhelm Sundheim, al casarse en 1902 con Justa Sundheim de la Cueva.

LAS EMPRESAS EXTRANJERAS EN LOS SERVICIOS DE AGUAS DE MORÓN Y CARMONA

La *Gaceta de Madrid* de 19 de febrero de 1891 recogía que el 10 de octubre de 1890, ante el notario madrileño D. Juan Zozaya, había sido constituida la *Compañía Internacional de Aguas*. Los socios fundadores de la empresa fueron D. Luis Moreau y Moreau, vecino de Bruselas (Bélgica), D. Victor Tercelín y Monjot, vecino de Mons (Bélgica), D. Luciano Guinotte, vecino de Marimón (Bélgica) y D. Fernando Hamard, vecino de París (Francia). El fin de la sociedad era gestionar y obtener concesiones para el abastecimiento de aguas potables en diferentes localidades. En concreto, Luciano Guinotte estaba negociando la de las ciudades de Carmona, Écija, Morón de la Frontera y Palma del Río, habiendo realizado proyectos y planos para todas ellas excepto para la primera ciudad enumerada. También depositó fianzas provisionales en dichos ayuntamientos para la gestión definitiva de dichas concesiones.

Los estatutos de la sociedad estipulaban un capital social de 2 millones de pesetas, dividido en 4.000 acciones de 500 pesetas cada una. Además, se autorizaba a emitir 10.000 obligaciones al portador de 500 pesetas cada una, de las que ya estaban emitidas 4.000[14], para

[14] Emitidas el 21 de octubre de 1890, tal y como informaba el anuncio publicado en la *Gaceta de Madrid* de 11 de julio de 1891.

hacer frente al pago de los trabajos de las concesiones que la empresa obtuviera definitivamente. También se estipulaba que las acciones y obligaciones creadas podían ser negociadas y admitidas en las Bolsas de España, Francia y Bélgica. En cuanto al primer Consejo de Administración, este estaba formado por las siguientes personas: D. Eugenio Bemelmaus, D. Luciano Guinotte, D. Carlos Jaussen y D. Alberto Parmentier.

Por otra parte, la *Gaceta de Madrid* de 4 de abril de 1891, recogió la información de que la *Compañía Internacional de Aguas* había acordado suspender el 3 de diciembre de 1890 las negociaciones con el Ayuntamiento de Écija sobre la concesión de abastecimiento de agua de dicha ciudad, al considerar dicho consistorio que la concesión de agua y de alumbrado por medio de electricidad no podían separarse. La decisión de la empresa estaba basada en que sus estatutos no contemplaban el negocio del alumbrado.

El 1 de mayo de 1891, un notario de Bruselas, registró el acuerdo del Consejo de Administración de la empresa de trasladar el domicilio social de Madrid a Sevilla, que fue publicado en la *Gaceta de Madrid* de 13 de junio de ese mismo año.

El 27 de abril de 1892 fue convocada la Asamblea General de Accionistas en Bruselas, anunciada el contenido de la misma en varios números de *Gaceta de Madrid* de ese mismo año[15]. En ella fue aprobado el balance de situación de la empresa a 31 de diciembre de 1891, con un patrimonio de 6.007.166,33 pesetas.

Al año siguiente, el 26 de abril de 1893 fue convocada nuevamente la Asamblea General de Accionistas en Bruselas, anunciándose el contenido de la misma en varios números de la *Gaceta de Madrid* de ese mismo año[16]. En ella fue aprobado el balance de situación de la empresa a 31 de diciembre de 1892, con un patrimonio de 4.374.508,88 pesetas, que supuso una descapitalización de la sociedad superior al 25 % en un año. Esta situación no mejoró, pues por acuerdo unánime de la Junta General Extraordinaria de Accionistas, reunida en Bruselas el 6 de enero de 1894, decidió liquidar la sociedad y

[15] De 2 y 8 de abril y de 26 de mayo.
[16] De 2 de abril y de 6 de junio.

nombrar como liquidador de la misma a D. Julio Lattine[17]. En 1907 esta sociedad continuaba en liquidación, ya que hubo que convocar una Junta General Extraordinaria de Accionistas en Bruselas para el 20 de febrero de ese año, al objeto de nombrar un nuevo liquidador por fallecimiento del anterior[18].

Según la información publicada en la *Revista Minera, Metalúrgica y de Ingeniería*, de 24 de marzo de 1891, parece ser que la *Compañía Internacional de Aguas* consiguió la concesión definitiva para el abastecimiento de aguas potables de Morón de la Frontera. Desconocemos cuándo la sociedad belga *Compaigne des Services d'Eau* adquirió, a la también belga, *Compañía Internacional de Aguas* sus derechos sobre esta concesión. Lo que sí sabemos es que la *Compañía de Servicio de Aguas de Morón de la Frontera*, filial de la *Compaigne des Services d'Eau,* fue constituida en Madrid en torno a 1893 con un capital social de 1.250.000 pesetas y que este estaba totalmente desembolsado (Matés-Barco, 2020). En cuanto a su domicilio social, fue fijado en Morón de la Frontera (Sevilla).

En 1895, la *Revista Minera, Metalúrgica y de Ingeniería*[19] informaba de que la concesión para el abastecimiento de agua de Carmona había sido otorgada a la *Compaigne des Services d'Eau.* Desconocemos cuándo se transfirió esta concesión a la *Compañía de Servicio de Aguas de Morón de la Frontera* y esta pasó a denominarse *Compañía de Servicio de Aguas de Morón y Carmona*[20], pero en los datos publicados el 5 de septiembre de 1913 en la *Gaceta de Madrid* sobre el capital fijado para tributar en España en la Tarifa 3ª de la Contribución sobre Utilidades de la Riqueza Mobiliaria aparecía, con esta denominación para el ejercicio fiscal de 1911. Entre los ejercicios 1912 a 1920, el Ministerio

[17] *Gaceta de Madrid* de 16 de febrero de 1894.

[18] *Gaceta de Madrid* de 24 de enero de 1907.

[19] Sección de Ingeniería Municipal, de 24 de marzo de 1891, Tomo XLII de la colección, y 16 de junio de 1895, tomo XLVI de la colección.

[20] El *Anuario* de García Ceballos (1918) data la fundación de esta sociedad en 1853. En mi opinión, y en base a la investigación realizada, esta no pudo crearse en dicha fecha, ya que la concesión de Morón de la Frontera fue otorgada en 1891 y la de Carmona en 1895. Todo parece indicar que esta empresa fue creada en 1893 con la denominación de *Compañía de servicios de aguas de Morón de la Frontera* y que a partir de obtener la concesión carmonense pasó a conocerse como la *Compañía de Servicio de Aguas de Morón y Carmona*. Posiblemente, la fecha indicada en el *Anuario* de García Ceballos fuese consecuencia de un baile de números.

de Hacienda la mencionó como *Sociedad belga Compagnie de Services d'Eaux,* mientras que entre 1923 y 1931, la denominó *Sociedad belga de abastecimiento de aguas "Compañía de servicios de aguas de Morón de la Frontera".*

Como en otros municipios españoles, el servicio de abastecimiento de agua potable de ambas ciudades fue municipalizado. Carmona lo aprobó el 18 de diciembre de 1950[21], mientras que para Morón no tenemos constancia de la fecha.

ALGECIRAS Y VARIAS COMPAÑÍAS EXTRANJERAS

El sistema moderno de abastecimiento de agua de Algeciras ha sido ampliamente estudiado por el profesor Martínez-López (2020), que indicaba que hasta finales del siglo XIX no se buscó la modernización del servicio. La primera concesión fue adjudicada a la *Algeciras Water Works Company Limited,* sociedad creada en 1895 en Londres. El proyecto inicial fue inviable y en 1897, el ingeniero de la empresa, Carlos Arturo Friend presentó un nuevo proyecto de abastecimiento de agua que tampoco fue realizado. En 1907 hubo otro proyecto de Miguel Cardona, ingeniero militar, que tampoco llego a realizarse. En 1911, Ubaldo de Aspiazu y Artazu, consiguió la concesión para el abastecimiento de agua de Algeciras por 99 años con la condición de suministrar 100 litros diarios por persona e instalar 100 bocas de riego, además, de proporcionar agua gratuita para ciertos usos públicos. El precio por metro cúbico era de 80 céntimos de peseta. Al igual que en otras ciudades, la concesión fue transferida a una compañía *ad hoc*. En este caso, el 2 de mayo de 1912 fue fundada en Londres la *Andalusia Water Company Limited.* Su capital social era de 120.000 libras, o 3.229.200 pesetas[22], dividido en 120.000 acciones de una libra, aunque apenas se desembolsó el 25 % del capital.

El negocio fue creciendo durante la segunda década del siglo XX, tal como indica el aumento de valor del capital fijado para tributar

[21] *Boletín Oficial del Estado (BOE)* de 7 de enero de 1951.

[22] El tipo de cambio histórico medio de la peseta frente a la libra esterlina, publicado por el *Banco de España* en https://repositorio.bde.es/handle/123456789/15657 para

en España en la Tarifa 3ª de la Contribución sobre Utilidades de la Riqueza Mobiliaria, publicado en la *Gaceta de Madrid*, que aumentó en un 25 % anual entre 1912 y 1920, aunque a partir de esta fecha las relaciones con el ayuntamiento algecireño fueron complicándose y los resultados de la empresa empeoraron. Según la información publicada en la *Gaceta de Madrid*, relacionados con la contribución sobre las Utilidades de la Riqueza Mobiliaria, el negocio de esta compañía en España era del 99,50 %[23]. La crisis de 1929 agravó la situación de la compañía, de tal manera que desde 1930 la sociedad no repartió dividendos. La Guerra Civil y la posguerra no permitieron mejorar la situación económica ni el servicio prestado, lo que llevó a la municipalización del servicio. El Director General de Obras Hidráulicas rescindió la concesión el 7 de junio de 1952[24].

CONCLUSIONES

El abastecimiento de agua era una competencia municipal. El crecimiento demográfico de las ciudades en el siglo XIX colapsó los sistemas tradicionales de suministro y planteó la necesidad de una modernización del mismo. En este contexto, los ayuntamientos, en general, no tenían la capacidad técnica y financiera para establecer un sistema moderno de abastecimiento de agua potable y tuvieron que delegar este servicio en empresas privadas. En el caso de España, la presencia de empresas extranjeras fue muy significativa en la segunda mitad del siglo XIX. En el caso andaluz, de las 15 sociedades extranjeras detectadas solo una fue constituida en el siglo XX; nos referimos a la *Andalusia Water Company Limited*. Cuatro se crearon antes de 1880 y el resto, diez, entre 1880 y 1900.

Por otra parte, cabe indicar que el proceso observado en todas las concesiones analizadas sigue una pauta. En primer lugar, hay un proceso de tanteo con el ayuntamiento, en donde una persona, generalmente un ingeniero, planteaba un proyecto de abastecimiento de

1912 fue de 26,91.

[23] Gaceta de Madrid *de 23 de septiembre de 1926 y de 12 de julio de 1935.*

[24] *Boletín Oficial del Estado (BOE)* de 9 de julio de 1952.

agua potable. A continuación, si dicha persona conseguía la concesión, trasmitía sus derechos a una empresa creada *ad hoc,* que se ocupaba de las obras para prestar el servicio y de la explotación del mismo.

En cuanto al origen del capital de estas compañías extranjeras (Tabla 1), hay sociedades inglesas (6), francesas (6), belgas (2) y alemanas (1). Las empresas francesas fueron las primeras en llegar a Andalucía pues, de las cuatro existentes hasta 1880, tres eran francesas y una inglesa. Entre 1881 y 1900 el capital inglés dominó la inversión con cuatro compañías, seguido de los franceses con tres, luego los belgas con dos y los alemanes con una. La mayoría de estas sociedades no llegaron al siglo XX, ya que solo tres consiguieron seguir operativas hasta mediados de dicha centuria, dos inglesas y una belga. La decana de ellas fue la *Seville Waterworks Company Limited* que mantuvo la concesión de Sevilla hasta 1956, siendo la empresa más longeva. La siguiente fue la Compañía *de Servicio de Aguas de Morón y Carmona* que retuvo la concesión de Carmona hasta 1951. Por último, la más joven, *Andalusia Water Company Limited* conservó la concesión de Algeciras hasta 1952.

Por otra parte, cabe señalar que el sistema moderno de abastecimiento de agua potable comenzó, al igual que en los otros servicios públicos en red que prestan las ciudades: gas, electricidad y tranvías, a ser prestados de forma delegada mediante una concesión administrativa en exclusividad en la mayoría de los casos. En España y en Andalucía ese tipo de gestión fue la dominante durante la centuria decimonónica. A comienzos del siglo XX, la idea de que estos servicios debían ser prestados directamente por los ayuntamientos fue ganando adeptos y las concesiones de aguas fueron siendo rescatadas. Málaga en 1913, Cádiz en 1927, Ronda en 1928 y Huelva en 1930.

Por último, la presencia de empresas extranjeras en los servicios públicos en red tuvo su apogeo en España y en Andalucía entre mediados del siglo XIX y la Primera Guerra Mundial. A partir de ese momento, la regulación las expulsó de este sector.

Tabla 1. Empresas extranjeras de abastecimiento de agua potable en Andalucía (1860-1960)

Compañía	Lugar de fundación	Año fundación	Capital Inicial	Director / Gerente	Origen del capital	Municipio Concesión	Años Concesión
The Cadiz Water Works Company Limited	Londres	1871	150.000 £	Wiliam Hawes (1805-1885)	Reino Unido	Cádiz	1872-1880
Federico Gros y Compañía	París	1875	2.000.000 fr	Federico Gros (¿?-1879)	Francia	Málaga	1875-1879
Empresa de Aguas Potables de Ronda	Ronda	1875	s.d.	Carlos Lamiable (1828-1888)	Francia	Ronda (Málga)	1875-1898
Compagnie Continentale des Eaux	París	1880	6.000.000 fr	León Gros e Imbert	Francia	Málaga	1880-1882
The Cadiz Water Works Limited	Londres	1881	s.d.	Horatio Brandon	Reino Unido	Cádiz	1881-1883
A. Scott y Compañía	París	1883	s.d.	León Gros e Imbert	Francia	Málaga	1883-1888
Easton and Anderson Limited	Londres	1867	s.d	James Easton	Reino Unido	Sevilla	1882-1899
Seville Waterworks Company Limited	Londres	1883	500.000 £	John Edward Compton-Bracebridge	Reino Unido	Sevilla	1900-1956

Compañía	Lugar de fundación	Año fundación	Capital Inicial	Director / Gerente	Origen del capital	Municipio Concesión	Años Concesión
The Garrucha Waterworks Company Limited	Londres	1884	25.000 £	George Clif-ton Pecket	Reino Unido	Garrucha (Almeria)	1884- c.1926
Doetsch, D. L.	Huelva	1891	s.d	Wilhelm Sundheim	Alemania	Huelva	1891-1899
Compañía Internacional de Aguas	Madrid	1891	2.000.000 ptas	Luciano Guinotte	Bélgica	Moron de Frontera (Sevilla)	1891-1893
Compañía de Servicio de Aguas de Morón de la Frontera	Madrid	1893	1.250.000 ptas	s.d.	Bélgica	Moron de Frontera (Sevilla)	1894-c.1950
Sociedad Lamiable, Zarazúa y Compañía	Ronda	1898	s.d.	Luis Lamiable	Francia	Ronda (Málga)	1898-1928
Fould & Cia	París	s.d.	s.d.	Carlos Doet-sch y Kalt	Francia	Huelva	1900-1930
Andalusia Water Company Limited	Londres	1912	120.000 £	Robert Elliot-Cooper (1845-1942)	Reino Unido	Algeciras (Cádiz)	1912-1952

Fuente: Elaboración propia a partir de *Gaceta de Madrid* y varios anuarios (García, 1919; Riu, 1922).

REFERENCIAS

Anónimo (1872). *The journal of gas lighting, water supply, & sanitary improvement. Vol. XXI. 1872.* William B. King.

Anónimo (1873a). *The Economist, weekly commercial times, Bankers' Gazette, and Rail' map Monitor: a political, literary, and general newspaper. Vol. XXXI. Saturday, January 4, 1873. No. 1,532.* The Economist Office.

Anónimo (1873b). *The Money Market Review, a weekly record of trade and finance; railway, banking, insurance, mining, steam & other public companies [registered at the general post-office as a newspaper]. Vol. XXVII-No. 701. Saturday, November 8, 1873.* The Money Market Review Office.

Anónimo (1874). *The Railway Times and joint-stock chronicle. No. 1880. Vol. XXXVII-No. 3. Saturday, January 17, 1874.* The Railway Times and joint-stock chronicle Office.

Anónimo (1877). *The London Gazette. April 20, 1877.* The London Gazette Office.

Anónimo (1883). *The London Gazette. November 20, 1883.* The London Gazette Office.

Ayllon y Altolaguirre, M. (1862). *Memoria justificativa del contrato celebrado con la Sociedad Menoyo y Compañía, para el abastecimiento de aguas potables á la ciudad de Cádiz.* Imprenta de don José Rodriguez.

Berruezo García, J., Navarro Arías, M.M. y Soler Jódar, J.A. (2022). Jorge Clifton Pecket (1846-1904) Vicecónsul de Gran Bretaña en Garrucha. Un polifacético hombre de negocios en el levante almeriense. *Real. Revista de estudios almerienses,* 2, 164-178.

Castro-Valdivia, M. (2021). Foreign companies in Spain (1911-1920). En M. Fernández-Paradas and C. Larrinaga-Rodríguez (eds.), *Business history in Spain (19th and 20th centuries)* (pp. 29-49). Peter Lang. https://doi.org/10.3726/b17988

Castro-Valdivia, M. y Matés-Barco, J.M. (2020). Los servicios públicos y la inversión extranjera en España (1850-1936): Las empresas de agua y gas. *História Unisinos,* 24(2), 221-239. https://doi.org/10.413/hist.2020.242.05

Castro-Valdivia, M., Fernández-Paradas, M. y Matés-Barco, J.M. (2019). Las empresas extranjeras de agua y gas en España (circa 1900–1923). En J.M. Matés-Barco y A. Torres-Rodríguez (eds.), *Los servicios públicos en España y México* (pp. 51-74). Silex.

Castro-Valdivia, M., Matés-Barco, J.M. y Vázquez-Fariñas, M. (2020). Capital extranjero y desarrollo urbano en España: la inversión en los servicios públicos durante el primer tercio del siglo XX. En L. E. Otero-Carvajal (ed.), *Las infraestructuras de la construcción de la ciudad moderna. España y México, 1850-1936* (pp. 177-193). La Catarata.

Castro-Valdivia, M., Matés-Barco, J.M. y Vázquez-Fariñas, M. (2023). The Regulation of Gas in Latin Europe (1850-1920). En J. Mirás-Araujo and A. Giuntini, A. (eds.), *The Gas Industry in Latin Europe* (pp. 53-81). Palgrave Macmillan. https://doi.org/10.1007/978-3-031-16309-8_3

Costa Campi, M.T. (1981). Iniciativas empresariales y capitales Extranjeros en el sector servicios de la economía española durante la segunda mitad del siglo XIX. *Investigaciones económicas*, 14, 45-83.

Díaz Zamorano, M.A. (1999). *Huelva. La Construcción de una Ciudad.* Ayuntamiento de Huelva.

Dirección General de Obras Públicas (1871). *Memoria sobre las obras públicas en 1867, 1868 y 1869, comprendido lo relativo a puertos, faros, boyas, balizas, ríos, canales y aprovechamiento de aguas.* Imprenta y estereotipia de M. Rivadeneyra.

Fábregas, P.A. (2003). *La Globalización en el siglo XIX: Málaga y el gas.* Ateneo de Sevilla-Universidad de Sevilla.

Fábregas, P.A. (2018). *Naturgy. 175 años de compromiso con la energía y la sociedad.* Planeta.

Fernández-Paradas, M. (2005): El alumbrado público en la Andalucía del primer tercio del siglo XX: una lucha desigual entre el gas y la electricidad. *Historia Contemporánea*, 31, 601-621.

Fernández Paradas, M. (2015). *La industria del gas en Cádiz (1845-2012).* Lid Editorial.

Franquet y Bertran, C. (1859). *Proyecto de un código general de aguas, precedido de una memoria sobre la necesidad de su formación y de los principios en que se funda.* Imprenta nacional.

Franquet y Bertran, C. (1864). *Ensayo sobre el origen, espíritu y progresos de la legislación de las aguas, seguido de los elementos de hidronomía pública, del proyecto de ley general presentado al senado, de la legislación general y foral y de la jurisprudencia civil y administrativa.* Imprenta de José M. Ducazcal (tomo I) e imprenta española (tomo II).

García Ceballos, J.M. (1919). *Anuario Garciceballos. Información de sociedades anónimas. Economía nacional. 1919-1920. (Antes Anuario de Sociedades Anónimas).* Imprenta de G. Hernández y Galo Sáez.

Garcia Sanz, C. y Rufete Tomico, P. (1996). *El agua en la Historia de Huelva.* Empresa Municipal de Aguas de Huelva, S.A.

Goodall, F. (2005). Gas in London: A Divided City. En S. Paquier et J.P. Williot (dir.), *L'industrie du gaz en Europe aux XIXe et XXe siècles.* P.I.E.-Peter Lang.

Hassan, J.A. (1983). The impact and development of the water supply in Manchester, 1568-1882, *Transactions of the Historical Society of Lancashire and Cheshire,* 133, 25-45.

Heredia-Flores, V.M. (2013). Municipalización y modernización del servicio de abastecimiento de agua en España: el caso de Málaga (1860-1930). *Agua y Territorio / Water and Landscape,* (1), 103-117. https://doi.org/10.17561/at.vii.1038

Martín-Retortillo Baquer, S. (1960). La elaboración de la ley de aguas. *Revista de administración pública,* (32), 11-54.

Martínez-López, A. (2020). Inversión extranjera y abastecimiento de agua: Algeciras, 1895-1952. *História Unisinos,* 24(2), 209-220. https://doi.org/10.413/hist.2020.242.04

Matés-Barco, J.M. (1997). Las sociedades anónimas de abastecimiento de aguas en Andalucía: una primera aproximación. *Boletín del Instituto de Estudios Giennenses,* (167), pp. 103-127.

Matés-Barco, J.M. (1998). *Cambio institucional y servicios municipales. Una historia del servicio público de abastecimiento de agua.* Editorial Comares.

Matés-Barco, J.M. (1999). *La conquista del agua. Historia económica del abastecimiento urbano.* Universidad de Jaén.

Matés-Barco, J.M. (2002). Strategies of foreign firms in the sector of water supply in Spain (1850-1990). En H, Bonin (Coord.), *Transnational Companies, 19th-20th Centuries* (pp. 301-316). Plage.

Matés-Barco, J.M. (2006). Las empresas de abastecimiento de agua en Andalucía (1840-2000). En J. R. Navarro y J. Regalado. (coords.), *El debate del agua en Jalisco y Andalucía* (pp. 45-83). Junta de Andalucía.

Matés-Barco, J.M. (2013). La conquista del agua en Europa: los modelos de gestión (siglos XIX y XX). *Agua y Territorio / Water and Landscape,* 1, 21-29. https://doi.org/10.17561/at.vii.1030

Matés-Barco, J.M. (2014). Las empresas concesionarias de servicios de abastecimientos de aguas potables en España (1840-1940). *TST. Transportes, Servicios y Telecomunicaciones,* (26), 36-67.

Matés-Barco, J.M. (2016). La regulación del suministro de agua en España, siglos XIX y XX. *Revista de Historia Industrial,* 61, 17-49.

Matés-Barco, J.M. (2019). El abastecimiento de agua a Barcelona (1850-1939): origen y desarrollo de las compañías privadas. *Historia Contemporánea,* 59, 161-194. https://doi.org/10.1387/hc.19434

Matés-Barco, J.M. (2020). El suministro de agua (siglos XIX y XX). Una historia discontinua. *Andalucía en la historia,* 68, 14-21.

Ministerio de Gracia y Justicia (1889). *Colección Legislativa de España. Sentencias del Tribunal Supremo en Materia Civil. Salas primera y tercera. Segundo Semestre de 1887.* Imprenta del Ministerio de Gracia y Justicia.

Pérez Serrano, J. y Román Antequera, A (2015). Conflictos por los recursos en la Bahía de Cádiz: la lucha por el control del agua (1850-1935). *Revista de la Historia de la Economía y de la empresa,* 9, 155-176.

Piñeiro Blanca, J. (1997). *Ramón de Carranza: un oligarca gaditano en la crisis de la Restauración.* Servicio de Publicaciones de la Universidad de Cádiz.

Ramos Santana, A. (1992). *Cádiz en el siglo XIX. De ciudad soberana a capital de provincia.* Sílex Ediciones.

Riu y Periquet, D. (dir.) (1922). *Anuario financiero y de sociedades anónimas de España.* Imprenta de Jaime Ratés.

Rosetty, J. (1877). *Guía oficial de Cádiz, su provincia y departamento. 1877.* Imprenta de la revista médica de D. Federico Joly.

Sánchez Gómez, P.J. (2016). *Historia del abastecimiento moderno de aguas a Sevilla. La presencia inglesa en el siglo XIX (1882-1900).* Empresa Metropolitana de Abastecimiento y Saneamiento de Aguas de Sevilla S.A (EMASESA).

Sierra de Cózar, P. y Sierra Velasco, J.E. (2011). *La sed de Ronda. El abastecimiento de aguas potables a la ciudad a lo largo de su historia.* Editorial La Serranía.

Vázquez-Fariñas, M. (2023). El servicio de abastecimiento de agua en el Cádiz decimonónico: características generales, evolución y desarrollo. En M. Castro-Valdivia y Fernández-Paradas, M. (eds.), *La gestión sostenible de los servicios públicos: Agua en Andalucía (1800-2020)* (pp. 52-74). Tirant.

Vila Rodríguez, L.M. (2015). *Las comunidades de regantes tradicionales en la provincia de León.* Tesis Doctoral, Universidad de León.

Las empresas extranjeras en el abastecimiento de agua en Andalucía (1860-1960)

Resumen: Este capítulo analiza la participación de empresas extranjeras en el abastecimiento de agua en Andalucía. En concreto, estudia la importancia que tuvo la presencia de empresarios y empresas extranjeras en el desarrollo del sistema moderno de abastecimiento de agua andaluz desde 1860, en que se detectan las primeras iniciativas, hasta 1960, que desparecieron de este sector. Además, analiza varios factores determinantes de estas empresas: el número, el capital, el modelo de gestión y la nacionalidad, entre otros.

Palabras claves: Abastecimiento de agua potable, Empresas extranjeras, Andalucía, Inversión extranjera, Siglo XIX, Siglo XX.

Foreign companies in the water supply in Andalusia (1860-1960)

Abstract: This chapter analyses the participation of foreign companies in water supply in Andalusia. Specifically, it studies the importance of the presence of foreign entrepreneurs and companies in the development of the modern Andalusian water supply system, from 1860, when the first initiatives were detected, until 1960, when they disappeared from this sector. In addition, it analyses several determining factors of these companies, such as number, capital, management model and nationality, among others.

Keywords: Water supply, Foreign companies, Andalusia, Foreign investment, XIXth century, XXth century.

Empresas estrangeiras no abastecimento de água na Andaluzia (1860-1960)

Resumo: Este capítulo analisa a participação de empresas estrangeiras no abastecimento de água na Andaluzia. Especificamente, estuda a importância da presença de empresários e empresas estrangeiras no desenvolvimento do moderno sistema de abastecimento de água andaluz, desde 1860, quando foram detectadas as primeiras iniciativas, até 1960, quando desapareceram deste setor. Além disso, analisa vários fatores determinantes dessas empresas: número, capital, modelo de gestão e nacionalidade, entre outros.

Palavras-chave: Abastecimento de água potável, Empresas estrangeiras, Andaluzia, Investimento estrangeiro, Século XIX, Século XX.

9.
EL ABASTECIMIENTO DE AGUA EN ANDALUCÍA EN EL ÚLTIMO TERCIO DEL SIGLO XX

Juan Manuel Matés-Barco
Universidad de Jaén

INTRODUCCIÓN

El abastecimiento de agua potable a las poblaciones es un sector muy intensivo en capital, con un grado muy elevado de costes fijos y en el que la duplicidad de redes genera un alto nivel de ineficiencia. Los servicios públicos relacionados con el agua están muy vinculados con las economías de escala y presentan una estructura de monopolio natural (Núñez, 2005; 2018a). La literatura económica sobre este aspecto, ha expuesto suficientes motivos para explicar la ausencia de competencia entre las empresas (Matés-Barco, 2006; 2008; 2021b). A lo largo del tiempo se aprecia una clara evolución en las formas de gestión, produciéndose un camino de "ida y vuelta": protagonismo de las empresas privadas en el siglo XIX, tendencia hacia la gestión directa por parte de los ayuntamientos a partir de 1920, y un retorno a los gestores privados desde las últimas décadas del siglo XX (Núñez, 2018b; Matés-Barco, 2021a; Cuervo, 1986, pp. 331-340).

En este capítulo se pretende analizar la gestión del abastecimiento de agua potable en Andalucía entre 1970 y 2000. Al mismo tiempo se avanza una posible explicación sobre los factores que han determinado los modelos de gestión. En este contexto, destaca esencialmente el papel que han jugado tanto las disposiciones europeas como la legislación española y el concepto de servicio público existente en Europa (Matés-Barco, 2018a).

Tras unas notas introductorias, el segundo epígrafe realiza una breve descripción del debate existente sobre los servicios públicos. En el tercer apartado se sintetiza la situación de Andalucía como una región atrasada en la implantación del servicio de abastecimiento de agua potable. A continuación, en el cuarto epígrafe, se examinan las características que han predominado en este sector entre 1970 y 2000. Por último, se realizan unas breves conclusiones y se incluye una escueta bibliografía.

LOS SERVICIOS PÚBLICOS EN EL OJO DEL HURACÁN

Los problemas de funcionamiento de los servicios públicos han generado un amplio debate académico. La literatura anglosajona, tanto británica como norteamericana, se ha ocupado de la cuestión, de la misma forma que también lo ha hecho el Derecho administrativo europeo y más concretamente el español (Ponzellini and Treu, 1994). En los últimos años se aprecia una tendencia partidaria de reducir el sector público, con el consiguiente fomento de la privatización, debido a la preocupación existente por la mejora de su funcionamiento. En España, buena parte de los servicios públicos estatales (sistema eléctrico, correos, RENFE) o locales (abastecimiento de aguas, mataderos, mercados), operan al margen de la rápida evolución tecnológica y social que se ha producido en las últimas décadas y se encuentran todavía anclados en las viejas estructuras heredadas de mediados del siglo XX (Matés-Barco, 2019b). Las deficiencias que se aprecian son consecuencia de la aplicación de fórmulas tradicionales (estatalización y monopolio) (Castro-Valdivia, Matés-Barco y Vázquez-Fariña, 2020).

Resulta complejo establecer una clara división entre lo público y privado y existe una dificultad para conocer los límites de ambos. Una mirada hacia atrás, permite observar que las crisis económicas han incrementado la tendencia hacia la gestión pública de determinados servicios. Por el contrario, en épocas de estabilidad y de paz, la balanza se inclina hacia el libre comercio y la gestión privada. Sin embargo, el continuo cambio social promueve una constante mutabilidad del concepto de gestión. Las sociedades contemporáneas son cada vez más complejas y, por tanto, los servicios públicos tienden hacia la ramificación y a una mayor extensión.

En las décadas de 1920 y 1930 se produjo un gran debate sobre su eficiencia en el mundo anglosajón. Desde 1980, con la privatización británica y la desregulación[1] americana se volvió a plantear el problema (Martínez López-Muñiz, 1997, p. 195.) En la actualidad, nuevamente, se reabre la cuestión. El control público sobre determinadas actividades se ha justificado por su trascendencia social. Para la gestión de los servicios públicos económicos ha sido práctica común el establecimiento del monopolio y la titularidad exclusiva del Estado, aunque también se han dado las formas de gestión indirecta. De este planteamiento se ha derivado la equiparación entre servicio público y estatalización. En las últimas décadas se ha cuestionado el exceso de intervencionismo al que se había llegado después de la Segunda Guerra Mundial, y se percibe una tendencia hacia la desregulación, que ha sido especialmente visible en Estados Unidos y Gran Bretaña. Esta corriente ha llevado a discutir la concepción tradicional de servicio público nacida en el continente europeo, y se ha buscado un acercamiento a la noción de "actividad reglamentada de interés general", propia del mundo anglosajón (Ariño, 1993, 1997; Roversi, 1996; Matés-Barco, 2018c).

Varias son las soluciones que se han puesto en marcha. En primer lugar, la privatización "a la inglesa", que países como Chile ha asumido con un nivel aceptable de éxito. Se trata de aprovechar al máximo el capital y el impulso de la iniciativa privada, y reducir el estatalismo excesivo. En segundo lugar, la desregulación "a la americana", donde lo que se busca es la participación en régimen de libre competencia de los agentes privados. El transporte aéreo ha sido el "sector estrella" donde más ampliamente se ha aplicado este recurso. La tercera solución se puede denominar "defensa a la francesa" de los valores tradicionales del servicio público. Por último, cabe reseñar iniciativas dispersas como la gestión directa e indirecta de los servicios públicos ("privatización a la española"); o los rígidos planteamientos economicistas practicados en Japón, para afrontar el sostenimiento

[1] La expresión "*desregulación*" suscita un comentario explicativo. Quizá sería más correcto utilizar el término "*desregularización*", pero se utiliza el primero por ser el más utilizado en la literatura especializada administrativa. Esencialmente se refiere a "disminución de reglamentaciones y reducción de controles públicos sobre actividades".

de la sanidad y la seguridad social frente a una población cada vez más envejecida.

El concepto de servicio público como elemento esencial del Estado Benefactor, ha sido puesto en entredicho en las últimas décadas. Su carácter excluyente y monopolístico, que en España se ha justificado con el artículo 128.2 de la Constitución, ha perdido completamente su credibilidad. Para algunos, solo resta que siga el camino de los viejos monopolios fiscales (los estancos de la sal, la pólvora, fósforos, tabaco, petróleo,...), que fueron desapareciendo con la progresiva aplicación de los principios del liberalismo económico. Esto no es óbice para destacar las evidentes virtudes que ha tenido el servicio público "clásico". Permitió el acceso de un buen número de ciudadanos a una serie de prestaciones que, de otra forma, solo hubieran alcanzado unas minorías privilegiadas; generó infraestructuras de carácter sanitario, social y educativo, que han facilitado el acceso a la modernidad; y promovió la satisfacción de necesidades vitales de carácter primario. Sin embargo, tanto Europa como España han experimentado cambios sustanciales que postulan el desarrollo de nuevos modelos de servicios públicos.

ANDALUCÍA: DEL ATRASO AL ESTANCAMIENTO

El abastecimiento de agua potable no parece que haya ocupado la atención de los inversores en la Andalucía de finales del siglo XIX y la primera mitad del XX. Los datos indican que fue un sector con cierta presencia de la inversión extranjera y en el que las tentativas locales estaban marcadas por una gran inseguridad (Castro-Valdivia, Matés-Barco, 2020). Andalucía, junto a Extremadura, es una de las regiones españolas que a mediados del siglo XX tenía uno de los índices más bajos de municipios con suministro domiciliario de agua potable. Concretamente en la provincia de Sevilla, solo el 30,39 % de las poblaciones contaban con un mediano suministro de agua, solo superada por Córdoba y Cádiz con el 34,66 % y el 30,95 %, respectivamente. A pesar de todo, Sevilla, del global de la región posee el mayor índice de empresas privadas dedicadas al sector del abastecimiento de agua, ya que de un total de 35 entidades que se dedicaban al abastecimiento de agua, hacia el sector privado se decantaban algo más de la mitad (54,28 %), mientras que Cádiz está en el 30 % y Córdoba en el 28 %. En la provincia de Jaén el 27,7 % de las entidades que se dedican al abastecimiento de agua son privadas; sin embargo, el dato no es excesivamente significativo ya que tan solo el 1,5 % de los municipios poseen algún tipo de conducción o suministro domiciliario (Matés-Barco, 1997, 2002).

Tras analizar los abastecimientos de agua en las poblaciones andaluzas, según el número de habitantes en base a la estadística de 1950, se observa la desproporción existente entre los grandes y pequeños núcleos. Entre estos últimos enclaves, los que están por debajo de los cinco mil habitantes, el índice de localidades que poseen abastecimiento de agua no supera el 18,33 %, que es el porcentaje de una provincia como Sevilla. Si nos centramos en provincias depauperadas económicamente, el número de abastecimientos se reduce a cero, como es el caso de Almería, Cádiz y Granada. Otras provincias como Huelva y Jaén rondan el 6 %, y Málaga y Córdoba se encuentran en el 14,66 % y 14,70 %, respectivamente (Matés-Barco, 2019a, 2019b). Los datos nos confirman un hecho incuestionable: el abastecimiento de agua, hasta más allá de los años sesenta, es un fenómeno eminentemente urbano, desconectado del mundo rural, que arraiga en poblaciones con más de 50.000 habitantes (Heredia-Flores, 2013).

DEMOCRACIA Y CAMBIO DE PARADIGMA

Con la instauración del régimen democrático en España y el desarrollo del Estado de las Autonomías tras la Constitución de 1978, se produjeron progresivamente algunos cambios en la gestión del agua. Es necesario describir el papel que juegan cada uno de los agentes que intervienen en dicha tarea: Administración Central del Estado, Administración Autonómica y Entidades Locales. El Estado coordina las tareas de administración a través del Ministerio de Medio Ambiente del que dependen diversos organismos como la Dirección de Obras Hidráulicas y Calidad de las Aguas, las Confederaciones de Hidrográficas –Guadalquivir, Guadiana, Segura y Sur, en el caso de Andalucía–, y algunas sociedades estatales: Hidroguadiana, Aguas de la Cuenca del Guadalquivir (Aquavir), Aguas de la Cuenca del Segura (Acsegura) y Aguas de la Cuenca del Sur (Acusar). Las Confederaciones Hidrográficas u organismos de cuenca, son entidades de derecho público con personalidad jurídica propia, adscritas al Ministerio de Medio Ambiente y con plena autonomía funcional de acuerdo con lo que se dispone en la Ley de Aguas de 1985 (Matés-Barco, 2004, 2006).

La gestión del agua es una cuestión compleja por la multitud de agentes, fines y actividades que confluyen en su regulación (Matés-Barco, 2018b). Aspectos como la agricultura, el consumo urbano, la sanidad, la pesca, la generación de energía o el deporte y el ocio, suponen un abanico amplio y heterogéneo que es necesario conciliar. En España, tras una evolución compleja y cambiante, el Estado ha otorgado al agua el carácter de dominio público, con el que se pretende respetar la unidad de gestión tanto de la cuenca hidrográfica como de los sistemas hidráulicos y del ciclo hidrológico. En el caso de las Cuencas Hidrográficas cabe distinguir las intercomunitarias (territorio integrado en varias Comunidades Autónomas), e intracomunitarias (pertenecientes a una sola Comunidad). A su vez, la gestión pública del agua se pretende compatibilizar con la ordenación del territorio, la conservación y protección del medio ambiente, así como con la restauración de espacios naturales que hayan sido afectados por obras hidráulicas de envergadura. Por otra parte, se insta a un tratamiento integral de la economía del agua que se intenta compaginar con una coordinada descentralización y participación de los usuarios (Martín Mesa, Alcalá Olid, et al., 2006).

La política hídrica de la Unión Europea se ha recogido en la Directiva Marco de Aguas emitida por el Parlamento Europeo en el 2000. Esta norma estableció unas líneas de actuación en el ámbito comunitario respecto a la política de aguas. Más concretamente, hace especial hincapié en la protección de las aguas superficiales continentales, las aguas subterráneas, las aguas de transición y las costeras. A su vez, promueve tareas que garanticen el suministro urbano, el uso sostenible, impulsa acciones destinadas a la reducción de la contaminación y trabajos que contribuyan a paliar los efectos de las inundaciones y sequías. La normativa comunitaria europea hace especial referencia a la necesidad de regularizar el tratamiento de las aguas residuales urbanas. Dispone que todos los núcleos superiores a 2.000 habitantes establezcan en su municipio una red de colectores de aguas residuales y una planta de tratamiento para las mismas.

El Estado, como garante del dominio público hidráulico, es responsable de la planificación hidrológica y la realización de planes de infraestructuras. Es de su competencia otorgar la autorización y tutela del dominio público hidráulico en las cuencas hidrográficas íntercomunitarias. Asimismo, es el encargado de dispensar las concesiones y la adopción de medidas para el cumplimiento de los acuerdos y convenios internacionales. Otras competencias exclusivas del Estado se refieren a aspectos que afecten a varias Comunidades Autónomas, como es el caso de la autorización para la construcción de instalaciones eléctricas, el transporte de energía o la realización de obras públicas de interés general. Situación similar se produce cuando las aguas discurren por más de una Comunidad, puesto que el Estado asume la responsabilidad en la legislación, ordenación y concesión de recursos y aprovechamientos hidráulicos.

Por su parte, las Comunidades Autónomas, tienen competencias para la elaboración de proyectos, construcción y explotación de los aprovechamientos hidráulicos, canales, regadíos de interés exclusivo de su territorio, así como de las aguas minerales y termales. Es el caso de la Comunidad Autónoma andaluza, que ha asumido la competencia exclusiva en materia de recursos y aprovechamientos hidráulicos, canales y regadíos, así como su ordenación y concesión siempre que las aguas discurran íntegramente por su ámbito territorial. Estas competencias se encuentran repartidas entre distintas Consejerías: Obras Públicas y Transportes, Medio Ambiente, Agricultura y Pesca y, por último, la de Salud.

Existen otros organismos subordinados, como la Secretaría General de Aguas, de la que a su vez depende el Instituto del Agua de Andalucía, que define la política de aguas y marca directrices en las líneas de investigación. En esta línea, en 1994, se creó el Centro de Investigación, Fomento y Aplicación de las Nuevas Tecnologías del

Agua (CENTA), con el objetivo de contribuir al desarrollo de estudios promovidos coordinadamente desde la universidad, la empresa y la propia Junta de Andalucía. Otros organismos similares son la Dirección General de Regadíos y Estructuras, la Dirección General de Prevención y Calidad Ambiental y la Dirección General de Salud Pública y Participación. Desde 2004, la Agencia Andaluza del Agua ha asumido las funciones encomendadas hasta ese momento a la Secretaría General de Aguas. Las tareas esenciales de este organismo se centran en las inversiones destinadas a la elaboración de proyectos y obras de infraestructura. La principal actividad inversora está centrada en el abastecimiento de agua (51,34 %), seguida del saneamiento y la depuración de aguas residuales (32,40 %) y del encauzamiento y defensa de márgenes (13,34 %).

La constitución de empresas públicas relacionadas con la gestión del agua ha sido otro de los aspectos más novedosos. La Empresa Pública Gestión de Infraestructuras, S.A. (GIASA), está adscrita a la Consejería de Obras Públicas y Transportes y su actividad se dirige hacia el desarrollo de proyectos y obras de infraestructuras hidráulicas. Por su parte, la Empresa Pública para el Desarrollo Agrario y Pesquero de Andalucía, S.A. (DAP), se encuentra vinculada a la Consejería de Agricultura y Pesca, y tiene como objetivo la modernización y mejora de equipamientos e instalaciones para promover un uso más racional del agua, así como la gestión de los recursos hídricos, instalación de depuradoras y el tratamiento del agua.

A lo largo de la historia los ayuntamientos han tenido entre sus competencias buena parte de los aspectos relativos al abastecimiento de agua. Más recientemente, se han ampliado al alcantarillado y al tratamiento de las aguas residuales. La gestión de estos servicios públicos ha experimentado una importante evolución en las últimas décadas. La legislación más reciente distingue entre la gestión "directa" e "indirecta". En el primer caso se inscriben los servicios prestados "por el propio ayuntamiento u organismo autónomo local", aunque también se contempla la posibilidad de la existencia de una empresa de carácter público, que esté participada en su totalidad por capital de la propia entidad local. En el segundo caso, "gestión indirecta", la ley considera diversas fórmulas como la "concesión", "la gestión interesada", "el arrendamiento", "el concierto" y la creación de "sociedades mercantiles o mixtas" participada por varios agentes, entre los que se puede incluir el ayuntamiento (Tabla 1). En cualquier caso, las tarifas siempre deben ser aprobadas por la Comunidad Autónoma.

Tabla 1. Modelos de gestión de los servicios públicos locales

Gestión directa	*Gestión indirecta*
• Ayuntamiento	• Concesión
• Organismo autónomo	• Gestión interesada
• Empresa pública	• Concierto
	• Arrendamiento
	• Empresa Mixta

Fuente: Elaboración propia.

Los datos del año 2000 muestran que la mayoría de los ayuntamientos andaluces, gestionan directamente el servicio de abastecimiento de agua. De los 770 municipios existentes en la comunidad autónoma es el sistema elegido por 561, que supone un 72,8 %. Sin embargo, la concesión es la fórmula que predomina en los municipios con mayor población. En esta situación se encuentran un buen número de ciudades (53 %), que prestan servicio a más de 4 millones de habitantes (75 % de la población urbana y el 58 % del total de Andalucía). La gestión directa, en cambio, se encuentra en el 47 % de los grandes municipios, aunque solo representa el 25 % de la población urbana.

Los municipios menores de 10.000 habitantes optan en su gran mayoría por la gestión directa (88,7 %) y, en cambio, entre los que están por encima de ese nivel de población solo prefieren esa fórmula el 11,2 %. Los datos evidencian que las ciudades grandes se inclinan por la cesión del servicio, mientras que las poblaciones más pequeñas o rurales eligen la gestión directa. Este rasgo se repite al hacer un análisis provincial y las diferencias existentes entre una u otra se deben a las mínimas variaciones de la estructura de sus asentamientos.

Existe una tendencia hacia la privatización, con sus respectivas modalidades, en la prestación de los servicios públicos de carácter local: abastecimiento de agua potable, saneamiento, limpieza, recogida y tratamiento de residuos sólidos urbanos, etc. Por el contrario, la gestión directa se emplea en servicios más recientemente incorporados a la competencia municipal y especialmente materias como el medio ambiente, la prestación de servicios sociales, culturales o deportivos, la creación de empleo y todo lo referente al desarrollo económico local.

Varios rasgos caracterizan y condicionan la prestación del servicio de abastecimiento de agua potable y la realización de un adecuado saneamiento de las aguas residuales. En primer lugar, la estructura de la población, su distribución y lugares de asentamiento; y en segundo, la extensión y calidad de las infraestructuras, especialmente el estado de conservación de la red de captación y distribución. Es evidente la desigual distribución poblacional existente en Andalucía. En un pequeño número de municipios (7,8 %) reside la mayor parte de la población (62,3 %), mientras que solo el 4 % de la población se encuentra asentada en el 41,6 % de los municipios.

En su mayor parte la captación de agua se realiza desde pozos, sondeos o galerías subterráneas; y tienen relevancia las acometidas realizadas directamente a los manantiales, especialmente en las provincias de Málaga, Granada y Jaén (Heredia-Flores, 2018). No existe una valoración muy completa del estado de las captaciones, aunque en líneas generales la administración autonómica las cataloga de aceptables. Por el contrario, la red de conducción presenta deficiencias evidentes en algunas provincias, entre las que sobresalen: Cádiz (66,62 %), Córdoba (51,99 %), Sevilla (45,60 %) y Granada (38,04 %). La media de Andalucía se encuentra varios puntos por debajo de la española, y solo tres provincias andaluzas superan positivamente la media del conjunto nacional, lo que denota la necesidad de inversiones y mejoras en este campo.

El aforo de agua que puede ser almacenado, a través de depósitos, se encuentra por debajo de la media nacional (0,44 m^3 frente a 0,60), al igual que la capacidad de regulación (1,56 días frente a 1,89). Estos datos también evidencian el nivel de atraso existente en este tipo de infraestructuras. Por su parte, la potabilización del agua alcanza a casi la totalidad de la población y de los núcleos poblacionales. Asimismo, mejora en varios puntos la media de España. La red de distribución de carácter público es el sistema generalizado en todas las provincias andaluzas y alcanza al 99,66 % de la población. La gestión de la red se realiza directamente por el ayuntamiento o a través de una empresa pública municipal. En este apartado, la gestión privada es casi irrelevante. La red de saneamiento se encuentra muy extendida y alcanza al 98,9 % de la población, superando varios puntos la media de España (92,5 %). La gestión privada del saneamiento tiene escasa presencia en la comunidad andaluza y la mayor parte de los municipios prefieren la gestión directa o a través de una empresa pública. Jaén y Granada son las provincias que cuentan con una red de saneamiento en peor estado, y Almería la que padece un déficit importante en los kilómetros de extensión.

La instalación de infraestructuras necesarias para la depuración de las aguas residuales es todavía una de las asignaturas pendientes de la Comunidad Autónoma Andaluza, especialmente en provincias como Sevilla, Córdoba, Cádiz, Granada y Jaén. Las depuradoras convencionales son las más empleadas y el sistema de "lagunado" es el más utilizado, sobre todo en las provincias de Sevilla, Jaén y Almería. En los años finales del siglo XX y primeros del XXI, ha crecido notablemente el número de estaciones depuradoras de aguas residuales, pero todavía queda un porcentaje importante de población (más del 50 %), que no dispone de este servicio (Martín Mesa, Sáez Fernández et all., 2006).

Los ayuntamientos de Andalucía, en las últimas décadas del siglo XX, han ido adoptando la gestión indirecta del servicio de abastecimiento de agua, a través de empresas privadas y públicas. Este tipo de empresas gestionan el suministro domiciliario de cerca del 40 % de los municipios andaluces y del 80 % de la población. Empresas públicas, privadas y mixtas, por este orden, son las fórmulas utilizadas por los ayuntamientos para llevar a cabo la gestión del servicio.

En los pequeños municipios es el propio ayuntamiento el que gestiona directamente la prestación del servicio de abastecimiento de agua. Los municipios de tamaño intermedio suelen decantarse por la empresa pública, mientras que las poblaciones de gran tamaño suelen optar por la solución de la empresa mixta o privada. Por tanto, la externalización del servicio es más frecuente en municipios de tamaño mediano y grande, solamente los pequeños son partidarios de la gestión directa. Los modelos más utilizados por los municipios de tamaño mediano y grande son la gestión mediante empresa pública y empresa privada. A comienzos del siglo XXI, en el conjunto de toda España, la población abastecida por empresas privadas alcanza el 37 %, mientras que en Andalucía se limita al 23 %. Todo lo contrario ocurre con la gestión directa, mientras que en España la población abastecida por este sistema es solamente del 7 %, en Andalucía se sitúa en el 19 %.

El sector del abastecimiento de agua es un sector muy dinámico que presenta frecuentes cambios en la titularidad de la gestión debido a procesos de absorción, fusión o venta de la participación empresarial (Fernández-Paradas, Matés-Barco, 2022). Asimismo, se percibe una progresiva consolidación de unas pocas grandes empresas que gestionan los servicios tanto en régimen de exclusividad o con la participación en una empresa mixta. Existen varios grupos privados importantes que operan en la Andalucía. En primer lugar, cabe destacar Dragados y Construcciones que, a través de Urbaser, gestiona el servicio de municipios como Luisiana, Isla Mayor y Lentejuela, y participa en Aguas del Huesna. En segundo, Ferrovial que ha creado la compañía Ferroser para desarrollar actividades del sector en poblaciones como Estepona, Vélez Blanco y Úbeda. En tercer lugar, sobresale SAUR, como uno de los grupos de vieja raigambre en el sector, de origen francés, gran experiencia y muy extendido por varios continentes. Participa en la empresa Gestión y Técnicas del Agua (Gestagua) que gestiona el servicio de poblaciones como Fuengirola, Albox y Montoro.

Por último, hay que citar a las compañías con mayor presencia en la prestación del servicio en los municipios andaluces: Aqualia y Aquagest, pertenecientes a diferentes entidades corporativas. La primera, Aqualia, corresponde al grupo empresarial Fomento de Construcciones y Contratas (FCC), que utiliza esta filial para gestionar el servicio de ciudades como Jaén o Almería. Y la segunda,

Aquagest, compañía dependiente de Aguas de Barcelona, que es uno de los grupos empresariales con mayor tradición en el sector. Su presencia en Andalucía la lleva a cabo mediante la obtención de concesiones directas para la gestión del servicio, como es el caso de poblaciones como Marbella, San Fernando o Roquetas de Mar. En otras ocasiones participa en empresas mixtas como Emasagra y Aguasvira, en Granada, o Astosam en Torremolinos.

Otros grupos y empresas tienen una presencia menos relevante en el sector, pero también bastante significativa. Es el caso compañías como Abengoa, Endesa, Iberdrola, OHL, Hidrocartera (Unicaja y Caja de Granada), o el grupo alemán RWE Thames Water. Generalmente participan en el sector a través de sociedades interpuestas o filiales como Aguas de Herrera, Aguas de Guadix, Ondagua, CRIDESA, Inima, etc.

CONCLUSIONES

Las inseguridades y oscilaciones que mostró el sector del abastecimiento de agua potable en Andalucía, especialmente en el período 1850-1950, marcó el desarrollo posterior de este servicio público. En todos esos años, la incapacidad municipal –presupuestaria, funcionarial, técnica y financiera–, es palpable en todo momento. No se encuentran facilidades a la hora de establecer el suministro de agua, primero porque costaba vencer las resistencias exógenas de carácter técnico; y, segundo, porque sobre los ayuntamientos recaía una carga demasiado pesada para sus estrechas espaldas. Este aspecto reflejaba su tremenda debilidad al intentar ejercer el poder municipal, incluso en grandes ciudades industriales donde tenían que estar subordinados a intereses privados, ya fuesen propietarios o compañías de servicios. Este hecho provocó que se dejara en manos de empresas privadas los servicios municipales y se otorgaran concesiones para solucionar este problema del abastecimiento.

Las dificultades por las que atravesaron muchas de estas empresas privadas muestran una inversión relativamente rentable. Por ejemplo, la media del sector en los "felices veinte" osciló alrededor del 6 %, entre las que obtuvieron resultados positivos, e incluso algunas, alcanzaron índices más altos. Estas, generalmente, se encontraban ubicadas en las grandes zonas industriales, además de poseer muchas de ellas una gran versatilidad para introducirse en otros negocios como la electricidad. Esta situación les permitía ser más competitivas, aunque no todas lograron elevados dividendos. La tendencia fue la disminución del número de sociedades anónimas en el sector del agua. Por el contrario, aumentó el protagonismo de los municipios que recuperaron este servicio público. En cualquier caso, se ha mantenido la presencia de compañías privadas en la gestión del abastecimiento de agua en determinadas poblaciones. Algunas de estas sociedades se han introducido en otros sectores, unas veces relacionados con la distribución y consumo del agua –envasado y venta de agua mineral, balnearios, tuberías y accesorios–, otras con actividades tan inusuales como la asistencia médica. La *Sociedad General de Aguas de Barcelona*, quizá sea el ejemplo más evidente de lo que estamos señalando.

Andalucía muestra un modelo en el que conviven tanto la empresa privada como la gestión directa de los ayuntamientos. Ya en 1950 se detecta la existencia de servicios municipalizados de agua. Los pocos enclaves que todavía están en esas fechas en manos privadas, no tenían gran relevancia y se refieren a poblaciones de tamaño más bien reducido. Otras veces coexisten, en una misma ciudad, el servicio municipal y la concesión a una empresa privada, que casi siempre termina siendo absorbida por el ayuntamiento. En el período comprendido entre 1850-1950, el sector del abastecimiento de agua se ha ido formando, debido a la abundante legislación surgida sobre cuestiones higiénicas y sanitarias relacionadas con las ciudades y lo núcleos poblacionales en general.

El análisis histórico, permite atisbar las posibilidades económicas del sector, especialmente si existe una adecuada previsión de las necesidades de las zonas urbanas a medio plazo. Varias empresas han mostrado su capacidad de reestructuración y de ampliación, a la par que han sabido ensanchar su campo inversor hacia otros sectores incluso escasamente relacionados con el abastecimiento de aguas. En España, las actuaciones en esta materia, se manifestaron especialmente en las décadas de 1960 y 1970, períodos en los que se realizaron grandes obras para suministrar agua corriente a todo tipo de poblaciones, incluso las de reducido tamaño. Fueron los años del Plan Nacional de Abastecimiento y Saneamiento, que abrió nuevas perspectivas en este campo. Los avances tuvieron singular relevancia, pero el desfase y el atraso del sector era tan considerable, que no se logró cubrir plenamente las necesidades existentes. Una nueva etapa se abrió a partir de 1990 con la legislación referente a la depuración de aguas residuales y la conservación de la naturaleza. Estas acciones, relativamente novedosas en esa etapa, requieren nuevas perspectivas económicas y financieras.

En resumen, varias conclusiones se pueden extraer de la evolución que ha experimentado la implantación de empresas de abastecimiento de agua en Andalucía. En primer lugar, que se ha caracterizado por un proceso de "ida y vuelta" hacia la privatización del sector. Llegada de empresas en un primer momento, tendencia hacia la municipalización en una segunda fase, y nuevo giro hacia la privatización en las últimas décadas. En segundo lugar, cabe destacar la presencia de capital extranjero, especialmente las compañías francesas y británicas, que ostentan cierto predominio dentro del sector. Por último, se aprecia la existencia de un sector muy dinámico, que presenta continuos cambios en la titularidad de la gestión, así como frecuentes procesos de absorción y fusión empresarial.

REFERENCIAS

Ariño, G. (1993). *Economía y Estado. Crisis y Reforma del Sector Público.* Marcial Pons.

Ariño, G. (1997). *El nuevo servicio público.* Marcial Pons.

Castro-Valdivia, M. y Matés-Barco, J.M. (2020). Los servicios públicos y la inversión extranjera en España (1850-1936): Las empresas de agua y gas. *História Unisinos,* 24 (2), 221-239. doi: 10.413/hist.2020.242.05

Castro-Valdivia, M., Matés-Barco, J.M. y Vázquez-Fariñas, M. (2020). Capital extranjero y desarrollo urbano en España: la inversión en los servicios públicos durante el primer tercio del siglo xx. En L. E. Otero-Carvajal (ed.), *Las infraestructuras de la construcción de la ciudad moderna. España y México, 1850-1936* (pp. 177-193). La Catarata.

Cuervo, A. (1986). La privatización de la empresa pública, "la nueva desamortización". *Papeles de Economía Española*, 27, 331-340.

Fernández-Paradas, M. y Matés-Barco, J.M. (2022). Ingenieros y empresarios en las compañías de abastecimiento de agua en España (1840-1930). *Aportes. Revista de Historia Contemporánea*, 108, 75-111.

Heredia-Flores, V. M. (2013). "Municipalización y modernización del servicio de abastecimiento de agua en España: el caso de Málaga (1860-1930)". *Agua y Territorio / Water and Landscape*, 1, 103–117. doi: https://doi.org/10.17561/at.viii.1038.

Heredia-Flores, V. M. (2018). El abastecimiento de agua en Málaga (1860-1930). De negocio privado a servicio público. En J.M. Matés-Barco y J.J.P. Rojas-Ramírez (eds.), *Agua y Servicios Públicos en España y México* (pp. 121-154). UJA Editorial.

Martín Mesa, A., Alcalá Olid, F. et al. (2006). Las cuentas del agua en Andalucía: sectores de actividad que emplean el agua como factor esencial en sus procesos productivos. *IX Encuentro de Economía Aplicada*. Jaén.

Martín Mesa, A., Sáez Fernández, F. J., et al. (2006). Las cuentas del agua en Andalucía. *IX Encuentro de Economía Aplicada*. Jaén.

Martínez López-Muñiz, J. L. (1997). La nueva regulación local en España. En G. Ariño, J.M. De la Cuétara y J.L. Martínez López-Muñiz, *El Nuevo servicio público* (pp. 185-270). Marcial Pons.

Matés-Barco, J.M. (1997). Las sociedades anónimas de abastecimiento de agua en Andalucía: una primera aproximación. *Boletín del Instituto de Estudios Giennenses*, 167, 103-127.

Matés-Barco, J.M. (2002). Strategies of foreign firms in the sector of water supply in Spain (1850-1990). En H. Bonin, H. (coord.), *Transnational Companies, 19th-20th Centuries* (pp. 301-316). Plage.

Matés-Barco, J.M. (2004). The Development of Water Supplies in Spain: 19th and 20 th Centuries. En A. Giuntini, P. Hertner, y G. Núñez, *Urban Growth on Two Continents in the 19th and 20th Centuries: Technology, Networks, Finance and Public Regulation* pp. (pp. 165-178). Comares.

Matés-Barco, J.M. (2006). Las empresas de abastecimiento de agua en Andalucía (1840-2000). En J.R. Navarro y J. Regalado (coords.), *El debate del agua en Jalisco y Andalucía* (pp. 45-93). Junta de Andalucía.

Matés-Barco, J.M. (2018a). La distribution de l'eau dans les villes d'Espagne (1840-1936): Le rôle des compagnies privées. *Histoire, Économie & Société*, 3, 14-29.

Matés-Barco, J.M. (2018b). De la Regulación a la Privatización y viceversa: la gestión del agua en España y Gran Bretaña. En J. M. Matés-Barco y J.J.P. Rojas-Ramírez (coords.), *Agua y Servicios Públicos en España y México* (pp.29-68). UJA Editorial.

Matés-Barco, J.M. (2018c). Ecología y servicios públicos: nuevas perspectivas y cambio de paradigma. En A. Torres-Rodríguez y E. Moral-Pajares (coords.), *Agua y Ecología Política en España y México* (pp. 41-85). UJA Editorial.

Matés-Barco, J.M. (2019a). Estrategia empresarial y control del mercado: la gestión del abastecimiento de agua potable. En J.M. Matés-Barco (coord.), *Empresas y empresarios en España. De mercaderes a industriales* (pp. 223-240). Pirámide.

Matés-Barco, J.M. (2019b). El abastecimiento de agua a Barcelona (1850-1939): Origen y desarrollo de las compañías privadas. *Historia Contemporánea*, 59(1), 165-194.

Matés-Barco, J.M. (2021a). Small, Medium and Large Companies in the Supply of Water in Spain (1840-1940). En J.M. Matés-Barco y L. Caruana (eds.), *Entrepreneurship in Spain. A History* (pp. 82-98). Routledge.

Matés-Barco, J.M. (2021b). Public services in Spain (1840-1936): the role of water supply companies. En M. Vázquez-Fariñas, P. P. Ortuñez-Goicolea y M. Castro-Valdivia (eds.), *Companies and Entrepreneurs in the History of Spain. Centuries Long Evolution in Business since the 15th century* (pp. 135-159). Palgrave MacMillan. https://doi.org/10.1007/978-3-030-61318-1

Núñez Romero-Balmas, G. (2005). Water Management in Spain: ecological and economic foundations of institutional change. En J.C.N. Raadschelders (edit.), *The Institutional Arrangements for Water Management in the 19th and 20th Centuries* (pp. 95-118). Ios Press.

Núñez Romero-Balmas, G. (2018a). Las aguas como proceso historico. En J.M. Matés-Barco y J.J.P. Rojas-Ramírez (eds.), *Agua y Servicios Públicos en España y México* (pp. 121-154). UJA Editorial.

Núñez Romero-Balmas, G. (2018b). La gestión de las aguas en España; fundamentos ecológicos, económicos y politicos del cambio institucional. En A. Torres-Rodríguez y E. Moral-Pajares, *Agua y Ecología Política en España y México* (pp. 87-118). UJA Editorial,

Ponzellini, A. M. y Treu, T. (1994). *Servizi pubblici, privatizzazione e relazioni industriale in Europa.* FrancoAngeli.

Roversi Monaco, M. G. (1996). *Dominio pubblico e impresa nella gestione dei servizi idrici. L'esperienza in Gran Bretagna e le prospettive in Italia*. Cedam.

El abastecimiento de agua en Andalucía en el último tercio del siglo xx

Resumen: En este capítulo se analiza la gestión del abastecimiento de agua potable en Andalucía en el último tercio del siglo xx. Al mismo tiempo, se avanza una posible explicación sobre los factores que han determinado los modelos de gestión. En este contexto, destaca esencialmente el papel que juegan las disposiciones europeas, la legislación española y el concepto de servicio público existente en Europa.

Palabras clave: Andalucía, gestión, agua potable, siglo xx.

The water supply in Andalusia in the last third of the 20th century

Abstract: This chapter analyzes the management water supply in Andalusia in the last third of the 20th century. At the same time, a possible explanation of the factors that have determined the management models is advanced. In this context, it essentially highlights the role played by European provisions, Spanish legislation and the existing concept of public service in Europe.

Keywords: Andalusia, management, water supply, 20th century.

O abastecimento de água na Andaluzia no último terço do século xx

Resumo: Este capítulo analisa a gestão do abastecimento de água potável na Andaluzia no último terço do século xx. Ao mesmo tempo, é avançada uma possível explicação dos fatores que determinaram os modelos de gestão. Neste contexto, destaca essencialmente o papel desempenhado pelas disposições europeias, a legislação espanhola e o conceito de serviço público existente na Europa.

Palavras-chave: Andaluzia, gestão, água potável, século xx.

10.
EL DERECHO AL AGUA Y SUS IMPLICACIONES EN LA TARIFICACIÓN DE LOS SERVICIOS PÚBLICOS DE ABASTECIMIENTO URBANO DE AGUA. UNA APROXIMACIÓN AL CASO ANDALUZ

María José Vargas-Machuca Salido
Universidad de Jaén

INTRODUCCIÓN

El agua es un bien esencial para la vida y la salud por lo que se hace necesario garantizar su acceso universal, de modo que toda la población pueda disfrutar de forma asequible de un nivel mínimo de servicios de agua y saneamiento. Se puede decir, por tanto, que el acceso al agua es un verdadero derecho humano que debe ser promovido y protegido. Un planteamiento que, incluso mucho antes de ser reconocido formalmente por la Organización de las Naciones Unidas en 2010, era de aceptación general.

El hecho de ser un derecho humano no exige su gratuidad. Como recurso escaso y valioso, el agua requiere una gestión eficiente y sostenible, tanto desde el punto de vista económico como medioambiental.

Todos estos parámetros condicionan el diseño de la gestión del ciclo del agua y configuran la estructura de tarifas como una herramienta clave para lograr, de forma equilibrada, la eficiencia económica, la sostenibilidad ambiental y la equidad social.

Desde el punto de vista jurídico, en España el agua como bien carece de precio, al ser parte del dominio público. Lo que los consumidores domésticos pagan por el agua que consumen es la contraprestación por los servicios de abastecimiento y depuración de la misma. La idea es que las políticas de precios del agua puedan proporcionar a los usuarios incentivos adecuados para utilizar de forma eficiente los recursos hídricos y contribuir, de esta forma, a los objetivos medioambientales, a la vez que se intentan cubrir los costes del servicio. Todo esto debe plantearse teniendo en cuenta una importante dimensión social: todas las personas tienen derecho a disponer de agua en cantidad y calidad suficientes para su uso personal y doméstico, independientemente de su lugar de residencia y de su situación económica. Por tanto, los sistemas tarifarios deberán incluir elementos que permitan la protección de este derecho.

El objetivo de este trabajo es plantear una aproximación a los elementos de naturaleza social que protegen el derecho al agua de los ciudadanos en las estructuras tarifarias que se aplican en las capitales de las ocho provincias andaluzas.

Para ello, el capítulo se divide en cuatro partes, además de esta introducción y un apartado dedicado a las conclusiones. En primer lugar, se presenta la cronología del reconocimiento del acceso al agua como derecho humano por parte de Naciones Unidas. A continuación, se analiza este mismo concepto en la normativa europea y española. Seguidamente se revisan, desde el punto de vista teórico, las distintas modalidades tarifarias. Por último, se presenta un estudio de las estructuras de tarifas aplicadas en las capitales de las provincias andaluzas, haciendo especial referencia a las bonificaciones que facilitan el acceso a este servicio a las personas con situaciones económicas desfavorables. El trabajo se cierra con un epígrafe donde se recogen las referencias bibliográficas utilizadas en su elaboración.

EL DERECHO HUMANO AL AGUA Y AL SANEAMIENTO

La Declaración Universal de Derechos Humanos de Naciones Unidas (1948) no recoge el derecho al agua como tal. Sin embargo, en su artículo 25 reconoce que “toda persona tiene derecho a un nivel de vida adecuado que le asegure, así como a su familia, la salud y el bienestar, y en especial la alimentación, el vestido, la vivienda, la asistencia médica y los servicios sociales necesarios [...]”. Este mismo derecho se reconoce en el artículo 11.1 del Pacto Internacional de Derechos Económicos, Sociales y Culturales (Naciones Unidas, 1966). Durante mucho tiempo, el acceso al agua potable y al saneamiento fueron reconocidos internacionalmente como derechos humanos, derivados de ese derecho a un nivel de vida adecuado que recogen las dos resoluciones anteriormente citadas. Se consideraba que hablar expresamente de alimentación, vestido y vivienda, sin hacer mención de forma explícita del agua, tenía sentido sobre la base de que el agua, lo mismo que el aire, era un elemento libremente disponible para todos (Roaf, 2014, p. 23).

Así se recoge en la Observación General nº 15 (2002) del Consejo Económico y Social de Naciones Unidas (Naciones Unidas, 2003), que reflexionaba sobre diversas cuestiones planteadas en la aplicación de los artículos 11 y 12 del Pacto Internacional de Derechos Económicos, Sociales y Culturales. Esta disposición reconoce el agua como un recurso natural limitado y un bien público fundamental para la vida y la salud, por lo que puede ser considerado como un verdadero derecho humano indispensable para la realización de otros derechos, en especial, para poder vivir dignamente. De este modo, se reconoce el derecho al agua como el derecho de todas las personas a acceder a agua saludable en cantidad suficiente para el uso personal y doméstico y a un precio asequible. Este mismo planteamiento se refleja en posteriores resoluciones del Consejo de Derechos Humanos relativas a los derechos humanos y el acceso al agua potable y el saneamiento[1].

Finalmente, el derecho humano al agua sería reconocido formalmente por la Asamblea General de las Naciones Unidas mediante una histórica resolución en el año 2010 (Naciones Unidas, 2010). Desde ese momento se admite que "el derecho al agua potable y el saneamiento es un derecho humano esencial para el pleno disfrute de la vida y de todos los derechos humanos". Como derecho humano reconocido internacionalmente, ha de ser protegido por los Estados sin discriminación alguna, priorizando a los más necesitados. Por ese motivo, la resolución pide a los Estados y las organizaciones internacionales que aporten recursos financieros y fomenten la inversión

[1] Puede verse en Idrovo-Heredia & Bermeo-Barreto (2021, pp. 14-18); Roaf (2014, pp. 23-24) y Defensor del Pueblo Andaluz (2015, pp. 18-24) un resumen de las principales declaraciones y resoluciones a nivel internacional anteriores a 2010 donde se recogía el derecho al agua y al saneamiento como parte del contexto de otros derechos fundamentales.

y la transferencia de tecnología, especialmente hacia los países en desarrollo, con el fin de aumentar los esfuerzos por facilitar un acceso asequible al agua potable y el saneamiento a toda la población.

En 2015 se dio un nuevo paso clave en la consolidación del derecho humano al agua y al saneamiento. La Asamblea General, adoptó por consenso la resolución 70/169 a propuesta de España y Alemania. En ella se establecía, por primera vez, que ambos derechos, al agua y al saneamiento, eran derechos muy relacionados, pero distintos (Hortelano-Villanueva & Hidalgo-García, 2016, p. 8).

Por último, la importancia de estos derechos para el desarrollo mundial motivó su inclusión en la Agenda 2030 a través del ODS 6 "Agua limpia y saneamiento". Este objetivo pretende garantizar un acceso universal y equitativo al agua potable y a servicios de saneamiento e higiene adecuados, una gestión sostenible del agua y la mejora de su calidad del agua a nivel mundial (Naciones Unidas, 2015).

EL DERECHO AL AGUA EN LA NORMATIVA EUROPEA Y ESPAÑOLA

El derecho humano al agua no fue incorporado expresamente en los tratados y declaraciones que integran el Sistema Europeo de Protección de los Derechos Humanos (Aguiar-Ribeiro Do Nascimento, 2019, p. 2).

La primera gran declaración de principios para una adecuada gestión del agua a nivel europeo se encuentra en la Carta Europea del Agua[2] adoptada por el Consejo de Europa en mayo de 1968. En ella se recogían doce principios relacionados con el agua que definían este recurso como un tesoro para la humanidad, fundamental para la vida y que, dado que no era un recurso inagotable, era indispensable preservarlo, controlarlo y, siempre que fuera posible, incrementarlo (Defensor del Pueblo Andaluz, 2015, p. 24).

Esta disposición fue actualizada en 2001 bajo un nuevo título: Carta Europea de los Recursos Hídricos (2001)[3]. Esta nueva

[2] Resolución (67) 10, adoptada por el Comité de Ministros del Consejo el 6 de mayo de 1968.

[3] Recomendación (REC) 2001, adoptada por el Comité de Ministros del Consejo de Europa el 17 de octubre de 2001.

recomendación del Comité de Ministros del Consejo de Europa considera el agua como un recurso indispensable para toda forma de vida y responsabiliza de su preservación de forma conjunta a los Estados y a todos sus beneficiarios. Al igual que la anterior, recoge una serie de principios que se recomiendan sean aplicados por los Estados en función de sus propias políticas nacionales. Entre ellos destaca el que reconoce el derecho de todas las personas a disponer una cantidad suficiente de agua para cubrir sus necesidades básicas. Por otro lado, y sin perjuicio de este derecho, la Carta establece que el suministro de agua debe exigir un pago que permita cubrir los costes vinculados a la producción y abastecimiento de este recurso.

En el ámbito europeo cabe también señalar la Directiva Marco del Agua[4] por la que se establece un marco comunitario de actuación en el ámbito de la gestión de los recursos hídricos. Esta disposición reconoce que el agua no es un bien comercial, sino un patrimonio común que hay que defender y proteger. Igualmente, establece principios fundamentales para la gestión del agua como el de recuperación de costes y el de que quien contamina paga. Sin embargo, se puede decir que a pesar de ser una de las disposiciones europeas más relevantes en términos de recursos hídricos, en ella el agua es considerada más como un recurso que como un derecho fundamental (Aguiar-Ribeiro Do Nascimento, 2019, p. 10).

Siguiendo los planteamientos de la Observación General nº 15 (2002) del Consejo Económico y Social de Naciones Unidas, el Parlamento Europeo en su Resolución sobre la Comunicación de la Comisión sobre política de gestión del agua en los países en desarrollo y prioridades de la cooperación de la UE al desarrollo de 2002, reitera que el acceso al agua en cantidad y calidad suficientes es un derecho humano básico que los Gobiernos deben proteger.

En mayo de 2012 se presentó la iniciativa ciudadana "El derecho al agua y el saneamiento como derecho humano. ¡El agua no es un bien comercial, sino un bien público!" (conocida como la Iniciativa "Right2Water"). Fue la primera Iniciativa Ciudadana Europea que

[4] Directiva 2000/60/CE del Parlamento Europeo y del Consejo, de 23 de octubre de 2000, por la que se establece un marco comunitario de actuación en el ámbito de la política de aguas.

logró superar el millón de firmas. Su objetivo era urgir a la Comisión Europea a aprobar una legislación que defendiera el derecho humano al agua y el saneamiento que la ONU había reconocido un par de años antes y a su suministro como servicio público esencial para todos. La Comisión decidió adoptar diversas medidas sobre algunos aspectos planteados en la iniciativa (mayor transparencia, estimular la innovación, etc.) y presentó una propuesta legislativa para revisar la Directiva sobre el agua potable que contemplaba la obligación para los Estados miembros de garantizar el acceso al agua a los grupos más vulnerables.

En su Comunicación de 19 de marzo de 2014 relativa a la Iniciativa "Right2Water"[5] la Comisión animó a los Estados miembros a que garantizaran el acceso a un suministro mínimo de agua para todos los ciudadanos, de acuerdo con las recomendaciones de la Organización Mundial de la Salud (OMS). Adicionalmente, y de acuerdo al ODS nº 6 y la meta asociada de "lograr el acceso universal y equitativo al agua potable a un precio asequible para todos", se comprometió a seguir mejorando el acceso al agua potable segura de toda la población mediante la aplicación de las correspondientes políticas medioambientales.

Finalmente, el 16 de diciembre de 2020 el Parlamento y el Consejo de la Unión Europea aprobaron la Directiva 2020/2184 relativa a la calidad de las aguas destinadas al consumo humano[6]. Si bien el objetivo de la Directiva era garantizar la salubridad y limpieza de las aguas destinadas al consumo humano para proteger la salud de las personas de los efectos adversos derivados de cualquier tipo de contaminación y mejorar el acceso a las aguas destinadas al consumo humano, en su redacción, subyace la consideración del acceso al agua en cantidad y calidad suficientes como un derecho humano fundamental.

---

[5] Comunicación de la Comisión relativa a la Iniciativa Ciudadana Europea "El Derecho al agua y el saneamiento como derecho humano. ¡El agua no es un bien comercial sino un bien público!", COM (2014) 177 final, de 19 de marzo de 2014.

[6] Directiva (UE) 2020/2184 del Parlamento Europeo y del Consejo de 16 de diciembre de 2020 relativa a la calidad de las aguas destinadas al consumo humano, DOUE-L-2020-81947, DOUE núm. 435, de 23 de diciembre de 2020, pp. 1-62.

Finalmente, en 2022 el Parlamento Europeo aprobó la Resolución "Acceso al agua como derecho humano: dimensión exterior"[7] que reafirmaba el derecho al agua potable y al saneamiento como derechos humanos complementarios y recordaba que los Estados deben garantizar un acceso universal, adecuado y asequible a agua potable suficiente, de calidad y segura.

Desde la perspectiva española, la Constitución no recoge un reconocimiento explícito del derecho al agua, aunque, al igual que ocurría a nivel internacional, este podría derivarse de otros derechos constitucionales como el derecho a una vivienda digna (art. 47) o el derecho a la protección de la salud (art. 43). Si bien no se trata de derechos fundamentales con una protección especial, se consideran dentro de los principios rectores de la política social y económica del país (Defensor del Pueblo Andaluz, 2015, p. 28).

La norma que regula el dominio público hidráulico, del uso del agua y del ejercicio de las competencias atribuidas al Estado en las materias relacionadas con dicho dominio, es el Real Decreto Legislativo 1/2001, de 20 de julio[8], por el que se aprueba el texto refundido de la Ley de Aguas. Esta disposición no recoge como tal el derecho al agua puesto que el único derecho que se incluye explícitamente es el derecho a la información (art. 15). Lo que sí menciona de forma expresa es que la tarifa que se abone por el suministro de agua debe ser un precio asequible. Se establece que la Administración competente en materia de suministro de agua será la responsable de diseñar las estructuras tarifarias por tramos de consumo, de modo que se puedan cubrir las necesidades básicas a un precio asequible y se desincentiven los consumos excesivos (art. 111 bis).

A nivel andaluz, si bien el Estatuto de Autonomía[9] no reconoce expresamente el derecho al agua, durante tiempo se ha considerado que forma parte de otros derechos sociales como el derecho a la vivienda (at. 25) o el derecho a disfrutar de los recursos naturales

[7] Resolución del Parlamento Europeo, de 5 de octubre de 2022, sobre el acceso al agua como derecho humano: dimensión exterior (2021/2187(INI)) P9_TA (2022)0346.

[8] Real Decreto Legislativo 1/2001, de 20 de julio, por el que se aprueba el texto refundido de la Ley de Aguas. BOE nº. 176, de 24 de julio de 2001.

[9] Ley Orgánica 2/2007, de 19 de marzo, de reforma del Estatuto de Autonomía para Andalucía BOE nº. 68, de 20 de marzo de 2007.

(art. 28.2) (Defensor del Pueblo Andaluz, 2015, p. 31). Asimismo, el Estatuto recoge una serie de objetivos que debe satisfacer la Comunidad Autónoma, entre los que se encuentra la mejora de la calidad de vida de los ciudadanos, mediante la protección del medio ambiente, la adecuada gestión del agua y la solidaridad entre territorios en su uso y distribución (art. 10.3.7º).

El Acuerdo Andaluz por el Agua, elaborado por el Consejo Andaluz del Agua y aprobado por el Consejo de Gobierno en enero de 2009, constituye un documento clave para el reconocimiento del derecho al agua en este territorio. Entre otros aspectos relacionados con el uso sostenible y con garantía del agua, se establecían las bases para la prestación de los servicios urbanos del agua, sobre la base del derecho a disponer de un nivel mínimo de suministro de agua cualquiera que sea su capacidad económica y su lugar de residencia.

Poco después se aprobaría la Ley de Aguas de Andalucía[10], que reconoce el agua como medio indispensable para la vida, un bien común que todos los agentes públicos y privados están obligados a proteger y legar a futuras generaciones al menos en las mismas condiciones de cantidad y calidad con que se han recibido (Exposición de motivos I). Si bien esta norma tampoco reconoce expresamente un derecho al agua, entre sus principios informadores incluye el uso sostenible del agua y la protección de la salud especialmente en las aguas de consumo (ar.t 5.1 y 5.2). De igual modo, establece mecanismos para que la Administración autonómica, directa o indirectamente, pueda asumir responsabilidades de gestión de los servicios de agua en aquellos casos en los que, la deficiente prestación por parte de los responsables a nivel municipal, pueda provocar graves perjuicios económicos para la población, daños al medio ambiente o graves riesgos para la salud de las personas (Exposición de motivos V).

A pesar de esta Ley, diez años después, una parte muy importante de los pilares del Acuerdo Andaluz por el Agua no se habían acometido. Por este motivo, en mayo de 2020, el Pleno del Parlamento de Andalucía aprobó la Proposición no de ley relativa a Pacto

---

[10] Ley 9/2010, de 30 de julio, de Aguas para Andalucía. BOJA nº. 155, de 09 de agosto de 2010, BOE nº. 208, de 27 de agosto de 2010.

Andaluz por el Agua[11] por la cual se insta al Consejo de Gobierno a impulsar un Pacto Andaluz por el Agua con el máximo consenso de las partes implicadas: fuerzas políticas, agentes económicos y sociales, organizaciones ecologistas, plataformas ciudadanas en defensa de la gestión pública del agua y el conjunto de la sociedad andaluza. Comienzan entonces las negociaciones para el diseño y formulación de un Pacto Andaluz por el Agua que pudiera actuar como herramienta de participación pública para el diseño conjunto y la corresponsabilidad de aspectos claves de la gestión el agua en Andalucía. Finalmente, el Parlamento andaluz aprobó en diciembre de 2020[12] este Pacto, poniendo de manifiesto la necesidad de que las administraciones, en función de sus respectivas competencias, garanticen el derecho de todos los andaluces a recibir un servicio de aguas urbanas de calidad, con independencia de su lugar de residencia, y lleven a cabo una actualización progresiva de las tarifas que permita la recuperación total de los costes de los servicios relacionados con el agua.

En este contexto, cabe señalar que las competencias sobre la gestión del servicio de agua y la fijación de sus principales elementos corresponde a las administraciones locales, a través de las correspondientes ordenanzas municipales. En muchas de ellas se percibe el reconocimiento del derecho humano al agua y se recoge expresamente la garantía de un suministro mínimo para cubrir las necesidades básicas de los ciudadanos.

EL DERECHO AL AGUA Y LOS SISTEMAS DE TARIFICACIÓN

El derecho humano al agua implica que toda persona pueda disponer de agua saludable, accesible y asequible para el uso personal y doméstico. El hecho de ser un derecho humano no implica la gratuidad de los servicios relacionados con el agua. Sin embargo,

[11] N.º Expte. 11-19 PNLP000032.

[12] 11-20/PNLP-000141. Proposición no de ley relativa al Pacto Andaluz por el Agua Aprobada por el Pleno del Parlamento el 17 de diciembre de 2020, en el transcurso de la sesión celebrada los días 16 y 17 del mismo mes y año.

las autoridades competentes deben establecer sistemas de ayudas o, en su caso, facilitar servicios sin coste, para garantizar que toda la población, también los más desfavorecidos, pueden acceder a estos servicios. Este planteamiento cobra una vital importancia en el diseño de los sistemas tarifarios.

LOS SISTEMAS TARIFARIOS Y LA MULTIPLICIDAD DE OBJETIVOS

El desafío más importante que debe afrontar el establecimiento de tarifas en el servicio de abastecimiento y suministro de agua es la conciliación de diferentes propósitos, en ocasiones en conflicto. Estos múltiples objetivos se pueden estructurar en torno a cuatro dimensiones: sostenibilidad medioambiental, eficiencia económica, sostenibilidad financiera e interés social (OECD, 2009, pp. 80-81).

Esta última dimensión expresa el reconocimiento del derecho humano al agua que exige que el acceso universal a la misma esté garantizado. Toda la población, incluidos los grupos de bajos ingresos, deberían poder acceder de forma asequible a un nivel mínimo de servicios de agua y saneamiento. El regulador deberá velar por que esto sea una realidad. En los países desarrollados y, de forma especial en las ciudades, la atención se debe centrar principalmente en cómo proteger a los grupos vulnerables, garantizando que tengan acceso a servicios de agua y que puedan seguir haciéndolo de forma asequible a lo largo del tiempo.

La gran dificultad que supone, en muchas ocasiones, compatibilizar todos estos propósitos en un único instrumento tarifario ha dado lugar a la aparición de una amplia variedad de sistemas de precios y estructuras de tarifas que han tratado de dar solución a los conflictos planteados entre dichos objetivos (Suárez-Varela, 2020, p. 207).

TIPOLOGÍA TARIFARIA: PLANTEAMIENTOS TEÓRICOS

La tarificación de los servicios correspondientes al ciclo urbano del agua es la fórmula que establece como contraprestación la entidad suministradora, con el fin de conseguir la recuperación de costes y el equilibrio económico-financiero del servicio. La naturaleza jurídica de estas contraprestaciones dependerá, a su vez, de la condición jurídica del agente que presta el servicio.

Desde 2017, en el caso de que los servicios sean prestados por los propios entes locales, la contraprestación será una tasa, fijada en función del Real Decreto Legislativo 2/2004, de 5 de marzo[13]. Pero si es una empresa (pública, privada o mixta) la que presta los servicios, la contraprestación por los mismos se considera una "prestación patrimonial de carácter público no tributario"[14]. En el caso de los servicios de abastecimiento, estas prestaciones están sometidas al régimen de precios autorizados que implica que quedan sujetas a un sistema de doble aprobación: los "precios" fijados por los gestores del servicio deben ser autorizados primero a nivel local y, posteriormente, por la administración autonómica, a través del órgano competente en materia de precios autorizados (CNMC, 2020, pp. 22-23).

Independientemente de su consideración jurídica, como tasa o precio público, las contraprestaciones por los servicios de suministro de agua pueden asumir distintas modalidades tarifarias.

En general, las tarifas por suministro de agua que suelen aplicarse resultan de una combinación de algunos (o todos) de estos elementos (Álvarez-García el al., 2003, pp. 17-18):

- Una cuota de conexión al servicio de carácter fijo, que podrá pagarse en el momento de realizar la conexión o periódicamente junto con el pago del consumo.
- Un importe fijo por acceso al sistema de suministro, sin relación con el consumo, que, normalmente, se establece en función de las características del consumidor.
- Una cuantía variable aplicada al volumen de agua consumido.
- Una cuota mínima que responde al volumen mínimo del servicio por el que es necesario pagar en cada periodo a pesar de que no se alcance su consumo.

---

[13] Real Decreto por el que se aprueba el Texto Refundido de la Ley Reguladora de las Haciendas Locales (TRLHL).

[14] Artículo 20,6 del TRLHL introducido por la Disposición Final 12ª de la Ley 9/2017, de 8 de noviembre, de Contratos del Sector Público, por la que se transponen al ordenamiento jurídico español las Directivas del Parlamento Europeo y del Consejo 2014/23/UE y 2014/24/UE, de 26 de febrero de 2014.

· Tarifas por bloques que implican la aplicación de tipos distintos, crecientes o decrecientes, para diferentes intervalos de consumo.

Las variadas combinaciones de estos elementos dan lugar a una amplia gama de estructuras tarifarias que podemos sintetizar en las siguientes (Babiano, 2020, pp. 18-19; Instituto Aragonés del Agua, 2013, pp. 19-25):

· Tarifa de cuota fija: se establece una cuota fija basada en datos medios determinados de forma estadística, pero sin tener en cuenta el consumo real de agua. Las cuotas pueden ser iguales para todos los usuarios o variar en función del tipo de actividad del inmueble (doméstico, restauración, industrias, etc.).

· Tarifa unitaria (o "monomia"): consta únicamente de una parte variable que incluye un precio por cada metro cúbico consumido.

· Tarifa binomial (o "binomia" o "binómica"): dividida en dos componentes (fijo y variable) que intentan adaptar la recaudación a la estructura de costes de los servicios de agua. La cuota fija o de servicio se determina habitualmente por el calibre del contador, correspondiendo mayores costes a aquellas conexiones con diámetros mayores. Por su parte, la cuota variable o de consumo es la parte que paga el usuario en función de su consumo y que puede concretarse de diversos modos:

  · Tarifa constante: dentro de un mismo uso del agua (doméstico, comercial e industrial) todo el consumo se factura al mismo precio.

  · Tarifa de bloques: el consumo se descompone en bloques de límites preestablecidos a los que se aplican precios diferentes. Estos precios podrían ser decrecientes (actualmente en desuso) o crecientes. En este último caso se incluirían también las tarifas vinculadas al número de habitantes por vivienda, de forma que se trataría de una tarifa progresiva al calcular el consumo individual de cada persona de un hogar.

  · Tarifas con mínimos: cuentan con una cantidad mínima de agua que se factura, con independencia de si se llega a consumir realmente o no. Por encima de ese mínimo se facturaría en función del consumo con un precio constante o por bloques. Se podría decir que se trata de una tarifa binomial en la que la cuota fija incluye el consumo mínimo y que tiene precio cero para el primer tramo de consumo.

- Otros sistemas tarifarios: son aquellos que establecen precios distintos según criterios diversos: diferentes zonas de las ciudades, valor catastral de las viviendas, estación del año, franjas horarias, etc. Son sistemas menos frecuentes que los anteriores.

Por último, cabe señalar que, en muchos casos, pueden aprobarse tarifas especiales para hogares en situaciones particulares. Es el caso, por ejemplo, de las tarifas para familias numerosas o para hogares con rentas bajas, estableciendo precios diferenciados para determinados colectivos (jubilados, jóvenes, desempleados...). En estos casos se suele determinar un mínimo de consumo que se considera de primera necesidad para el que se establece un importe a pagar asequible. Estas bonificaciones son la forma de facilitar el acceso al servicio de suministro de agua a las personas con menor capacidad económica. Por tanto, constituyen la principal fórmula mediante la cual los sistemas tarifarios incluyen la protección del derecho humano al agua para la población más desfavorecida de las ciudades.

LAS TARIFAS DE SUMINISTRO DE AGUA PARA USO DOMÉSTICO EN ANDALUCÍA Y SU DIMENSIÓN SOCIAL

Con cerca de 8,5 millones de habitantes, Andalucía es la comunidad autónoma de mayor dimensión en España en cuanto a población. Cuenta con un total de 785 municipios repartidos en 8 provincias (INE, 2022). Dada la diversidad en cuanto a formas de gestión y sistemas de tarificación, hacer un análisis de todos ellos sería realmente extenso. Por ello, en este epígrafe se llevará a cabo una aproximación a los sistemas de tarificación tan solo de las capitales de las 8 provincias andaluzas[15] haciendo especial referencia a las bonificaciones de precios reconocidas en dichos sistemas.

[15] En el año 2020 se publicó un extenso trabajo (Babiano, 2020) sobre los servicios urbanos de abastecimiento de aguas en diversas zonas de España y de Europa, con una especial dedicación a la comunidad autónoma de Andalucía. El objetivo de este

Cabe recordar que la regulación de la prestación de estos servicios y, en especial, los sistemas de tarificación, se lleva a cabo a través de ordenanzas municipales. Estas serán las principales fuentes utilizadas para el estudio de las estructuras de tarifas en las capitales andaluzas.

ENTIDADES GESTORAS Y ORDENANZAS MUNICIPALES

Las condiciones de la prestación de estos servicios y, sobre todo, las tarifas a aplicar sobre los mismos se recogen en las correspondientes ordenanzas municipales. En muchos casos, en los años siguientes a la aprobación de la ordenanza, se publican actualizaciones de las tarifas con el fin de ir ajustándolas al incremento general de los precios.

Si bien en ninguna de las capitales andaluzas el abastecimiento es prestado directamente por el ente local, existe una amplia diversidad en cuanto a la tipología de entidades gestoras del servicio, con sociedades públicas, mixtas y privadas.

La Tabla 1 recoge la información más relevante acerca del tipo de gestión, las entidades responsables y las fechas de aprobación de las ordenanzas municipales reguladoras de las tarifas de los servicios de abastecimiento de agua potable en las 8 capitales andaluzas.

epígrafe es presentar una visión general actualizada de los sistemas de tarificación en las capitales andaluzas con un planteamiento similar a la primera parte del trabajo citado.

Tabla 1 Entidades gestoras, ordenanzas y actualización de tarifas del servicio de suministro de agua en las capitales andaluzas

Ciudad	Entidad gestora	Tipo de gestión	Fecha ordenanza municipal (1)	Fecha última actualización de tarifas (2)
Almería	FCC Aqualia	Indirecta (Privada)	Abril 2019	Diciembre 2021
Cádiz	Aguas de Cádiz, S.A.U.	Directa (Pública)	Octubre 2019	Enero 2023
Córdoba	EMACSA	Indirecta (Mixta)	Abril 2021	Abril 2021
Granada	EMASAGRA	Indirecta (Mixta)	Diciembre 2012	Diciembre 2014
Huelva	Aguas de Huelva, S.A.	Indirecta (Mixta)	Septiembre 2021	Febrero 2022
Jaén	FCC Aqualia	Indirecta (Privada)	Agosto 2014	Agosto 2014
Málaga	EMASA	Directa (Pública)	Febrero 2022	Febrero 2022
Sevilla	EMASESA	Directa (Pública)	Mayo 2020	Enero 2023

(1) Ordenanza municipal reguladora de las tarifas por prestación del servicio de abastecimiento de agua. (2)Tarifas servicio de abastecimiento de agua.
Fuente: Autor con datos de Babiano (2020), pp. 68-88 y de las ordenanzas municipales reguladoras de las tarifas por prestación del servicio de abastecimiento de agua.

SISTEMAS TARIFARIOS

Del análisis de las ordenanzas relativas al servicio de suministro de agua (para uso doméstico) se desprenden las siguientes conclusiones en relación a los sistemas tarifarios aplicados en las capitales andaluzas:

- En las ocho ciudades estudiadas la estructura tarifaria es de carácter binómico, es decir, con dos componentes: uno fijo por la prestación del servicio y otro variable en función del consumo, organizado en forma de bloques crecientes.
- En todos los casos, a excepción de Almería, el componente fijo está modulado en función del calibre del contador instalado (medido generalmente en milímetros). No obstante, hay dos ciudades

(Córdoba y Jaén) que tienen en cuenta, además del diámetro del contador, la situación del inmueble dentro de un mapa fiscal del municipio. Por su parte, en la ciudad de Almería este componente corresponde a una cuantía fija independiente de la amplitud del contador.

· La cuota variable se determina en función de los metros cúbicos consumidos, organizados en bloques con precios crecientes. El modelo más común es la distinción de 4 bloques (Almería, Cádiz, Granada, Huelva, Jaén y Málaga), aunque con límites diferentes en cada ciudad. En Córdoba y Sevilla el consumo se reparte tan solo en 3 bloques. En Málaga y Sevilla, además del consumo medido en metros cúbicos, se tiene en cuenta también el número de habitantes de los hogares, como una forma más ajustada de calcular los bloques para cada abonado.

· La periodicidad más frecuente para la facturación es bimensual (Cádiz, Córdoba, Granada, Huelva y Málaga) seguida de la trimestral (Almería, Jaén y Sevilla).

Si bien hay diversos elementos comunes en los distintos sistemas tarifarios aplicados en las capitales andaluzas, hacer un estudio comparativo entre ellos se presenta complejo excediendo el objetivo de este trabajo, dada la diversidad de rango y de precios, así como la dificultad de tener en cuenta todas las posibles variantes reconocidas en las ordenanzas.

LA DIMENSIÓN SOCIAL DE LOS SISTEMAS TARIFARIOS: LAS BONIFICACIONES

En la mayoría de las ciudades, las entidades gestoras aplican bonificaciones en las tarifas a determinados colectivos de interés social. Esta es la parte que más interesa en este trabajo puesto que constituye la fórmula que permite a los sistemas tarifarios garantizar el acceso al agua en cantidad y calidad suficientes, para aquellas personas cuya capacidad económica nos les permite participar en el servicio de abastecimiento de agua en condiciones normales.

En la Tabla 2 se recoge un resumen de las bonificaciones aplicadas a las tarifas de suministro de agua para uso doméstico en las ciudades analizadas, recogidas en las correspondientes ordenanzas municipales. De estos datos se deduce que Córdoba es la ciudad en la que existe una gama más amplia de posibles bonificaciones. Por su parte, Jaén es la menos extensa en este sentido.

Tabla 2 Bonificaciones a las tarifas de abastecimiento de agua para uso doméstico

	Beneficiarios de las bonificaciones				
Ciudades	Pensionistas	Familias numerosas	Familias en riesgo de exclusión social	Desempleados	Otros
Almería	x	x	X		
Cádiz					Suministro Mínimo Vital
Córdoba	x	x	X	X	Bonificación para consumos domésticos reducidos (carácter general) Suministro Mínimo Vital
Granada	x	x		X	
Huelva	x	x		X	Bonificaciones para discapacitados y víctimas de violencia de género Suministro Mínimo Vital
Jaén					Bonificaciones para viviendas con más de 4 habitantes
Málaga					Fondo Social EMASA
Sevilla			X		Bonificación por uso eficiente (carácter general)

Fuente: Autor con datos de las ordenanzas municipales reguladoras de las tarifas por prestación del servicio de abastecimiento de agua.

A continuación, se analizarán con algo más de detalle las diferentes modalidades de bonificaciones de naturaleza social a las tarifas de suministro, agrupadas por categorías.

Bonificaciones a grupos de interés social

En esta categoría se englobarían las bonificaciones aplicadas a pensionistas, desempleados, familias numerosas y familias en situación de vulnerabilidad o en riesgo de exclusión social. Son los descuentos más frecuentes, de hecho, están presentes, en una o varias modalidades, en 5 de las 8 ciudades analizadas (Almería, Córdoba, Granada, Huelva y Sevilla).

En general, además de cumplir con la condición que da derecho a la bonificación, se exige que el contrato de suministro corresponda a la vivienda habitual de las personas afectadas. En el caso de los pensionistas y los desempleados, además, se suele exigir que los ingresos anuales de la unidad familiar no superen unos determinados límites, en la mayoría de los casos referenciados al IPREM (Indicador Público de Renta de Efectos Múltiples). Igualmente, en algunos casos se pide expresamente estar al corriente de los pagos por suministro (Córdoba y Granada). Los descuentos varían de una ciudad a otra y del tipo de bonificación. En resumen, se podría decir que los más básicos corresponderían a las familias numerosas que, en la mayoría de los casos, tan solo se benefician de la aplicación de cuotas variables por consumo más reducidas que las que corresponderían en situación normal, en todos los bloques de consumo o en los de mayor volumen.

En el caso de los pensionistas y desempleados, los descuentos son algo mayores, pudiendo llegar incluso a la bonificación del 80 % del consumo de Bloque I (Granada) o del 100 % de la cuota fija de servicio (pensionistas de Almería). Las mayores bonificaciones corresponden a las familias en situación de vulnerabilidad o riesgo de exclusión social, pudiendo alcanzarse, según el grado de dificultad en la que se encuentren, bonificaciones del 100 % tanto de la cuota fija como de la cuota por consumo. Es el caso, por ejemplo, de ciudades como Almería o Sevilla. Como es lógico, este mayor importe de bonificación requiere el cumplimiento de requisitos más exigentes que en los otros casos.

Los requisitos para obtener estas ayudas y las condiciones para mantenerlas o renovarlas se explicitan en cada una de las ordenanzas presentando estas últimas múltiples variantes lo que dificulta su comparación entre ciudades.

Suministro mínimo vital

Dos ciudades (Cádiz y Huelva) reconocen un Suministro Mínimo Vital para familias en riesgo de exclusión social, que garantiza que ninguna persona pueda ser privada de agua por cuestiones económicas. El funcionamiento es similar en ambos casos. Aquellas familias que acrediten su situación de dificultad pueden acceder sin coste a un volumen mínimo de consumo: 6 metros cúbicos por persona y factura bimensual en Cádiz y 3 metros cúbicos por persona y mes en Huelva.

En ninguno de los dos casos esta bonificación aparece recogida en la ordenanza municipal rectora de las tarifas de abastecimiento. Sin embargo, las dos sociedades responsables del servicio de suministro en cada una de estas ciudades dan cuenta de ello en sus respectivas páginas webs (Aguas de Cádiz, s.f. y Aguas de Huelva, s.f.).

Según esta información, en la ciudad de Huelva, los usuarios que cumplan los requisitos exigidos en cuanto a nivel de ingresos de la unidad familiar tendrán asegurados hasta 3 metros cúbicos mensuales por cada persona censada en el domicilio, por lo que el importe a aplicar a este consumo será de 0 euros. Al consumo que supere este límite se le aplicará la tarifa general de uso doméstico, en función del tramo que corresponda.

Por su parte, el Ayuntamiento de Cádiz aprobó en 2018 el "Procedimiento para la garantía del derecho humano del agua, suministro mínimo vital y fondo social solidario", en el que se recoge este tipo de ayudas (Ayuntamiento de Cádiz, 2018). El objetivo es que las personas o familias con dificultades reales para hacer frente al coste del agua de su vivienda habitual no sufran interrupción o corte en el suministro. Las ayudas concedidas a las personas que se encuentren catalogadas en exclusión social (o en riesgo de estarlo) y las personas con problemas económicos transitorios que acedan a las mismas, serán con cargo al fondo Social Solidario de Aguas de Cádiz, hasta agotar la partida anual de 300.000 euros prevista para esta medida de acción social.

Otras bonificaciones

Dos ciudades, Córdoba y Sevilla, presentan bonificaciones por uso eficiente, reduciendo las tarifas a aquellos domicilios con bajos consumos (menos de 6 metros cúbicos por vivienda y trimestre en Córdoba y 3 metros cúbicos por habitante y mes en Sevilla).

En el caso de Málaga, la entidad gestora (EMASA) cuenta desde 2012 con un Fondo Social dotado con recursos económicos para ayudar a pagar las facturas del agua a aquellos clientes que atraviesen por problemas económicos y que hayan contraído deudas con la empresa. Las prestaciones pueden ser de tres tipos: ayudas para el pago de deudas vencidas, ayudas para el mantenimiento del servicio o ayudas por deudas derivadas de contrataciones (EMASA, s.f.).

En el caso de la ciudad de Jaén, la ordenanza reguladora del servicio recoge que no están previstos beneficios fiscales más allá de los recogidos expresamente en las leyes y en los Tratados Internacionales. La única reducción que se recoge en la ordenanza correspondiente, es la que determina que, en el caso de que el número de personas por vivienda sea superior a 4, el límite superior de cada uno de los bloques de consumo se incrementará en tres metros cúbicos por trimestre y por cada persona adicional que conviva en la vivienda, lo que supone un ajuste a la baja de las tarifas para este tipo de unidades familiares.

La ciudad de Huelva cuenta también con bonificaciones para personas discapacitadas (grado de discapacidad superior al 33 %) y víctimas de violencia de género o doméstica. En ambos casos, los usuarios pagarán precios reducidos para todos los bloques de consumo, pudiendo llegar el descuento al 100 % en los Bloques I y II, para los casos de discapacidad superior al 66 %.

Por último, como dato curioso, se puede señalar la bonificación que se concede en Córdoba a los titulares de suministros de agua que abastezcan a inmuebles con patios admitidos al Concurso Oficial de Patios organizado por el Excmo. Ayuntamiento de la ciudad.

A modo de resumen se puede decir que todas las capitales andaluzas tienen en su sistema tarifario, mecanismos para facilitar el acceso al suministro de agua para aquellas personas con situaciones económicas más desfavorecidas. Con la información a la que hemos tenido acceso, la ciudad de Jaén es la que menos ayudas plantea. Sin embargo, los sistemas de bonificaciones del resto presentan numerosos elementos diferenciadores lo que dificulta un análisis comparativo entre ellos.

CONCLUSIONES

El agua potable y el saneamiento son fundamentales para la vida y la salud, y esenciales para proteger la dignidad de toda persona. A pesar de ello, la Declaración Universal de Derechos Humanos (1948) no recogía el derecho al agua como tal. Sin embargo, durante mucho tiempo se consideró que el derecho al agua era parte de otros derechos humanos fundamentales como el derecho a una vida digna. La necesidad de garantizar a todas las personas el acceso al agua en cantidad y calidad suficientes era un principio generalmente aceptado que terminó plasmándose en su reconocimiento como derecho humano por parte de la Organización de las Naciones Unidas en 2010. Desde entonces, existe un compromiso, aún más fuerte si cabe, por parte de los Estados de defender y proteger este derecho.

El ser considerado un derecho humano no implica la gratuidad en la prestación de los servicios relacionados con el agua. Los sistemas tarifarios aplicados al suministro deben hacer frente a una multiplicidad de objetivos: eficiencia económica, sostenibilidad ambiental y equidad social. Es decir, lo que se paga por el servicio de abastecimiento debe servir para cubrir los gastos que este genera a la vez que incentiva a los ciudadanos una utilización medioambientalmente sostenible de los recursos hídricos. A la vez, las estructuras tarifarias deben integrar sistemas de ayudas que permitan que toda la población, incluidos los grupos de menores ingresos, puedan acceder de forma asequible a un nivel mínimo de servicios de agua y saneamiento. Estos mecanismos suelen concretarse en las denominadas" bonificaciones" de tarifas.

En el caso de las ocho capitales andaluzas, cabe señalar que todas ellas presentan bonificaciones para diversos colectivos con necesidades sociales, siendo Córdoba la ciudad en la que existe una gama más amplia de posibles descuentos y Jaén la que presenta un esquema más limitado. Las ayudas más frecuentes son las destinadas a pensionistas, familias numerosas o en riesgo de exclusión social y desempleados.

Hay dos ciudades (Cádiz y Huelva) que reconocen un Suministro Mimo Vital para familias en riesgo de exclusión social, que garantiza un consumo mínimo gratuito que permite que ninguna persona se vea privada de agua por cuestiones económicas.

Se puede decir, por tanto, que todas las ciudades analizadas tienen en su sistema tarifario, mecanismos para facilitar el acceso al suministro de agua para aquellas personas con situaciones económicas más desfavorecidas. Sin embargo, los sistemas de bonificaciones presentan numerosos elementos diferenciadores lo que dificulta un análisis comparativo entre ellos.

REFERENCIAS

Aguas de Cádiz (s.f.). Suministro mínimo vital. https://www.aguasdecadiz.es/category/suministro-minimo-vital/#:~:text=Se%20trata%20de%20garantizar%20un,sectores%20vulnerables%2C%20as%C3%AD%20como%20la

Aguas de Huelva (s.f.). Tarifa garantía mínimo vital. https://www.aguashuelva.com/tarifas-sociales

Aguiar-Ribeiro do Nascimento, G. (2019). El derecho humano al agua en el seno del Derecho europeo: aportes y limitaciones. *Papeles El tiempo de los derechos*, 3, 2019.

Álvarez-García, S., García-Valiñas, M. A. & Suárez-Pandiello, J. (2003). Tarifas no uniformes: Servicio de suministro doméstico de agua. *Documentos del Instituto de Estudios Fiscales. DOC* (8/03).

Ayuntamiento de Cádiz (2018). *Procedimiento para la garantía del derecho humano del agua, suministro mínimo vital y fondo social solidario*. https://www.

aguasdecadiz.es/wp-content/uploads/2020/11/Procedimiento-SMV-2018_Correccion-errata.pdf

Babiano, L. (Dir.) (2020). *Tarificación y benchmarking. Estudio sobre los servicios urbanos de abastecimiento y saneamiento de aguas.* AEOPAS y EMASESA.

CNMC (2020). *Estudio sobre los servicios de abastecimiento y saneamiento de agua urbana.* Colección Estudios de Mercado E/CNMC/07/2019.

Defensor del Pueblo Andaluz (2015). *Servicios de suministro de agua. Garantías y Derechos.* Informe especial al Parlamento. https://www.defensordelpuebloandaluz.es/sites/default/files/suministro_agua.pdf

EMASA (s.f.). Fondo social. https://www.emasa.es/fondosocial/index.html#Que-es-Fondo-Social-Emasa

Hortelano-Villanueva, L.M. & Hidalgo-García, M.M. (2016). El agua como derecho humano: retos y limitaciones. *Documento de Análisis 78/2016, Instituto Español de Estudios Estratégicos.* https://www.ieee.es/Galerias/fichero/docs analisis/2016/DIEEEA78-2016_DerechoAgua_MMHG.pdf ..

Idrovo-Heredia, E. P. & Bermeo-Barreto, A. M. (2021). *Una mirada a la gestión ambiental del agua en el Cantón Cuenca: estado actual, cumplimiento, retos y necesidades frente al objetivo 6' Agua limpia y saneamiento' de los objetivos de desarrollo sostenible de la ONU.* Master's thesis, Universidad del Azuay. https://dspace.uazuay.edu.ec/handle/datos/10642.

INE (2022). Número de municipios por comunidad autónoma y provincia.

Instituto Aragonés del Agua (2013). *Tarifas de agua.* Zaragoza, Instituto Aragonés del Agua.

Naciones Unidas (1948). *Declaración Universal de los derechos Humanos.* Asamblea General, Resolución 217 A (III), de 10 de diciembre de 1948. https://www.ohchr.org/sites/default/files/UDHR/Documents/UDHR_Translations/spn.pdf

Naciones Unidas (1966). *Pacto Internacional de Derechos Civiles y Políticos.* Adoptado y abierto a la firma, ratificación y adhesión por la Asamblea General en su resolución 2200 A (XXI), de 16 de diciembre de 1966. Entrada en vigor: 3 de enero de 1976. https://www.ohchr.org/sites/default/files/Documents/ProfessionalInterest/cescr_SP.pdf

Naciones Unidas (2003). *Observación general Nº 15 (2002) El derecho al agua (artículos 11 y 12 del Pacto Internacional de Derechos Económicos, Sociales y Culturales).* Consejo Económico y Social, E/C.12/2002/11, 20 de enero de 2003. https://www.refworld.org.es/publisher,CESCR,GENERAL,,47ebcbfa2,0.html.

Naciones Unidas (2010). *El derecho humano al agua y el saneamiento*. Resolución A/RES/64/292 aprobada por la Asamblea General el 28 de julio de 2010. https://documents-dds ny.un.org/doc/UNDOC/GEN/N09/479/38/PDF/N0947938.pdf?OpenElement

Naciones Unidas (2015). *Transformar nuestro mundo: la Agenda 2030 para el Desarrollo Sostenible*. Resolución A/RES/70/1, 25 de noviembre de 2015. https://unctad.org/system/files/official-document/ares70d1_es.pdf

OECD (2009). *Managing water for all. An OECD perspective on Pricing and Financing*. París, OECD.

Roaf, V. (2014). *Manual práctico para la realización de los derechos humanos al agua y al saneamiento de la Relatora Especial de la ONU, Catarina de Albuquerque*. https://www.ohchr.org/sites/default/files/Documents/Issues/Water/Handbook/Book1_intro_sp.pdf.

Suárez-Varela, M. (2020). Las políticas de tarifas urbanas del agua en España. *Presupuesto y Gasto Público*, 101, 205-226.

ORDENANZAS MUNICIPALES

Almería: Ordenanza reguladora de la prestación patrimonial de carácter público no tributario por suministro domiciliario de agua potable. BOP de Almería, nº 200, 17 de mayo de 2019, pp. 2– 5. Modificación tarifas: BOP de Almería, nº 42, de 3 de marzo de 2022.

Cádiz: Ordenanza nº 41 reguladora de las tarifas por servicios de abastecimiento, saneamiento y depuración de aguas de la ciudad de Cádiz. BOP de Cádiz nº. 209, de 31 de octubre de 2019. Modificación tarifas: BOJA nº 176, de 10 de septiembre de 2020.

Córdoba: Ordenanza no tributaria reguladora de la prestación patrimonial de carácter público no tributaria a percibir por EMACSA por los servicios de abastecimiento de agua potable y otras actividades relacionadas con los mismos, así como de determinados aspectos técnicos de las instalaciones y de ciertos riegos y suministros específicos, BOP Córdoba, nº 72, 19 de abril de 2021.

Granada: Ordenanza reguladora de la tarifa por prestación del servicio de abastecimiento domiciliario de agua potable y otras actividades conexas al mismo, BOP de Granada nº 246, de 24 de diciembre de 2012. Modificación de tarifas: BOP de Granada nº 10212, de 29 de diciembre 2014.

Huelva: Ordenanza municipal reguladora de la prestación patrimonial de carácter público no tributario por prestación del servicio de abastecimiento de agua y otros derechos económicos por actividades conexas al mismo en el municipio de Huelva, BOP de Huelva nº 183, de 24 de septiembre de 2021. Modificación de tarifas: BOJA nº 34, 18 de febrero de 2022.

Jaén: Ordenanza fiscal reguladora de la tasa por la prestación de los servicios vinculados al ciclo integral del agua, BOP de Jaén, nº 160, 21 de agosto de 2014.

Málaga: Ordenanza reguladora de la prestación patrimonial de carácter público no tributario por la prestación del servicio de abastecimiento de agua potable, y otros servicios conexos, BOP de Málaga, nº 23, 3 de febrero de 2022.

Sevilla: Ordenanza Reguladora de la prestación patrimonial de carácter público no tributario del servicio, prestado por Emasesa, de Abastecimiento domiciliario de agua potable, Saneamiento (Vertido y Depuración) y otras actividades conexas a los mismos, BOP Sevilla, nº 104/2020, de 7 de mayo 2020.

El derecho al agua y sus implicaciones en la tarificación de los servicios públicos de abastecimiento urbano de agua. Una aproximación al caso andaluz

Resumen: El agua es un bien esencial para la vida y la salud por lo que se hace necesario garantizar su acceso universal, de modo que toda la población pueda disfrutar de forma asequible de un nivel mínimo de servicios de agua y saneamiento. Se puede decir, por tanto, que el acceso al agua es un verdadero derecho humano que debe ser promovido y protegido. Un planteamiento que, incluso mucho antes de ser reconocido formalmente por la Organización de las Naciones Unidas en 2010, era de aceptación general. Pero el hecho de ser un derecho humano no exige su gratuidad. Como recurso escaso y valioso, el agua requiere además una gestión eficiente y sostenible, tanto desde el punto de vista económico como medioambiental. En este contexto, el diseño de los sistemas tarifarios adquiere papel clave. Sin olvidar los objetivos de eficiencia y sostenibilidad, las estructuras tarifarias deben integrar sistemas de ayudas que permitan que toda la población, incluidos los grupos de menores ingresos, pueda acceder de forma asequible a un nivel mínimo de servicios de agua y saneamiento. Este trabajo plantea una aproximación a los elementos de naturaleza social que protegen el derecho al agua de los ciudadanos en las modalidades tarifarias que se aplican en las capitales andaluzas.

Palabras clave: derecho al agua, saneamiento, tarifas de abastecimiento, bonificaciones.

The right to water and its implications in the pricing of urban water supply services. An approach to the andalusian case

Abstract: As water is an essential good for life and health, it is necessary to guarantee its universal access, so that the entire population can affordably enjoy a minimum level of water and sanitation services. Therefore, access to water can be considered a true human right that must be promoted and protected. An approach that, even long before being formally recognized by the United Nations Organization in 2010, was generally accepted. But the fact of being a human right does not require its gratuity. As a scarce and valuable resource, water also requires efficient and sustainable management, both from an economic and environmental point of view. In this context, the design of the tariff systems acquires a key role. Without forgetting the objectives of efficiency and sustainability, the tariff structures must integrate aid systems that allow the entire population, including the lowest income groups, to have affordable access to a minimum level of water and sanitation services. This work proposes an approximation to the social elements that protect the right to water of citizens in the tariff modalities that are applied in the Andalusian capitals.

Keywords: right to water, water supply, sanitation, supply tariffs, discounts.

O direito à água e suas implicações na precificação dos serviços públicos de abastecimento urbano de água. Uma abordagem ao caso andaluz

Resumo: A água é um bem essencial à vida e à saúde, por isso é necessário garantir o seu acesso universal, para que toda a população possa usufruir de um nível mínimo de serviços de água e saneamento a preços acessíveis. Portanto, pode-se dizer que o acesso à água é um verdadeiro direito humano que deve ser promovido e protegido. Uma abordagem que, mesmo muito antes de ser formalmente reconhecida pela Organização das Nações Unidas em 2010, era amplamente aceita. Mas o fato de ser um direito humano não exige sua gratuidade. Sendo um recurso escasso e valioso, a água requer também uma gestão eficiente e sustentável, tanto do ponto de vista económico como ambiental. Neste contexto, o desenho dos sistemas tarifários adquire um papel fundamental. Sem esquecer os objectivos de eficiência e sustentabilidade, as estruturas tarifárias devem integrar sistemas de ajuda que permitam a toda a população, incluindo os grupos de rendimentos mais baixos, ter acesso a um nível mínimo de serviços de água e saneamento. Este trabalho propõe uma aproximação aos elementos de natureza social que tutelam o direito à água dos cidadãos nas modalidades tarifárias que se aplicam nas capitais andaluzas.

Palavras-chave: direito à água, saneamento, tarifas de abastecimento, descontos.

II.
GESTIÓN DEL AGUA EN PORTUGAL

11.
O ABASTECIMENTO DE ÁGUA POTÁVEL NA CIDADE DO PORTO E EM VILA NOVA DE GAIA: A MUNICIPALIZAÇÃO, A GESTÃO URBANA E A MODERNIZAÇÃO DAS CIDADES (1887-1970)

Maria da Luz Sampaio
HTC / NOVA-FCSH do CEF /UC
Universidade de Évora

INTRODUÇÃO

O abastecimento de água às populações tem sido uma temática amplamente analisada nos domínios da história das infraestruturas urbanas, das políticas públicas e dos modelos de gestão e até do património hidráulico. A produção científica dos últimos anos tem-se centrado nas questões relativas ao aproveitamento das águas subterrâneas (Freitas *et al.*, 2000), às iniciativas municipais de captação e tratamento de água (Mendes, 2013; Brandão e Callapez, 2017) às políticas públicas (Pato, 2011), às mudanças de paradigma desde a reentrada e difusão dos aquedutos no meio urbano (Trindade, 2014), ao desenvolvimento urbano e ao investimento público e privado (Mesquita, 2015), às concessões estrangeiras e ao início do abastecimento de água ao domicílio (Cordeiro,1993) ou ainda o modelo multimunicipal dos anos 1990, que veio alterar os modelos de gestão deste recurso (Alves, 2005).

Em Portugal, podemos afirmar que esta questão está nas agendas régias a partir de meados do século XVIII, mas será no último quartel do século XIX que vai surgir de forma articulada um investimento nas infraestruturas urbanas, pressionado pela necessidade de dar resposta aos problemas de saúde pública e ao aumento da população nos principais centros urbanos. Como referem Brandão e Callapez, com exceção de Lisboa, em que o Estado investiu na formação da

Companhia das Águas em 1867, nas outras cidades foram os municípios que avançaram com contratos para concessões. Refira-se o caso de Coimbra com contrato assinado em 1882, Figueira de Foz em 1886, Setúbal em 1889 ou Faro em 1889 (Mendes, 2017; Brandão e Callapez, 2017). A segunda metade do século XIX foi um momento de introdução de novas tecnologias, mas também de aplicação dos conhecimentos de bacteriologia que foram fundamentais para a escolha dos rios e ribeiras, cujas águas deviam ter as condições necessárias para aí se instalar as centrais de captação e tratamento de água. Sublinhe-se que foi nas últimas décadas de oitocentos que se reconheceu a relação entre certas doenças infeciosas e a necessidade de garantir às populações o acesso a uma água com características químicas controladas.

Na exploração do abastecimento urbano de água, o investimento estrangeiro foi uma realidade e desde 1855 que várias companhias estrangeiras se apresentaram como candidatas ao projeto e execução de obras de captação, elevação, transporte e distribuição domiciliária. Refira-se "no caso dos sistemas urbanos de abastecimento de água, os avanços de Eduardo Medlicott e Thomas Rumball (1855), que exploravam as águas de Londres e Berlim e apresentaram idêntica proposta para o abastecimento de Lisboa e a The Oporto Water Works Company limited, sociedade anónima inglesa representada por António Kopke de Carvalho, estabelecida para o abastecimento daquela cidade, em 1873" (Brandão e Callapez, 2017, p.16) A partir das primeiras décadas do século XX, sobretudo após a implantação da República em 1910, os municípios irão assumir a gestão das redes de infraestruturas urbanas (água, luz e eletricidade) estruturando novos serviços técnicos – os Serviços Municipais de Água e Saneamento – que passam a ser os responsáveis, pela construção de estruturas de captação, elevação e redes de distribuição de água, assim como pela sua gestão. No entanto, neste ponto, os estudos sobre as políticas públicas do abastecimento de água em Portugal apontam as dificuldades que as câmaras municipais tinham na execução destas obras, referindo a falta de competências técnicas e de capacidade financeira para a gestão dos respetivos serviços ou o exercício das suas atribuições sanitárias. (Pato, 2011).

Por outro lado, o desenvolvimento científico associado aos conhecimentos de química, geologia e às inovações tecnológicas permitiram a construção de novas infraestruturas da cidade moderna, dando resposta às crescentes necessidades de um consumo de água potável ao domicílio. Saliente-se que o município do Porto, em 1880, solicitou ao lente da Academia Politécnica de Química, António Ferreira da Silva a realização de análises das águas do rio Sousa[1], validando a opção da construção da Central do rio Sousa em Gondomar onde se instala um sistema de captação, filtragem, elevação, armazenamento (reservatórios) e distribuição de água ao domicílio. Este projeto aplicou os conhecimentos de engenharia civil e hidráulica dos engenheiros franceses da Escola *Ponts et Chausées* em França, constituindo um exemplo da inovação tecnológica e da aplicação conhecimento da engenharia.

Se no século XIX o abastecimento de água estava dependente das minas de água e da rede de fontes, fontenários e lavadouros, já no século XX uma nova infraestrutura vai crescer de forma gradual com a construção de centrais, condutas adutoras e reservatórios dependentes de investimentos avultados tanto na sua construção como na sua conservação e manutenção. Na cidade do Porto este processo levou os Serviços Municipalizados de Água e Saneamento, criados em abril de 1927, a iniciarem um processo de beneficiação da Central do Sousa e a construção de reservatórios (1928) e da Central de Nova Sintra (1929). Desde 1927 que se iniciam os trabalhos de novas captações no areal de Zebreiros (no rio Douro) mas só em 1938 é que a central definitiva seria construída (Mesquita, 2015). Contudo, os anos de longas secas colocavam os débitos de água em risco com impacto sobre a saúde pública, obrigando a estudar novas soluções técnicas e a gerir os recursos existentes. As crescentes necessidades de consumo de água, associadas ao crescimento urbano levaram à mobilização de meios financeiros e técnicos a partir de 1968, conducentes ao arranque

[1] Desta encomenda a António Ferreira da Silva (1853-1923) lente de química orgânica e inorgânica resultou a publicação do relatório "As águas do rio Sousa e os mananciais das fontes do Porto". Sobre este assunto ver: Alves, J. F.; Alves, Rita C. (2012). Ferreira da Silva e o Laboratório Químico Municipal do Porto: 1884-1917. En Estudos do Século XX: Histórias da Saúde. nº12. Imprensa da Universidade de Coimbra, 14-29.

de uma nova fase no abastecimento de água à região do Porto, com as obras de captação e elevação das águas no subleito do rio Douro em Lever. (AG/EM, S.A., 1998). Os estudos hidrogeológicos e as sondagens realizadas permitiram avançar com o projeto autorizado pela Direção-Geral de Salubridade e, numa primeira fase, com a execução de 3 furos de 450mm de diâmetro com a capacidade de 13.000 m^3/dia, cada um dos quais com uma adução sinfonada que permitia realizar a adução da água de um poço coletor de cinco metros de diâmetro a uma profundidade de 36 metros, obra que ficou concluída em 1972. A estação elevatória de Lever foi dotada de grupos elevatórios com a capacidade de elevar 160 litros/segundo, impulsionados por motores EFACEC e mais tarde motores SULZER. Na década de 1970, arrancaram novas obras associadas à produção, transporte e reservas do sistema, e Lever vai inaugurar uma nova fase no sistema de abastecimento da Vila Nova de Gaia, com impacto não só na cidade do Porto, como nos concelhos vizinhos. (AG/EM, S.A., 1998). As análises sobre este processo, permitem destacar as iniciativas dos municípios e como estes foram reivindicando o seu próprio protagonismo, mas sempre na estreita dependência do papel regulador do Estado.

Na verdade, a análise desta temática está longe de se esgotar e este é um projeto em curso. Desde logo verificámos a falta de processos de recolha, tratamento e agregação de informação sobre a atuação dos municípios e dos seus respetivos serviços. Neste sentido, o trabalho que agora se apresenta centra-se essencialmente na perspetiva local e no desempenho e afirmação do poder municipal do Porto e Vila Nova de Gaia, em especial das décadas de 1930 a 1960, através da análise de diplomas legislativos, da imprensa e de um conjunto de fontes arquivísticas locais a que foi possível aceder.

O ABASTECIMENTO DE ÁGUA NA CIDADE DO PORTO: O PROCESSO DE MUNICIPALIZAÇÃO

A cidade do Porto em finais do século XIX registava a expansão do seu núcleo urbano tanto na direção da linha do Atlântico como para o interior, vendo a sua população crescer substancialmente entre 1864 e 1894. Este desenvolvimento urbano foi favorecido pela existência da linha de caminho-de-ferro e de um porto comercial que já em 1888 se encontrava saturado, prevendo-se a sua deslocalização para a região de Leixões (costa atlântica).

A dinâmica comercial e industrial da cidade tornava-a um local atrativo para o investimento estrangeiro em áreas como o fornecimento de gás, eletricidade e abastecimento de água. Assim, em 22 de março de 1882, foi assinado o contrato com a empresa francesa "*Compagnie Générale des Eaux pour l'Étranger*", aprovado por Carta de Lei, em 27 de julho do mesmo ano, permitindo que a cidade do Porto recebesse água potável a partir das captações no rio Sousa, localizado em Gondomar. O contrato com a *Compagnie* tinha um prazo máximo de 99 anos, que foi estendido a Matosinhos no princípio do século. Os estudos realizados pelo engenheiro francês Eugène Henri Gavand (1864) e por Ferreira da Silva (1881) apontavam o rio Sousa como o mais favorável para a captação das águas. Os trabalhos iniciaram-se em 1884 e terminaram em janeiro de 1887 (CGEPE, 1886).

O regime de funcionamento da Central do rio Sousa colocou em funcionamento um grupo de eletrobombas de pistão ligados a uma linha de eixo, mas em época de estiagem, quando o caudal do rio era insuficiente para acionar as turbinas recorria-se a uma máquina a vapor. A partir da Central uma conduta elevatória transportava a água até ao túnel-reservatório de Jovim, vencendo o desnível da encosta. Aqui, o reservatório assumia a dupla função de reservatório de carga e de local onde se efectuava a purificaçao. Este, por sua vez, estava ligado a uma conduta de 11 km de extensão que transportava a água até à central de Santo Isidro já na cidade do Porto na freguesia do Bonfim. Este reservatório alimentava a zona média da cidade, existindo dois outros reservatórios, o do Monte dos Congregados (zona alta) e o de S. João da Foz e a sua função era essencialmente reguladora da pressão no interior das condutas. (Amorim e Pinto, 2001).

A água chegaria ao Porto em 1887, no entanto, durante as primeiras décadas do abastecimento domiciliário, a população com menores posses económicas manteve a utilização corrente da água das nascentes e dos poços (Cordeiro, 1993). Apesar da inovação tecnológica inerente ao novo sistema, este mostrou-se muito vulnerável, necessitando de obras de beneficiação, sobretudo devido ao impacto das cheias dos rios Douro e Sousa na rede de condutas, obrigando a Câmara a exercer fortes pressões junto da Companhia para proceder a obras de reparação que conduziram ao resgate da concessão em 28 de março de 1927, por 3.500 contos, e à criação dos Serviços Municipalizados Águas e Saneamento, a 1 de abril desse ano. A assunção da responsabilidade do município permitia lançar um novo modelo de gestão urbana, impondo novas responsabilidades aos municípios, consolidando o poder local, centrado na figura do presidente da Câmara que era coadjuvado por técnicos especializados, sobretudo engenheiros que assumiam os cargos de diretores-gerais.

AS POLÍTICAS DO ESTADO NOVO E OS NOVOS PLANOS DO ABASTECIMENTO DE ÁGUA: 1930-1940

Na cidade do Porto, a década de 1930 foi marcada pela renovação de praças e a abertura de outras vias de circulação. Em finais de 1938 iniciou-se um Plano Geral de Urbanização para a cidade do Porto, tendo então o Governo publicado legislação específica nesse sentido. Outro fator importante para a execução deste planeamento municipal e das obras de melhoramentos e beneficiações necessárias foi a criação do Comissariado do Desemprego em 1932. Este organismo criou um Fundo de Desemprego financiado pela quotização dos patrões do comércio e da indústria e por verbas dos proprietários de prédios rústicos e urbanos. Subjacente a este Fundo estava a ideia de quem estava desempregado poderia auferir um subsidio e podia trabalhar para o Ministério das Obras Públicas e Comunicações (Costa, 2008, pp. 47-48)[2]. Assim, o Comissariado ficou incumbido

[2] Este Comissariado do Desemprego geria os desempregados e estes eram conduzidos como força de trabalho para obras públicas e "a legislação previa a sua utilização em outros contextos: melhoramentos de estradas rurais a cargo da Junta Autónoma das Estradas; melhoramento de edifícios urbanos a cargo da Direcção Geral de Monumentos Nacionais, Melhoramentos de Águas e Saneamentos a cargo da administração geral dos Serviços Hidráulicos e Eléctricos. Sobre este assunto Ver: Costa, Afonso Alberico (2008). Não se dão esmolas, procura dar-se trabalho: facultar o direito a um

da gestão do Fundo de Desemprego e as suas receitas iriam financiar as obras a executar pelas autarquias, nomeadamente infraestruturas viárias, zonas industriais, habitação social, rede de infraestruturas, permitindo assim criar novos postos de trabalho.

Neste processo dois fatores interligam-se na década de 1920-30. O aumento populacional provocado pelo constante fluxo de população às cidades criando um desequilíbrio entre a oferta e a procura habitacional e levando ao aparecimento de bairros de construção precária ou à sublocação, acentuando-se a degradação das condições de habitabilidade de vários prédios, particularmente dos mais antigos (Vasquez,1992). Esta tendência para a deslocalização das classes sociais de menores rendimentos para fora das freguesias nucleares da cidade, num movimento de exterioridade residencial, advinha da ausência de investimento na produção de habitação de baixo custo. Deste modo, as populações mais carenciadas foram procurar outros locais para habitação e com disponibilidade de terrenos para hortas e jardins. (Vasquez, 1992). Vila Nova de Gaia, Gondomar e Matosinhos foram concelhos que acolheram muitos destes habitantes deslocalizados das freguesias nucleares da cidade do Porto.

VILA NOVA DE GAIA: O CONCELHO DO OUTRO LADO DO RIO DOURO

Vila Nova de Gaia, concelho situado na frente atlântica do vale terminal do rio Douro, na sua margem sul, tendo do outro lado do rio os municípios do Porto e de Gondomar, ocupa as plataformas litorais, separadas pelas pequenas elevações da Serra de Negrelos e do Monte Murado dos vales interiores dos rios Febros e Uíma, que correm para norte e desaguam no Douro. Possui ainda um vasto território, com uma morfologia muito acidentada com áreas agrícolas, industriais e na orla marítima zonas de praia em freguesias como Canidelo, Madalena ou São Félix da Marinha.

salário em vez de criar por lei o direito a um óbulo seria a finalidade deste fundo de desemprego. In *Oportunidades perdidas da Oposição*.46-66. https://comum.rcaap.pt/bitstream/

Figura 1. Localização de Vila Nova de Gaia, concelho a sul da cidade do Porto e rodeado pelo Rio Douro.

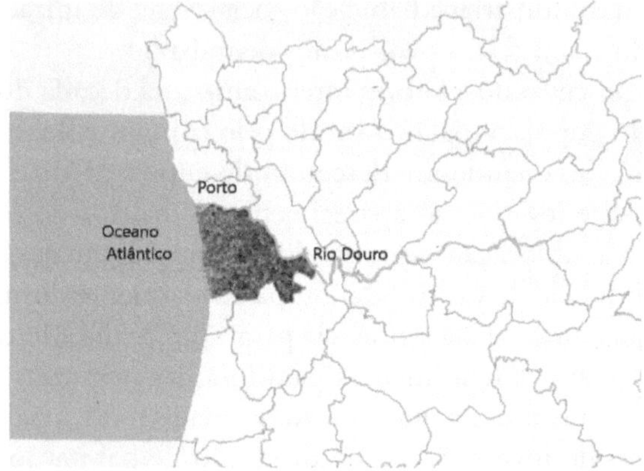

Fonte: C.M.de Vila Nova de Gaia – Geoportal – Ortofotomapas Gaiaurb – Câmara Municipal de Vila Nova de Gaia. https://sig.gaiurb.pt/geoportal?webepl

Figura 2. Planta de Vila Nova de Gaia com as suas freguesias.

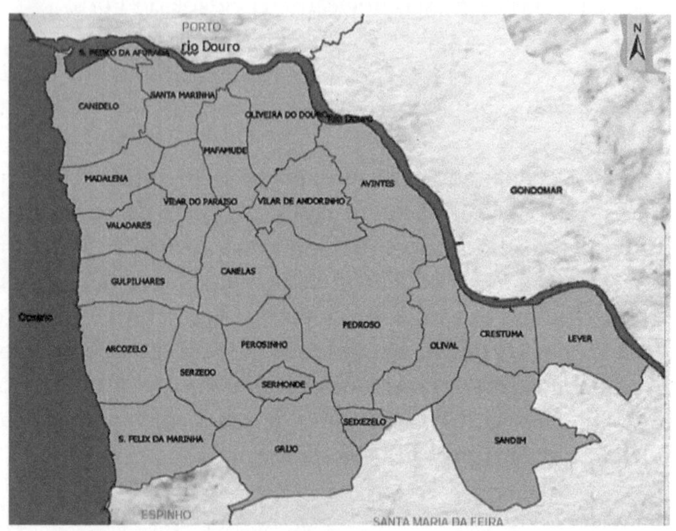

Fonte: Cartografia de Risco no Plano Municipal de Emergência de Vila Nova de Gaia. http://www.oern.pt/documentos/salvador_Almeida_Riscos_OE.pdf

Durante o século XIX operaram-se grandes transformações neste território, como a melhoria do traçado da antiga estrada real entre Coimbra e Vila Nova de Gaia, a chegada do comboio às Devesas, em 1864, a inauguração da Ponte ferroviária D. Maria Pia, em 1877, da Ponte Luiz I, em 1886, bem como a contínua renovação das vias rodoviárias regionais e municipais que possibilitaram o aumento da chegada de matérias-primas. Assistiu-se, também, a uma maior movimentação das populações das suas residências habituais para outras situadas mais próximas dos seus locais de trabalho. O concelho, constituído em 1834 e inserido no distrito do Porto com a denominação de Gaia, surgiu referenciado no código administrativo de 1842, com as alterações introduzidas, com a designação de concelho de Vila Nova de Gaia em maio de 1868 (CMVNG,1998, p. 20). Tal como o Porto, este concelho alargou o seu núcleo urbano, com a abertura da Avenida da República, que liga a Serra do Pilar até S. Ovídio, já numa cota alta da cidade. Destacando-se por possuir a maior área e o mais elevado número de população do distrito do Porto (Tabela 1). Em 1900 o concelho tinha 74.782 habitantes, em 1940 119.697 habitantes, e os números não pararam de aumentar. Este crescimento também ocorreu nos outros concelhos limítrofes, mas V.N. de Gaia apresentou sempre números mais elevados. (INE, 1960).

Tabela 1. Evolução da população residente no Porto, Vila Nova de Gaia, Matosinhos e Gondomar entre 1920 e 1960

Data	Porto	Vila Nova de Gaia	Matosinhos	Gondomar
1900	166.729	74.482	25.071	32.423
1920	202.310	85.900	34.889	41.818
1930	229.784	102.950	50.862	49.768
1940	260.548	119.697	63.124	81.755
1950	281.406	133.760	73.786	71.058
1960	303.424	157.357	91.017	84.599

Fonte: Instituto Nacional de Estatística (INE) – X Recenseamento Geral da População no Continente e Ilhas adjacentes: Prédios, Fogos e População: dados retrospectivos, tomo I vol.1º, pp. 67, 72-110.

Este crescimento está associado à sua importância comercial e industrial, concentrada à beira-rio, na zona baixa da Vila, onde se localizam as caves de vinho do Porto. Na indústria destacam-se as cerâmicas, os têxteis e as pequenas unidades como as tanoarias e a serralharias. Vila Nova de Gaia não é só um dos concelhos mais populosos como aquele que mais aumentou a sua área. Das iniciais 19 freguesias que o compunham no século XIX, em 1952 era já composto por 23 freguesias, tendo incorporado Vilar do Paraíso, Arcozelo, Sandim, Crestuma, Lever, Avintes, Pedroso, Sandim, Santa Marinha e a freguesia piscatória da Afurada. Este incremento populacional e o seu protagonismo comercial e industrial já não eram compatíveis com o deficiente abastecimento de água, realizado fundamentalmente através de minas e poços, comprovadamente inquinados, como demonstravam as análises efetuadas (Mesquita, 2015). A situação exigia uma tomada de posição da Câmara Municipal de Vila Nova de Gaia que, em 1930, decidiu entregar aos SMAS – Serviços Municipalizados de Água e Saneamento – da Câmara Municipal do Porto a responsabilidade de elaborar um projeto que resolvesse a situação então denunciada como alarmante pela Junta de Higiene Concelhia (Mesquita, 2015).

O ABASTECIMENTO DE ÁGUA A VILA NOVA DE GAIA: A DEPENDÊNCIA DO MUNICÍPIO DO PORTO

O abastecimento de água ao concelho de Vila Nova de Gaia foi até à 1ª metade do século XX essencialmente assegurado pelos Serviços Municipalizados de Água e Saneamento do Porto. Assentava numa conduta de água que vinha do Porto até à zona ribeirinha e em minas e nascentes de água que, na sua maioria, se localizavam em terrenos privados. Na sequência do Decreto-Lei nº23:867 de 17 de maio de 1934, assinado pelo Ministro das Obras Públicas e Comunicação, Duarte Pacheco, foram estabelecidas as bases reguladoras do abastecimento de água à cidade do Porto e concelhos limítrofes de Gaia, Gondomar, Matosinhos-Leça-Leixões. O diploma referia que, a par com os aspetos técnicos, eram providenciados os meios financeiros para que o município do Porto pudesse avançar com o plano delineado sem o agravamento do preço da água, apesar dos encargos e investimentos que estavam previstos. Segundo o mesmo diploma, a Câmara do Porto, devidamente autorizada pelo governo, emitia obrigações ao portador do valor nominal de 100$ até ao limite de 55.000 contos, tendo como receitas ordinárias dos Serviços Municipais, as provenientes da venda de água, do aluguer dos contadores e de outros rendimentos. Por outro lado, apontava-se como "encargos da Câmara as despesas de administração, exploração, reparação, manutenção e conservação e alargamento da rede de abastecimento, acrescentando ainda a aquisição dos contadores de água e as anuidades de juro e amortizações das obrigações emitidas" (D.G., Decreto-lei nº 23:867de 1934, p. 630).

Este projeto estava dividido em três fases distintas: na 1ª fase pretendia-se a assegurar um volume de água de 30.000 m³; na 2ª fase um volume de 60.000 m³ e finalmente, na 3ª fase, um volume de 100.000 m³ diários. A concretização implicava a substituição das águas superficiais do rio Sousa pelas do subleito do rio Douro, no areal de Zebreiros, captadas a 20 metros de profundidade, sofrendo a elevação necessária até ser vazada na atual central do Sousa e que pelo sistema de adução seguia até à cidade do Porto debitando nos reservatórios da cidade. A 2ª fase das obras pretendia vir ao encontro das necessidades de Vila Nova de Gaia, Gondomar e Matosinhos, através da construção das instalações necessárias para completar o abastecimento de água e elevar o volume para 60.000 m³ garantindo o mínimo diário de 5.000 m³. A 3ª fase de obras seria iniciada quando o volume de água consumida atingisse os 50.000 m³ e destinava-se a ampliar o abastecimento geral ao mínimo de 100.000 m³ diários, devendo a obra ser concluída no prazo de três anos." (D.G., Decreto-lei nº 23:867,1934, p. 629).

O novo diploma emanava o determinismo regulador do novo regime, cujo governo tinha aprovado uma nova Constituição, em 1933, concebida e aprovada pelo Presidente do Conselho de Ministros, António Oliveira Salazar, coadjuvado por um pequeno grupo de colaboradores. Entre eles, Duarte Pacheco, que assumiu a pasta do Ministério das Obras Públicas e Comunicação. Quando tomou posse, a 5 de julho de 1932, Oliveira Salazar "avançou alguns meses mais tarde com a publicação de três diplomas que enquadravam as questões do saneamento das povoações numa nova configuração política, criando a expectativa que a sua resolução pudesse ser finalmente alcançada". (Pato, 2011, p. 77).

Três anos após a publicação do decreto-lei de 1934, seria publicado o Decreto nº 28: 227, de 24 de novembro de 1937, que revogava algumas das alíneas do diploma de 1934. Este era o resultado das diligências da Câmara Municipal do Porto junto do Governo para obter os meios convenientes para levar a efeito as bases propostas e os importantes melhoramentos, nomeadamente no que diz respeito aos preços de venda de água aos municípios limítrofes, procurando ainda estender o prazo deste plano até ao final do ano de 1940. O novo Decreto evidenciava as fragilidades do processo delineado, que apesar de receber o apoio do Estado central, teve um desenvolvimento lento e tardio. Só em 1939 foi emitida a 1ª série de obrigações, resultando em atrasos e adiamentos na expansão da rede de abastecimento de água para novas zonas do concelho do Porto e para os concelhos limítrofes (Mesquita, 2015). Contudo, algumas obras previstas foram concluídas em 1940, como a construção da torre-reservatório dos Congregados e as estações de captação e elevação de Zebreiros (no rio Douro) com a instalação de dois grupos elevatórios que levavam a água diretamente para o reservatório de Jovim.

Este modelo de gestão urbana, centrado na dependência do município do Porto, viria a ser revisto na sequência dos atrasos e da falta de capacidades de investimento e, em 1947, é publicado o Decreto-lei nº 36.323, de 4 de junho, que assumia desde logo nas primeiras linhas que o plano traçado não fora executado devido à situação internacional, mas também pela pressão exercida junto do governo pela Federação dos Municípios do Porto e limítrofes. Neste diploma, o Ministério das Obras Públicas assumia um papel regulador de todo o processo de abastecimento de água. Seria ele o responsável para aprovar os projetos, homologar as tarifas de venda de água no município do Porto e fixar as dos restantes municípios limítrofes após propostas fundamentadas pelas câmaras municipais. No cômputo geral aliviava-se a Câmara Municipal do Porto dos encargos técnicos e financeiros que lhe resultavam do abastecimento domiciliário aos concelhos suburbanos, ficando a construção e exploração das respetivas redes de distribuição a cargo dos próprios municípios interessados, salvo acordos especiais homologados pelo Ministro da Obras Públicas. Esta alteração refletiu-se em Vila Nova de Gaia, cujo executivo iniciou uma nova fase da gestão urbana, criando em 1948, os Serviços Municipalizados de Eletricidade, Águas e Saneamento (SMEAS), nascidos da transformação e alargamento de competências dos Serviços Municipalizados de Electricidade (SME). Durante esta nova fase, e sobretudo a partir de 1950, ocorreu um conjunto de obras municipais realizadas em articulação com as juntas de freguesia e comissões de moradores com vista ao melhoramento do abastecimento de água, como foi o caso do prolongamento de canalizações, da limpeza de minas e da construção de fontes e lavadouros, em especial nas freguesias mais periféricas como Vilar de Andorinho, Avintes, Mafamude, entre outros lugares de Gaia (O Comércio de Gaia, 1939-1940).

Nesta década o município investiu em áreas estruturantes do desenvolvimento urbano e nas suas infraestruturas. São muitos os processos que partir da década de 1950 apontam a pavimentação de ruas em *macadam* e paralelepípedos, a renovação de escolas e criação de infraestruturas de saneamento básico, a renovação do matadouro municipal, construído em 1931, a expansão de iluminação elétrica e outras obras estruturantes do concelho. (CMVNG/AMSMB, Obras Municipais Liquidadas, 1953-1956).

A REDE DE ABASTECIMENTO DE ÁGUA EM VILA NOVA DE GAIA: 1935-1956

O abastecimento de água a Vila Nova de Gaia apresenta três momentos de investimento. O primeiro ocorreu ainda em 1935, sob a responsabilidade dos Serviços Municipalizados de Água e Saneamento do Porto, consistindo na concretização de um sistema de abastecimento de água que partia do Porto até ao reservatório de General Torres.

Só em 1940, sob a direta dependência dos serviços municipais do Porto e Gaia, efetuou-se a construção dos reservatórios de General

Torres e da Rasa, o que permitiu ter uma capacidade de armazenamento respetivamente de 6000 m^3 e 5000 m^3. Estes recebiam a água a partir de uma conduta que seguia junto da linha férrea na zona Alfandega do Porto, que atravessava o Douro pelo tabuleiro inferior da ponte D. Luís I, desdobrando-se em duas condutas de ferro fundido que asseguravam o abastecimento à zona baixa e média da cidade. Do lado de Gaia seguia por uma conduta em tubos de betão até ao reservatório de General Torres. (Amorim e Pinto, 2001, p. 169).

A publicação do Decreto-lei de 36:323 de junho de 1947, que revogou o de 1934, dava oportunidade ao desenvolvimento de uma nova etapa de abastecimento de água. O diploma pretendia dar resposta ao crescimento da cidade do Porto e dos seus concelhos limítrofes e impunha medidas capazes de dar resposta às necessidades crescentes de consumo de água potável. (Amorim e Pinto, 2002).

Em 1947 aumentou-se novamente a dotação do Orçamento de Estado para o quinquénio 1948–1952 destinada à execução de melhoramentos rurais, bem como à concretização do Plano de Abastecimento de Águas às Sedes dos Concelhos e, novamente entre 1959 e 1961 alargaram-se os prazos previstos para a realização de melhoramentos nas áreas rurais (Pato, 2011). Em Vila Nova de Gaia, o executivo municipal era liderado desde 1945 por Fernando Jorge de Azevedo Moreira e ficou marcado por várias iniciativas, tais como: o lançamento de um novo cineteatro de Gaia, o prolongamento da linha do elétrico até Coimbrões, a inauguração da estação telegráfica de Miramar, a criação da freguesia da Afurada (CMVNG, 1998). No plano geral dos trabalhos, o executivo assumiu como a grande prioridade do concelho o abastecimento de água e a ampliação da rede de esgotos, obra de grande envergadura que foi comparticipada pelo Estado através do Comissariado do Desemprego (CMVNG/AMSMB, Minuta de Acta da Reunião de Câmara, 1950, pp. 27 e 28). Nos planos do município, apresentados em reunião de Câmara, estava o pedido, em outubro de 1948, ao Ministério das Finanças de um empréstimo de 12.000.000$00, que não foi aprovado, tendo vindo, no entanto, a obter outros financiamentos por parte do Ministério das Obra Públicas que lhe permitiram avançar com parte das obras previstas nesta área. Outra iniciativa do executivo de Gaia foi a realização de um empréstimo bancário junto da Caixa Geral de Depósitos, no valor de 5.742.328$83, que lhe permitia apropriar-se da rede até então pertencente ao município do Porto e iniciar a sua gestão e ampliação, situação decorrente da transição para o património municipal da rede explorada pelos SMAS da Câmara Municipal do Porto (CMVNG / AHMSMB, Minuta de Acta nº 31, 1950, pp. 27-29).

Em 1951, no âmbito da urbanização do Bairro dos Pescadores da Afurada, e com o propósito de levar a água ao dito bairro, a câmara assume os encargos da obra e por despacho de 5 de dezembro de 1950 o Ministro das Obras Públicas decidiu conceder 280 contos (280.000$00) por conta da sua comparticipação no valor total da obra orçamentada em 2.817 contos (2.817.000$00). O resto da importância necessária para execução das obras foi constituído pelo auxílio financeiro prestado pela Junta Central da Casa dos Pescadores, como antecipação do pagamento da água a fornecer ao bairro.

O ano de 1953 foi marcado pela realização de vários contratos para o avanço da rede de abastecimento de água ao domicílio, decorrentes dos planos traçados pelo Ministério de Obras Públicas. Assim, a 11 de março do mesmo ano, o município de V.N. de Gaia já tinha a aprovação do governo para avançar com a 1ª fase das obras e desde logo se propôs realizar o contrato da empreitada com a empresa Sociedade Técnica Hidráulica Cimianto, por ser de todas a mais vantajosa do ponto de vista técnico.

A 21 de julho de 1953 foi assinada uma escritura para a empreitada dos trabalhos de abastecimento de água à zona alta da cidade com a empresa G. Perez Ldª., representada pelo engenheiro civil Gustavo d'Avila Perez, destinada ao fornecimento e assentamento do equipamento elétrico do posto de transformação de 160 KVA. Seguiu-se, a 14 de agosto, o contrato formado com a mesma empresa para o projeto definitivo de abastecimento de água a Vila Nova de Gaia – 1ª fase, que contemplava a instalação da conduta elevatória e distribuição, a instalação de válvulas, tubagens de elevação, projeto previamente aprovado pelo Ministério das Obras Públicas, conforme despacho de novembro de 1948. Ainda no ano de 1953 foi assinado o contrato da empreitada para elaboração do projeto de abastecimento de água à zona alta desta vila ao engenheiro civil Artur Cândido Camisa, devendo o mesmo ser elaborado segundo as regras técnicas da engenharia sanitária e observando as disposições do regulamento em vigor. O projeto contemplava a construção da Casa do Encarregado do Reservatório, o Reservatório, a Vedação do Terreno e Grupos elevatórios e aparelhos de medida, Posto de Transformação, a Conduta Elevatória e, finalmente, a Rede de Distribuição e a execução da obra deveria ocorrer até no dia 31 de dezembro do mesmo ano (CMVNG/AHMSMB, Escritura de Empreitada,1953, pp. 35v-41v). Alegava então o município que "esta era a proposta que apresentava o melhor material e referia, ainda, e que este projeto será importante para que o Reservatório da Rasa possa fornecer à Câmara Municipal de Espinho água para abastecimento da sede do seu concelho e populações do litoral" (CMVNG/AHMSMB – Escritura de Empreitada, 1953, pp. 90v-91 e 92).

Uma segunda fase do abastecimento de água foi o projeto à zona alta da cidade, iniciada em 1954, com a aquisição de um terreno de 4000 m2 no lugar de Santo Ovídio, freguesia de Mafamude, destinado à construção de um reservatório para rede de distribuição de água à Vila. Em 22 dezembro de 1954, o município assinou a escritura da empreitada para fornecimento e assentamento da rede de distribuição e do reservatório com o engenheiro José Agostinho de Mendonça, representante da Sociedade Técnica Hidráulica Cimianto com sede em Lisboa, pelo valor 334.557$50, contemplando o fornecimento de tubagem e acessórios da conduta elevatória para a rede de abastecimento de água à zona alta de Gaia (Escritura de Empreitada, 1954, p.92). Em 29 de abril de 1954 o executivo adjudicou a José Francisco Tavares Júnior, construtor civil, as obras de abastecimento de água potável aos lugares de Magarão e Portelas, na freguesia de Avintes.

Mas outro projeto já estava agendado pelo município: o abastecimento de água às freguesias da orla marítima. O jornal O Comércio do Porto, a 20 de agosto de 1953 noticiava que o presidente da Câmara, Fernando Moreira tinha encomendado o estudo para o abastecimento de água às povoações do litoral ao engenheiro Basílio Pinto Fernandes Jorge, engenheiro civil, formado na Faculdade de Engenharia da Universidade do Porto, envolvido noutras obras associadas ao abastecimento de água (O Comércio do Porto, 20/8/1953, p. 4). O andamento das negociações e o apoio do Estado, tal como nas obras anteriores, foram viabilizadas através da comparticipação do Fundo de Desemprego.

Por sua vez, também o jornal Comércio de Gaia referiu que em "1956 foi atingido o *plafond* de encargos com empréstimos contraídos para as grandes obras de abastecimento de águas e instalações de redes de saneamento." (1956, p. 8). O mesmo artigo transcrevia as palavras do presidente:

> Devemos além disso, considerar que todos os esforços serão empregados para durante o próximo ano se interligarem ao máximo as ligações domiciliárias, o que aconselhará o recurso a empréstimo complementar para aquisição de contadores material acessório para ligações. (...) Merece-me, todavia, especial referencia, ainda dentro deste capítulo, o abastecimento de água a algumas povoações da orla marítima do concelho. O andamento das obras prosseguiram e o endividamento do município junto da Caixa Geral de Depósitos em 1958 para a realização das empreitadas: Obra de abastecimento de águas até 2.500 contos; obra de saneamento (2ª fase) 500 Contos (p. 8).

No Porto, também foram realizadas várias obras na rede de abastecimento de água entre 1952 e 1956, nomeadamente a extensão e substituição de conduta de abastecimento de água, na rua de Júlio Diniz, da calandra do Bonfim, da conduta de água na Rua 9 de Julho, da conduta adutora do Carvalhido, Rua de Álvares Cabral, demonstrando a necessidade de renovação e ampliação de rede (Mesquita, 2015).

Podemos, pois, concluir, que a década de 1950 apresentou um conjunto de obras relevantes para a rede de abastecimento de água na região do Porto, em particular em Vila Nova de Gaia, e esta constitui uma fase, ainda que preliminar, de um processo de rede de distribuição de água ao domicílio em diferentes freguesias do concelho, processo que se estenderá pelas décadas seguintes.

A REDE DE ABASTECIMENTO DE ÁGUA EM VILA NOVA DE GAIA: 1960-1974

Em 1955, o mandato de Fernando Jorge Moreira como presidente do município de V.N.G. terminou, sucedendo-lhe João Brito e Cunha, e em 1964 assumiu a presidência Ramiro Ferreira Marques Queirós, cujo mandato terminou em 1974 (Sousa e Rodrigues, 2020). Foi precisamente com o mandato de Ramiro Ferreira, último presidente da câmara antes da democratização do regime em Portugal, que se iniciou uma nova fase do abastecimento de água ao concelho de Vila Nova de Gaia. A sua ação esteve associada à Lei nº 2103 de 22, de março de 1960, que estipulou as bases do abastecimento de água às populações rurais. Aí se referia que os projetos de abastecimento de água deviam "englobar o maior número possível de povoações rurais e aglomerados urbanos, independentemente do seu enquadramento administrativo, de modo a obterem-se os benefícios do abastecimento a partir de origens de água seguras e abundantes" (Base III 1, 1960). A mesma lei estabelecia também que os "aglomerados urbanos não abrangidos pelo número anterior continuam a beneficiar do regime estabelecido para as sedes de concelho pelo Decreto-Lei 33863, de 15 de Agosto de 1944" e acrescentava, no ponto II, que a Direcção-Geral dos Serviços de Urbanização, pela Direcção dos Serviços de Salubridade, faria, "no prazo máximo de seis anos, o inventário das nascentes directamente aproveitáveis para os fins deste diploma e os trabalhos de prospecção, a completar oportunamente com os de pesquisa e captação, das águas subterrâneas utilizáveis para os mesmos fins" (Base II, 1.)

Outro aspeto salientado pelo diploma era o valor total das comparticipações concedidas em cada ano, que não poderia exceder 75 % do valor global das obras a realizar, conforme o respetivo plano (Base VIII, 2). No entanto, a comparticipação do Estado foi várias vezes revista, chegando a atingir o valor máximo de 76 % do custo total dos trabalhos das autarquias previamente aprovados e que seriam sucessivamente incrementados. Finalmente, já em "1970, incluíam-se neste sistema de comparticipações as redes de drenagem de esgotos (comparticipadas até 75 % pelo Estado) e as respetivas estações de tratamento (comparticipadas até 90 %)" (Pato, 2011, p. 130).

A documentação consultada permite verificar que desde os anos de 1940 até finais da década de 1960 se iniciou uma nova fase de obras e aquisições para se estabelecer uma rede de abastecimento ao domicílio em Vila Nova de Gaia, sempre com a comparticipação do Ministério das Obras Públicas, que ia enviando tranches com os valores correspondentes da comparticipação (Figura 3).

Figura 3. Recibo do Ministério das Obras Públicas referente à comparticipação do Estado no Abastecimento de água à Vila Nova de Gaia (zona alta) no valor de 48.529$00.

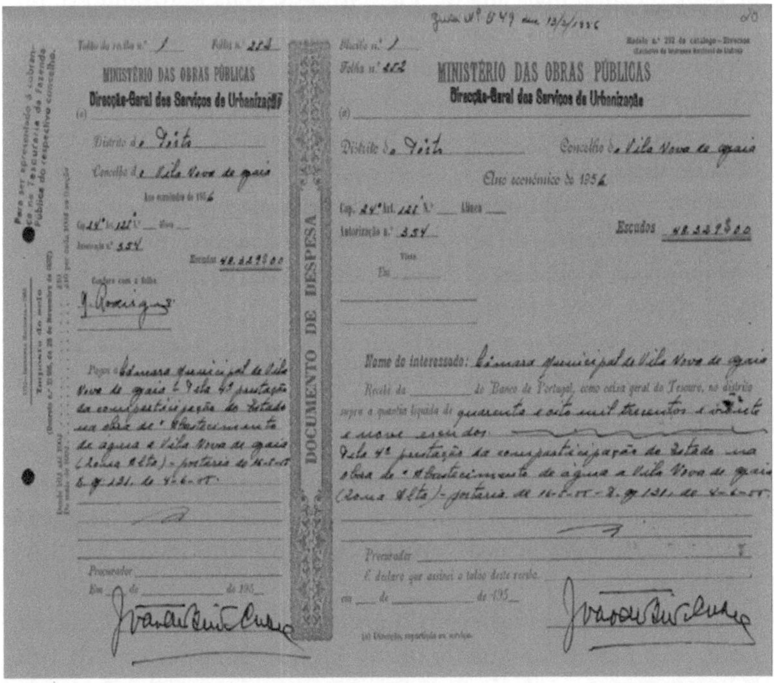

MINISTÉRIO DAS OBRAS PÚBLICAS
Direcção-Geral dos Serviços de Urbanização

Distrito do Porto — Concelho de Vila Nova de Gaia

Ano económico de 1956

Autorização n.º 354 — Escudos 48.529$00

DOCUMENTO DE DESPESA

Nome do interessado: Câmara Municipal de Vila Nova de Gaia

Recebi da ... do Banco de Portugal, como caixa geral do Tesouro, no distrito ... a quantia líquida de quarenta e oito mil trezentos e vinte e nove escudos

Pela 4.ª prestação da comparticipação do Estado na obra de "Abastecimento de água a Vila Nova de Gaia (Zona Alta)" - portaria de 16-5-55 - ... 131, de 4-6-55.

Procurador

E declaro que assinei o talão deste recibo

em ... de ... de 195...

Fonte: CMVNG /AMSMB, Obras Municipais – Processo Abastecimento de água 1953/56. (S/p).

Assim, a 17 de julho 1964 realizou-se o contrato de compra de uma parcela de terrenos para a construção do reservatório de Francelos e a 19 do mesmo mês tarde foi assinado outro contrato para aquisição de um terreno para a construção do reservatório de Miramar. Seguiu-se, a 23 de junho, a escritura de compra e venda de um terreno de 673 m2 para a construção do Reservatório de Valadares. (CMVNG/AMSMB, Escritura 1964, pp. 45,48). Na sequência destas aquisições, a 28 de janeiro de 1965, o município adjudicou a Manuel Pereira Ferreira Pinto, pela quantia de 4.694.588$10, uma empreitada do projeto de abastecimento da região da orla marítima do concelho (CMVNG/AMSMB Escritura, nº6 de 4/02/1966, pp. 70V-71). Em 1966 prosseguiram as obras para abastecimento de água da zona mais alta de Vila Nova de Gaia aprovando-se um caderno de encargos no montante de 919.235$00. Estes sucessivos investimentos permitiram concluir os reservatórios do Monte da Virgem e consequentemente a distribuição de água à zona alta da cidade em 1967. Seguiu-se a escritura de contrato de empreitada da obra de abastecimento de água ao lugar do Magarão, na freguesia de Avintes, e ainda a adjudicação a 16 de julho de 1969, ao engenheiro Tito José Rodrigues, do projeto de obras para abastecimento de água à freguesia da Madalena (CMVNG/AMSMB, Escritura nº52, 16 de julho d1969, lv 52 –Fl. 63-65).

Importa salientar que, em finais da década de 1960, a cobertura do abastecimento de água às populações era na ordem dos 60 %, situação que se agravava nos períodos estivais. Por esse motivo, os municípios, após vários estudos, avançaram para um novo projeto: a captação de águas de Lever, no rio Douro, que, embora só viesse a ter reflexos a partir da década de 1990, possibilitou estudar uma nova solução para as necessidades da população (AG/EM, S.A., 1988, p. 6)

A decisão de avançar com o projeto de captação de águas em Lever, nas margens esquerda do rio Douro, já estava traçada pelo Porto em 1967 e traduzia-se num aumento substancial de captação de água para a rede de abastecimento de água dos concelhos do Porto e concelhos suburbanos. Esta decisão foi corroborada pelo Conselho de Administração do Serviços Municipalizados Electricidade, Água e Saneamento de Vila Nova de Gaia, que decidiu participar nos estudos e na elaboração de um novo projeto tendo sido, uma vez mais, contratado o engenheiro Tito José Rodrigues para a elaboração do anteprojeto de elevação e adução das águas captadas no areal de Lever destinadas ao abastecimento público (CMVNG/AMSMB, Escritura de 3 de Julho de 1970, Lv.54, Fl.16-17). Contudo, só em 1983 é que o SMAS do Porto teve condições para avançar com a execução deste projeto no subleito do Douro a montante da barragem de Lever, projeto que levou à desativação da Central do rio Sousa e de Zebreiros. A estação elevatória era constituída por uma central de bombagem e as águas transportadas até ao novo túnel do reservatório em Jovim (Amorim e Pinto, 2001).

Os dados em estudo revelam como a planificação do Estado neste domínio e os meios de financiamento disponibilizados aos municípios foram instrumentos indispensáveis para suportar os investimentos e promover a construção de uma rede abastecimento de água ao domicílio, ainda que esta tenha decorrido compassadamente e controlada pelos mecanismos impostos pelo governo.

CONCLUSÕES

Ainda que o presente estudo careça de algum aprofundamento verificou-se, através da documentação consultada e pela análise da legislação e das escrituras notariais, que foram estruturantes os valores investidos coadjuvados pelas comparticipações nas obras da rede de abastecimento de água ao concelho. Isso mesmo é comprovado pelos diferentes contratos de empreitadas e pelos recibos trocados entre o Ministério das Obras Públicas e a Câmara Municipal de Vila nova de Gaia ao longo dos anos.

Constatou-se, igualmente, que Vila Nova de Gaia e o Porto estavam dependentes e associadas aos recursos hídricos existentes no território e que os investimentos no abastecimento de água tiveram repercussão no desenvolvimento urbano e no bem-estar das populações. O enunciado sucessivo de obras aqui apresentado permite destacar a atuação do poder municipal e apurar qual foi o seu papel na construção da rede de captação, adução e distribuição das águas urbanas.

Os sucessivos diplomas lançados pelo Estado Novo em 1934, 1947 e 1960, e os instrumentos de apoio financeiro, mantinham a lógica do papel intervencionista do regime através da comparticipação na gestão urbana, em particular na rede de abastecimento de água. Os investimentos realizados na cidade do Porto e em Vila Nova de Gaia demonstram, ainda, uma articulação com as áreas estratégicas do poder central, espelhados na legislação emanada dos Planos de Fomento lançados sucessivamente (1953-1958), (1959-1964), (1965-1967) (1974-1979), que não tendo tido a eficácia e a extensão necessária, demonstram que o abastecimento de água constituiu um ponto das agendas das políticas públicas, em que o poder local tinha um papel de pressão e de intermediário entre o Estado e as necessidades das populações.

BIBLIOGRAFIA

FONTES

Cartografia de Risco no Plano Municipal de Emergência de Vila Nova de Gaia. http://www.oern.pt/documentos/salvador_Almeida_Riscos_OE.pdf

Compagnie General des Eaux Pour l' Etranger. (1886). *Abastecimento d'água da cidade do Porto*. 1886. CGEPE.

CMVNG/AMSMB – Câmara Municipal de Gaia/ Arquivo Municipal Sophia de Melo Breyner – Minuta da Acta Câmara Municipal de V.N. de Gaia de 19 de dezembro de1950, 27– 30. *Documento/Processo, 1950/12/29 – 1950/12/29*. F/03/ IV/1.https://arquivo.cm-gaia.pt/units-of-description/documents/297555/?q=abastecimento+de+agua

CMVNG/AMSMB – Câmara Municipal de Gaia /Arquivo Municipal Sophia de Melo Breyner – Escritura de empreitada para trabalhos de abastecimento de água ao Bairro de Casas para pescadores na Afurada. *Documento/Processo, 1951/06/04 – 1951/06/04*. Lv37, Fl70-74.

CMVNG /AMSMB – Câmara Municipal de Gaia /Arquivo Municipal Sophia de Melo Breyner – Escritura de empreitada para abastecimento de água ao bairro dos pescadores na Afurada em Vila Nova de Gaia. *Documento/Processo, 1951/06/04 – 1951/06/04*, pp. 70 a 73. Lv37,Fl70-74. https://arquivo.cm-gaia.pt/units-of-description/?q=abastecimento+de+agua

CMVNG/AMSMB – Câmara Municipal de Gaia /Arquivo Municipal Sophia de Melo Breyner – Escritura de empreitada para elaborar o projecto de abastecimento de água à zona alta de V.N. de Gaia. *Documento/Processo, 1953/09/17* – 1953/09/17, Lv39,Fl35v-41v. https://arquivo.cm-gaia.pt/units-of-description/?q=abastecimento+de+agua

CMVNG/AMSMB – Câmara Municipal de Gaia /Arquivo Municipal Sophia de Melo Breyner. Escritura da empreitada para elaboração do projecto de abastecimento de água à zona muito alta desta Vila a Artur Cândido Camisa – 1953. *Documento processo 1953*, Lv39, Fl.35v-41v. https://arquivo.cm-gaia.pt/units-of-description/?q=abastecimento+de+agua

CMVNG/AMSMB – Câmara Municipal de Gaia /Arquivo Municipal Sophia de Melo Breyner. Escritura de empreitada para executar o projecto definitivo de abastecimento de água a Vila Nova de Gaia. *Documento/Processo, 1953/02/07 – 1953/02/07*, Lv38, Fl.53-57. https://arquivo.cm-gaia.pt/units-of description/documents/3012/?q=abastecimento+de+agua

CMVNG/AMSMB – Câmara Municipal de Gaia /Arquivo Municipal Sophia de Melo Breyner. Escritura de aprovação do projecto definitivo de abastecimento de água a V.N. de Gaia (1ª fase). *Documento/Processo, 1953/08/14 – 1953/08/14*, Lv39,Fl9-13v.

CMVNG/AMSMB – Câmara Municipal de Gaia /Arquivo Municipal Sophia de Melo Breyner. Escritura de empreitada de fornecimento e assentamento da tubagem CMVNG/ AMSMB – Câmara Municipal de Gaia /Arquivo Municipal Sophia de Melo Breyner e acessórios da rede de distribuição e do reservatório para a obra de abastecimento de água à zona alta da Vila, 2ª fase. *Documento/Processo, 1954/12/26 – 1954/12/26*, Lv40,Fl91-94v.https://arquivo.cm-gaia.pt/units-of description/documents/3685

CMVNG/AMSMB – Câmara Municipal de Gaia /Arquivo Municipal Sophia de Melo Breyner. Escritura de empreitada para elaboração do estudo prévio e projecto definitivo do abastecimento de água a Valadares, Francelos, Miramar, Aguda e Granja e direcção técnica da respectiva obra. *Documento/Processo,*

1954/11/23 – 1954/11/23. Lv40,Fl62v-76. Disponível: https://arquivo.cm-gaia.pt/units-of-description/documents/2341

CMVNG/AMSMB – Câmara Municipal de Gaia /Arquivo Municipal Sophia de Melo Breyner. Escritura de empreitada de fornecimento e assentamento da tubagem e acessórios da conduta elevatória, 3ª fase da obra de abastecimento de água à zona alta da Vila. *Documento/Processo, 1954/12/26 – 1954/12/26* , Lv40,Fl87-90v.

CMVNG/AMSMB – Câmara Municipal de Gaia /Arquivo Municipal Sophia de Melo Breyner. Escritura de empreitada para abastecimento de água potável aos lugares de Magarão e Portelas, freguesia de Avintes. *Documento/Processo, 1954/04/28 – 1954/04/28*, Lv39,Fl78-80v.

CMVNG/AMSMB – Câmara Municipal de Gaia /Arquivo Municipal Sophia de Melo Breyner. Escritura de empreitada de fornecimento e assentamento da tubagem e acessórios da conduta elevatória, 3ª fase da obra de abastecimento de água à zona alta da Vila. G. Perez. *Documento/Processo, 1954/12/26 – 1954/12/26*, Lv39, Fl9-13v.

CMVNG/AMSMB – Câmara Municipal de Gaia /Arquivo Municipal Sophia de Melo Breyner. Escritura de compra e venda de uma parcela de terreno para a construção do reservatório de Valadares, com destino ao abastecimento de água à orla marítima. *Documento/Processo, 1964/07/23 – 1964/07/23*, Lv46, Fl38-39.https://arquivo.cm-gaia.pt/units-of-description/documents/2060

CMVNG/AMSMB – Câmara Municipal de Gaia /Arquivo Municipal Sophia de Melo Breyner. Escritura de compra e venda duma parcela de terreno para a construção do reservatório de Granja e Aguda, com destino ao abastecimento de água à orla marítima. *Documento/Processo, 1964/09/17 – 1964/09/17*. Lv46, Fl51-53.

CMVNG/AMSMB – Câmara Municipal de Gaia /Arquivo Municipal Sophia de Melo Breyner. Escritura de empreitada de abastecimento de água à orla marítima. *Documento/Processo, 1965/01/28.1965/01/28.*Lv46,Fl66v-68.https://arquivo.cm-gaia.pt/units-of-description/documents/3376.

CMVNG/AMSMB – Câmara Municipal de Vila Nova de Gaia /Arquivo Municipal Sophia de Melo Breyner. Escritura de contrato de empreitada da obra de abastecimento de água ao lugar do Magarão. Freguesia de Avintes. *Documento/Processo, 1968/07/29 – 1968/07/29*, Lv51,Fl28v-29v.https://arquivo.cm-gaia.pt/units-of-description/documents/274043/?q=abastecimento+de+agua

CMVNG/AMSMB – Câmara Municipal de Vila Nova deGaia /Arquivo Municipal Sophia de Melo Breyner. Escritura de contrato de elaboração do projecto de abastecimento de água à freguesia da Madalena. *Documento/Processo, 1969/07/17 – 1969/07/17. Lv. 52– FL. 63-65*

CMVNG/AMSMB – Câmara Municipal de Vila Nova de Gaia /Arquivo Municipal Sophia de Melo Breyner. Escritura de contrato de elaboração do projecto de abastecimento de água à freguesia da Madalena. *Documento/Processo, 1969/07/17 – 1969/07/17. Lv52, Fl.63-65.* https://arquivo.cm-gaia.pt/units-of description/documents/274306/?q=abastecimento+de+agua

CMVNG/AMSMB – Câmara Municipal de Vila Nova de Gaia /Arquivo Municipal Sophia de Melo Breyner. Escritura de contrato de elaboração do ante-projecto e projecto da elevação e adução da água captada no areal de Lever e destinada ao abastecimento público. *Documento/Processo, 1970/07/23 – 1970/07/23* – Lv54, Fl. 16-17. https://arquivo.cm-gaia.pt/units-of-description/documents/274741/?q=abastecimento+de+agua

CMVNG/AMSMB – Câmara Municipal de Vila Nova de Gaia /Arquivo Municipal Sophia de Melo Breyner. Escritura de contrato de empreitada da obra de abastecimento de água ao Lugar de Canelas de Cima, freguesia de Canelas. *Documento/Processo, 1971/09/24 – 1971/09/24* – Lv55, Fl. 88-89. https://arquivo.cm-gaia.pt/units-of-description/documents/274982

CMVNG/AMSMB – S/A. (23 de Dezembro de 1953). A Reunião da Vereação da Câmara Municipal do Porto. O aumento do consumo de água. En *O Comércio do Porto*, 1953,4.

CMVNG/AHMSMB – Escritura de empreitada da obra de abastecimento de água da zona muito alta de Vila Nova de Gaia. *Documento/Processo, 1966/03/07 – 1966/03/07*, Lv 47, F.l87-88.

CMVNG/AMSMB –S/A– O Comércio do Porto, 1953 S/A (1953, 18 de agosto) Vila Nova de Gaia. *O Comércio do Porto*, ano X, p.5.

CMVNG/BPMVNG – S/A (1953, 15 maio) Vila Nova de Gaia. En *O Comércio do Porto*, ano, LX, nº p4.

CMVNG / BPMVNG – S/A (1939, 11 de Dezembro) Melhoramento em Vilar de Andorinho. En *O Comércio de Gaia*. Ano 9 nº 462, p.1.1958

CMVNG/BPMVNG – S/A (10 de Setembro de 1955). Nº dedicado o VII Centenário de Vila Nova de Gaia. En *O Comércio de Gaia*, Ano XXV nº 1241/2.

CMVNG/AMSMB Arquivo Municipal Sophia de Mello Breyner (1998). *Memória do Município de Vila Nova de Gaia: Da Fundação à actualidade*. Ed. CMVNG: Tipografia Lousanense.

Decreto-lei nº 21:699 de19 de setembro de 1932. Ministério das Obras Públicas e Comunicações– Gabinete do Ministro.1975-1977. https://files.dre.pt/1s/1932/09/23000/19751986.pdf

Decreto-Lei 23:867 de 17 de maio de 1934. Ministério das Obras Públicas e Comunicações – Gabinete do Ministro. *Diário do Governo:* I Série, nº 114 (1934), 628 – 631. https://dre.pt/dre/detalhe/decreto-lei/23867-1934-463576

Decreto-lei 29:577 de 9 de Maio de 1934, Ministério das Obras Públicas. *Diário do Governo: I Série nº 196 (1934)* , 628-631.https://files.dre.pt/1s/1932/09/23000/19751986.pdf

Decreto-lei 33:863, de 15 de Agosto de 1944. Ministérios do Interior e das Obras Públicas e Comunicações. *Diário do Governo n.º 179/1944*, Série I de 1944-08-15,729-731. https://files.dre.pt/1s/1944/08/17900/07290731.pdf

Lei 2103, de 22 de Março. *Diário do Governo n.º 67/1960*, Série I de 1960-03-22. https://dre.tretas.org/dre/213313/lei-2103-de-22-de-marco

Portugal – INE – Instituto Nacional de Estatística (1960). *X Recenseamento Geral da população no Continente e Ilhas adjacentes: Prédios, Fogos e população: dados retrospectivos*, tomo I Vol.1º, 67, 72, 110. https://www.ine.pt/

ESTUDOS

Águas de Gaia – Empresa Municipal S.A. (1998*). Resumo Histórico. Águas de Gaia E.M. S.A.* Documento Interno [Documento Policopiado]. 1-9.

Alho, A. A. C. (2008). Não se dão esmolas; procura dar-se trabalho. in *Os anos de Salazar. As Oportunidades Perdidas da Oposição* (pp. 46-66). Planeta de Agostini.

Alves, J. F. (2005). Águas do Douro e Paiva S.A.: 10 anos 1995-2005. Ed. Águas do Douro e Paiva.

Amorim, A. A. e Pinto, J. N. (2001). *Porto d'Agoa: o abastecimento de água à cidade do Porto através dos tempos.* Serviços Municipalizados de Água e Saneamento, Porto,

Brandão, J. M. e Callapez, P. M. (2017). *O abastecimento de Água à Figueira da Foz em finais de Oitocentos.* Município da Figueira da Foz.

Cordeiro, J. M. Lopes (1993). Um serviço Centenário: o abastecimento domiciliário de água à cidade do Porto (1887-1987). *Arqueologia Industrial*, 2ª serie I (1-2), 11-34.

Freitas, L., Devi-vareta N., *et al* (2000). Águas Subterrâneas na área urbana do Porto Sec.s XX-XXI: potencialidades da análise geográfica de uma Base de Dados Espacial. Seminário Latino-americano de Geografia Física. Universidade de Coimbra, 1-14

Mendes, J. Amado (2013). Águas do Mondego e a sua história: tradição e inovação na captação e tratamento de água. Águas do Mondego.

Mesquita, M. (2015). *Das redes da invisibilidade na equação contemporânea do território. De Processo, projecto, obra e serviço público de água no Porto no entre séculos XIX/XX: – uma investigação/acção na perspectiva do ser arquitecto e da emergência das transdisciplinaridades em Arquitectura, hoje.* [Tese de Doutoramento, Faculdade de Arquitectura da Universidade do Porto]. .https://repositorio-aberto.up.pt/handle/10216/118999

Lei 2103 de 22 de Março 1960. Presidência da República, Promulga as bases do abastecimento de água às populações rurais. *Diário do Governo n.º 67/1960*, Série I de 1960-03-22. https://dre.tretas.org/dre/213313/lei-2103-de-22-de-marco

Pato, João Howell (2011). *História das Políticas Públicas de Abastecimento de Águas e Saneamento em Portugal.* Instituto de Ciências Sociais da Universidade de Lisboa / Entidade Reguladora dos Serviços de Águas e Resíduos https://repositorio.ul.pt/handle/10451/20099

Rosas F., Brandão de Brito, J. M. y Rodrigues, C. F. (1996). Planos de Fomento. En *Dicionário de História do Estado Novo* (Vol. II. pp. 739-742). Bertrand Editora.

Sousa, F., Rodrigues, B. *et al* (2020). *Os presidentes da Câmara Municipal de Vila Nova de Gaia, 1834-2019.* Câmara Municipal de Vila Nova de Gaia.

Trindade, L. (2014). A água nas cidades Portuguesas entre os séculos XIV e XVII: a mudança de paradigma. En *Patrimonio cultural vinculado con el agua. Paisaje, urbanismo, arte, ingeniería y turismo* (pp. 363-376). Editora Regional de Extremadura. https://estudogeral.uc.pt/handle/10316/79514

Vázquez, I. B. (1992). Crescimento urbano e suburbanização no Grande Porto: uma perspectiva relacional. *Análise Social*, XXVII(115), 191-205. http://analisesocial.ics.ul.pt/documentos/1223049517J4dYP4dpoSv66SE2.pdf

O abastecimento de água potável na cidade do Porto e em Vila Nova de Gaia: a municipalização, a gestão urbana e a modernização das cidades (1887-1970)

Resumo: Propomos neste capítulo realizar uma reflexão sobre o abastecimento de água ao domicílio na 1ª metade do século XX na cidade do Porto e em Vila Nova de Gaia, demonstrando o impacto das políticas municipais nesta rede urbana. Neste processo as políticas públicas terão um papel central procurando estancar os problemas de saúde pública, acompanhando a modernidade idealizada para os centros urbanos, estabelecendo os serviços responsáveis pelo abastecimento de água e saneamento e comparticipando financeiramente estes processos. Recorrendo essencialmente a documentação arquivística e a legislação analisaremos o início do abastecimento de água à cidade do Porto e de Vila nova de Gaia, o processo de municipalização a partir de 1927 e como os diplomas lançados em 1934 e 1947 vieram reformular o papel do município do Porto no fornecimento de água potável aos concelhos limítrofes. Vila Nova de Gaia, o concelho demograficamente mais relevante comparativamente com os outros concelhos limítrofes (Matosinhos, Gondomar e Maia), conhecido pelas caves de Vinho do Porto localizadas nas freguesias junto às margens do rio Douro, no início do século XX continua sem uma verdadeira rede de abastecimento de água estruturada e alargada a todo o concelho. Os planos traçados pelo Estado novo e os novos instrumentos financeiros permitiram que entre 1950 e 1970 Vila Nova de Gaia inicie de forma sistemática um conjunto de contratos e investimentos decisivos para estruturar uma rede pública de abastecimento de água potável à população.

Palavras-chave: Abastecimento de água, municipalização, infraestruturas urbanas, políticas públicas.

The supply of drinking water in the city of Porto and Vila Nova de Gaia: municipalisation, urban management and the modernization of cities (1887-1970)

Abstract: In this chapter, we propose to carry out a reflection on the supply of water to homes in the 1st half of the 20th century in the city of Porto and Vila Nova de Gaia, demonstrating the impact of municipal policies on this urban network. In this process, public policies will have a central role, seeking to stop public health problems, idealizing the modernity for urban centers, establishing the services responsible for water supply and sanitation and the financially sharing these processes. Using archival documentation and legislation, we will analyze the beginning of the of water supply to the city of Porto and Vila nova de Gaia , the process of municipalization from 1927 onwards and how the different laws of 1934 and 1947 reformulated the role of the municipality in the water supply to neighboring counties. Vila Nova de Gaia, the demographically most relevant municipality compared to the other neighboring municipalities (Matosinhos, Gondomar and Maia), known for the Port Wine cellars located in the parishes along the banks of the Douro River, at the beginning of the 20th century continues without a real structured water supply network extended to the entire municipality. Between 1950 and 1970, the plans drawn up by the new State and the new financial instruments allowed Vila Nova de Gaia to systematically initiate a set of contracts and decisive investments to structure a public network to supply drinking water to the population.

Keywords: Water supply, municipalization, urban infrastructure, public policies.

El abastecimiento de agua potable en la ciudad de Oporto y Vila Nova de Gaia: municipalización, gestión urbanística y modernización de las ciudades (1887-1970)

Resumen: En este capítulo, nos proponemos realizar una reflexión sobre el suministro de agua a los hogares en la primera mitad del siglo XX en la ciudad de Oporto y Vila Nova de Gaia, demostrando el impacto de las políticas municipales en esta red urbana. En este proceso, las políticas públicas tendrán un papel central, buscando frenar los problemas de salud pública, acompañando la modernidad idealizada para los centros urbanos, estableciendo los servicios responsables del abastecimiento de agua y saneamiento y compartiendo financieramente estos procesos. Utilizando esencialmente documentación de archivo y legislación, analizaremos el inicio del suministro de agua a la ciudad de Oporto y de Vila nova de Gaia, el proceso de municipalización a partir de 1927 y cómo los decretos ley emitidos en 1934 e1947 reformularon el papel del municipio en el suministro de agua potable a los condados vecinos. Vila Nova de Gaia, el municipio demográficamente más relevante en comparación con los otros municipios vecinos (Matosinhos, Gondomar y Maia), conocido por las bodegas de Vino de Oporto ubicadas en las parroquias a orillas del río Duero, a principios del siglo XX continúa sin una red de abastecimiento de agua estructurada real extendida a todo el municipio. Entre 1950 y 1970, los planes elaborados por el nuevo Estado y los nuevos instrumentos financieros permitieron a Vila Nova de Gaia iniciar sistemáticamente un conjunto de contratos e inversiones decisivas para estructurar una red pública de suministro de agua potable a la población.

Palabras clave: Abastecimiento de agua, municipalización, infraestructura urbana, políticas públicas.

12.
ABASTECIMENTO DE ÁGUA AO DOMICILIO A COIMBRA: "O MILAGRE DA TORNEIRA"[1], 1889-2019

José Amado Mendes
Universidade de Coimbra
Universidade Autónoma de Lisboa

INTRODUÇÃO

A transição entre o Antigo Regime e a Época Contemporânea verificou-se na sequência da Revolução Francesa de 1789 e das Revoluções Liberais dos inícios de Oitocentos, fundamentalmente no âmbito político. Todavia, sob o ponto de vista do quotidiano das comunidades, inicialmente nos principais centros urbanos, a modernidade só chegaria mais tarde, a partir de meados do século XIX, com o abastecimento de água ao domicílio, o saneamento básico e as inovações tecnológicas resultantes do uso da energia a vapor, do gás e da eletricidade. Entre outros aspetos, basta recordar a iluminação –pública e doméstica–, o desenvolvimento dos transportes e das comunicações e a progressiva "mecanização do lar", com a introdução dos eletrodomésticos.

No que toca à água e à sua relevância, já foi sublinhado: "Alguém afirmou que o grau de civilização de uma sociedade pode ser avaliado pela forma como essa sociedade gere os seus rios, o que é manifestamente um exagero, mas não deixa de ser em larga medida verdadeiro" (Marques, 2003, p. 147). Também há quem defenda que o referido grau de civilização se pode estimar pelo consumo de água *per capita*. No mesmo sentido se pronunciou Costa Simões, afirmando: "O grau de civilisação de um povo mede-se hoje pelo conjunto de medidas

---

[1] Expressão usada por Mendonça, Cátia; Guerreiro, Joaquim; Garcia, Ricardo (Infografia), "O milagre da torneira" (2012), *Público/Suplemento*, de 22-04-2012.

e de serviços, proprios a facilitar-lhes não só o seu aperfeiçoamento intellectual, mas também physico [...]. D'entre todos os serviços, que mais interessam physicamente [a] uma cidade, ocupam o primeiro logar aquelles que têm por fim dar-lhe bom ar para respirar, e boa agua para beber, podendo considerar-se o uso abundante das aguas como o primeiro elemento para a limpeza e boa hygiene" (Simões, 1891, p. 348). Como, a propósito, salienta Daniel Roche:

> O Século XIX viu nascer o tempo da água comum, desde que se tornou um produto industrial e comercial, dominado pelas tecnologias e pela ciência [...]. O fogo individualiza, ao passo qua a água, a não ser em caso de incêndios, congrega, tanto na produção como no seu consumo, uma vez que impõe encontros populares, conversas e conflitos. Jean-Jacques Rousseau, no *Essai sur l'origine des langues*, consegue ver na relação rural das pessoas com a água uma das principais figuras de comunicação, no ponto de partida da língua e das civilizações (Roche, 1998, pp. 156-167).

A despeito da relevância da água no meio ambiente e na vida das pessoas –e, inclusive, como componente essencial do próprio saneamento–, em Portugal não abundam os estudos históricos sobre a temática, designadamente acerca da instalação e evolução dos respetivos sistemas de abastecimento, no último século e meio. Em alguns dos trabalhos, privilegiam-se períodos antigos e não os mais recentes, relacionados com o abastecimento domiciliário da água[2].

No que concerne à cidade de Coimbra e respetiva área, trata-se de uma temática cuja investigação foi já aprofundada, como *case study* (Mendes, 2009, 2013 e 2022), pelo que no presente artigo se apresenta uma versão sumária da respetiva história, destacando-se aspetos considerados mais relevantes e ainda não suficientemente conhecidos. O texto tem a seguinte estrutura: introdução de enquadramento histórico da cidade de Coimbra; aspetos relacionados

[2] Entre outros, podem consultar-se os seguintes trabalhos, indicados nas referências finais: Alves (2005), Cardoso e Encarnação (1995), Freixa (2012) e Mendes (2009, 2013 e 2022).

com o assunto; abastecimento de água: estruturas e equipamentos; administração e gestão da água; e conclusão.

COIMBRA: EXPENSÃO DEMOGRÁFICA E URBANA (SÉCULOS XIX-XX)

A cidade de Coimbra, como sucede com as grandes urbes a nível mundial, está intimamente ligada ao rio Mondego, para o bem e para o mal. Para o bem, porque tem sido principalmente a ele que a população, empresas e outras organizações da cidade têm recorrido, para satisfazer as suas necessidades, diretamente, em tempos idos, ou por meio do abastecimento ao domicílio, através do tal "milagre da torneira", que consta do título deste trabalho. Para o mal, porque a sua localização e caraterísticas têm contribuído para diversas inundações ao longo do tempo, em muitos casos com graves prejuízos. Ao tema já se referia um autor, em finais do século XVIII:

> Uma grande parte dos edifícios da costa estão encravados na terra pela parte superior, de modo que o pavimento das lojas fica muito debaixo da terra [...]. O plano das ruas da *Sofia* e da *Calçada* fica pouco superior ao nível do rio, de modo que, no tempo das cheias, inundam as águas uma parte da cidade, entrando pelas ameias e chegando até perto das grades do convento de Santa Cruz; a água do rio absorvida pela terra, a da chuva penetrando pelas paredes da parte superior das casas, submergidas de algum modo na terra, e as exalações de uma e outra são bem capazes de constituir um ar húmido (Baptista, 1990, p. 206).

A cidade de Coimbra marca a transição entre o Alto e o Baixo Mondego, como já foi salientado: "Situada na margem direita do rio, no contraforte comprehendido entre os valles da Arregaça e Cozellas, Coimbra marca approximadamente a linha de separação entre a bacia alta e o estuário inferior" (Cid, 1902, p. 32) que se prolonga até à sua foz, precisamente na cidade da Figueira da Foz.

Em finais do século XIX, a população de Coimbra rondaria os cerca de 20 000 a 25 000 habitantes (Cid, Parte primeira,1902, p.

39) que, até 1889, para se abastecerem de água tinham de recorrer ao rio Mondego e a vários sítios da cidade, onde se localizavam, em 1863, dez fontes, dois poços e duas cisternas[3].

Este procedimento não garantia a qualidade da água para consumo humano, pelo que, em muitos casos, era responsável por surtos endémicos ou epidémicos e vários outros tipos de doenças. Sobre o assunto, esclarecia o conceituado médico de Coimbra, José Cid: "As doenças typhoides, indice de inquinação fecal do solo, são endémicas em Coimbra. Sobre este fundo permanente enxertam-se frequentemente movimentos epidémicos importantes. Um d'elles foi a epidemia de 1887, motivada por uma polluição acidental e directa das aguas fontenárias da cidade alta" (Cid, parte segunda, 1902, p. 30).

A situação acabada de referir ia-se agravando por vários fatores, como a dificuldade de acesso ao rio Mondego, com a abertura da ligação ferroviária de Coimbra B ao centro da cidade (1885). Por outro lado, também o crescimento demográfico e a expansão da área urbana, simultaneamente com o desenvolvimento industrial da cidade, nas primeiras décadas de Oitocentos e primeiras de Novecentos (Mendes, 1984), exigiram a instalação e ampliação dos sistemas de água ao domicílio, bem como de saneamento básico (Mendes, 2022).

Quanto ao crescimento demográfico, a população residente em Coimbra duplicou desde finais do século XIX até 1950 (de c. 24 000 a 25 000 para c. de 48 000), tendo quase duplicado de novo na segunda metade de Novecentos, pois em 2007 totalizava mais de 80 000 habitantes (Mendes, 2009, pp. 72-86; Tabela 1). Também a área urbana se foi alargando. Com efeito, às quatro freguesias existentes na cidade em finais do século XIX e inícios do século XX –Santa Cruz, São Bartolomeu, São Cristóvão e Sé Nova–, vieram acrescentar-se as de Santo António dos Olivais e de Santa Clara, as quais anteriormente eram consideradas periféricas.

[3] Tratava-se das fontes da Feira, do Jardim, do Cidral, do Castanheiro, da Cheira, Fonte Nova, das Lágrimas, de Celas, da Maõzinha e do Espírito Santo; dos poços da Rua da Louça e das Ameias; e das cisternas da Universidade e do Convento de Celas (Mendes, 2007: 18-19).

Tabela 1. População e Abastecimento de Água (Consumidores, Novos Contratos e Novos Contadores) no Concelho de Coimbra (1970-2007)

Ano	População presente no Concelho de Coimbra	Consumidores	Novos contratos	Novos contadores
1970	108 046	20517		
1971		21198		3019
1972		22806		3546
1973				
1974				
1975		26769		
1976		29148		
1977		30488		2308
1978		32776		2861
1979				3208
1980				2537
1981	144 471			1981
1982		c. 38000		2655
1983		c. 41000		2778
1984		c. 44000		2950
1985		45215		3226
1986		47045		3610
1987		49369		
1988		51178	3772	
1989		54361		
1990		56631		
1991	147 722	58512		
1992		60616		
1993		63810	5562	
1994		65741	4485	
1995		67124	4538	
1996		68438	4930	

1997		69782	4755	
1998		71375	5285	
1999		72563	5868	7500
2000		73598	5141	3736
2001	159 039	75092	5600	
2002		76347	5717	3914
2003		76959	6019	
2004		78032	6369	
2005		79052		
2006		80097		
2007		80783		

Fonte: Mendes, 2009, p. 85.

Numa primeira fase, não obstante a população ter aumentado 42,5 % entre 1864 e 1900, não se registou "uma dilatação significativa do aglomerado urbano" (Rebelo, 2006, p. 82), Ulteriormente, além da incorporação de novas freguesias, foram-se construindo também novos bairros e zonas residenciais, designadamente os bairros da Cumeada e de Celas, a zona industrial para Norte (Pedrulha e Loreto) e, a Leste, para o Calhabé, como zona residencial e escolar, por excelência, e o Bairro Marechal Carmona, atualmente Bairro Norton de Matos. Este foi edificado nos anos de 1940-1950, em parte para albergar a população da cidade alta, desalojada na sequência da demolição da parte antiga, na zona da Universidade, e da construção de novos edifícios académicos. Em consequência da referida expansão, foi necessário instalar equipamentos e estruturas urbanas, a partir de finais de Oitocentos, entre os quais o matadouro, o mercado municipal, o cemitério municipal, quartel e cadeia (Calmeiro, 2021, pp. 89-96).

ABASTECIMENTO DOMICILIÁRIO DE ÁGUA A COIMBRA: ESTRUTURAS E EQUIPAMENTOS

A utilização da energia a vapor, a partir das últimas décadas do século XVIII, foi elemento essencial da I Revolução Industrial, cujo berço foi a Grã-Bretanha, mas que, entretanto, chegaria a numerosos outros países. A máquina a vapor foi igualmente determinante no processo de abastecimento domiciliário de água, aos grandes centros urbanos, nos inícios e posteriormente de forma generalizada. As primeiras experiências foram igualmente efetuadas em Inglaterra, na cidade de Sheffield que, em 1830, tinha um reservatório para onde a água era bombeada e, em seguida, distribuída por aquele centro urbano (Jones, 1996, p. 287).

Outras iniciativas foram tomadas nas primeiras décadas de Oitocentos, por exemplo, nos Estados Unidos da América, em França e em Inglaterra (Hall, 2000, pp. 47-48). Sobretudo a partir de meados do século XIX, numerosas cidades instalaram sistemas de abastecimento de água ao domicílio e de saneamento, pelo que se compreende que a importante inovação, entretanto, também tivesse entrado em Portugal, o que se verificou precisamente nas últimas décadas daquela centúria, nomeadamente em Lisboa (1880), no Porto (1887) e em Coimbra (1889).

ORIGENS: INICIATIVAS E VICISSITUDES

Tratando-se de um processo inovador e que, entre nós, dava os primeiros passos, em Portugal não existia tecnologia nem *know-how* disponíveis, pelo que foi necessário recorrer a empresas e técnicos estrangeiros, já com experiência acumulada no setor, como eram os casos de França e Inglaterra. O mesmo se verificou em Lisboa e no Porto, nos inícios do processo de abastecimento de água ao domicílio.

No caso de Coimbra, as primeiras iniciativas ficaram a dever-se a uma figura que muito se empenhou para que a cidade dispusesse deste extraordinário benefício, que era o de a água poder chegar, sem esforço e em permanência, ao domicílio das pessoas. Refiro-me a António Augusto da Costa Simões (1819-1903). (Salgado, 2003). Para benefício da cidade e dos seus habitantes, desempenhou funções de relevância, pois foi professor catedrático da Faculdade de Medicina, reitor da Universidade, administrador dos Hospitais da Universidade de Coimbra e presidente da respetiva Câmara Municipal. Como o tema já foi devidamente estudado (Mendes, 2007, pp. 17-34), aqui apenas se recordam alguns factos considerados mais relevantes e que decorreram ao longo de mais de duas décadas. A propósito, informou o conselheiro Adolpho Loureiro, reputado especialista de questões relacionadas com a gestão da água:

> Datam de 1865 as primeiras tentativas do illustre professor para trazer á cidade de Coimbra a vantagem de um serviço regular de fornecimento e distribuição d'aguas. Achava-se então sua exc.ª em Paris, encarregado de uma missão scientifica[4]. Á testa da administração municipal estava o fallecido conde das Canas. A este cavalheiro se dirigiu de Paris o sr. Dr. Costa Simões, lembrando-lhe a conveniencia de se emprehender o abastecimento da cidade com aguas elevadas do Mondego, e oferecendo n'aqella cidade os seus serviços, tanto para consultar os mais competentes engenheiros sobre o projecto, como para tractar com os empreiteiros e fornecedores das machinas, aparelhos e materiaes, de que haveria mister[5].

Seguiu-se um longo período de mais de duas décadas de frequentes contactos de Costa Simões com dirigentes do Município, cuja presidência entretanto também ocuparia, e com técnicos e responsáveis autárquicos de Paris e Londres. A recetividade dos responsáveis pela autarquia foi variando, consonante a composição do Executivo. As suas iniciativas, se por vezes eram bem acolhidas, como aconteceu na presidência camarária de Lourenço de Almeida Azevedo (1833-1891), outras eram ignoradas.

---

[4] Nessa missão científica e noutras deslocações, Costa Simões deslocou-se a França e a Inglaterra, não só para tratar de assuntos relativas à Medicina, mas também para colher informações sobre o abastecimento de água aos Hospitais, de que era administrador, e à própria cidade de Coimbra.

[5] A passagem citada consta de um texto de Adolpho Loureiro transcrito por Costa Simões num dos seus artigos sobre o "abastecimento d'aguas em Coimbra" (Simões, 1891, p. 342).

Costa Simões chegou a constituir uma empresa, com Cândido Xavier Cordeiro (1807-1881), para a instalação do abastecimento de água (Simões: 1891, pp. 344-345). Também estabeleceu contacto com a importante casa industrial James Easton, de Londres, com a qual chegou a ser firmado um pré-contrato para a instalação do referido sistema. Entretanto, surgiram divergências com a Câmara Municipal, entre outros motivos pelo facto de o referido empresário propor a instalação do sistema de saneamento conjuntamente com o de abastecimento de água –o que, aliás, fazia todo o sentido–, mas que a edilidade recusou (Simões, 1891, pp. 424-425).

Finalmente, após mais de duas décadas de avanços e recuos, em 1887, a Câmara Municipal da cidade do Mondego abriu concurso para o abastecimento domiciliário de água à cidade, ao qual concorreram três empresas, uma portuguesa e duas estrangeiras: 1.ª – de António Pinto Bastos[6], ex-empregado da Companhia das Águas de Lisboa (pelo preço de 88 680$000 réis); 2.ª – de Albert Nillus & C.ª, de Paris, representada por E. Béraud, residente em Lisboa (pelo preço de 83 700$000 réis); e 3.ª – e de Eouard Pech C.ª, de Antuérpia, representada pelo Sr. F. Cunha, negociante em Lisboa (pelo preço de 88 700$000 réis).

A adjudicação foi feita à segunda concorrente que, como credenciais, apresentou comprovativos de ter executado trabalhos desta natureza em diferentes localidades, nomeadamente em Atenas, Málaga e Montpellier. Os trabalhos terão começado pouco depois da adjudicação (em 05 de janeiro de 1888), pelo que, após cerca de ano e meio, "provavelmente na segunda quinzena de Maio de 1889, Coimbra vê chegar o extraordinário melhoramento, que é o abastecimento de água pelos métodos modernos" (Mendes, 2007, pp. 29-30).

Cerca de dois meses depois, foi igualmente iniciado o processo de instalação do sistema de saneamento –confirmando assim a justeza da mencionada proposta, então recusada, do eng.º James Easton–, o qual também já foi objeto de estudo (Mendes, 2022).

[6] A qual também produziu contadores de água, identificados pelo nome do respetivo empresário.

CAPTAÇÃO E TRATAMENTO DE ÁGUA

O sistema de abastecimento domiciliário de água processa-se sequencialmente em várias fases, das quais se destacam a elevação e o tratamento, o armazenamento e a distribuição. O processo já foi assim descrito: "A instalação dos serviços de abastecimento da cidade de Coimbra compreende successivamente: poços de captação, tubos aspiradores e impulsores accionados mechanicamente; reservatorio de contenção e aprovisionamento; rêde de distribuição pública" (Cid, 1902, p. 143).

Ao invés do que se verificou em cidades de outros países, em que a água era captada em montanhas distantes –como sucedia, desde 1850, em Liverpool e Birmingham (Trinder, 1992, p. 832)–, no caso de Coimbra aproveitou-se a proximidade do rio Mondego, que tem oferecido água de boa qualidade, com origem na Serra da Estrela. Entre 1889 e 1953, a captação da água fez-se junto ao Parque Dr. Manuel Braga, próximo do centro da cidade. Como descreve José Cid:

> Em primeiro logar a agua é tomada no leito do rio em dois poços de captação, abertos na margem direita numa chanfradura da mota-dique, uma centena de metros a montante da ponte". E acrescenta o autor: "Esses poços, cujo diâmetro é de 3^{m},5, penetram 9^{m},0 abaixo da estiagem e assentam sobre camadas alternadas de sexo branco e areia, dispostas em substituição das camadas naturaes do leito do rio, com o fim de realizar uma filtração mais perfeita [...]. No interior de cada poço penetra um tubo aspirador, de ferro fundido, com o diâmetro de 0^{m}, 30, descendo 3^{m} abaixo da estiagem ou da superfície filtrante. A agua, entrando pela parte inferior do poço faz pois um trajecto de 6^{m}, através das camadas filtrantes até ser absorvida pelo tubo de aspiração (Cid, 1902, p. 143, Mendes, 2007, p. 41).

À medida que foi sendo necessário reforçar o sistema e aumentar a sua eficiência, foi também aumentando o número de furos e deslocado o ponto de captação para a Boavista –onde, a partir de 1953, passaria a estar instalado o centro nevrálgico do sistema–, a montante do local inicial, para evitar contaminação da água suscetível de ocorrer, devido à proximidade do centro urbano.

Já em 1902 se aludia aos procedimentos que poderiam impedir ou, pelo menos, mitigar a contaminação da água captada no local inicial: "Transferindo a lavagem das roupas para juzante, ou instalando nas proximidades da cidade lavadouros sujeitos a rigorosas condições hygienicas; afastando do rio os esgotos da cidade e, supprimindo assim as causas apontadas, a riqueza microbiana das aguas poderia descer, pelo menos, ao numero de 600 germens, numero que a analyse encontra nas Torres [do Mondego] e a Montante" (Cid, 1902, p. 153).

Após a captação, a água era elevada para a central elevatória, então localizada a cerca de 300m, na Rua da Alegria, e daí era de novo impulsionada para os reservatórios do Jardim Botânico e da Cumeada. Em 1922, a estação elevatória foi deslocada para as proximidades da captação, na margem direita do rio Mondego, para edifício próprio onde atualmente se encontra instalado o Museu da Água, inaugurado em 2007 (Mendes, 2009, p. 215). Também foi nos anos de 1920 que o sistema começou a ser eletrificado, tornando-se progressivamente menos dependente da energia a vapor[7].

Como já foi enfatizado, "no caso da água, a sua qualidade assume quase a mesma importância que a sua quantidade" (Mendes, 2007, p. 67). Referindo-se à temática, lembra José Manuel Pereira Vieira: "O sistema de abastecimento de água para consumo humano é caracterizado por apresentar grande complexidade técnica e grande responsabilidade perante os consumidores que exigem o fornecimento de água segura e cujo serviço deve ser contínuo e a água fornecida em quantidade suficiente durante todos os dias do ano" (Vieira, 2018, p. 356).

Daí a relevância que é atribuída ao respetivo tratamento. Este começava no local da captação, a uma certa profundidade e sujeita a filtragem, logo nos respetivos poços, como já se referiu. Em seguida, com a evolução das descobertas de Louis Pasteur no campo

[7] As máquinas a vapor elevatórias de água constituem património industrial muito apreciado e contribuem para o aumento de visitantes nos museus da água que o exibem. Entre muitos outros, encontram-se o *London Museum of Water & Steam*, em Brentford, Inglaterra, e o Museu da Água Manuel da Maia, em Lisboa.

da microbiologia, passaram a ser usados métodos mais científicos[8], recorrendo-se aos laboratórios da Universidade de Coimbra, numa primeira fase e, posteriormente, a laboratórios instalados pelas entidades que têm gerido o sistema (Mendes, 2007, pp. 67-71).

Os progressos alcançados pela indústria química, no âmbito da Segunda Revolução Industrial, desde final de Oitocentos, foram decisivos para se obter água fiável e de boa qualidade. Sobre este processo, já se frisou: "Não será demais recordar a extraordinária relevância que teve a invenção do cloro no tratamento da água –efetuada nos Estados Unidos da América, em 1908, e iniciada em Lisboa e Coimbra, no final dos anos 1920–, acerca da qual se salientou na revista *Life* (1997): "A filtração da água e o uso do cloro foram provavelmente o avanço mais significativo do [II] milénio, na saúde pública"" (Mendes: 2013: 102; Hall, 2000: 46). Dado o elevado número de doenças veiculadas pela água ou por contacto com a água (Vieira, 2018, pp. 128-215), compreende-se que se lhe dedique toda a atenção.

Também o tratamento de águas residuais tem evoluído significativamente, o que é muito importante em termos higiénicos e de saúde, além de permitir recuperar água para determinadas finalidades, o que não é despiciendo em locais e/ou alturas de escassez da mesma. Entre várias outras iniciativas tomadas neste domínio, deve ser enfatizado o grande empreendimento que foi a instalação da Estação de Tratamento de Águas Residuais (ETAR) do Choupal. A envergadura, o investimento e a complexidade da iniciativa fez com que, não obstante a ideia e a assinatura de um protocolo entre a autarquia conimbricense e o governo datar de 1979, só passada mais de uma década (em 1991) ficou concluída (Mendes, 2022, p. 99)[9]. Entrou em funcionamento nos inícios de 1993 (Mendes, 2022, p. 103).

---

[8] Nos inícios do processo, além da filtragem através de areia e cascalho, usava-se ainda a ventilação da água, através de um sistema mecânico em movimento.

[9] Para uma informação mais completa sobre o assunto ver "ETAR do Choupal e sua relevância no sistema de saneamento de Coimbra" e respetiva ilustração (Mendes, 2022: 98-104)

ARMAZENAMENTO E DISTRIBUIÇÃO

Uma vez captada e tratada nas estações de tratamento de água (ETA), é necessário elevá-la para os reservatórios –enterrados ou subterrâneos e elevados (Barton, 2003)–, localizados em cota superior, a fim de que o desnível, em relação aos consumidores, permita que aquela desça para os locais de consumo, pela força da gravidade.

Nos inícios da implantação do sistema em Coimbra (1889-c.1910), foram edificados dois reservatórios enterrados na cidade, no Jardim Botânico –posteriormente desativado– e na Cumeada, junto à Avenida Marnoco e Sousa; este ainda está em funcionamento: "O primeiro, situado no Jardim Botânico [destinado a abastecer a zona baixa da cidade], tem uma cota de altitude de 50^{m},0 e a capacidade de 30:000^{m}3,0; o segundo, que dispõe de maior capacidade –5.000^{m}3,0–, está situado na Cumeada [para abastecimento da zona alta] e tem uma cota de 108^{m},0" (Cid, 1902, p. 144). Como informa o autor: "Estes reservatórios nunca conteem mais que o volume de agua necessária para um ou dois dias: são, pois, mais propriamente reguladores da distribuição, do que depósitos de conserva" (Cid, 1902. p. 144).

Em virtude do já referido alargamento da área urbana foram, entretanto, construídos novos reservatórios, em Santo António dos Olivais (elevado e enterrado, ainda em funcionamento) e em Santa Clara (elevado); este foi desativado em 2003 ou 2004 (Mendes, 2009, pp. 40-44).

Com a expansão da área urbana e o abastecimento de água a freguesias rurais do Município –sobretudo no pós-25 de Abril, com a consolidação da democracia e o reforço do poder reivindicativo da população–, os reservatórios totalizavam, no dealbar do século XXI, 14 enterrados e cinco elevados (Mendes, 2009, pp. 47-49).

ADMINISTRAÇÃO E GESTÃO: DO MUNICIPALISMO À GESTÃO EMPRESARIAL

Com os progressos registados no âmbito da gestão, nas últimas décadas, no mundo empresarial, também as organizações sem fins lucrativos e as próprias organizações e empresas públicas têm beneficiado dessa evolução (Drucker, 1997; Fernández, 2006).

MUNICIPALIZAÇÃO DO ABASTECIMENTO DE ÁGUA A COIMBRA

Na transição do século XIX para o século XX, a municipalização de serviços públicos estava na ordem do dia. O incremento da industrialização e o crescimento das cidades levaram a que se investisse na administração e gestão daqueles serviços, o que se verificou em vários países. Com efeito: "verificou-se haver vantagem em que as necessidades colectivas dos seus habitantes fossem asseguradas por um centro comum. Os poços das casas privadas, por exemplo, foram abandonados e substituídos por distribuições de água urbanas; o antigo veículo particular foi substituído pelo transporte colectivo e o número considerável de consumidores tornou possível o fornecimento da iluminação artificial por uma central comum". Obviamente que a esta evolução não foram alheios os ideais democráticos e mesmo socialistas (Mullins, 1911, pp. 91-93; Mendes, 2007, pp. 75-77). Tratou-se de uma tendência internacional, praticada, por exemplo, em cidades norte-americanas e em Londres, onde foi promulgada legislação sobre o assunto, em 1888 e 1902 (Mendes, 2007, p. 73).

Diferentemente do que se verificou em Lisboa, onde o abastecimento de água foi concessionado a uma empresa privada (Pinto, 1972), em Coimbra a gestão do serviço de águas –como viria a suceder com o gás e os transportes públicos, excetuando uma fase inicial– foi assegurada pelo Município e assim se manteve, ao longo do tempo, embora com adaptações adequadas às respetivas circunstâncias. Aliás, Coimbra foi mesmo pioneira, no País, no que concerne à municipalização, como já foi reconhecido: "Em Portugal, as primeiras municipalizações tiveram lugar no concelho de Coimbra: em 1888, a do abastecimento de água, em 1904, a do serviço de iluminação, em 1910, a do serviço de transportes colectivos por tracção eléctrica" (Caetano, 1991, p. 348; *Anais...*, 1937, p. XI).

Para o pioneirismo e reforço da municipalização dos serviços públicos no Município muito contribuiu José Ferreira Marnoco e Sousa (1869-1916). Jurista, professor da Faculdade de Direito da

Universidade de Coimbra, exerceu funções políticas relevantes, entre as quais a de presidente da respetiva Câmara Municipal, em dois mandatos (1904-1910). O seu pensamento, sobre a municipalização, encontra-se expresso numa proposta por ele apresentada e aprovada na sessão camarária de 28 de abril de 1905, nos seguintes temos:

> Em Coimbra tem-se feito sentir poderosamente o movimento de municipalização dos serviços públicos, que hoje se impõem a todos os espíritos lucidamente orientados como norma de uma administração local. Este movimento começou por uma forma pouco segura, sendo combatido pelos próprios socialistas, que admitiam, como axioma, a impotência orgânica e reformista do município nas sociedades actuais. Não tardaram, porém, a mudar de orientação, convencidos que a municipalização da produção era o melhor meio de preparar os espíritos para os grandes serviços colectivistas do futuro [...]. Sob a pressão destas ideias, a municipalização dos serviços públicos alcançou um grande desenvolvimento, absorvendo a água, o gás, a electricidade, os tramas, os matadouros, as padarias e tantos outros ramos produtivos de interesse geral (*Anais...*, 1952, p. 33).

E acrescenta: "Quanto à água, torna-se necessário completar a rede da canalização, construindo outro reservatório em Santo António dos Olivais, que possa abastecer inteiramente esta povoação, a Cumeada, Celas e Montes Claros. Deve pedir-se para a construção deste reservatório um crédito de 5.000$000 reis" (*Anais...*, 1952, p. 33).

Nos anos seguintes foi-se reforçando a municipalização dos serviços administrados pela Câmara Municipal, com a oficialização dos Serviços Municipalizados –cuja direção, em 1910, foi assumida pelo Eng.º Charles Lepierre (1867-1945)–, responsáveis pela gestão de três serviços industriais: água, iluminação e eletricidade (Mendes, 2007, p. 77).

Na vigência da I República (1910-1926), também devido ao agravamento da situação socioeconómica devido ao conflito mundial de 1914-1918, foi publicada legislação de reforço e regulamentação do processo de municipalização, então em curso. Em 1929 foi aprovado o *Regulamento dos Serviços Municipalizados de Coimbra*, em sintonia com a legislação de 1927[10]. Os Serviços Municipalizados abrangiam na altura o abastecimento de água, a tração elétrica, a distribuição de energia elétrica e os transportes coletivos. Quanto à água, aqueles Serviços tinham por finalidade fornecer à cidade de Coimbra:

1. Água potável, em condições higiénicas irrepreensíveis, mediante a distribuição ao domicílio do consumidor;
2. Águas para uso público do serviço de regas, para balneários ou piscinas municipais;
3. Água para usos industriais (Mendes, 2009, p. 138).

Segundo o dito Regulamento de 1929, a água ao consumidor era fornecida mediante a instalação de contador ou, caso não houvesse contadores disponíveis, por meio de *avença*. Como se infere da documentação disponível, a partir dos anos de 1920-1930, foi-se generalizando progressivamente o uso do contador, entretanto tornado obrigatório, pois constatava-se que os consumidores, com o sistema de avença, consumiam mais água do que se dispusessem de contador no domicílio.

No final dos anos de 1930 e na década de 1940, os serviços públicos dos municípios mereceram especial atenção, em conformidade com o *Código Administrativo* de 1936, cujo capítulo IX é dedicado precisamente aos Serviços Municipalizados, cuja missão é assim descrita: "Satisfazer as necessidades colectivas da população do concelho a que a iniciativa privada não proveja, de modo completo, e deverão fixar as tarifas de modo a cobrir os gastos de exploração e administração, bem como a permitir a constituição das reservas necessárias" (Dias, s.d., p. 177).

Até meados do século XX, a gestão dos Serviços Municipalizados, sob tutela da administração camarária, teve de fazer face a questões de tipo diverso. Em primeiro lugar, ao já mencionado crescimento da área urbana e da população residente, a qual sofria uma redução considerável no período de férias escolares, nos meses de julho e agosto, em especial devido à ausência de grande parte da comunidade universitária.

[10] Em 1945 foi publicado outro regulamento importante: *Regulamento do Serviço de abastecimento de águas à cidade de Coimbra.*

Por outro lado, o aumento do número de consumidores fazia elevar igualmente os encargos, com a correspondente ampliação da rede de canalizações e equipamentos, assim como de estruturas como reservatórios e estações elevatórias e de tratamento de água. Dada a exiguidade financeira dos Serviços Municipalizados e as baixas tarifas cobradas –devido ao facto de a água ser um bem económico, mas também um bem social, com o inerente direito humano à água (Marques, 2003, p. 45)–, para obras de maior vulto, a Câmara Municipal via-se obrigada a solicitar financiamento ao poder central ou a contrair empréstimos, junto de instituições financeiras. Devido à burocracia e morosidade da resposta, nem sempre o financiamento ou o aval para determinadas obras chegava com a celeridade desejada.

Outro problema que foi necessário resolver dizia respeito ao limitado quadro de pessoal. Assim, a título de exemplo, em 1916 e 1922, a média anual de pessoal no serviço de águas era de 35, número que, entretanto, subiu um pouco (para cerca de 45 por ano), durante o período de construção a estação elevatória do Parque (1921-1922). (Mendes, 2007, p. 78).

Obviamente que a pouca autonomia dos serviços de abastecimento de água –em termos autárquicos e a nível e do poder central–, também não permitia a agilização de procedimentos administrativos. O apertado controlo do poder autárquico, pelo Estado Novo (1933-1974), não permitia o exercício de grandes reivindicações por parte dos autarcas.

GESTÃO MUNICIPAL EM BUSCA DE PROFISSIONALISMO

A partir de final dos anos de 1950, do ponto de vista organizativo e de gestão, registaram-se progressos que permitiram modernizar a estratégia da gestão. Assim, "em 1958, foram municipalizados e associados, aos Serviços de Águas, os Serviços de Saneamento, que até essa data se encontravam integrados na Câmara Municipal de Coimbra"[11]. Porém, só "em 1985 é que se verificou a verdadeira consolidação

[11] *Autonomização e reestruturação dos Serviços de Águas e Saneamento. Situação actual,* 1.º vol; *Situação proposta,* 1.º vol, s. d., [p. 4]. (Arquivo de Águas de Coimbra, E. M.).

legal e estatutária dos SMASC (Serviços Municipalizados e Água e Saneamento de Coimbra)", o que era devidamente valorizado pelos responsáveis, do ponto de vista da operacionalidade da gestão:

> Foi, no entanto, notório que, com a recente individualização dos Serviços Municipalizados de Águas e Saneamento de Coimbra –SMASC–, a par de um novo modelo organizacional, se conseguiu uma maior operacionalidade funcional e financeira, o que, tudo leva a crer, irá permitir a curto prazo resolver, a nível concelhio, o muito que ainda há que resolver no domínio de abastecimento domiciliário de água, colecta de esgotos e seu tratamento[12].

A defesa do municipalismo persistiu, mesmo para além de meados do século XX. No entanto, a municipalização, por si só, não conseguia responder satisfatoriamente às necessidades e exigências das comunidades, cada vez mais cientes dos seus direitos. Por esse facto, legislação publicada nas duas últimas décadas de Novecentos abriu caminho à empresarialização dos serviços públicos. Foi necessário reverter o teor da legislação do pós-25 de Abril de 1974 –de pendor estatizante–, que restringia o acesso à captação, tratamento e distribuição de água para consumo público, através de redes fixas, e ao saneamento básico (Mendes, 2009, p. 144).

A situação foi alterada por legislação de 1984[13] e 1998[14]. Naquele ano, um diploma estabelecia que as Assembleias Municipais, sob propostas das respetivas Câmaras, poderiam criar empresas públicas municipais ou autorizar as Câmaras a participar em empresas públicas intermunicipais. O teor do referido diploma foi esclarecido por outro de 1998, que regulou a criação de Empresas Municipais, Intermunicipais e Regionais.

Aproveitando a janela de oportunidades oferecida pela citada legislação, a gestão da água em Coimbra passou por uma autêntica "revolução", ao entrar decisivamente pelo mundo empresarial, embora

---

[12] *Serviços Municipalizados de Águas, Saneamento e Obras. Trabalho realizado no ano de 1985*, p.1 (Arquivo de Águas de Coimbra, E. M.; Mendes, 2009, p. 147).

[13] Decreto-Lei nº 77/84, de 8 de março; Decreto-Lei n.º 100/84, de 29 de março.

[14] Lei n.º 58/98, de 18 e agosto.

sem perder de vista as suas raízes ancoradas no municipalismo. Assim, foram criadas as seguintes empresas:

- Empresa Pública Municipal, denominada *AC, Águas de Coimbra, EM*, por transformação dos Serviços Municipalizados e Saneamento de Coimbra, cuja escritura pública foi celebrada em 21 de maio de 2003 (Capital social: € 39 140 176,44). (Mendes, 2009, p. 148).
- Sociedade denominada Águas do Mondego – Sistema Multimunicipal de Abastecimento de Água e Saneamento do Baixo Mondego-Bairrada, SA (Capital social: € 18 513 586,00), criada em 2004 (Mendes, 2009, pp. 148-149). Atualmente denomina-se Águas do Centro Litoral – Grupo Águas de Portugal.

Com esta alteração no quadro legislativo e empresarial, a gestão da água no concelho e na área de Coimbra passou a ser partilhada pelas duas empresas. As funções desempenhadas pelas ditas empesas eram definidas do seguinte modo: à empresa Águas do Mondego compete a "exploração em alta" –como é designada pelos técnicos–, ou seja, a "captação, tratamento e distribuição de água para consumo público; e recolha, tratamento e rejeição de efluentes dos municípios de Ansião, Arganil, Coimbra, Condeixa-a-Nova, Góis, Leiria, Lousã, Mealhada, Mira, Miranda do corvo, Penacova, Penela e Vila Nova de Poiares" (Dec.-Lei n.º 172/2004, de 17 de julho); por sua vez, a empresa municipal Águas de Coimbra –à qual é atribuída a "exploração em baixa"– tem como objeto principal "a exploração e gestão do sistema municipal de captação, tratamento e distribuição de água para consumo público e do sistema municipal de recolha , tratamento e rejeição de efluentes, em ambos os casos através de redes fixas". Algumas destas funções, que constavam dos Estatutos da empresa de 2003, vieram depois a ser transferidas para a empresa Águas do Mondego.

De modo sucinto, pode dizer-se que, enquanto esta atua no início do processo no caso da água (captação, tratamento e fornecimento à empresa Águas de Coimbra), aquela atua na distribuição da água ao consumidor, bem como na recolha e entrega de efluentes –esgotos e água pluviais– às Águas do Mondego, para tratamento, no final do processo (Mendes, 2009, pp. 148-149; 2022, pp. 121-123).

No que concerne à gestão efetuada pelos Serviços Municipalizados, na sua última fase, e pelas empresas acabadas de referir, entre muitos outros aspetos destacaram-se a modernização das estratégias de gestão, no sentido de uma mais apurada profissionalização e um maior entrosamento com a comunidade, nomeadamente através de múltiplas iniciativas no âmbito da chamada responsabilidade social. Como é sabido, esta tem estado na ordem do dia nas últimas décadas, pelo menos nas empresas que optam por boas práticas de gestão e que a têm vindo a contemplar na sua atividade e no próprio orçamento.

Quanto à profissionalização da gestão, as preocupações já eram patentes, por exemplo, na perspetiva expressa por responsáveis pelos Serviços Municipalizados da Câmara Municipal de Coimbra, nos inícios dos anos de 1960. Como já foi devidamente enfatizado:

> O interesse do Engenheiro Cunha Matos[15] por uma gestão de tipo moderno –ainda que iniciada nos Estados Unidos da América do Norte, havia mais de um século, com Frederick Taylor (1856-1915)– está bem patente na seguinte passagem do *Relatório* [dos SMC] de 1963: "Para fazer face a estes acréscimos de encargos [resultantes do aumento de salários] temos, em primeiro lugar, mecanizado ao máximo os trabalhos, planeando a pré-fabricação de inúmeras peças, normalmente fabricadas no local de aplicação. Também procuramos preparar o ambiente para a *racionalização do trabalho*, recebendo cada um parte do salário proporcionalmente ao serviço realizado. Há inibições de ordem legal e outra de ordem psicológica que, custosa e pacientemente, havemos de conseguir superar" (Mendes, 2022, p. 115).

Os responsáveis pela gestão da água em Coimbra e respetiva área, a partir de meados do último século, têm prestado atenção aos recursos humanos, cientes de que estes, em qualquer organização, constituem sempre o principal ativo. Para o efeito, além de ter promovido ações de formação e atualização, foram recrutando colaboradores com níveis de escolaridade cada vez mais elevados (Tabela 2).

---

[15] Leopoldo Cunha Matos (1923-2018) era o Diretor-Delegado dos Serviços Municipalizados, em 1963.

Tabela 2. Número de Funcionários por ano dos Serviços Municipalizados/Águas de Coimbra, EM (1985-2006)

Anos	Funcionários
1985	406
1986	418
1987	416
1988	426
1989	426
1990	422
1991	422
1992	413
1993	390
1994	377
1995	384
1996	371
1997	373
1998	366
1999	372
2000	380
2001	404
2002	392
2003	375
2004	358
2005	326
2006	320

Fonte: Mendes, 2009, p. 156.

Como se constata pelos níveis de habilitações do quadro de pessoal dos SMASC/Águas de Coimbra, ente 1985 e 2005, o respetivo número e nível educativo foram aumentando progressivamente, apresentando os seguintes dados, em 2005.

Da totalidade de 326 funcionários temos, por exemplo: 33 licenciados, 7 com curso superior sem licenciatura, 21 com o 12.º ano de escolaridade, 15 com curso complementar ou equiparado e 42 com o curso geral ou equiparado (Mendes, 2009, pp. 170-172; Tabela 3).

Finalmente, no que toca à responsabilidade social –que tem vindo a constituir como que imagem de marca de empresas e organizações–, as entidades gestoras do abastecimento de água a Coimbra e respetiva região não têm descurado o assunto. Efetivamente promovem, patrocinam e participam em múltiplas e variadas iniciativas, no âmbito de diversos setores: cultura e educação patrimonial e ambiental, desporto e lazer, formação e atualização, arte e espetáculos, para dar apenas alguns exemplos.

Na impossibilidade de, nas presentes circunstâncias, dar aqui ao assunto o destaque que ele merecia, recorda-se que, em obras dedicadas à temática da gestão de água e do saneamento na cidade de Coimbra e respetiva área, se encontram alíneas específicas, onde a responsabilidade social é focada de forma desenvolvida (Mendes, 2009, pp. 186-194; 2022, pp. 147-150).

Tabela 3. Níveis de Habilitações Literárias do Pessoal dos SMASC (1985-2005)

Ano	Curso superior com licenciatura	Curso superior sem licenciatura	12º ano	Curso complementar ou equiparado	Curso geral ou equiparado	Ciclo preparatório	4.ª classe	Sem escolaridade	Total
1985	14	5		16	38	33	264	36	406
1986	13	6		22	40	47	261	29	418
1987									416
1988									426
1989	16	2		24	54	69	238	23	426
1990	15	2		25	49	78	234	19	422
1991	18	3		27	47	79	229	19	422
1992	18	3		30	48	84	213	17	413
1993	17	4		31	47	84	194	13	390
1994	17	5	7	25	50	84	183	6	377
1995									384
1996									371
1997									373
1998									366
1999	23	7	18	23	52	115	132	2	372
2000	26	8	19	26	52	114	133	2	380
2001	26	10	18	28	68	129	123	2	404
2002	24	10	21	27	66	129	113	2	392
2003	30	6	24	22	58	132	101	2	375
2004									358
2005	33	7	21	15	42	117	80	2	326

Fonte: Mendes, 2009, p. 170.

CONCLUSÃO

Como se depreende do exposto, a relevância da água nas nossas vidas é enorme, pois o preciso líquido é fator de vida, aliás *sine qua non*, mas também causa de morte, quando não for devidamente tratada e acondicionada para consumo humano. Com a Primeira Revolução Industrial desenvolveu-se, também, aquilo a que podemos chamar a "indústria da água", o que a transformou de recurso, à disposição do público, em geral –desde que a colhesse nos locais onde ela existisse–, num produto, uma vez que, para que concretize o já aludido "milagre da torneira", à água tem incorporado valor, trabalho e tecnologias, devidamente testadas e desenvolvidas.

O crescimento demográfico e urbano, assim como a dispersão e multiplicação de aglomerados populacionais –por cidades, vilas, aldeias ou habitações isoladas– tem obrigado a grandiosos investimentos, para a instalação de redes e estruturas com elas relacionadas, estações elevatórias e de tratamento, reservatórios subterrâneos ou enterrados e elevados; estes, a despeito de terem mais visibilidade, devido às suas caraterísticas e pouca capacidade, são em número é reduzido.

São ainda relevantes, em termos de investimento, os laboratórios, empresas e centros de gestão e controlo. A complexidade dos sistemas de abastecimento de água e saneamento, tanto do ponto de vista histórico como do presente e perspetivação do futuro, merece investigação, estudo e divulgação. A própria educação ambiental e patrimonial deve ser incrementada, não só pelas empresas gestoras do processo, mas igualmente pelos estabelecimentos de educação.

Numa altura em que se procura valorizar e incentivar o turismo cultural –além do omnipresente turismo de massas, em muitos casos "de sol e praia"–, o património industrial ligado à água deve ser contemplado com mais frequência, inclusive com a introdução de museus da água, que têm vindo ser criados em diversos países, em circuitos turísticos e visitas de estudo do âmbito escolar.

Termino com a transcrição do que afirma Luís Veiga da Cunha: "Estas mudanças de formas de pensar e de agir na gestão da água não se processam sem resistência, como sucede em relação a qualquer mudança, mas parecem corresponder a tendências dificilmente reversíveis e afirmam uma via de progresso. Correspondem, sem dúvida, a uma nova forma de pensar a gestão da água, aquilo a que alguns têm vindo a chamar um *novo paradigma da água*" (Cunha, 2003, pp. 33-34).

BIBLIOGRAFÍA

Alves, Jorge Fernandes (2005). *Águas do Douro e Paiva SA: dez anos 1995-2005*. Águas do Douro e Paiva.

Anais do Município de Coimbra, 1870-1889 (1937). Ed. da Biblioteca Municipal.

Anais do Município de Coimbra, 1904-1919 (1952). Ed. da Biblioteca Municipal.

Autonomização e reestruturação dos Serviços de Águas e Saneamento. Situação actual (1976?). 1.º vol: *Situação proposta*; 2.º vol. Arquivo de Águas de Coimbra, E. M.

Baptista, Manuel Dias (1990). Ensaio de uma descrição física e económica de Coimbra, e seus arredores. *Memórias Económicas da Academia das Ciências de Lisboa. 1789-1815*. Introdução e Direção de Edição de José Luís Cardoso (1.ª ed, 1789). Banco de Portugal.

Barton, Barry (2003). *Water Towers ofBritain and their part in bringing water to the people*. The Newcomen Society.

Buchanan, R. A. (s/d.). *The Water Heritage. Historic conservation and water industry. Industrial archaeolog– report and Managemente guidelaines*. Water Autthorities Association.

Calmeiro, Margarida Relvão (2021). *Urbanismo antes dos Planos. Coimbra 1834-1934*. Câmara Municipal de Coimbra.

Cardoso, Guilherme e Encarnação, José d' (1995). *Para uma história da água no Concelho de Cascais*. Serviços Municipalizados de Água e Saneamento de Cascais.

Cid, José (1902). *Coimbra. Demographia e hygiene*. Parte primeira: *Clima e população*; Parte segunda. Imprensa da Universidade.

Cunha, Luís Veiga da (2003). Um século de percepções sobre a água na política inernacinal. In Marques, Viriato Soromenho (Coord). *O desafio da água no século XX. Entre o conflito e a coordenação* (pp. 33-60). Ed. Notícias.

Decreto-Lei: n.º 77/84, de 8 de março de 1984.

Decreto-Lei n.º 100/84, de 29 de março de 1984.

Dias, Jaime Lopes (s.d.). *Código Administrativo e Estatuto dos Distritos Autónomos das Ilhas Adjacentes*. Ed. revista, com anotações, notas marginais e repertório alfabético.

Drucker, Peter (1994). *As organizações sem fins lucrativos*. Difusão Cultural.

Fernández, Alexandre (2006). *Villes, services publiques, entreprises en France e en Espagne XIX-XX siècles*. Maisom des Sciences de l'Homme de l'Aquitaine.

Freixa, Daniel (2012). *Caminhos da água. Costumes, saberes e hidráulica em Arraiolos*. Câmara Municipal de Arraiolos.

Garrett, Antão de Almeida (1956). Palestra em Coimbra sobre o seu plano regulador. Sep. do *Arquivo Coimbrão*, vol. XIX.

Hall, Ellen L. y Dietrich, Andrea M (2000). A Brief history of Drinking Water. https://doi.org/10.1002/j.1551-8701.2000.tb02243.x.

Jones, William (1996). Public Utilities. *Dictionary of Industrial Archeology*. Sutton Publishing Ltd.

Lei n.º 58/98, de 18 de agosto de 1998.

Marques, Viriato Soromenho (2003). *O desafio da água no século XX. Entre o conflito e a coordenação*. Ed. Notícias.

Mendes, José Amado (1984). *A Área Económica de Coimbra. Estrutura e desenvolvimento industrial, 1867-1927*. Comissão de Coordenação e Desenvolvimento da Região Centro.

Mendes, José Amado (2007). *História do abastecimento de água a Coimbra*. vol. I: *1889-1926*. Águas de Coimbra/Museu da Água de Coimbra.

Mendes, José Amado (2009). *História do abastecimento de água a Coimbra*. vol. II: *1927-2007*. Águas de Coimbra/Museu da Água de Coimbra.

Mendes, José Amado (2013). *Águas do Mondego e a sua História. Tradição e Inovação na Captação e Tratamento de Água*. Águas do Mondego, S. A.

Mendes, José Amado (2022). *Saneamento e águas residuais em Coimbra. Higiene, Saúde e Bem-Estar, 1889-2019*. Águas de Coimbra/Câmara Municipal de Coimbra.

Mendonça, Cátia; Guerreiro, Joaquim; Garcia, Ricardo (2012). O milagre da torneira. *Público/Suplemento*, 22-04-2012.

Mullins, Claude W. (2011). La municipalisation des service publics à Londres. *Revue Économique Internationale*. III(8), 91-113.

Pinto, Luís Leite (1972). *História do abastecimento de água a Lisboa*. Imprensa Nacional-Casa da Moeda.

Oliveira, Alberto Sá de (1945). Lourenço Chaves de Almeida Azevedo. Administrador Municipal. *Arquivo Municipal (Boletim da Biblioteca Municipal)*. VIII, 1-25.

Rebelo, João (Coord.) (2006). *Evolução do Espaço Físico de Coimbra. Exposição.* Câmara Municipal de Coimbra.

Simões, A. A. da Costa (1889). Abastecimento d'aguas em Coimbra. *O Instituto. Revista Scientifica e Litteraria.* 2.ª série. n.º 4. Vol. XXXVII. Outubro de 1889, 160-166.

Simões, A. A. da Costa (1890). Abastecimento d'aguas em Coimbra. *O Instituto. Revista Scientifica e Litteraria.* 2.ª série. n.º 6. Vol. XXXVIII. Dezembro de 1890, 341-349.

Simões, A. A. da Costa (1891). Abastecimento d'aguas em Coimbra. *O Instituto. Revista Scientifica e Litteraria.* 2.ª série. n.º 7. Vol. XXXVIII. Junho de 1891, 341-349.

Roche, Daniel (1998). *História das Coisas Banais. Nascimento do consumo nas sociedades Tradicionais (séculos XVII-XIX).* Tradução do francês. Editorial Teorema.

Salgado, Nuno (2003). *O Pof. Doutor Costa Simões. O passado como exemplo de futuro.* Imprensa da Universidade.

Trinder, Barrie (1992). Water Supply. Barry Trinder (ed.). *The Blackwell Encyclopedia of Industrial Archaeology.* Basil Blackwell Ltd., 598.

Vieira, José Manuel Pereira (2018). *Água e Saúde Pública.* Edições Sílabo.

Abastecimento de água ao domicilio a Coimbra: "O milagre da torneira", 1889-2019

Resumo: No presente capítulo foca-se o abastecimento domiciliário de água a Coimbra e respetiva área. Uma vez que o tema já foi objeto de vários trabalhos, como estudo de caso, aqui apresenta-se um resumo da respetiva história, sublinhando alguns dos factos mais relevantes da mesma. Após uma introdução, na qual se frisa a relevância da água, na vida humana e nos diversos vetores socioeconómicos e culturais da sociedade, analisa-se o contexto da evolução histórica da cidade de Coimbra, mormente no que concerne à sua expansão, demográfica e em área urbana, desde finais do século XIX. Em seguida, traçam-se as linhas gerais da instalação e desenvolvimento do sistema de abastecimento de água ao domicílio na cidade, de finais do século XIX até ao dealbar do século XXI. Face à complexidade do sistema e respetiva evolução, dá-se também o devido relevo às entidades que têm tido a seu cargo a respetiva administração e gestão, destacando a ação de alguns dos seus protagonistas. A modernização da estratégia de gestão e as atividades no âmbito da responsabilidade social das organizações são igualmente afloradas.

Palavras-chave: água, desenvolvimento, administração, gestão, responsabilidade social.

Domestic Water Supply to Coimbra: "The Miracle of the Faucet"[16], 1889-2019

Abstract: In this chapter the domestic water supply to Coimbra and its respecting area is focused on. Seeing that it has already been the subject of several works, as a case study, here we present a summary of its history, highlighting some of its most relevant events. After an introduction, in which we underline the relevance of water in

[16] Expression used by Mendonça, Cátia; Guerreiro, Joaquim; Garcia, Ricardo (Infographics), "O milagre da torneira" (2012), *Público/Suplemento*, from 22-04-2012.

human life and in society's different socioeconomic and cultural fields, we analyze the context of the historical evolution of the city of Coimbra, mainly concerning its expansion, both demographically and in terms of urban area, since the end of the 19th century. Subsequently, the main lines of the installation and development of the domestic water supply chain in the city are drawn, from the end of the 19th century until the dawn of the 21st century. In the face of the complexity of the system and its evolution, the due credit is given to the entities that have been responsible for its administration and management, emphasizing the actions of some of the key players. The modernization of the management strategy and the activities in the field of the organizations' social responsibility are also addressed.

Keywords: water, development, administration, management, social responsibility.

Abastecimiento de agua a domicilio en Coímbra:
"El milagro da torneira", 1889-2019

Resumen: Este capítulo se centra en el abastecimiento de agua en el hogar en Coimbra y su área. Dado que el tema ya ha sido objeto de varios trabajos, a modo de estudio de caso, se presenta aquí un resumen desde la perspectiva histórica, destacando algunos de los hechos más relevantes de la misma. Tras una introducción, en la que se destaca la relevancia del agua en la vida humana y en los distintos vectores socioeconómicos y culturales de la sociedad, se analiza el contexto de la evolución histórica de la ciudad de Coimbra, especialmente en lo que se refiere a su expansión, demografía y en términos de área urbana desde finales del siglo XIX. Luego, se esbozan las líneas generales de la instalación y desarrollo del sistema de abastecimiento domiciliario de agua en la ciudad, desde finales del siglo XIX hasta los albores del siglo XXI. Dada la complejidad del sistema y su evolución, también se da el debido énfasis a las entidades que han estado a cargo de la respectiva administración y gestión, destacando la actuación de algunos de sus protagonistas. También se aborda la modernización de la estrategia de gestión y las actividades en el ámbito de la responsabilidad social de las organizaciones.

Palabras clave: agua, desarrollo, administración, gestión, responsabilidad social.

13.

INSTALACIÓN Y GESTIÓN DEL ABASTECIMIENTO DE AGUA A LA CIUDAD DE BRAGA EN LA ETAPA CONTEMPORÁNEA

José Manuel Lopes Cordeiro
CICS.NOVA. Universidade do Minho

ANTECEDENTES

Durante la ocupación romana de la península ibérica, la ciudad de *Bracara Augusta*[1] se dota de un sistema de abastecimiento de agua, basado en la captación de un conjunto de manantiales, conducciones y galerías subterráneas, que pasó a denominarse Siete Fuentes. En el siglo XVIII, por iniciativa del entonces arzobispo de Braga, D. José de Bragança, el sistema es recuperado, renovado y ampliado, siendo objeto de varias obras de ingeniería hidráulica, así como de embellecimiento, en el que se destaca la construcción de edificios de planta circular y techo abovedado llamados "mães d'água", en torno a cuatro de las siete fuentes existentes (Cordeiro, 2018a, pp. 78-80). El sistema hidráulico de las Siete Fuentes fue la principal fuente de abastecimiento de agua de la ciudad hasta la entrada en funcionamiento, en 1913, del nuevo sistema de captación basado en las aguas del río Cávado (Cordeiro, 2018b).

A mediados del siglo XIX, el sistema de abastecimiento de agua basado en las Sete Fontes empezaba a resultar insuficiente para satisfacer las necesidades de la población de la ciudad. El ayuntamiento emprendió varias iniciativas para aumentar el suministro de agua, pero no tuvieron el efecto deseado. Se empezó a plantear la idea de desarrollar un proyecto de abastecimiento de agua que resolviera definitivamente el problema de una ciudad de unos

[1] Nombre romano de la actual ciudad de Braga, fundada por el emperador Augusto entre los años 15 y 13 a.C.

20.000 habitantes. Sin embargo, fue difícil, sobre todo debido a la debilidad financiera del municipio, que no podía permitirse los costes de un proyecto de esa magnitud. Aunque entre 1872 y 1906 se presentaron sucesivamente once proyectos y licitaciones, ninguno de ellos reunía las condiciones necesarias para llevarse a cabo, bien por razones financieras o técnicas o por la capacidad de las entidades que se proponían ejecutarlos. La situación era cada vez más angustiosa, especialmente durante los meses de verano, cuando escaseaba el agua de las fuentes de la ciudad.

En la situación desesperada en la que se encontraba la población debido a la falta de agua, tanto en Braga como en las demás comarcas del distrito, se produjeron manifestaciones apelando a la intervención de la divinidad, una práctica que entonces era común, pero que hoy en día nos causa cierta perplejidad, a pesar de que la región era considerada en aquella época la más religiosa del país. Por ejemplo, el 18 de julio de 1898, puede leerse en el periódico *Comércio do Minho*:

> la clase obrera del populoso barrio de S. Víctor promovió (...) la realización de una procesión penitencial, a fin de implorar de la divina Providencia el remedio para el mal que atravesamos. La procesión partió a las 4:30 de la tarde de la iglesia parroquial de esa freguesia[2] hasta el templo del real santuario de Bom Jesus do Monte, y estuvo compuesta por la cofradía de N. Senhora das Angústias, cuya imagen fue llevada en andas. Durante el recorrido algunos sacerdotes y unas 2000 personas entonaron la letanía de los Santos[3].

Este no fue el único caso. En el mismo mes, el mismo periódico informaba de que en varios municipios del distrito, como Guimarães, se celebraban "*frecuentes procesiones penitenciales, con oraciones* ad petendam pluviam", es decir, para pedir lluvia.

El problema del abastecimiento de agua a Braga comenzó finalmente a ser resuelto por el municipio en 1906, durante la presidencia de Domingos José Soares Júnior, quien, en su discurso de investidura,

[2] Se entiende como *freguesias* a los departamentos de la ciudad.
[3] "A estiagem – Procissão de penitência", *Comércio do Minho*, Año XXVI, n.º 3.789, de 19 de julio de 1898.

lo asumió como el principal objetivo de su mandato. Así, en la sesión del Ayuntamiento del 10 de marzo de 1906, el presidente presentó las bases de un concurso para el abastecimiento de agua a la ciudad, contemplando su prospección, canalización y distribución.

La concesión se otorgaría en exclusiva, por un periodo de setenta y cinco años, al particular o empresa que garantizase un suministro diario de 120 litros de agua por habitante, siempre creciente en proporción al crecimiento demográfico. Braga contaba entonces con unos 25.000 habitantes, por lo que el volumen diario de agua que la concesionaria estaba obligada a suministrar equivalía al menos a 3.000 m^2 . En cuanto a los beneficios a obtener por el concesionario, las bases de licitación estipulaban que los gastos de exploración se computarían en el 35 % de los ingresos brutos del agua distribuida, y este valor no podría ser inferior a 4.500.000 reales ni superior a 6.500.000 reales, garantía que sería pagada semestralmente por el municipio a través de un ingreso especial.

En la reunión del Consejo Municipal del 2 de julio de 1906 se abrió la única propuesta que se había presentado al concurso, suscrita por Francisco António Borges, empresario y futuro propietario del Banco Borges & Irmão, y el ingeniero Francisco Xavier Esteves, que tenía gran experiencia en diversas obras de ingeniería y construcción civil, entre ellas el edificio de estilo neogótico de la famosa Livraria Lello (inaugurada precisamente en enero de 1906), en Oporto, y fue más tarde presidente de la Associação Industrial Portuense, entre 1914 y 1917 y, en un segundo mandato, entre 1919 y 1937.

La propuesta de Francisco António Borges y Francisco Xavier Esteves no obtuvo mucha credibilidad por parte del Ayuntamiento, cuya decisión justificada por las razones técnicas establecidas en su momento, pero también por la mala relación que había mantenido en el pasado reciente con la *Sociedade de Electricidade do Norte de Portugal*, a la que estaban vinculados los proponentes. De hecho, dos semanas después, y una vez examinada y estudiada dicha propuesta en todos sus detalles, el municipio decidió por unanimidad que “la propuesta presentada no puede ser acogida por el Ayuntamiento por no ajustarse a los preceptos establecidos en las bases del concurso. Por un lado, dicha propuesta es incompleta, al no poder valorar la naturaleza y proporción de las obras, y por otro se aparta de los requisitos expresamente consignados en dichas bases"[4].

Dado que el concurso no había proporcionado ningún resultado satisfactorio, el Ayuntamiento decidió asumir la construcción del sistema de abastecimiento de agua, que funcionaría por cuenta propia. En consecuencia, decidió organizar un proyecto a tal efecto sin perder tiempo, contratando al ingeniero João Henrique Adolfo von Hafe, de Oporto, para llevarlo a cabo. Sin embargo, quedaba por resolver la parte más complicada, la de la financiación de las obras de construcción del sistema de abastecimiento de agua. Para ello, el alcalde propondrá al Parlamento un ambicioso proyecto de ley que autorizaría al municipio a suscribir el préstamo necesario para sufragar los costes de tal empresa.

El objetivo del proyecto de ley era esencialmente obtener la autorización del Gobierno para poner en marcha un amplio plan de nuevos impuestos, que iban desde un porcentaje sobre las contribuciones directas e indirectas del Estado, sobre los ingresos a los que no se aplicaban dichas contribuciones, sobre diversos productos esenciales (como el petróleo o el carbón), sobre los productos de la industria local, sobre las compañías de seguros o sus agencias en Braga, sobre las actividades comerciales, concretamente las diversas formas de ocupación de los espacios públicos por los vendedores ambulantes, así como sobre diversos productos agrícolas.

El proyecto de abastecimiento de agua, redactado por el ingeniero von Hafe, se presentó al ayuntamiento el 25 de junio de 1907, con un presupuesto necesario de 220.000.000 reales. En vista de las dificultades financieras a las que se enfrentaba, el Ayuntamiento de Braga se vio obligado a contratar un préstamo por ese importe, para el que solicitó la autorización del Gobierno. La respuesta del Gobierno se dio a través de un decreto, fechado el 7 de septiembre de 1907, en el que se subrayaba que el préstamo se aplicaría exclusivamente a las obras necesarias para abastecer de agua a la ciudad de Braga, y que no podría ser concedido sin que el Gobierno hubiera aprobado

[4] ACMB, "Acta de reunião de 16 de Julho de 1906", *Livro de Actas da Câmara*, n.º 108, fs. 12-12v.

el proyecto y el presupuesto de dichas obras. También estableció la obligación para los propietarios de cada edificio de la ciudad de Braga cuya base imponible fuera superior a 30.000 reales, de realizar, a sus expensas, la conducción de agua desde el umbral hasta el último piso; sin embargo, el consumo efectivo de dicha agua era opcional[5].

A partir de un estudio comparativo con otros manantiales considerados capaces de abastecer a la ciudad, a saber, los manantiales de Senhora da Abadia (río Nava), los de las laderas del Bom Jesus y las aguas subterráneas de la cuenca del río Este, el proyecto del ingeniero von Hafe optó por las aguas del río Cávado, que, según él, ofrecían las mejores condiciones para abastecer a la ciudad de agua potable de buena calidad. El río pasaba a menos de 6 km al norte de Braga, recogía las aguas de importantes afluentes como Homem y Rabagão, y en su camino hacia el lugar donde estaba prevista la captación para abastecer a la ciudad no recibía residuos de establecimientos industriales, con excepción de la que podría resultar de la extracción de wolframio de Borralha, en Montalegre, pero que, debido a su insolubilidad y a la gran distancia a la que se vertía (en el río Borralha, afluente del Rabagão), no tenía implicaciones significativas en la calidad del agua en el punto de su captación. La única dificultad de elegir las aguas del Cávado era la necesidad de elevarlas a una altitud considerable, para lo que habría que instalar un sistema de bombas de refuerzo. Por lo tanto, era necesario encontrar la mejor solución para recoger y elevar el agua del Cávado, reduciendo al máximo la longitud de la tubería de subida, así como el desnivel existente. La solución encontrada consistió en fijar el punto de captación un poco arriba de Ponte do Bico, a partir del cual la tubería de abastecimiento de agua seguiría la Estrada Real n.º 3, que pasaba por ese lugar en dirección a Braga.

Una vez creadas las condiciones para iniciar la organización del sistema de abastecimiento, el agua, captación en el curso medio del río Cávado, se conduciría a través de un tubo hasta un pozo que se abriría en su orilla izquierda. Desde este pozo, el agua se elevaba hasta un depósito, desde donde se distribuía a los filtros, y seguidamente,

[5] *Diário do Governo*, n.º 205, de 13 de setiembre de 1907, p. 2929.

después de filtrada, a un depósito, desde donde se elevaba de nuevo mediante bombas hasta el depósito final, situado en la parte alta de la ciudad. Fue a partir de este embalse, situado en lo alto de la colina de Santa Margarida, en Guadalupe, freguesia (departamento) de São Victor, que se abastecería la red de distribución de la zona de presión superior, así como la zona inferior, esta última a través de un embalse intermedio, situado en lo alto de la plaza de Carvalheiras. El lugar elegido para la construcción del depósito de entrada ofrecía la altitud necesaria para que el agua llegara a los pisos superiores de todas las casas de la ciudad con la presión necesaria. Además de este requisito, cumplía otras dos condiciones: estaba situado en el punto más próximo a la Estación de Bombeo del Cávado, donde se ubicarían las bombas, a una distancia de 5.826,50 metros, y también al centro de gravedad de la red de distribución, casi coincidiendo con él (von Hafe, 1907, p. 22).

Elaborado el proyecto de abastecimiento de agua, el Ayuntamiento lo envió al Consejo Superior de Obras Públicas y Minas el 15 de julio de 1907 para obtener la aprobación necesaria. El 2 de diciembre de 1907, el Gobernador Civil de Braga remitió al Ayuntamiento el dictamen formulado por ese órgano el 26 de noviembre para que el Consejo Municipal tomase "las deliberaciones convenientes a fin de ser apreciado por las autoridades superiores"[6].

Sorprendentemente, el Consejo Superior de Obras Públicas y Minas planteó una serie de objeciones al proyecto del ingeniero von Hafe, concretamente exigía análisis del agua del río Cávado, además de otros requisitos técnicos.

El cambio de concejales que tuvo lugar a finales de 1907, como consecuencia de la mudanza de gobierno emprendida por el 1er ministro João Franco, que pasó a gobernar al *estilo turco*, es decir, en una situación de dictadura efectiva, no alteró la posición del Ayuntamiento de Braga en relación con la opción por el proyecto del ingeniero von Hafe. El Regicidio, ocurrido el 1 de febrero de 1908, y la consecuente dimisión de João Franco, alteraron una vez más la composición del ejecutivo municipal, con el regreso a la presidencia

[6] ACMB, Ofício do Governador Civil de Braga de 2 de diciembre de 1907

de Domingos José Soares Júnior, así como de los concejales que le habían acompañado entre 1905 y 1907, quien afirmó, en la asamblea en la que fue elegido el 19 de febrero de 1908, que continuaría el programa que había llevado a cabo durante los tres años de su mandato anterior. Mientras tanto, el ingeniero von Hafe ya había preparado la respuesta al Consejo Superior de Obras Públicas y Minas, que fue presentada en la reunión municipal del 27 de abril de 1908. Cediendo en lo secundario, fue firme en lo que consideraba esencial para garantizar la calidad del abastecimiento, utilizando ejemplos y bibliografía reciente de expertos extranjeros en la materia, y presentando justificaciones y argumentos irrefutables, que llevaron a la Junta de Obras Públicas y Minas a aprobar definitivamente, el 27 de mayo de 1908, el proyecto de abastecimiento de agua presentado por el Ayuntamiento de Braga.

En febrero de 1907, el ingeniero von Hafe había sido contratado para redactar el proyecto de abastecimiento de agua a Braga, y en mayo del año siguiente, después de que el Ayuntamiento de Braga obtuviera su aprobación por el Consejo Superior de Obras Públicas y Minas, dicho técnico firmó un nuevo contrato para supervisar las obras de construcción del sistema de abastecimiento de agua[7] . El ingeniero no perdió el tiempo. Poco más de un mes después de su nombramiento redactó un folleto, escrito en francés, para la licitación del suministro de la maquinaria, con todos sus accesorios, así como la construcción de los edificios, chimenea, incluida una grúa móvil. Dicho folleto se envió a las principales empresas europeas productoras de la maquinaria y equipos necesarios para el sistema de abastecimiento de agua. Las propuestas podían redactarse en francés, inglés o alemán y dirigirse a la rua do Príncipe, n.º 151, en Oporto, a la atención del propio ingeniero von Hafe.

[7] ACMB, "Acta da reunião de 6 de Julho de 1908", *Livro das Actas da Câmara*, n.º 108, f. 229.

LA CONSTRUCCIÓN DEL SISTEMA

La construcción del sistema de abastecimiento y distribución de agua de la ciudad de Braga siguió un proceso riguroso y bien planificado de distribución de los trabajos, ya que fue necesario actuar simultáneamente en varios frentes. Así, se definieron tres contratos, cada uno de ellos sujeto a una licitación respectiva y a la correspondiente adjudicación a la empresa ganadora. El Contrato A, para el suministro y tendido de tuberías para el abastecimiento y distribución de agua, fue adjudicado a *Companhia Aliança*; el Contrato B, para las obras de captación, filtros y depósitos, a *Moreira de Sá & Malevez*; y el Contrato C, para la construcción de la instalación hidráulica de abastecimiento de agua a la ciudad, la sala de máquinas y una instalación para la residencia de maquinistas, a *Kendall, Vasconcelos & Passos, Lda*, todos ellos en la ciudad de Oporto.

Es interesante señalar que la empresa ganadora del Contrato B (*Moreira de Sá & Malevez*) era en aquel momento la concesionaria en Portugal del sistema Hennebique, inventor del sistema de construcción en hormigón armado a finales del siglo XIX. Además de ofrecer el precio más bajo, el hecho de que los embalses y demás infraestructuras del sistema de captación pudieran construirse en hormigón armado le dio sin duda una ventaja decisiva sobre los demás competidores. Para la ciudad también era prestigioso que estas estructuras fueran de hormigón armado, que era el material de construcción más moderno que se utilizaba en aquella época y que cada vez estaba más extendido.

En agosto de 1912, cuando las obras de construcción del sistema de abastecimiento de agua se encontraban en una fase avanzada, fue necesario resolver una cuestión fundamental: la adquisición de contadores de agua. La elección de los contadores adecuados fue de gran importancia, y se le prestó gran cuidado y atención, ya que era esencial garantizar la adquisición de contadores de buena calidad, que no se averiaran fácilmente, y a ser posible a un precio atractivo, además de que el suministro de agua no podía empezar a funcionar sin que estos equipos estuvieran instalados. Por ello, se inició un riguroso proceso de consulta del mercado y selección del tipo de contador que sería necesario adquirir. La apertura del concurso para el suministro de los 2.000 contadores inicialmente considerados necesarios se aprobó en la sesión municipal del 5 de septiembre de 1912, con un plazo de unos dos meses, hasta el 31 de octubre, para que los licitadores presentaran sus propuestas. Sin embargo, como en esa fecha ningún concursante había presentado aún las muestras de contadores exigidas en el programa respectivo, el Consejo Municipal del 31 de octubre decidió prorrogar el plazo respectivo, que se fijó en el 28 de noviembre. El programa de licitación se envió a un gran número de empresas fabricantes de contadores (20 de Francia, 8 de Inglaterra, 8 de Alemania y 2 de Bélgica), es decir, 38 en total, pero solo un número muy reducido respondió a la invitación, lo que se explica en parte por el hecho de que no tenían representantes en Portugal. En total, solo siete empresas fabricantes de contadores, directamente o a través de representantes, presentaron ofertas que, en la reunión del 28 de noviembre, el Consejo Municipal decidió que estaban listas para ser aceptadas.

La decisión definitiva sobre la marca y el modelo de contador de agua a adoptar en Braga fue aprobada en la sesión del Consejo Municipal de 17 de julio de 1913, tras la lectura del informe del ingeniero municipal sobre las propuestas presentadas al concurso, que se decantó por la presentada por Eugénio Castelot, de Madrid, en representación de la *Compagnie pour la Fabrication des Compteurs et Matériel d'Usines a Gaz*, fabricantes del contador "Étoile D. P.", al que da preferencia. Cabe señalar que, unos años antes, los contadores de agua de esa empresa francesa habían sido galardonados con el "Gran Premio" en la Exposición Internacional de Higiene, Artes, Oficios y Manufacturas celebrada en 1907 en Madrid, lo que era un buen indicador de su calidad y una buena justificación para que el Ayuntamiento de Braga hubiera optado por ellos. Sin embargo, por razones que no ha sido posible determinar, de los 2.000 contadores de agua "Étoile D. P." a que se refiere el contrato de 1913, nos encontramos que el número de los realmente adquiridos por el Ayuntamiento correspondía aproximadamente a la mitad, es decir, un total de 968 contadores, suministrados por la empresa *Sampaio & Osório*[8].

Mientras tanto, surgió una nueva dificultad, relacionada con la financiación de la construcción del sistema de abastecimiento de agua. Aunque el anterior préstamo de 220.000.000 reales aún no se había utilizado en su totalidad, ya era previsible que no bastaría para concluir todo el compromiso. Con la toma de posesión de la nueva Comisión Administrativa Municipal, el 5 de diciembre de 1912, presidida por el comandante Albano Justino Lopes Gonçalves, se inició el proceso de contratación de un nuevo préstamo. Sin embargo, para conseguirlo era necesario aprobar un proyecto de ley en el Parlamento y en el Senado, que, contra todo pronóstico, no solo resultó extremadamente difícil, sino que corrió el riesgo de fracasar totalmente, ya que encontró resistencia en el Senado. Fue necesario recurrir a la iniciativa de los diputados elegidos por el círculo de Braga, que presentaron en el Parlamento el proyecto de ley para que el Ayuntamiento de Braga fuera autorizado a contratar un préstamo de 650.000.000 reales. El préstamo se utilizaría para diversos fines, entre ellos la conclusión de las obras de abastecimiento de agua y la adquisición de contadores[9]. Sin embargo, a pesar de haber sido autorizado en la Cámara de Diputados, la aprobación final del proyecto de ley también tendría que darse en el Senado de la República, donde había cierta resistencia. Una vez más, un representante del círculo de Braga, el senador Joaquim José de Sousa Fernandes, de Vila Nova de Famalicão, fue el responsable de la intervención que desbloqueó la aprobación del proyecto por el Senado.

Una vez superado el problema de la autorización del nuevo préstamo y con las obras avanzando a gran ritmo, era necesario resolver algunas pequeñas cuestiones prácticas, como la necesidad de que los propietarios realizaran las obras de fontanería en el interior de sus edificios, y probar la maquinaria de la Estación de Bombeo

[8] "*Sampaio & Osório*, agentes comerciales en Oporto, eran los representantes de la *Sociedad de Aparatos Industriales y Domésticos* de Eugenio Castelot, con sede en Madrid (c/ Juan de Mena, 5), que representaba a la *Compagnie pour la Fabrication des Compteurs et Matériel d'Usines a Gaz, Eau et Electricité*.

[9] *Diário da Câmara dos Deputados*, n.º 107, de 22 de mayo de 1913, pp. 5-6.

del Cávado, para confirmar que estaban operativas, además de la necesidad de aprobar el *Reglamento de Abastecimiento y Consumo de Agua del Cávado*. La urgencia era grande, ya que, en el verano de ese año, 1913, la falta de agua desesperaba a los habitantes de la ciudad.

Tras un largo periodo (que comenzó cuatro décadas antes, en 1872) de diversos intentos fallidos, la ciudad ve cómo en un periodo de cinco años, de octubre de 1908 a septiembre de 1913, se construía una red completa de distribución de agua, según el proyecto que el ingeniero von Hafe había presentado en 1907. Además de la red de distribución de agua doméstica que pronto se inauguraría, la ciudad contaba con un conjunto de fuentes, pozos y surtidores abastecidos por el agua del manantial de las Siete Fuentes (que tenía un caudal medio de 500 m^3) distribuida por un centenar de plumas de agua[10].

El agua se recogía primero del río Cávado mediante cámaras conectadas por un sifón hacia un pequeño pozo situado en su orilla izquierda, desde donde se elevaba (213 metros) mediante un sistema de bombas accionadas por la fuerza motriz producida por el vapor, a un filtro de arena con una superficie de 900 m^2 y un espesor de 0,80 m, dividido en cinco compartimentos y una cámara de decantación, situado a poca altura en la orilla del río, que luego pasa por gravedad a un depósito rectangular de mampostería y hormigón con una capacidad de 388 m^3, a 10 m del filtro y a 20 m de la Estación de Bombeo. Desde este depósito, el agua se elevaba mediante una máquina de vapor de 150 CV, seguida de una tubería de hierro fundido de 0,30 m de diámetro y 5.826 m de longitud hasta el Embalse principal de Guadalupe, con un desnivel de 214 m. Este Embalse, situado en la parte alta de la ciudad (a 239,15 m de altitud), de forma rectangular y construido en mampostería y hormigón, tenía una capacidad total de 2.424 m^3, dividida en dos compartimentos de 1.212 m^3 cada uno. Desde el Embalse de Guadalupe se hacía una distribución directa a la parte alta de la ciudad en tuberías de hierro fundido, tuberías Manesmann

[10] La pluma de agua era una unidad de medida usada para aforar las aguas, correspondiente a una vena de agua del grosor de una pluma de pato. Como todas las medidas de la época del Antiguo Régimen, variaba de un lugar a otro, presentando a veces grandes diferencias de valores. En España correspondía a un gasto de 0,025 litros por segundo, y em Braga a 0,0075 litros por segundo, es decir, aproximadamente 0,66 m^3 por día.

(tuberías de acero sin costura) y tuberías de hierro galvanizado, con diámetros que variaban entre 300 y 60 milímetros. Para abastecer la zona baja (a 197,50 m de altura) existía el depósito de Carvalheiras, con una capacidad de 323 m³, que se abastecía del Embalse principal. Las obras costaron aproximadamente 600.000,00 escudos.

Con todos los preparativos asegurados, solo quedaba fijar la fecha para la inauguración oficial del sistema de abastecimiento de agua, y se eligió el 1 de septiembre de 1913. Sin embargo, en esa fecha los habitantes de la ciudad aún no podían contar con el preciado líquido en sus hogares, aunque lo hubieran canalizado desde la red general. En primer lugar, era necesario limpiar las tuberías y también los dos depósitos y, en segundo lugar, no era posible suministrar contadores a todas las personas que los solicitaban. Por lo tanto, fue necesario establecer un sistema temporal de contratos para satisfacer las necesidades de consumo hasta que se resolviera el problema de la falta de contadores. No fue hasta el 24 de septiembre de 1913, a las 12.14 horas, cuando el agua del Cávado entró en el Embalse de Guadalupe, iniciándose el abastecimiento doméstico regular desde los primeros días del mes siguiente.

SERVICIOS MUNICIPALES Y SUMINISTRO DE AGUA

El establecimiento de la red de distribución de agua doméstica no atrajo inicialmente mucho apoyo de los habitantes de Braga, que seguían prefiriendo consumir agua de fuentes y pozos, es decir, agua de las Siete Fuentes. La previsión de consumo de 25 litros por habitante y día, que equivaldría a unos 220.000 m³ al año, no se confirmó. En 1914, primer año del que se dispone de cifras, el consumo global se limitó a 22.132 m³, lo que para una ciudad de poco más de 24.000 habitantes suponía aproximadamente una décima parte de esa cifra, es decir, apenas 2,5 litros.

Además del coste de adherirse al sistema de distribución, la reticencia de la población de la ciudad a utilizar el agua del Cávado se explicaba por el hecho de que, por un lado, había un gran número de fuentes y pozos y, por otro, por el prejuicio generalizado de que el agua del río no era la más conveniente para usos domésticos. Estaba claro que ese temor no tenía razón de ser, no solo porque el agua del Cávado era, antes de la captación, de excelente calidad (como demostraban los numerosos análisis que se habían realizado en varios periodos del año), sino también porque el sistema de filtrado existente en la Estación de Bombeo del Cávado era extremadamente eficaz. El principal problema era el precio del agua corriente, por lo que el Ayuntamiento tomó medidas para fomentar la adhesión al sistema de distribución, entre ellas la suspensión temporal de la obligación de un consumo mínimo de 2 m^3, cobrando a los consumidores solo por la cantidad de agua que realmente consumían[11].

Otra consecuencia de esta "repugnancia tan injusta al agua de Cávado"[12], fue que su escaso consumo imposibilitó la reducción del precio del agua suministrada por la red, lo que también contribuyó al mantenimiento del bajo consumo. Los Servicios Municipales esperaban reducir el precio del agua tras la electrificación de la Estación de Bombeo del Cávado, ya que el aumento de los costes de explotación, derivado de la inflación provocada por el estallido de la Primera Guerra Mundial, hacía imposible fijar un precio más bajo.

Cuando, en 1907, se inició el proceso para dotar a la ciudad de Braga de un moderno sistema de distribución de agua, el Ayuntamiento no disponía de electricidad suficiente para poder optar por esta forma de energía para accionar los mecanismos de elevación del preciado líquido desde Ponte do Bico hasta la ciudad. Por ello, en los planos de la respectiva Estación de Bombeo, se vio obligado a optar por un sistema de bombas accionadas por la fuerza motriz producida por el vapor, sabiendo de antemano que ello implicaba un coste importante en cuanto a la adquisición del combustible necesario, que era importado. Por eso, desde el principio, el objetivo fue cambiar esta situación optando por la energía eléctrica lo antes posible.

---

[11] ACMB, "Acta da reunião extraordinária de 8 de Novembro de 1913", para tratar de asuntos relativos al funcionamiento del Servicio de Abastecimiento de Aguas de esta Ciudad, *Livro das Actas da Câmara,* n.º 112, fs. 91v-92

[12] Serviços Municipalizados (1915). *Relatório da Administração e Exploração no Ano Civil de 1914*. [s.n.], p. 11.

La adjudicación de la administración y explotación del sistema de abastecimiento (Servicios Municipales) al sector privado también era uno de los objetivos del Ayuntamiento. Esto se materializó el 30 de abril de 1915, cuando la propuesta ganadora de Francisco Xavier Esteves y Francisco António Borges fue aceptada en el concurso organizado al efecto[13]. El adjudicatario no podía alterar el precio del agua sin el previo acuerdo y consentimiento del Ayuntamiento, que debía reducirse a 12 céntimos por metro cúbico en cuanto se electrificase la Estación de Bombeo. Todos los contadores serían suministrados y propiedad del Ayuntamiento, y serían alquilados por los consumidores.

A pesar de la difícil situación que atravesaba Portugal en aquella época, debido a los efectos negativos de la Primera Guerra Mundial que se dejaron sentir con fuerza en el país, los resultados de los primeros años de exploración fueron positivos, aunque estuvieran lejos de las previsiones estimadas inicialmente.

Tabla 1. Ingresos por consumo de agua (1915-1921)

Año	N.º de consumidores	Particulares, Ayuntamiento y Servicios Municipales	
		m³ (a)	Consumo (escudos) (b)
1915	–	22.132	7.669,50
1916	814	26.163	8.879,02
1917	848	30.032	9.769,85
1918	952	48.750	14.347,80
1919	1.004	65.589	17.340,12
1920	1.123	87.083	31.039,88
1921	1.267	95.218	34.771,76

(a) Solo agua consumida por clientes particulares. (b) El valor del consumo corresponde al de clientes particulares, Ayuntamiento (Edificios municipales, tomas de agua, riego e incendios) y Servicios Municipales (Oficina Central, baños, mercado, etc.).
Fuente: Relatórios dos Serviços Municipalizados de 1915, 1917, 1919, 1920 y 1921.

[13] ACMB, "Escritura de adjudicação da administração e exploração dos Serviços Municipalizados de abastecimento de águas, ...", Notariado Privativo, Nota n.º 14-A, fs. 4-25.

La gran cuestión que quedó sin resolver fue, sin embargo, la urgente necesidad de electrificar la Estación de Bombeo del Cávado, medida reiteradamente considerada indispensable para el servicio de abastecimiento de agua. Sería en 1922 cuando se iniciaría el proceso de electrificación de dicha Central, con la presentación de una propuesta por parte de la *Sociedade Lusitana de Electricidade AEG*[14]. Sin embargo, para hacerlo realidad, el Ayuntamiento se vio obligado de nuevo a contraer un préstamo de 250.000,00 escudos con el Banco do Minho, reembolsable en un plazo de diez años. La electrificación de la Estación de Bombeo del Cávado comenzó, poco a poco, a tomar forma, concluyéndose en agosto de 1925, aunque su inauguración oficial solo se produciría dos años más tarde. La razón tenía que ver con el suministro eléctrico, ya que ese mismo año el Ayuntamiento había firmado un contrato de suministro por veinte años con *União Eléctrica Portuguesa*. Como el suministro de energía eléctrica a la Central del Cávado era realizado por la Central Hidroeléctrica de Furada, perteneciente a la *Sociedade de Electricidade do Norte de Portugal*, propiedad de la empresa formada por Francisco Xavier Esteves y Francisco António Borges, fue necesario rescatar la administración y explotación de los Servicios Municipales que en 1915 habían sido adjudicados a esta empresa. Así, el 6 de junio de 1927, se firmó un nuevo contrato con Francisco Xavier Esteves y Francisco António Borges, que cedía y transfería la administración y explotación de los Servicios Municipales al Ayuntamiento de Braga a partir del 1 de julio de ese año.

Una otra cuestión importante, que se había mantenido desde el inicio del servicio de abastecimiento de agua en 1913, era el hecho de que el precio que se había fijado inicialmente para el metro cúbico de agua consumido por el Ayuntamiento para sus servicios era un precio artificial, muy inferior al precio de coste real. Esta situación se minimizó a partir del ejercicio económico 1931-1932. Aunque el Ayuntamiento siguió beneficiándose de un precio ventajoso, el coste del metro cúbico de agua para el municipio pasó de 60,0 escudos

[14] ACMB, Caja 13, Obras. Águas e saneamento, "Memória Descritiva dos equipamentos a instalar na Central Elevatória do Cávado com vista à sua electrificação, pela *Sociedade Lusitana de Electricidade A. E. G.*", 22 de julio de 1922.

en 1930-1931 a 94,0 escudos en 1931-1932, lo que, aunque no se correspondía aún con el precio de coste, ya no ocasionaba una pérdida tan considerable como la registrada hasta entonces.

Dos décadas después del inicio del servicio de abastecimiento de agua a domicilio en Braga, la publicación de la *Encuesta sobre el Abastecimiento de Agua en los Municipios del País*, elaborada en 1934 y llevada a cabo por una comisión de ingenieros nombrados por el Ministerio de Obras Públicas y Comunicaciones, nos da la situación en la que en este dominio se encontraba entonces el municipio de Braga. Además de 34 surtidores y 7 fuentes, bajo la responsabilidad de los Servicios Municipales, la red general de distribución tenía entonces una extensión de 27,710 km. Los datos relativos a los volúmenes diarios disponibles y distribuidos pueden verse en el cuadro siguiente.

Tabla 2. Volumen de agua disponible y distribuida (1934)

Volumen diario disponible	2.800 m³
Consumo público diario (gasto en servicios municipales, hitos y fuentes)	453 m³
Consumo privado diario (suministrado a los hogares)	506 m³
Consumo diario total	959 m³
Consumo diario por habitante	35,5 l
Coeficiente de fugas y pérdidas, calculado sobre el consumo total	15 %

Fuente: Guedes y Rodrigues, 1934, p. 28.

Los datos revelados por la *Encuesta* muestran que, en general, la situación del suministro era razonablemente satisfactoria, sobre todo en lo que se refiere al agua distribuida, bacteriológicamente muy pura y abundante, que podía alcanzar los 125 m^3 por hora. La ciudad tenía una población de 26.962 habitantes, repartidos en 4.130 viviendas, y en aquel momento había 2.000 abonados (sin contrato) correspondientes a igual número de contadores de tipo "Étoile D. P." y "Naïade", suministrados en alquiler por los Servicios Municipales. Calculando la existencia de un contador por hogar, se puede concluir que en 1934 menos de la mitad de la población de la ciudad aún no disponía de suministro de agua doméstico. Sin embargo, esta escasez se compensaba con el número relativamente abundante de fuentes, pozos y surtidores, además del sistema de las Siete Fuentes, que proporcionaba 16 litros por habitante. La ciudad podía disponer de 2.000 m³ de agua al día, pero la población solo consumía una media de 1.000 m³ diarios, lo que correspondía a una capitación de 40 litros.

Con el fin de aumentar el número de consumidores de agua, en particular los grandes consumidores como las unidades industriales, el Ayuntamiento decidió a principios de 1940 adoptar algunas medidas que pudieran aumentar el consumo de agua por parte de la industria. Sin embargo, no solo se esperaba aumentar el consumo de agua en función de la industria, que de hecho había aumentado poco hasta entonces. En una perspectiva considerablemente optimista, se preveía que a corto plazo el número de consumidores (que a 31 de diciembre de 1939 era de 2.579) se aproximaría al de viviendas, que era de 6.025 (es decir, más del doble), como consecuencia del establecimiento de la red de saneamiento, que estaba a punto de concluirse.

Frente al optimismo sobre el efecto de la puesta en marcha del saneamiento en el aumento del número de consumidores de agua (ya que todos los edificios estarían conectados a la red de saneamiento), en 1941 se asumió claramente que

> sin embargo, no es de esperar que el aumento sea muy apreciable, al menos en los primeros años, ya que los consumidores procurarán sin duda utilizar el agua de las fuentes públicas, pagadas por el Ayuntamiento, o la de otros orígenes, para lavarse y otros fines[15].

En cuanto al porcentaje de población servida por redes domésticas de agua, en 1941, Braga se encontraba en una posición relativamente modesta a nivel nacional[16], con solo un 14,39 %, por detrás de ciudades

[15] Serviços Municipalizados (1942). *Relatório e Contas da Gerência no Ano Económico de 1941*. [Tipografia da Oficina de S. José], p. 4.
[16] *Anuário dos Serviços Hidráulicos* (1941). Ano 9. Lisboa: Imprensa Nacional.

menos importantes como Portalegre (27,51 %), Évora (16,19 %) o Santarém (16,07 %), siendo la media nacional del 26,32 %.

Casi tres décadas después de su inauguración, una de las principales dificultades de entonces es el estado de la red de distribución, sobre todo en lo que se refiere a su estado de conservación, precisamente porque empiezan a presentar numerosos problemas, tanto en la Estación de Bombeo, como en el sistema de tuberías de alimentación y en los ramales de conexión a la red general. A pesar de las reparaciones efectuadas en las acometidas, aparte de sustituirlas cuando era necesario, seguía habiendo muchas fugas en las conexiones de las tuberías, que a veces eran difíciles de localizar y a menudo causaban daños considerables.

El efecto de la puesta en marcha de la red de alcantarillado también empezó a notarse en el número de consumidores, que pasó de 2.579 en 1940 a 2.762 en 1942, es decir, un aumento de 183 consumidores. Sin embargo, en 1941 y 1942, el consumo medio mensual por consumidor seguía siendo bajo, correspondiendo a 6,4 m^3 en cada uno de esos años, lo que se explicaba por el hecho de que gran parte de la población seguía utilizando los numerosos pozos y manantiales de la ciudad. En este bienio también hubo un alto porcentaje de pérdidas de agua, que alcanzó el 30,51 % en 1941 y el 29,61 % al año siguiente.

La ampliación de la red de abastecimiento de agua experimentó algunos avances a finales de la década de 1940, en parte debido al establecimiento de nuevas conexiones a edificios que habían sido conectados a la red de alcantarillado. En cuanto a los resultados de explotación, 1950 no fue un buen año para los Servicios Municipales ya que, por primera vez en muchos años, se cerró con un saldo negativo. De hecho, a comienzos de los años cincuenta existen varias dificultades, sobre todo financieras, que afectan a los Servicios Municipales, y el sistema de abastecimiento de agua a la ciudad se enfrenta, cada vez con más frecuencia, a graves problemas, principalmente en relación con la infraestructura de la red de captación y distribución de agua. A mediados de los años cincuenta, más de cuatro décadas después de su inauguración, el sistema de captación, elevación y distribución de agua a la ciudad seguía enfrentándose a graves problemas de funcionamiento, sobre todo en lo que respecta a la caída del rendimiento del grupo de elevación, que ponía en peligro el suministro de agua a los consumidores. De hecho, no solo el rendimiento del grupo de presión había ido disminuyendo en los últimos años, sino que el consumo también había aumentado considerablemente, y era probable que en el verano de 1955 no se pudiera suministrar agua sin restricciones, como había ocurrido el año anterior.

RENOVACIÓN DEL SISTEMA Y AMPLIACIÓN DE LA RED

A partir de mediados de 1955, el Servicio de Agua y Saneamiento de los Servicios Municipales de Braga inició una nueva fase con vistas a la remodelación de los principales componentes de su infraestructura de abastecimiento de agua. El número de consumidores aumentaba constantemente como consecuencia del crecimiento demográfico de la ciudad, con un total de 4.766 consumidores a 31 de enero de 1958. Sin embargo, casi cinco años después de que se tomara la decisión de remodelar el sistema de captación, elevación y distribución de agua, no se había logrado ningún avance importante. Era comprensible que la situación del abastecimiento fuera preocupante, sobre todo porque en 1960, según el médico de salud pública José X. de Almeida Soares, el 36,2 % de los hogares que vivían en edificios de la ciudad aún no disponían de agua potable canalizada (Soares, 1966, p. 31), además de otras carencias en cuanto a retretes y alcantarillas conectadas a la red pública. Almeida Soares señaló la concordancia entre el número de casos de fiebre tifoidea registrados en la década de 1950-1959 "y el precario estado del sistema local de abastecimiento de agua para consumo público en determinadas freguesias" de la ciudad (Soares, 1962, p. 23).

El mal estado del sistema de abastecimiento de agua de la ciudad empezaba a crear cada vez más problemas. No se había realizado ninguna inversión significativa en la remodelación del sistema, que databa de 1913, es decir, de hace casi medio siglo. Las únicas obras importantes realizadas fueron la electrificación de la Estación de Bombeo del Cávado en 1927 y la construcción de la Depuradora de Real en 1942. Por lo tanto, no fue sorprendente la crítica formulada entonces por el médico sanitario Almeida Soares, al señalar la pésima clasificación que la ciudad de Braga había registrado a nivel nacional, entre 1932 y 1960, en lo que se refiere a abastecimiento de agua y saneamiento, ocupando el penúltimo lugar entre todos los municipios cabecera de distrito del Continente.

Por lo tanto, era urgente finalizar el proyecto de remodelación de todo el sistema de abastecimiento de agua y proceder rápidamente a su ejecución. Aunque la capacidad de elevación de la Estación de Bombeo del Cávado aún no estaba saturada, la reducida capacidad de almacenamiento del Embalse de Guadalupe (2.500 m^3) no permitía crear una reserva suficiente para hacer frente a los picos de consumo. Estas dificultades solo podían superarse mediante la remodelación total del sistema de abastecimiento, cuyo estudio preliminar fue entregado por el ingeniero Acácio Carneiro Aires en junio de 1963, que había sido contratado para llevar a cabo esa tarea.

La divulgación por el Consejo Superior de Obras Públicas, en julio de 1964, del contenido del despacho del ministro de Obras Públicas Eduardo de Arantes e Oliveira sobre el "Estudio Previo del Abastecimiento de Agua a la Ciudad de Braga" elaborado por el ingeniero Acácio Carneiro Aires, representó un importante paso adelante para iniciar definitivamente el proceso de remodelación global de la red de distribución de agua. Finalmente se crearon las condiciones para avanzar en la elaboración del proyecto definitivo de remodelación del sistema de captación, elevación y distribución de agua a la ciudad. El sistema de abastecimiento de agua existente, instalado entre 1907 y 1913, estaba prácticamente intacto, con algunas excepciones, como las máquinas elevadoras, que habían sido sustituidas por otras más modernas. Las posibilidades de este sistema estaban más que agotadas, y seguía funcionando sin reservas, lo que significaba que la más mínima avería o incidencia que impidiera la elevación afectaría inmediatamente a la distribución. Una vez aprobado el "Estudio Previo", a finales de 1964 se iniciaron inmediatamente los trabajos del proyecto definitivo, encargado también al ingeniero Carneiro Aires, con el que se esperaba resolver definitivamente todos los problemas de abastecimiento de agua existentes.

Aunque el proyecto definitivo de remodelación del abastecimiento de agua a la ciudad y a las freguesias circundantes aún no se había concluido, se preveía su inicio en 1968, lo que permitió al Ayuntamiento de Braga solicitar su inclusión en el III Plan de Desarrollo (1968-1973), argumentando la envergadura de las obras a realizar. El Ayuntamiento consigue su aprobación el 13 de septiembre de 1967, garantizando así su ejecución. La construcción del embalse principal de la zona baja y la reparación del embalse de Guadalupe ocupaban el segundo lugar en el orden de prioridades establecido, seguidas de la instalación de la nueva tubería de impulsión, ya que la existente ya no podía ofrecer la seguridad necesaria ante las elevadísimas presiones que debía soportar. A continuación, fue necesario planificar la ejecución de las obras del sistema de captación-tratamiento-elevación, ya que, aunque, en condiciones normales, era capaz de satisfacer las necesidades de consumo del sistema, bastaba el fallo de cualquiera de sus partes para comprometer totalmente el abastecimiento de la ciudad. Para completar el esquema general del sistema de abastecimiento, había que considerar la construcción de un embalse final en la parte baja de la ciudad.

Aunque el ingeniero Carneiro Aires consideró que aún no era posible dar cifras exactas del coste de la obra, pronosticó que rondaría los 35.316.000,00 escudos, por lo que sería necesario que el Ayuntamiento de Braga suscribiera un préstamo bancario (ya que la contribución del Estado, en los términos de la legislación entonces vigente, solo correspondería al 50 % del coste total de la obra), a devolver en un plazo de 20 años a un interés del 4 %, lo que equivaldría a una carga anual de unos 1.358.139,60 escudos, correspondiente a la amortización del préstamo.

El inicio de la primera fase de la Remodelación del Sistema de Abastecimiento de Agua a la Ciudad estaba previsto para 1969 y, dado que las obras eran demasiado voluminosas para ser realizadas en su totalidad en ese año, se daría prioridad, en la medida de lo posible, a algunas de las obras más esenciales (como era el caso de la red de distribución), con el fin de garantizar el abastecimiento de la ciudad en condiciones satisfactorias lo antes posible, evitando situaciones de escasez de agua, como había ocurrido en julio de ese año. En la segunda mitad de la década de 1960, reflejando el crecimiento urbano que Braga empezaba a experimentar entonces, se instalaron en la ciudad nuevas unidades industriales, algunas de ellas a gran escala, como fue el caso de la empresa multinacional *Grundig Electrónica*, que requerían el suministro de un gran volumen de agua.

Naturalmente, el 25 de abril de 1974 provocó cambios en el funcionamiento de los Servicios Municipales. En febrero de 1975, a través del Comité Sindical, sus trabajadores expresaron su deseo de estar representados en las reuniones del Consejo de Administración, habiendo obtenido el acuerdo unánime de este. Fue esencialmente a partir de 1976 (lo que no es sorprendente, ya que coincidió con el inicio del gobierno local democrático) cuando se produjo una gran actividad de organización y lanzamiento de licitaciones, así como de adquisición de los innumerables equipos y materiales necesarios para remodelar el sistema de abastecimiento. Los elevados costes asociados a las obras les obligaron a intentar obtener, siempre que fuera posible, una contribución financiera del Estado. Esto no siempre tuvo éxito, pero la cuestión de la coparticipación financiera resultó bastante positiva durante la mayor parte de 1976.

Las primeras elecciones municipales se celebraron en Portugal el 12 de diciembre de 1976, permitiendo a los ciudadanos elegir libremente a sus representantes locales y participar, aunque con limitaciones, en la vida de los municipios, ejerciendo más activamente su ciudadanía. A su vez, los municipios empezaron a desarrollar una acción más cercana a las comunidades locales, atendiendo a sus necesidades, entre las que el abastecimiento de agua era una de las esenciales. De hecho, la situación nacional del abastecimiento de agua seguía siendo bastante deficiente, con una tasa de cobertura de solo el 49 % en 1974. Los municipios desempeñarían un papel fundamental en la resolución de esta carencia y solo dos décadas después el nivel de servicio registrado era ya del 84 %, lo que reflejaba una gran dinámica que hacía realidad el poder democrático local.

En 1977 y 1979 se publicaron tres leyes fundamentales para el gobierno local: la primera Ley de Entidades Locales (Ley n.º 79/77, de 25 de octubre) y la primera Ley de Finanzas Locales (Ley n. 1/79, de 2 de enero), a la que se añadió la Ley n.º 46/77, de 8 de julio

(Ley de Delimitación de Sectores). Esta Ley prohibía a las empresas privadas y otras entidades de la misma naturaleza la actividad económica en determinados sectores, entre ellos en la captación, el tratamiento y la distribución de agua para consumo público a través de redes fijas, destacando el carácter público de este servicio esencial para las comunidades locales. En el marco de la distribución de los recursos públicos, las autoridades locales disponen ahora de ingresos propios, al tiempo que se benefician de los ingresos procedentes de los impuestos estatales. Las transferencias financieras del Estado a los municipios y freguesias, en el ámbito del Fondo General Municipal, el Fondo de Cohesión Municipal y el Fondo de Financiación de las Freguesias, ahora también las tramita la Dirección General de Entidades Locales. Esta nueva realidad se reflejó rápidamente en las iniciativas desarrolladas por el sector de la administración local, siendo el municipio de Braga un buen ejemplo de ello, concretamente en la remodelación del sistema de abastecimiento de agua a la ciudad y al municipio, que en aquel momento mostraba un ritmo cada vez más intenso de adjudicación y ejecución de obras.

En aquella época, la ciudad de Braga empezaba a registrar un rápido ritmo de expansión urbana, y el número de urbanizaciones aprobadas y en fase de aprobación, así como el elevado número de construcciones en curso y previstas, imponen un crecimiento de las infraestructuras, traducido en un alargamiento extraordinario de las redes de distribución de agua. En abril de 1979, el ingeniero Carneiro Aires elaboró un informe detallado sobre la situación de la red de abastecimiento de agua de Braga, en un momento muy significativo ya que, a partir de entonces y durante cerca de dos décadas, se llevarían a cabo todas las obras necesarias para su completa remodelación, asegurando su cobertura total en el área del municipio de Braga. El año 1996 fue especialmente significativo en la historia del abastecimiento de agua a la ciudad. Tras un largo proceso de adquisición de terrenos, ese mismo año entró en funcionamiento la nueva estación depuradora de Ponte do Bico (basada en la captación directa), así como la nueva tubería principal para llevar el agua a la ciudad.

Entre 1997 y 2003, el marco legislativo que regula el funcionamiento de los ayuntamientos portugueses experimentó cambios considerables, lo que permitió a estos órganos de gobierno local participar en diversos modelos de gestión, incluidas las empresas municipales. En Portugal, la primera empresa municipal que se creó fue AGERE-Efluentes e Resíduos de Braga, EM, en 1999, abriendo así un nuevo capítulo en la historia del abastecimiento de agua a la ciudad de Braga.

UNA NUEVA ETAPA EN LA GESTIÓN

AGERE-EM inició su actividad con un capital social de 39.000.000 euros con la participación al 100 % del Ayuntamiento de Braga hasta el 22 de abril de 2005. Ese día se vendió el 49 % del capital social a un consorcio de empresas formado por *ABB* [*Alexandre Barbosa Borges*, de Barcelos], *DST* [*Domingos da Silva Teixeira*, de Braga] y *Braga Parques* (*GESWATER, SGPS*). La nueva filosofía de funcionamiento derivada de la creación de la empresa municipal ha impuesto un nuevo modelo de gestión de los servicios. Es importante señalar que AGERE-EM ha mantenido en servicio a todos los empleados de los Servicios Municipales de Agua y Saneamiento del Ayuntamiento, que han pasado a ejercer sus funciones en régimen de comisión de servicio o requisición. La nueva empresa municipal invirtió, desde el principio, en un aumento continuo de la productividad, basado en la contratación de empleados con salarios compatibles con el mercado laboral, en la concesión de pluses de productividad y en la mejora de las condiciones de trabajo, construyendo nuevas instalaciones, como fue el caso del edificio de apoyo técnico de la Depuradora, en Real, o el edificio sede de la Empresa, junto al Convento del Pópulo.

Los cambios también se centraron en el ámbito de la organización y los métodos operativos, creando una estructura organizativa más empresarial, aplicando una política de informatización global de todos sus sectores y aumentando la eficacia del sector comercial con la adopción de un sistema informático adecuado. Como forma preferente de financiación, AGERE-EM buscó el apoyo de los fondos comunitarios proporcionados por fondos FEDER, con una coparticipación del 70 % de los costes subvencionables, o a través de contratos programa, como el firmado entre el Ayuntamiento de Braga y el Estado para la construcción del edificio de su sede. Sus principales objetivos siguieron siendo la captación, tratamiento y distribución de agua para consumo público, así como la captación, depuración y transformación de efluentes, la recogida y eliminación de residuos sólidos urbanos y la limpieza e higiene pública del municipio de Braga. Uno de los cambios derivados de la creación de AGERE-EM se produjo en el ámbito de la financiación, ya que está dispuesta a invertir anualmente más del doble de la inversión normalmente prevista en la era de los Servicios Municipales.

En cuanto al abastecimiento de agua, el principal objetivo de AGERE-EM era cubrir totalmente el área del municipio de Braga, un objetivo ambicioso ya que este había experimentado un fuerte crecimiento demográfico en los años anteriores. Entre 1991 y 2001, el municipio de Braga creció un 16,2 %, produciéndose el mayor crecimiento en las antiguas freguesias suburbanas, hoy plenamente urbanas. Sin embargo, gran parte de ese objetivo estaba efectivamente a punto de cumplirse, lo que implicaba, a partir de entonces, una disminución significativa de las intervenciones en el sector del abastecimiento de agua. En el futuro, es necesario optimizar y racionalizar las inversiones realizadas, remodelando equipos, sustituyendo y reforzando otros en caso necesario, y realizando las pequeñas obras que surgen continuamente para garantizar el funcionamiento normal del sistema. El año 2002 es especialmente importante para el sector del abastecimiento de agua, ya que fue durante este año cuando se completó la cobertura total del distrito de Braga, con 24 embalses ya disponibles. La mayor parte del municipio se abastecía ya de agua potable pública, y la tasa de cobertura de la población (población conectada a la red pública de abastecimiento de agua) se situaba en torno al 95 %, lo que suponía un universo de 150.000 consumidores. La clientela de tipo AGERE-EM es mayoritariamente doméstica (72,14 %), mientras que, representando el grupo no doméstico (comercio e industria) supone el 20,22 %.

En 2006, el crecimiento demográfico del municipio de Braga, que hasta entonces no había dejado de aumentar, comenzó a estabilizarse. La población había crecido un 12,6 % entre 1981-1991 y un 16,2 % entre 1991-2001, pero entre 2001 y 2006 el aumento de la población fue solo del 5,9 %, lo que muestra una tendencia a la ralentización de las tasas de crecimiento como consecuencia de una combinación de factores, entre ellos el descenso de la natalidad, la estabilización de la inmigración y el envejecimiento de la población. A finales de 2012, la tasa de cobertura del suministro de agua era del 99 % de la población (una cifra realmente notable y que revela bien el compromiso demostrado por AGERE-EM y sus predecesores, los Servicios Municipales), que cubría a unos 181.000 consumidores. La extensión de la red de abastecimiento de agua en funcionamiento se mantuvo en unos 1.111,000 km. Cada cliente consumió durante este año unos 9,14 m^3/mes.

De 2002 a 2012, AGERE-EM realizó una inversión en infraestructuras por valor de 100 millones de euros. Braga contaba entonces con 1 Estación de Tratamiento y Elevación de Aguas, 16 estaciones de tratamiento de aguas, 37 estaciones de bombeo, con una tasa de cobertura poblacional de abastecimiento de agua, como se ha dicho, del orden del 99 %, y con la tarifa más baja de las ciudades medianas y grandes del país.

FUENTES Y BIBLIOGRAFÍA

FUENTES

Arquivo da Câmara Municipal de Braga (ACMB)

"Escritura de adjudicação da administração e exploração dos Serviços Municipalizados de abastecimento de águas, ...", Notariado Privativo, Nota n.º 14-A, fs. 4-25.

Livro das Actas da Câmara, n.º 108, 1906-1908.

Livro das Actas da Câmara, n.º 112, 1913.

Ofício do Governador Civil de Braga de 2 de Dezembro de 1907.

Cx. 13. Obras. Águas e saneamento, "Memória Descritiva dos equipamentos a instalar na Central Elevatória do Cávado com vista à sua electrificação, pela Sociedade Lusitana de Electricidade A. E. G.", 22 de Julho de 1922.

von Hafe, João Henrique Adolfo (1907). *Memória Descritiva.* [s.n.].

BIBLIOGRAFÍA

Cordeiro, José Manuel Lopes (2018a). Sete Fontes aqueduct, Portugal. In James Douet (Ed.), *The Water Industry as World Heritage. Thematic Study* (pp. 78-80). Ed. TICCIH.

Cordeiro, José Manuel Lopes (2018b). *História do Abastecimento de Água a Braga, 1913-2013.* Empresa Pública Municipal Agere.

Guedes, António Pinto de Miranda e Amadeu Pereira Rodrigues (1934). *Inquérito sobre Abastecimento de Água nos Municípios do País.* Serviços Municipalizados de Água e Saneamento.

Soares, José X. de Almeida (1962). *Braga tem sede de água potável.* [Gráfica de S. Vicente, Lda.].

Soares, José X. de Almeida (1966). *Subsídios para um Planeamento Económico-Social da Região do Minho: alguns aspectos médico-sociais do distrito de Braga.* Edição da Equipa de Estudo e Promoção de Desenvolvimento Comunitário do Distrito de Braga.

PUBLICACIONES PERIÓDICAS

Anuário dos Serviços Hidráulicos, Lisboa, 1941.

Comércio do Minho, Braga, 1898.

Diário da Câmara dos Deputados, Lisboa, 1913.

Diário do Governo, Lisboa, 1907.

Relatórios dos Serviços Municipalizados de 1915, 1917, 1919, 1920, 1921 e 1942.

Instalación y gestión del abastecimiento de agua a la ciudad de Braga en la etapa contemporánea

Resumen: Aunque, entre 1872 y 1906, se presentaron sucesivamente once proyectos y concursos para el suministro de agua a la ciudad de Braga, ninguno de ellos reunió las condiciones para ser implementado. Sin embargo, en 1907 se aprobó un proyecto elaborado por el ingeniero von Hafe, y a partir de 1913 la ciudad por fin contó con un sistema domiciliario de abastecimiento de agua. En este capítulo se presentarán los antecedentes de todo este proceso, incluyendo la construcción del sistema de abastecimiento de agua, las distintas etapas de su evolución, así como la remodelación y ampliación de la red de distribución realizada en el último trimestre del siglo xx. Finalmente, se abordará una nueva etapa en la gestión del sistema de abastecimiento, con la creación en 1999 de una empresa municipal y su posterior privatización, imponiendo un nuevo modelo de gestión del servicio.

Palabras clave: Agua potable; redes de distribución y abastecimiento; servicio público; desarrollo urbano; Braga (Portugal).

Installation and management of the water supply to the city of Braga from Late Modern Period to the Present Day

Abstract: Although, between 1872 and 1906, eleven projects and contests for the supply of water to the city of Braga were successively presented, none of them met the conditions to be implemented. However, in 1907, a project prepared by the engineer von Hafe was approved, and from 1913 the city finally had a home water supply system. In this chapter, the antecedents of this whole process will be presented, including the construction of the water supply system, the different stages of its evolution, as well as the remodeling and expansion of the distribution network carried out in the last quarter of the 20th century. Finally, a new stage in the management of the supply system will be addressed, with the creation in 1999 of a municipal company and its subsequent privatization, imposing a new management model service.

Keywords: Drinking water; water distribution and supply networks; public service; urban development; Braga (Portugal).

Instalação e gestão do abastecimento de água à cidade de Braga na Época Contemporânea

Resumo: Apesar de, entre 1872 e 1906, terem sido sucessivamente apresentados onze projectos e concursos para o abastecimento de água à cidade de Braga, nenhum deles reuniu as condições para ser implementado. Contudo, em 1907, foi aprovado um projecto elaborado pelo engenheiro von Hafe, e a partir de 1913 a cidade contava finalmente com um sistema de abastecimento domiciliário de água. Neste capítulo serão apresentados os antecedentes de todo este processo, incluindo a construção do sistema de abastecimento de água, as diferentes fases da sua evolução, assim como a remodelação e a ampliação da rede de distribuição realizadas no último quartel do século XX. Finalmente, será abordada uma nova etapa na gestão do sistema de abastecimento, com a criação em 1999 de uma empresa municipal e a sua posterior privatização, impondo um novo modelo de gestão dos serviços.

Palavras-chave: Água potável; redes de distribuição e abastecimento; serviço público; desenvolvimento urbano; Braga (Portugal).

14.
A INSTALAÇÃO DAS MODERNAS INFRAESTRUTURAS ABASTECIMENTO DE ÁGUAS NA CIDADE DE ÉVORA. O PROJETO, AS OPÇÕES DE GESTÃO E O DEBATE POLÍTICO

Maria Ana Bernardo
Universidade de Évora

INTRODUÇÃO

O processo relativo à construção e instalação das modernas infraestruturas de abastecimento de água canalizada à cidade de Évora foi moroso e acompanhado de dificuldades. Desde que as autoridades camarárias começaram a equacionar soluções para as a escassez e falta de qualidade da água no centro urbano, até à inauguração oficial das modernas infraestruturas, em 1933, passaram algumas décadas.

Ao longo daquele período Portugal passou da Monarquia para a República e, no âmbito desta, de um regime liberal para uma ditadura. Também do ponto de vista da organização e das competências do poder municipal, e das relações entre este o Estado, ocorreram mudanças, incluindo no que diz respeito ao à instalação das redes de abastecimento de águas e outras infraestruturas urbanas (Serra, 1997, Oliveira, 1996, Pato, 2011).

Por outro lado, a partir de meados do século XIX, registaram-se avanços em Portugal relativamente aos conhecimentos e aos recursos técnicos e tecnológicos para a construção e instalação das infraestruturas de abastecimento de água em meio urbano (Silva e Matos, 2004).

No que diz respeito ao tema da conceção do(s) projeto(s), da instalação e gestão das infraestruturas de captação, adução e distribuição de água, a morosidade do processo eborense permitiu que as autoridades municipais fossem debatendo a questão e buscando soluções que variaram ao longo do tempo, tanto ao nível técnico como da gestão do serviço.

Neste contexto, o estudo do processo de construção das modernas infraestruturas de abastecimento de água na cidade de Évora, além de contribuir para a reflexão sobre a similitude ou as diferenças entre o caso eborense e outros a nível nacional, interpreta-o a partir de alguns dos tópicos considerados pela historiografia das *urban utilities.* Entre estes, refiram-se os relativos à dimensão técnica dos projetos, governação das cidades e políticas higienistas e sanitárias, correlações entre a dimensão e crescimento dos centros urbanos e a pressão para a instalação das redes técnicas, debates entre as opções de gestão pública e privada das mesmas, nomeadamente as infraestruturas de saneamento –águas e esgotos–

Através da recolha e análise da documentação municipal, das informações disponibilizadas pela imprensa local e de relatórios técnicos, sobretudo, estabelece-se a linha do tempo desde que a referência a alterações substantivas nos modos tradicionais de acesso à água na cidade ganhou relevo nos debates municipais até que os trabalhos foram inaugurados e, posteriormente, atualizados –do ponto da tecnologia incorporada, do aumento do caudal e da dimensão da rede–. Ficaram assim percetíveis as principais etapas do processo, os períodos de estagnação e aceleração dos trabalhos, bem como os motivos a isso ligados.

Foram igualmente consideradas para análise as discussões e as deliberações camarárias sobre o tema, compiladas a partir de atas e de correspondência, desde as últimas décadas da Monarquia Constitucional até ao início da ditadura do Estado Novo. A institucionalização deste regime ditatorial, em 1933, coincidiu com o ano de inauguração do projeto das águas canalizadas na cidade de Évora.

A documentação acima referida é igualmente usada para a inventariação dos argumentos de legitimação das posições dos dirigentes municipais sobre o assunto, das soluções técnicas e de gestão preconizadas, e ainda para inquirir as relações entre os interesses públicos e privados. De forma mais pontual, são também usados outros documentos, nomeadamente os relatórios dos técnicos envolvidos na construção da rede assim como os relatórios dos inquéritos que o próprio Estado foi determinando para apurar o progresso da instauração das infraestruturas de saneamento nas várias localidades do país.

Outras informações empíricas, e sobretudo hipóteses interpretativas, decorrem da leitura de estudos nacionais e internacionais sobre o tema, referenciados ao longo do texto.

A cronologia de análise tem início na segunda metade do século XIX e vai até à década de 60' do século XX. Embora os dirigentes municipais coevos, simbolicamente, tivessem determinado a conclusão do projeto em 1933, nas décadas seguintes, entre os anos quarenta e sessenta, particularmente, as conversações entre os responsáveis pelo município e o Estado continuaram. Estava em causa o alargamento e melhoria dos pontos de captação, dos canais de adução e da rede de abastecimento de águas e canalização dos esgotos.

CONTEXTUALIZAÇÃO E GÉNESE DA MODERNIZAÇÃO DO ABASTECIMENTO DE ÁGUA EM ÉVORA

A cidade de Évora situa-se na vasta planície do Alentejo, entre as bacias dos rios Tejo, Guadiana e Sado. Assenta num nível freático relativamente elevado, de forte sazonalidade, em consequência do clima de influência mediterrânica que caracteriza a região (Quintela et. al., 2005; López-Bravo, Peral López, Mosquera Adell, 2021).

Tradicionalmente, para suprir as necessidades de uso da água, a população recorria a nascentes e cursos de água situados nas imediações do centro urbano, alguns com pequenas represas e açudes para retenção do líquido nos períodos de estiagem. A água potável advinha sobretudo dos poços públicos e particulares dispersos pela cidade, e em alguns casos ficava acessível a partir chafarizes e fontes que ao longo do tempo foram sendo edificados e instalados em pontos estratégicos do centro urbano (Guerreiro, 1999, Rodrigues, 2003; Quintela et. al., 2005; Almeida, 2019).

No início do século XVI, as dificuldades de abastecimento da população, e as necessidades do palácio onde o rei e corte faziam estadas na cidade, levaram à construção de um aqueduto, designado do Sertório ou da Água da Prata, que entrou em funcionamento em 1537. A impotente obra hidráulica era abastecida por nascentes situadas a cerca de dezoito quilómetros da cidade e a água fornecida era disponibilizada no palácio real, nos estabelecimentos religiosos, através de fontes e chafarizes públicos e em algumas casas nobres. Aproximadamente um século depois de ter entrado em uso, o aqueduto sofreu importantes obras de beneficiação e, sem outras intervenções relevantes, chegou, já em más condições, ao século XIX. Na cidade, a população queixava-se que a água não só era pouca como chegava inquinada. Em 1873 o município conseguiu então que o Estado, via Ministério das Obras Públicas, e com uma pequena colaboração camarária, fizesse reparações profundas no aqueduto. A câmara de Évora reconhecia que não tinha condições financeiras nem técnicas para manter adequadamente a estrutura e cedeu a sua administração ao Estado, representado pelo diretor de obras públicas do distrito (Quintela et. al., 2005; CME, 1951).

Embora o aqueduto fosse vital para abastecer a cidade de águas potáveis, era consensual, à época, que só o governo tinha condições financeiras para fazer face aos custos dos seus trabalhos de beneficiação. O acordo previa que ao fim de dez anos as obras de reconstrução da estrutura, desde a sua origem até à entrada da cidade, estariam concluídas e o aqueduto retornaria à alçada da câmara[1].

Mas em 1890 a situação já apresentava problemas. O engenheiro civil eborense Adriano Augusto da Silva Monteiro, enquanto deputado pelo círculo de Évora, pediu informações à direção de obras públicas do distrito, e à câmara, sobre o estado do aqueduto que conduzia a água à cidade. Na sua perspetiva era necessário que o município, com o apoio do governo, assumisse um empréstimo destinado à conclusão das obras[2].

A água e a política cruzavam-se, numa geometria que envolvia o poder municipal, o deputado pelo círculo de Évora e o governo, suscitando debates e acusações que ecoavam na imprensa local[3].

O jornal *Manuelinho d'Évora*, que tinha apoiado a candidatura do engenheiro Adriano Monteiro ao parlamento, refletia nas suas

---

[1] Biblioteca Pública de Évora (BPE). *Noticias d'Evora*, 1904, nºs. 1150-1155, p. 1 e nº 1161 p. 1.

[2] Arquivo Distrital de Évora (ADE). *Actas da Câmara Municipal de Évora*, nº 793, 1890-1891, fls. 112-114v, 115v-117.

[3] BPE. *Diário do Alemtejo*, 1890, nº 1068, p. 1, nº 1093, p. 1, nº 1102, p. 1; *Manuelinho d'Évora*, 1890, nº 469, p. 1, nº 480, p. 1, nº 493, nº 494 p. 2, 496 p. 2; *Progresso do Alemtejo*, 1890, nº 703, p. 1, nº 711, p. 1.

páginas sobre as vantagens das modernas infraestruturas de saneamento, enquanto reconhecia que Évora não era um grande centro populacional e os recursos financeiros do município eram fracos. O artigo explicava que uma adequada e eficaz rede de esgotos públicos e particulares necessitava de "lavagens reiteradas" e de um "consideravel volume d'águas". Acrescentava depois que, não sendo "opportunamente económico estabelecer desde já uma distribuição dáguas d'alimentação segundo os modernos preceitos téchnicos, que regulam no exercício da engenharia hodierna", a resolução do problema passava pela reparação do aqueduto e pelo aumento do número de fontes públicas espalhadas pela cidade. No mesmo artigo concluía-se, ainda, que entendimentos diferentes da solução proposta só podiam ser fruto de "vaidade", e efabulavam sobre "melhoramentos que não correspond[iam] a immediatas necessidades dignas de satisfação"[4].

Os detalhes do artigo do jornal sobre a imprescindibilidade de elevados volumes de água para um adequado funcionamento dos esgotos demonstravam o domínio de conhecimentos sobre os modernos sistemas técnicos de saneamento, tal como eles vinham sendo concebidos a partir de meados do século XIX (Silva e Matos, 2004).

Sendo Adriano Monteiro engenheiro, e dada a sua proximidade com o jornal que veiculou as informações mencionadas, parece consistente a hipótese que a opinião do periódico era, também, a opinião do engenheiro quando ao caminho que o município de Évora devia seguir em relação à questão da água e dos esgotos.

Cerca de uma década antes já o mesmo engenheiro tinha apresentado um estudo em que advogava, para Évora, as orientações que o jornal replicou no artigo de 1890. Considerando-se esta interpretação, Adriano Monteiro avançava argumentos relacionados com a escassa dimensão populacional de Évora e a insuficiência de recurso financeiros para considerar pouco adequadas às circunstâncias da cidade obras que tivessem em vista a instalação de redes técnicas de água e esgotos mais modernas. No referido estudo, o engenheiro exemplificava que mesmo em Lisboa e no Porto, as duas maiores cidades do país, nos meses mais quentes, a falta de uma correnteza

[4] BPE. *Manuelinho d'Évora*, 1890, nº 493, nº 494, p. 2.

de águas fazia das canalizações subterrâneas de esgotos perigosos focos de infeção (Monteiro, 1880; Almeida, 2019).

De todo o modo, nos anos noventa do século XIX, as vereações eborenses, para além de olharem para questão do abastecimento de águas como algo de premente, integravam-na num discurso de progressivos melhoramentos municipais, iniciado há cerca de trinta anos por anteriores executivos camarários. O seu prosseguimento, tal como ficou inscrito na ata da reunião municipal, tornava necessária a existência de um plano, tanto mais que nos últimos dez anos já tinham sido contraídos empréstimos para as obras –aparentemente sem plano[5]–. Esta política dos designados melhoramentos municipais permitiu o alargamento de algumas ruas mediante a destruição de arcadas existentes, a criação de novas praças e arranjo de outras, bem como a construção de jardins públicos e do edifício do mercado, para além de outras intervenções menos marcantes no tecido urbano eborense (Almeida, 2001; Fonseca e Carreteiro, 1998).

O testemunho municipal indica que Évora não estava à margem das políticas públicas europeias que procuravam instaurar a modernidade sanitária, higienista e estética nos centros urbanos, assim como do papel nelas desempenhado pelas autoridades locais (Lees e Lees, 2013; Milward, 2005; Silva e Sousa, 2009) nem do que os meios políticos coevos, e a historiografia portuguesa depois, consagraram como a política dos melhoramentos materiais (Ramos, 2009; Justino, 2016).

No entanto, a crise financeira que o país atravessou na década de 90' do século XIX não favorecia uma mais aguerrida ação municipal em favor dos melhoramentos urbanos, até porque a legislação administrativa vigente submetia os executivos camarários a apertada tutela quando estes pretendiam contrair novos empréstimos (Serra, 1997; Silva, 1997, 2021; Ramos, 2009).

Neste contexto, ganha especial significado o público testemunho de gratidão que a vereação de 1896 dirigiu a Francisco Eduardo Barahona, presidente câmara de Évora em fim de mandato, pelos

[5] ADE. *Actas da Câmara Municipal de Évora*, nº 795, 1893-1896, fls. 189-192.

serviços que, a suas expensas, tinha prestado ao município: reparações no aqueduto e construção de um lavadouro público[6].

Assumindo particular destaque em situações de contração do erário público, a capacidade de movimentar recursos próprios e o exercício da benemerência eram práticas correntes na estratégia de aquisição e consolidação de notabilidade, e pedra angular no funcionamento do sistema político da Monarquia Liberal (Almeida, 1991; Fonseca, 1996; Justino, 2016). Por isso mesmo, a ação daquele influente relativamente à questão das águas na cidade foi objeto de controvérsia política à escala local. E, ainda antes da instauração do regime republicano em Portugal, em 1910, Évora foi palco de um comício promovido pelos republicanos eborenses, que tinha como único fim tratar da questão do abastecimento de águas potáveis à cidade[7].

No campo monárquico, o problema das águas de Évora era igualmente motivo de movimentações. Em agosto de 1907 um grupo de cinco dos mais destacados notáveis locais (Fonseca, 1996; Bernardo, 2001, 2013) apresentou em reunião do executivo municipal, através das palavras do engenheiro Adriano Monteiro, as diligências que tinha feito para acudir à gravíssima crise de falta de água que afetava a população da cidade. Segundo o relatado, o grupo tinha reunido em Lisboa com o ministro do reino e aí ficara acordado que seria apresentado ao parlamento de um projeto de lei, destinado a "resolver de vez a execução das grandes obras de abastecimento de água e saneamento da cidade". O projeto era encarado pelos seus promotores como "maior e mais civilizado beneficio dos tempos modernos" para a cidade[8].

O conteúdo do projeto, resultante de iniciativa de influentes locais junto do governo, ficou transcrito na imprensa. Traçava uma imagem profundamente negativa da situação da cidade relativamente à questão do abastecimento de água e dos esgotos e especificava os detalhes técnicos as soluções que se consideravam mais adequadas para o caso de Évora. Apresentado como um produto da moderna engenharia, compreendia vários pontos. Relativamente à água

[6] ADE. *Actas da Câmara Municipal de Évora*, nº 797, 1898-1900, fls. 25-28.
[7] BPE. *Noticias d'Evora*, 1904, nº 1232, p. 1.
[8] ADE. *Actas da Câmara Municipal de Évora.*, nº 801, 1906-1908, fls. 62v-66.

contemplava a questão da captação das nascentes, da condução e da distribuição; para os esgotos propunha-se a captação nos domicílios, evacuação e tratamento ulterior[9].

Tendo este projeto como base, em julho de 1910 os dirigentes municipais aprovaram um estudo que ampliava seu alcance e introduzia aperfeiçoamentos técnicos ao mesmo, elevava o empréstimo previsto de 194 para 300 contos e previa a conclusão dos trabalhos em seis anos. As obras seriam adjudicadas por concurso público e, quanto à exploração dos serviços, consoante os interesses do município, ou se optava pela municipalização ou se concessionava à empresa construtora durante 30 anos[10].

A leitura do documento permite concluir que este foi o momento de viragem quanto à perspetiva mais tradicional como até então tinham sido considerados os problemas da água e dos esgotos na cidade: pela visão integrada entre ambas as redes, pela dimensão técnica e pelos meios financeiros que o projeto requeria. Se a perspetiva modernizadora relativamente a estas *urban utilities* estava enunciada, a sua concretização foi bem mais morosa.

A MODERNIZAÇÃO DO BASTECIMENTO DE ÁGUA E DOS ESGOTOS. DEBATES, POLÉMICAS E CONCRETIZAÇÕES

A centralidade da questão das águas e dos esgotos no debate político eborense ficou evidente quando os primeiros dirigentes municipais, após a instauração do regime republicano, criticaram expressivamente a ação da anterior vereação monárquica em relação às infraestruturas saneamento. Esta era responsabilizada, em particular, por não ter obrigado o engenheiro responsável pelos trabalhos, Fernandes Araújo, a respeitar os prazos para entrega do estudo que lhe fora encomendado[11].

Os novos dirigentes republicanos mostravam empenho no assunto e assumiam o projeto herdado do período monárquico, embora com críticas relativamente à falta de controlo na gestão do mesmo.

[9] BPE. *Noticias d'Evora*, 1909, nº 2545 e segs.
[10] ADE. *Actas da Câmara Municipal de Évora*, nº 802, 1909-1910, fls. 194v-198.
[11] ADE. *Actas das Sessões da Comissão Adminsitrativa*, nº 804, 1910-1911, fls. 20v-21v.

Em 1912 foram apresentas em reunião as condições de um novo concurso para adjudicação do estudo sobre os esgotos, que o engenheiro Adriano Monteiro ajudara a organizar. Apenas respondeu ao concurso um engenheiro da escola do exército, Fernandes Araújo, que pertencia à Sociedade de Saneamento Asséptico de Lisboa, e que já estava ligado ao estudo sobre as águas. O contrato de adjudicação do estudo foi assinado.

Ainda em 1912, o executivo municipal informou que a Associação Comercial e a Associação Industrial de Évora tinham pedido a anuência da câmara para a organização de um comboio especial que transportaria a Lisboa o maior número possível de associações e de pessoas. A finalidade de cortejo era solicitar ao governo e ao parlamento "os melhoramentos necessários a que esta cidade tem direito e de que tanto carece". A vereação concordou com o exposto e deliberou auxiliar a iniciativa na medida das suas possibilidades[12].

No exercício das suas atribuições, os dirigentes municipais eborenses pareciam decididos a avançar com o projeto da modernização das águas e dos esgotos. Porém, como o engenheiro responsável pelos trabalhos voltou a não respeitar os prazos acordados, a câmara rescindiu com ele e lançou novo concurso. Apenas respondeu um indivíduo que, não sendo engenheiro, se apresentou como condutor de obras públicas[13].

Todo o encaminhamento do processo por parte das vereações republicanas suscita, para já, algumas reflexões: a questão dos melhoramentos materiais transitou da Monarquia para a República como requisito para a modernização urbana; e foi assumida pelos dirigentes republicanos, servindo mesmo de argumento na mobilização da opinião pública e para pressões junto do poder central.

Mas no início de 1914 a dificuldade de o município fazer prosseguir os trabalhos com vista à construção das infraestruturas da água e dos esgotos voltou a ser debatida em reunião camarária. Constatados os parcos resultados obtidos, mau grado os esforços desenvolvidos

---

[12] ADE. *Actas das Sessões da Comissão Executiva*, nº 805, 1911-1912, fls. 179-182.

[13] ADE. *Actas das Sessões da Comissão Executiva*, fls. 104-106v, 109-122v, 185-189; nº 806, 1912-1913, fls. 51-54.

pelas administrações municipais transatas, foi nomeado um grupo de trabalho para estudar o processo[14].

Na ausência de resultados por parte daquele grupo, e em ambiente de troca de acusações, o executivo camarário deliberou abrir novamente concurso para o estudo do projeto de esgotos. E, novamente, nenhum engenheiro concorreu.

No final de 1914, comprovada a ineficácia do caminho seguido, o executivo municipal decidiu avançar com a proposta de criação do lugar de engenheiro municipal. Reconhecia-se que, sem a existência de um técnico desta categoria, a câmara de Évora não conseguia fazer avançar os trabalhos[15].

No ano seguinte os responsáveis municipais debatiam novamente a questão do projeto de águas e de esgotos. Acentuavam que tinham em mãos um assunto que representava o principal melhoramento que a cidade tanto carecia e constatavam que, embora o estudo das águas estivesse feito, faltava completar o relativo aos esgotos. O corolário do debate foi a decisão de abertura de novo concurso para estudo dos esgotos. E o resultado foi novamente um concurso deserto[16].

Era a terceira tentativa de dinamização do projeto feita pelas vereações republicanas e nenhuma delas fora bem-sucedida: o concurso para adjudicação dos estudos dos esgotos a técnico competente ficou novamente sem interessados. Confrontada com a dificuldade de promover o avanço dos trabalhos por meio de adjudicação, a câmara acabou acabou mesmo por avançar para a abertura de vaga para o preenchimento do lugar de engenheiro municipal. À falta de adjudicatários, seria um engenheiro da câmara a fazer o mencionado estudo[17].

No mesmo ano de 1915 realizou-se na cidade Évora o 1º Congresso Municipalista Alentejano e, neste encontro, o representante do município eborense apresentou a tese de que a municipalização dos serviços era a solução mais adequada para os municípios poderem alargar a sua esfera de ação, sem agravamento das contribuições e

---

[14] ADE. Actas da Câmara Municipal de Évora, nº 814, 1914, fls. 9v-11v.

[15] ADE. Actas da Câmara Municipal de Évora nº 814, 1914, fls. 133-134, e nº 815, 1914-1916, fls. 1v-12.

[16] ADE. *Actas da Câmara Municipal de Évora,* nº 815, 1914-1916, fls. 90v-96.

[17] ADE. *Actas da Câmara Municipal de Évora,* nº 815, 1914-1916, fls. 118-120.

impostos. As câmaras de Braga, Coimbra e Montemor-o-Novo, com experiência de municipalização, eram apontadas como exemplos. E a própria câmara de Évora anunciou que pretendia municipalizar os seus serviços de águas, esgotos e iluminação[18].

Esta assunção pública das vantagens da municipalização dos serviços, apoiada tanto pelo representante da câmara de Évora como pelos outros congressistas, era coerente com as propostas do manifesto-programa do Partido Republicano apresentadas em 1891, ainda durante o regime monárquico (Oliveira, 1996). À frente da governação do país desde 1910, os republicanos procuravam concretizar as conceções sobre os princípios e o exercício do poder municipal que defendiam.

Enquadrados pelas teses municipalizadoras e pelo voluntarismo saído do Congresso Alentejano, os vereadores eborenses comprometeram-se a "não desanimar neste novo caminho traçado com a municipalisação dos serviços, arrostando com todos os incomodos e dissabores para se poder elevar Évora ao grau de explendor a que essas medidas a dev[iam] conduzir"[19].

Em coerência com tal declaração, a câmara de Évora contratou o engenheiro Artur Rocha Schiapa Monteiro de Carvalho (major) e o condutor de minas João Neves Pinto, para completarem o projeto de canalização dos esgotos. Como o ambiente era de otimismo, previa-se que as obras poderiam ser inauguradas em pouco tempo[20].

Os dirigentes municipais pareciam decididos a avançar com a instauração das infraestruturas de águas e esgotos e a ampliar a sua intervenção na gestão urbana. Com esse intuito foi criada na orgânica do município uma repartição de obras públicas, com o competente pessoal técnico. Esta repartição ficaria com a responsabilidade de apreciar os requerimentos sobre obras particulares em relação às quais a câmara tivesse de dar parecer, e de orçar e executar todas as obras da câmara. Neste sentido, tanto as obras de canalização de

---

[18] ADE. *Actas da Câmara Municipal de Évora*, nº 815, 1914-1916, fls. 141-150, e Arquivo da Câmara Municipal de Évora (A.C.M.E.). Pastas sobre o Congresso Municipalista do Alentejo.

[19] ADE. *Actas da Câmara Municipal de Évora, C.M.E.*, nº 815, 1914-1916, fls.141-145.

[20] ADE. *Actas das Sessões da Comissão Executiva*, nº 808, 1914-1916, fls. 118-120v.

águas e esgotos, como própria iluminação pública, dado que lhes era indispensável a orientação de um engenheiro, ficariam ligadas à repartição de obras públicas.

Para concretizar todos estes propósitos, a câmara contraiu um empréstimo de 480 contos com a Caixa Geral de Depósitos, a entidade bancária junto da qual obtinham financiamento os diversos organismos da administração pública (Lains, 1999). O empréstimo destinava-se à aquisição e funcionamento da Fábrica do Gaz, detida por uma empresa privada com a qual o município tinha acordado uma concessão para a iluminação pública da cidade, e às obras das águas e dos esgotos[21].

A municipalização da iluminação efetuou-se, mas não teve os resultados esperados. Levantaram-se dúvidas em relação ao controlo dos custos do novo serviço e, em resultado do clima de desconfiança criado, o vereador responsável pelo pelouro de obras públicas e serviços municipalizados e o presidente do executivo municipal acabaram por demitir-se dos cargos que ocupavam. Em finais de 1917 a câmara de Évora declarou oficialmente extinto o seu único serviço municipalizado[22].

Os efeitos da Grande Guerra sobre as condições de vida das populações e, e situação cada vez mais instável do próprio regime republicano, faziam-se sentir ao nível local, tornando mais difíceis as condições de exercício do poder dos executivos camarários, que alguma vezes não chegavam ao fim dos respetivos mandatos.

Foi nesta conjuntura volátil que, no início de 1918, o executivo municipal reafirmou em ata a necessidade "se levar a efeito o grande melhoramento da canalização de águas e esgotos, tudo com a possivel brevidade, [ainda que] a situação actual não [fosse] a mais propícia". O engenheiro municipal, Schiapa Monteiro, continuava a trabalhar para a conclusão do estudo sobre os esgotos, do qual se falava desde a última vereação monárquica. Em agosto de 1919 foram finalmente apresentados, em sessão pública aberta à população, os estudos e orçamentos da canalização de águas e esgotos. A exposição

[21] ADE. *Actas das Sessões da Comissão Executiva*, nº 808, 1914-1916, fls. 150-161.
[22] ADE. *Actas das Sessões da Comissão Executiva*, nº 808, 1914-1916, fls. 196-200, nº 809, 1916-1919, fls.1v-5; nº 809, 1916-1919, fls. 51v-58v.

pormenorizava os aspetos técnicos do estudo, realçava a importância da sua execução para o desenvolvimento e modernização de uma cidade cheia de beleza e pergaminhos como era Évora e estimava os custos dos trabalhos em 1.221 contos[23].

Após um percurso marcado por múltiplas vicissitudes, as infraestruturas de águas e esgotos pareciam chegar, finalmente, a um limiar que tornava possível a sua passagem de programa político, e de estudo técnico, a uma efetiva materialização.

Era precisamente esta a mensagem que alguns periódicos locais, tais como *A Voz Publica e o Democracia do Sul* e procuravam transmitir. Elogiavam o projeto, sublinhavam-lhe a indispensabilidade e urgência para que Évora se tornasse uma cidade moderna, e transcreviam em detalhe os estudos que sustentavam a sua viabilidade técnica e financeira. Tratava-se de criar uma opinião pública favorável, capaz de vencer a indiferença, e mesmo resistência, que até então teria predominado na sociedade eborense em relação ao assunto, segundo referiam os mencionados jornais.

O modelo de gestão dos trabalhos, e posterior exploração dos serviços, sobressaía, no entanto, como um dos pontos mais delicados de todo o processo. Os mesmos jornais expunham as cautelas dos vereadores sobre a municipalização, mas também a sua resistência à concessão a uma empresa, a menos que a câmara mantivesse alguma participação. Com o propósito de fazerem a opção correta e criarem uma "corrente que se [opusesse] á indiferença dos que deveriam interessar-se por tais questões", os responsáveis municipais agendaram uma reunião com as "forças vivas da cidade". A sessão teve lugar em novembro de 1919. Em resposta aos sessenta e dois convites acorreram apenas catorze ou quinze convidados. Instados sobre o modelo mais adequado para a execução das obras, pronunciaram-se pela adjudicação a uma empresa ou companhia. Os jornais interpretaram a pouca afluência à reunião como sinal de apatia em relação ao projeto e, em tais circunstâncias, consideraram a câmara legitimada para prosseguir os trabalhos como melhor entendesse.[24]

---

[23] ADE. *Actas da Câmara Municipal de Évora*, nº 816, 1916-1919, fls. 53v-177v.
[24] BPE. *A Voz Pública*, 1919, nº 1230 e segs.; *Democracia do Sul*, nº 995 e segs.

O conhecimento do valor orçamentado para a obra e o ceticismo quanto ao estado das finanças municipais terão contribuído, pelo menos em parte, para a ausência de uma opinião pública mais empenhada. Pouco antes da divulgação oficial dos trabalhos do engenheiro camarário, os vereadores haviam nomeado uma comissão para estudar o aumento da percentagem sobre as contribuições diretas do Estado, principal fonte da receita municipal. Justificavam-se com as crescentes despesas em obras urgentes, a elevação dos preços dos materiais e o aumento considerável dos salários do pessoal[25].

Nada de explicitamente relacionado com os trabalhos das modernas infraestruturas, mas um exemplo claro de como as necessidades de financiamento municipal se articulavam com as deliberações sobre matéria tributária. A concomitância entre os dois tópicos não era novidade nas atas das vereações eborenses, ilustrando uma das condicionantes estruturais da ação dos municípios portugueses: exiguidade de recursos face aos encargos resultantes do exercício das respetivas competências e atribuições; estreita dependência dos orçamentos municipais em relação aos recursos económicos dos contribuintes (Serra, 1997).

Quanto à questão da construção das infraestruturas de águas e de esgotos, a câmara de Évora, na sequência da posição dos munícipes, abriu concurso para adjudicação das obras. Concluído o prazo do concurso, verificou-se não haver candidatos interessados. Como a questão era prioritária –nos meses de canícula exacerbavam-se as queixas sobre a escassez e má qualidade das águas–, coube ao engenheiro municipal estabelecer as condições para que os trabalhos se fizessem por administração direta do município[26].

No verão de 1921 ainda não eram evidentes os benefícios resultantes da realização do projeto. O jornal *Democracia do Sul*, agora fazendo oposição ao executivo camarário no poder, acusava a câmara de desleixo ou incompetência, responsabilizando-a pela situação sanitária calamitosa e pelas frequentes interrupções no abastecimento de águas[27].

[25] ADE. *Actas da Câmara Municipal de Évora*, nº 816, 1916-1919, fls. 191-191v.
[26] ADE. *Actas das Sessões da Comissão Executiva*, nº 810, 1920-1922, fls. 56-60.
[27] BPE. *Democracia do Sul*, 1921, nº 1180 e segs.

O saneamento da cidade era um tema que, dadas as condições climáticas da região, se tornava ainda mais premente na estação quente. Os artigos do jornal identificado evidenciam esse facto e deixam também perceber que, do projeto apresentado a público em 1919, ainda não se concretizara o suficiente para ser ultrapassada a endémica escassez de água que afligia a cidade.

Os trabalhos iam avançando, mas lentamente. Em março de 1926, os vereadores deliberavam sobre um depósito de água a construir num dos pontos elevados da cidade, e apreciavam as propostas de casas especializadas na construção em cimento armado, fornecimento bombas elétricas e canalizações de ferro. A obra de construção do depósito e fornecimento da bomba elétrica foi entregue à casa *Duran, Garcia & Cº.*, de Lisboa, e o fornecimento da canalização de ferro à casa *Roberto Cudel*, do Porto. Materiais, equipamentos e saber técnico vinham de Lisboa e Porto, sem que empresas de Évora ou de qualquer outra cidade de província se tivessem apresentado a concurso[28].

Enquanto as várias administrações municipais deliberavam para tornarem efetivo um projeto que constantemente lhes escapava, um outro movimento, bastante mais discreto, ficou registado nas atas camarárias. Com especial incidência a partir de 1918, foram regularmente apresentados às sessões requerimentos de particulares, de instituições de beneficência, edifícios militares e de algumas empresas, para canalizarem água para os respetivos edifícios (Almeida, 2019). A câmara deferia, na condição de tudo decorrer nas condições estabelecidas para o efeito: os requerentes assumiam todas as despesas com a canalização desde o ponto de acesso no aqueduto até às respetivas casas e com a compra e instalação de um indispensável contador, para que fosse paga a água consumida.

No seu conjunto, o sentido desta dinâmica é claro. Quem tinha poder económico e partilhava de um estilo de vida em que o conforto e a higiene proporcionados pela água canalizada ao domicílio eram valorizados, apetrechava os respetivos espaços habitacionais ou de trabalho. Os que não podiam aceder a tal melhoramento usavam as

[28] ADE. *Actas das Sessões da Comissão Executiva*, nº 812, 1924-1926, fls. 107-108v.

nascentes e os poços privados, os poços, as fontes, os lavadouros e os balneários públicos. Num caso ou noutro, podiam ainda recorrer aos serviços prestados pelos aguadeiros, indivíduos que se abasteciam nas nascentes e pontos públicos de distribuição da água na cidade e a vendiam ao domicílio.

Esta diferenciação social no acesso à água poderá contribuir para esclarecer o aparente desinteresse de certos sectores da sociedade eborense face à morosidade na construção das novas infraestruturas. Mas a situação era insatisfatória e, em casos extremos, o executivo mandava cortar o abastecimento da água canalizada, alegando que os utentes se estavam servindo gratuita e ilegalmente[29]. Do ponto de vista técnico, a situação existente incluía falta de pressão das águas canalizadas, longas interrupções no abastecimento, perdas do líquido pelo emaranhado dos canos e falta de qualidade bacteriológica (Cabrita, 1930).

A insistência das sucessivas administrações municipais em relação ao projeto, pese a demora na sua concretização, sustenta a hipótese que, para além do reconhecimento do seu impacto, do ponto de vista da higiene e da saúde públicas e, até, dos benefícios para a economia local, o projeto era igualmente valioso no plano simbólico. A sua recorrente evocação por parte dos dirigentes municipais associava estes a uma conceção moderna de cidade e a um propósito de concretização dos projetos que materializam essa modernidade, como era o caso das infraestruturas das águas e dos esgotos (Fougères, 1998; Milward, 2005; Fettah e Bocquet, 2007).

A INAUGURAÇÃO DO PROJETO E O NOVO REGIME POLÍTICO. UMA MODERNIZAÇÃO LEGITIMADORA

Com o golpe militar de 28 de maio de 1926, o regime político português transitou do liberalismo para uma ditadura que se prolongou até 1974. A partir de então, a legitimidade eletiva dos corpos administrativos municipais foi substituída pela nomeação com base da confiança

[29] ADE. *Actas da Sessões da Comissão Executiva*, nº 811, 1922-1924, fls. 83v-87.

política: os elencos resultavam de proposta dos governadores civis e eram sujeitos a aprovação governamental (Oliveira, 1996).

O executivo municipal nomeado em resultado da nova situação tomou posse em agosto de 1926. Dois meses depois decidiu contrair um empréstimo de 1.500 contos para financiamento do projeto de modernização das águas e dos esgotos.

Mas a deliberação determinante para o comprometimento das administrações municipais do período da ditadura militar em relação à construção das infraestruturas aconteceu cerca de um ano depois. Em setembro de 1927 a comissão aprovou, por unanimidade, uma proposta do presidente para que e fizesse um empréstimo de 8.000 contos à Caixa Geral de Depósitos.

O montante em causa destinava-se às obras de canalização de águas e esgotos, alargamento do cemitério e passeio público, construção de um novo matadouro municipal e reparação de estradas. Especificava-se, igualmente, que por conveniência das finanças municipais, se levantaria primeiro só metade da importância a pedir e que esta se destinaria a custear as despesas de canalização de águas e esgotos. A anterior decisão quanto ao empréstimo de 1.500 contos ficava revogada, assim como a hipótese de adjudicação a uma empresa –solução que fora também ventilada em 1927–. Os trabalhos ficavam sob gestão municipal[30].

Em 1928 lavrou-se a escritura e, por sugestão do governador civil do distrito, a câmara convidou o engenheiro Castro Cabrita a assumir a direção de todos os serviços respeitantes à canalização e abastecimento de águas à cidade. O convite significou o afastamento do engenheiro Schiapa Monteiro, legado aos serviços técnicos da câmara, e a partir de então o seu nome desapareceu da documentação oficial[31].

Todas estas deliberações demonstram que os executivos municipais afetos à ditadura estavam empenhados, em linha de continuidade com anteriores administrações, a prosseguirem os trabalhos, e a assumirem a condução dos mesmos. Inédita era a amplitude do empréstimo e, por consequência, dos encargos que o município se

---

[30] ADE. *Actas da Câmara Municipal de Évora,* nº 818, 1924-1927, fls. 177v-178v., 182v-183.
[31] ADE. *Actas das Sessões da Comissão Executiva,* nº 813, 1928-1930, fls. 16-17, 28v-39.

dispunha a assumir. A concordância da tutela em relação ao processo suscita a hipótese de que se pretenderia difundir e consolidar uma reputação de empenhamento do novo regime em relação a projetos que representassem uma mais-valia de progresso e modernização para o país (Tostões, 1996).

Em abril de 1929, porém, já o município se confrontava com grandes dificuldades em honrar os avultados juros do recente empréstimo. As receitas calculadas a partir das contribuições diretas e indiretas ficavam muito aquém do previsto, mas sobretudo queixavam-se da extinção de um imposto *ad-valorem* criado durante a Grande Guerra, que incidia sobre a circulação de produtos no interior do país[32]. Em maio de 1929 foi nomeada nova comissão municipal, composta apenas por militares, após demissão da anterior.

A imprensa local, embora sem esclarecer completamente o que se passava, referiu a situação e estabeleceu relações com as dificuldades relativos aos trabalhos das águas e dos esgotos. O jornal *Democracia do Sul* referiu que o motivo da demissão da anterior comissão municipal seriam as dificuldades financeiras que se avizinhavam, dado que a rede de esgotos não estava acabada, o abastecimento e canalização de águas continuava a ser uma apenas uma hipótese e, dos 4.000 contos de empréstimo, restavam apenas 1.600. Acrescentava o periódico que não havia quem tomasse conta da administração municipal e já tinham paralisado alguns serviços camarários. Em julho de 1929 o jornal voltou a referir-se ao assunto, usando para tal um apelativo título: "Questão palpitante –Nem águas! Nem esgotos! Nem dinheiro!– um documento elucidativo"[33]. Com este título, o jornal identificava as principais vertentes da questão –atraso dos trabalhos, problemas de financiamento e eventual má gestão–.

Num evidente processo de distanciamento em relação ao executivo camarário que se demitira, o atual fazia ponto de situação sobre o tema, transcrito em ata das sessões. Segundo esse relatório, ao tomar posse, o executivo encontrara em plena laboração as obras de adução e captação de águas na Graça do Divor, nas quais já tinham sido gastos

---

[32] ADE. *Actas das Sessões da Comissão Executiva,* nº 813, 1928-1930, fls. 51v-57, 81-82v.
[33] BPE. *Democracia do Sul,* 1929, nº 3373 e segs.

mais de 1000 contos; a dirigir os trabalhos estava o engenheiro Cabrita, que atuava com base em projetos que não tinham ainda aprovação superior, contrariando a lei em vigor; não havendo projetos aprovados também não havia orçamentos seguros, situação que impedia uma séria previsão das despesas; finalmente, dos 4.000 contos do empréstimo restavam apenas 1.700 contos, montante claramente insuficiente para se completar a "grande obra", até porque o cumprimento do plano de amortização fazia com que a anuidade do próximo ano económico absorvesse 50 % das receitas ordinárias do município.

Aprovado o relatório, reconhecida a urgência em abastecer a cidade de águas e considerados os prejuízos resultantes de uma eventual paralisação das obras, a câmara deliberou o seguinte: demandar superiormente a vinda urgente de técnicos que fiscalizassem os trabalhos feitos e se pronunciassem sobre a sua qualidade e sobre o plano geral; solicitar parecer sobre a situação contratual do engenheiro Cabrita, para ficar esclarecido se este deveria, ou não, continuar ao serviço do município; diligenciar junto da Caixa Geral de Depósitos para serem adiadas as anuidades até se começarem a cobrar receitas das águas e dos esgotos; não se fazerem mais empréstimos para as obras e gerir o município "com grande economia"[34].

Quanto ao apuramento de responsabilidades, a nova comissão administrativa também mandou realizar um inquérito. Mas o seu relator, embora afirmasse ter chegado a conclusões, apenas deixou em ata que elas "não deviam ser lidas em sessão pública pois baseavam-se apenas em depoimentos que podiam não traduzir a verdade, além de que não tinham sido ouvidas todas as partes interessadas". O processo foi depois enviado ao governador civil para este tomar as necessárias providências[35].

No final de 1929, em sinal de descontentamento com a falta de celeridade da sindicância ordenada pelo governador civil sobre as matérias constantes do relatório enviado, a comissão administrativa autora do relatório crítico pediu, por sua vez, a demissão.

[34] ADE. *Actas das Sessões da Comissão Executiva,* nº 813, 1928-1930, fls. 102-106v.
[35] ADE. *Actas das Sessões da Comissão Executiva* nº 813, 1928-1930, fls. 123-125.

O governador civil tentou formar nova equipa mas, dadas as escusas recebidas, a maioria dos vereadores demissionários aceitou regressar. Lamentavam a fratura da comissão mas entendiam que a difícil situação do governador civil, e a "excepcional condição em que se encontrava o município eborense", exigiam a continuação dos seus serviços[36].

Num quadro complexo, o episódio referido é sintomático da centralidade do projeto das infraestruturas de águas e esgotos nas lutas protagonizadas pelas fações políticas locais em Évora. O nível de endividamento da câmara e o impasse em que estavam os trabalhos desencadeavam polémicas, suscitavam cumplicidades e evidenciavam conflitos que se corporizavam, e adquiriam legitimidade, em torno da questão das modernas infraestruturas.

Silenciada a crise, os trabalhos prosseguiram. Fizeram-se adjudicações para construção de 2 reservatórios de captação no Pomar do Espinheiro e mais 2 de chegada; os contratados eram, respetivamente, o engenheiro Virgílio Preto e a Sociedade Moderna Ldª.. Para o fornecimento de tubos, peças especiais e acessórios destinados a outros trabalhos do abastecimento de águas, foi escolhida, por concurso público, a firma Gustav Zickerman[37].

Em maio de 1930, porém, o presidente da comissão administrativa admitia que seriam necessários mais 1.500 contos. Deliberou-se contratar com a Caixa Geral de Depósitos um novo empréstimo de 1.200 contos e solicitar ao governo um subsídio de 300 contos[38]. Satisfeitas as pretensões do município, os trabalhos pareciam bem encaminhados e mereciam os elogios de pessoas qualificadas. Um professor do Instituto Superior Técnico, após visitar Évora com um grupo de alunos, oficiou o município elogiando as suas "modelares instalações do serviço de abastecimento de águas à cidade[39].

No entanto, a intensa atividade epistolar da câmara para o governo e para o governador civil do distrito, ao longo de 1931, demonstra que os problemas se mantinham. Em janeiro, a vereação demandou um

---

[36] ADE. *Actas das Sessões da Comissão Executiva* nº 813, 1928-1930, fls. 144-147.
[37] ADE. *Actas das Sessões da Comissão Executiva,* nº 813, 1928-1930, fls. 157-159, 170-171v.
[38] ADE. *Actas das Sessões da Comissão Executiva,* nº 813, 1928-1930, fls. 175v-177v.
[39] ADE. *Actas da Câmara Municipal de Évora,* nº 819, 1930-1934, fls. 37-38v.

subsídio de 1.200 contos ao governo, com a justificação de que os trabalhos não podiam ser interrompidos sem grandes prejuízos para o município e este não conseguia suportar mais encargos. Igualmente importante era o argumento de ordem política. Tratava-se de uma circunstância "de vida ou morte para [a] Câmara, e para a actual situação em Évora [e os] inimigos [estavam] prontos a aproveitar, para satisfação dos seus desígnios". Como em maio o pedido ainda não tinha sido atendido a câmara insistiu, dirigindo-se agora ao presidente do ministério. Pretendia a inclusão de uma verba de 1.100 contos no orçamento do futuro ano económico, e precisava que o pedido não era para melhoramento de luxo, mas para a cidade "entrar na vida civilizada e progressiva". Em junho, numa missiva para o governador civil, os dirigentes municipais elucidavam que só para juros e amortizações o município despendia 50 % das respetivas receitas; sublinhavam que a câmara eborense era das poucas a nível do país que fizera empréstimo para obra que daria rendimento e, como o governo não concedia o subsídio pedido, solicitavam o empenho do magistrado administrativo para a autorização de mais um empréstimo de 1.500 contos. Para reforçar o pedido, a câmara alertava para o facto de a cidade estar a braços com uma crise de trabalho que lhe dava um aspeto que ela não tinha há bastantes anos, e aduzia outros argumentos políticos, aumentando a pressão sobre o governo:

> A actual situação, criada para Bem da Nação pelo movimento de 28 de Maio, encontrará em todo o concelho de Évora, especialmente na cidade, que tem 18 a 20 mil habitantes, um forte apoio [se as obras] forem terminadas dentro em breve [...] e sofrerá um grande abalo se o não forem.[40]

Na ausência de resposta positiva ao solicitado, em novembro de 1931, a comissão administrativa enviou pedido de demissão ao ministro das finanças e ao ministro do interior. Na carta dirigida a este último sublinhavam-se:

[40] Arquivo da Câmara Municipal de Évora (ACME) – *Expediente, Processo 22, Águas, 1930-1944*.

> [...] as condições especiaes em que a Camara de Évora se encontra[va] para com a cidade e para com a situação, [dado que era] constituida na sua totalidade por Oficiaes do Exercito, que aceitaram [o] cargo [...] com o firme proposito de servir a Situação, que é do Exercito e em quem a Nação tem postos os olhos [...].[41]

O aparente dramatismo da situação foi mediado pelo governador civil, de modo que o executivo camarário acabou por continuar à frente do município e, em fevereiro de 1932, o governo finalmente autorizou a concessão do empréstimo solicitado à Caixa Geral de Depósitos em junho do ano anterior[42]. No final de 1932 o assentamento das canalizações chegou a ocupar uma média de 183 homens[43], o que mitigava a crise de trabalho na cidade, relativamente à qual a câmara tentara sensibilizar o governo.

Estes trabalhos beneficiavam já da ação do comissariado do desemprego, estabelecido pelo decreto nº 21699, de 30 de setembro 1932. O fundo de desemprego assim criado representava um apoio para as autoridades públicas e privadas que precisassem de mão de obra, muita dela desempregada, em resultado da crise internacional desencadeada em 1929. Cabiam neste âmbito os trabalhos de melhoramentos urbanos de águas e saneamento que as autarquias desenvolvessem, como era o caso em Évora.

Finalmente, em março de 1933, o presidente da comissão administrativa informou que estavam finalizados os trabalhos de assentamento da rede de distribuição de águas, em fase de montagem as máquinas da central automática e deviam em breve começar a ser ligados os ramais particulares, pelo que se devia proceder à "organização e montagem dos serviços administrativos correspondentes". Nesse sentido ficou deliberado o seguinte: municipalização de todos os serviços de abastecimento de águas e esgotos; contratação do engenheiro Alberto Manso Ribeiro, formado pelo Instituto Superior Técnico, para diretor técnico dos serviços

---

[41] ACME. *Expediente, Processo 22, Águas, 1930-1944.*
[42] ADE. *Actas da Câmara Municipal de Évora* nº 819, 1930-1934, fls. 38-42, 68-68v., 70-75, 84v-85.
[43] BPE. *Noticias d'Evora*, 1932, nº 9548.

municipalizados. Foi igualmente estabelecido o regulamento para abastecimento e consumo de águas na cidade e aprovou-se o novo regulamento dos serviços municipalizados.

Em gosto do mesmo ano o balanço da situação face ao grande projeto de infraestruturas de água e de esgotos era o seguinte: a canalização dos esgotos estava completa; quanto ao abastecimento de águas, estava totalmente assente a rede de distribuição e feitas as ligações a fontes públicas, lavadouros e cerca de 200 casas particulares, estando em curso as restantes. Face ao apurado, a câmara concluiu que as receitas provenientes do serviço de distribuição de águas eram ainda muito escassas, sendo conveniente uma nova conversão da dívida com a Caixa Geral de Depósitos. Após autorização governamental, os empréstimos anteriores foram convertidos pelo montante de 6.700 contos, com juros de 7 %, durante 20 anos[44].

O encargo era pesado, mas em 4 de junho de 1933, com a presença de altos representantes do governo, o município eborense inaugurou oficialmente as modernas infraestruturas de águas e esgotos[45].

Segundo o estudo em que assentava o projeto, da autoria do engenheiro Castro Cabrita, e publicado na *Revista da Associação dos Engenheiros Civis Portugueses* entre 1930 e 1931, as necessidades de consumo de água da população eborense ficariam resolvidas durante pelo menos vinte anos, com uma estimativa de consumo médio por pessoa de cerca de 40 litros.

Em 1943, um relatório dos serviços municipalizados da câmara identificava catorze locais onde, através de fontes e chafarizes, o município fornecia água grátis "à população pobre da cidade" (CME, 1943). A rede de distribuição ao domicílio servia, sobretudo, os eborenses que tinham condições para pagar os contadores e as canalizações interiores, ou os ramais que levavam a água das condutas principais até à proximidade de alguns prédios[46].

---

44 ADE. *Actas da Câmara Municipal de Évora*, nº 819, 1930-1934, fls. 117-128v., 156-166v.

45 BPE. *Noticias d'Evora*, 1933, nº 9737.

46 Decreto-Lei n.º 29216, de 6 de dezembro de 1938 e Portaria n.º 10367, de 14 de abril de 1943.

Porém, os trabalhos inaugurados em 1933 apenas conseguiram responder às necessidades da cidade durante cerca de uma década. Segundo um relatório do município, datado de meados do século, os problemas de abastecimento decorriam da deterioração de algumas das captações e de um uso cada vez mais intenso e generalizado das modernas instalações de higiene – pias, autoclismos e banheiras. Seria este o principal problema, mais do que o crescimento da população residente na cidade. A rede de distribuição tinha de abastecer cerca de 24.000 pessoas, com uma capitação diária de 75 litros, volume superior ao que ficara disponível no início da década de 30'.

O aqueduto seiscentista, beneficiado, e em certos troços refeito, continuava a ser a grande estrutura que levava a água das dos aquíferos à cidade. Por isso, o relatório camarário, dando conta dos trabalhos desenvolvidos para reforço do caudal do aqueduto, explicava que às captações existentes tinham sido adicionados mais três furos de profundidade entubados e dois poços, que recolhiam águas subterrâneas na zona da Graça do Divor, nas imediações do própio aqueduto. Além destes principais trabalhos, adjudicados à firma Johann Keller, de Cascais, e sob supervisão do engenheiro Luís Saldanha, tinham ainda sido realizados benefícios em captações já em funcionamento. Com isto, previa-se, a captação de água subiria para uma disponibilidade de cerca de 90 litros por habitante, valor superior ao do consumo apurado para o mesmo período. No mesmo relatório, o município agradecia ao ministro das finanças, que autorizara o indispensável empréstimo, e ao ministro das obras públicas, que concedera a comparticipação do Estado, prevista na lei, para as obras de abastecimento de águas (CME, 1950). Com efeito, no texto preambular do decreto-lei nº33863, de 15 de agosto de 1944 o Estado demonstrava o seu propósito de fazer chegar a mais localidades do país as infraestruturas de águas e esgotos e assumia uma posição de intervenção e apoio financeiro ao processo:

> Tem o Govêrno procurado intensificar a construção de obras de abastecimento de água e de construção de redes de esgoto, de capital importância para o estado sanitário do País, pela concessão de empréstimos e favoráveis condições de juro e amortização, pela

atribuição de importantes comparticipações e, finalmente, pela prestação de assistência técnica dos serviços do Estado.

E, no entanto, em 1964, os dirigentes municipais eborenses estavam novamente a solicitar ao ministério das finanças autorização para mais um empréstimo destinado ao abastecimento de águas à cidade.

Considerava-se, agora, que o montante necessário, no valor de 3.500 contos, permitiria que, finalmente, se resolvesse o problema das captações. Problema que se reconhecia como bem mais complicado que o relativo à rede de distribuição. A construção da barragem do rio Divor, incluída nas obras de irrigação do Alentejo, proporcionava a alternativa "ideal" às falhas dos aquíferos, quando os períodos de seca se prolongavam. Como as receitas dos serviços municipalizados da câmara eram insuficientes, o empréstimo era a alternativa, aliado à comparticipação do Estado. Tratava-se de construir uma torre de toma de água, uma estação elevatória e de tratamento e uma conduta que levasse a água da estação até ao aqueduto, que depois a transportava até à cidade. A atualização e ampliação da infraestrutura até então existente era ainda justificada como um melhoramento digno da importância da cidade, monumental e turística, que precisava receber condignamente todos os que a visitavam. O empréstimo foi concedido, e as obras realizadas[47].

CONCLUSÃO

A análise da construção das infraestruturas de saneamento em Évora permite entender que o principal foco, do ponto de vista da relevância do assunto para as autoridades municipais, recaiu sobre a questão da água. Embora desde 1907 a água e os esgotos fossem explicita e conjuntamente considerados no plano de modernização infraestrutural da cidade, os principais debates e alocação de meios financeiros eram as obras de captação, adução e distribuição da água.

---

[47] Arquivo Histórico do Ministério das Finanças (AHMF): SG/EM/EVO/012. Abastecimento de água. Empréstimo de 3500 contos, 1964.

O acompanhamento do caso eborense permite igualmente perceber que, ao logo das várias décadas em que a infraestrutura esteve em debate, foi sendo incorporada aos diversos projetos tecnologia mais complexa e novos recursos energéticos, desde o vapor à eletricidade.

Ressalta, ainda, que a iniciativa da instalação das novas infraestruturas foi sempre de iniciativa camarária. Até ao Estado Novo, com escassa regulação ou enquadramento em políticas setoriais delineadas pelo Estado. Depois, no âmbito de legislação do Estado para o setor, na perspetiva das questões do desemprego, das obras públicas, da sanidade e dos serviços de urbanização, e sob apertada tutela e intervenção governamental. A responsabilidade financeira dos projetos cabia igualmente aos municípios, como o exemplificado pelo caso de Évora, ainda que o Estado Novo, nos investimentos que fazia no sentido da infraestruturação do território, reservasse uma parte residual para subsidiar as questões do saneamento urbano (Pato, 2007 e 2011).

Do ponto de vista da gestão das obras conducentes à instalação das infraestruturas, da sua manutenção e dos serviços que prestavam, o caso de Évora configurou a preponderância da responsabilidade direta do município e, depois, da municipalização. Só muito pontualmente, já na década de sessenta do século XX, foi noticiadaa adjudicação de obras a uma empresa do setor. Durante o Estado Novo, esta aparente autonomia da iniciativa municipal foi subvertida pelo facto das administrações locais serem de confiança política e sujeitas a forte tutela or parde do poder político central (Pato, 2011).

O empenho e as opções de gestão das várias administrações municipais eborenses para a concretização das modernas infraestruturas de saneamento situa-se, também, numa tendência de crescente intervenção dos poderes públicos, locais ou nacionais, nos meios urbanos, percetível nas cidades europeias a partir da segunda metade do século XIX (Silva e Matos, 2004; Milward, 2005).

Alguns dos motivos subjacentes a esta atuação, que parecia contraditar a doutrina do livre jogo das forças de mercado, dominante na época, foram invocados pelo próprio município eborense: necessidade de resposta eficaz para os problemas de higiene e saúde das populações citadinas e características tecnológicas das soluções propostas, as quais exigiam investimentos em larga escala e uma coordenação global dos procedimentos (Silva e Matos, 2004).

A ação do município no domínio das infraestruturas de águas e esgotos foi acompanhada da produção de uma imagem da cidade que, pelas suas implicações como suporte para a atuação dos corpos administrativos, deve ser destacada.

Era ponto assente para as sucessivas vereações eborenses que a sede do seu concelho era uma urbe cuja herança história e cultural a situava entre as primeiras do país e lhe assegurava posição de destaque em todo o Alentejo. Quando protestavam contra desconsiderações do poder central ou pediam benefícios para o concelho, os dirigentes municipais equiparavam Évora a Coimbra e a Braga, duas cidades com credenciais antigas nos planos religioso e cultural, e logo abaixo do Porto e de Lisboa, em importância.

Tratava-se de uma hierarquização simbólica que, a um tempo, engrandecia o município e o desempenho de cargos públicos ligados à administração do mesmo. Os eborenses responsáveis pelo desencadear do processo que levou à construção das infraestruturas de águas e esgotos consideravam que, "pelas suas passadas glórias", Évora merecia uma tal inovação[48]. A dignidade do passado garantia-se pela associação da cidade às vantagens da moderna engenharia, sendo esta uma perspetiva transversal às mudanças políticas que ocorreram no país ao longo do período analisado.

[48] BPE – *Noticias d'Evora*, 1909, nº2545 e segs..

BIBLIOGRAFIA

FONTES

ACME (Arquivo da Câmara Municipal de Évora). *Expediente, Processo 22, Águas, 1930-1944.*

ACME (Arquivo da Câmara Municipal de Évora). *Pastas sobre o Congresso Municipalista do Alentejo.*

ADE (Arquivo Distrital de Évora). *Actas da Câmara Municipal de Évora*, 1890-1891; 1893-1896; 1898-1900; 1906-1908; 1909-1910; 1914; 1914-1916; 1916-1919; 1922-1927; 1930-1934

ADE (Arquivo Distrital de Évora). *Actas das Sessões da Comissão Administrativa*, 1910 – 1911

ADE (Arquivo Distrital de Évora). *Actas das Sessões da Comissão Executiva*, 1911-1912, 1912-1913; 1914-1916; 1916-1919; 1920-1922; 1922-1924; 1928-1930.

AHMF (Arquivo Histórico do Ministério das Finanças). SG/EM/EVO/012. Abastecimento de água. Empréstimo de 3500 contos, 1964.

BPE (Biblioteca Pública de Évora). *Noticias d'Evora*, 1890, 1909, 1932, 1933.

BPE (Biblioteca Pública de Évora). *Diário do Alentejo*, 1890.

BPE (Biblioteca Pública de Évora). *Manuelinho d'Evora* 1890, 1904, 1909.

BPE (Biblioteca Pública de Évora). *Progresso do Alentejo*, 1890.

BPE (Biblioteca Pública de Évora). *A Voz Pública*, 1919.

BPE (Biblioteca Pública de Évora). *Democracia do Sul*, 1919, 1921, 1929

Decreto-Lei n.º nº33863, de 15 de agosto de 1944.

Decreto-Lei n.º 29216, de 6 de dezembro de 1938.

Portaria n.º 10367, de 14 de abril de 1943.

ESTUDOS

Almeida, C. (coord.) (2001). *Riscos de um século. Memórias da evolução urbana de Évora.* Évora: Câmara Municipal de Évora.

Almeida, C. (coord.) (2019). *Catálogo da Exposição. O Aqueduto da Água da Prata e o Património Hidráulico de Évora.* Évora: Câmara Municipal de Évora.

Almeida P. T. (1991). *Eleições e Caciquismo no Portugal Oitocentista (1860-1890)*, Lisboa: Difel.

Bernardo, M. A. (2001). A modernização das infra-estruturas de saneamento na cidade de Évora: as vicissitudes de um processo (1890-1933). *A Cidade de Évora*, II Série, 5, 259-290.

Bernardo, M. A. (2013). *Sociedade e elites no concelho de Évora. Permanência e mudança (1890-1930)*. Lisboa: Fundação Calouste Gulbenkian / Fundação para a Ciência e a Tecnologia.

Cabrita, C. (1930-1931). Estudo do Abastecimento de Águas da cidade de Évora. *Revista da Associação dos Engenheiros Civis Portugueses*, 656-666.

Câmara Municipal de Évora (ed.) (1943). Serviços municipalizados da câmara municipal de Évora. Relatório da gerência de 1942. *A Cidade de Évora*, 2, 69-104.

Câmara Municipal de Évora (ed.) (1951). *Reforço do Caudal do Aqueduto*. Câmara Municipal de Évora.

Fettah, S. e Bocquet, D. (ed.) (2007). *Réseaux techniques et conflits de pouvoir: les dynamiques historiques des villes contemporaines*. École française de Rome

Fonseca, H. A. (1996). *O Alentejo no século* XIX. *Economia e Atitudes Económicas*. Imprensa Nacional Casa da Moeda.

Fonseca, H. A. e Carreteiro, R. (1998). A modernização da cidade de Évora no século XIX. In *Urbanismo e Infraestruturas Urbanas*, XVIII Encontro da Associação Portuguesa de História Económica e Social, Lisboa, 20 – 21 de novembro.

Fougères, D. (1998). Une approche sociotechnique pour l'étude historique des infrastructures et des services urbains: l'exemple du service d'eau à Montréal'. En H. Capel et P-A. Linteau (ed.), *Barcelona-Montréal. Desarrollo urbano Comparado*. Universidad de Barcelona

Guerreiro, M. P. (1999). *Fontes e Chafarizes de Évora*. Câmara Municipal de Évora.

Justino, David (2016). *Fontismo – Liberalismo numa Sociedade Iliberal*. D. Quixote.

Lains, P. (1999). Caixa Geral de Depósitos. En A. Barreto e M. F. Mónica (coord.), *Dicionário de História de Portugal, vol. VII – Suplemento*. Figueirinhas.

Lees, A. e Lees, H.L. (2013). Europe:1800-2000. In P. Clark (ed.) *The Oxford Handbook of Cities in World History*. Oxford University Press.

Lopez-Bravo, C., Peral López, J. e Mosquera Adell, E. (2021). The management of water heritage in Portuguese cities: recent regeneration projects in Évora, Lisbon, Braga and Guimarães. *Frontiers of Architectural Research*, 11(1), 73-88. https://doi.org/10.1016/j.foar.2021.09.002

Milward, R. (2005). *Private and Public Enterprise in Europe. Energia, Telecomunicações e Transportes, 1830-1990*. Cambridge University Press.

Monteiro, A. A. da S. (1880). *A Questão das Obras do Aqueducto Sertoriano d'Evora.* Typographia Eborense

Oliveira, C. (1996). A República e os Municipíos. En C. Oliveria (dir.), *História dos Municípios e do Poder Local.* Temas e Debates.

Pato, J. H. (2007). *O valor da água como bem público.* Universidade de Lisboa – ICS. Tese de Doutoramento.

Pato, J. H. (2011). *História das políticas públicas de abastecimento e saneamento de águas em Portugal.* Entidade Reguladora dos Serviços de Águas e Resíduos e Universidade de Lisboa – ICS.

Quintela, A. C. et al. (2005). *O Aqueduto da Água da Prata e o abastecimento de água a Évora.* Associação Portuguesa de Recursos Hídricos e Câmara Municipal de Évora

Ramos, R. (2009). O fracasso do reformismo liberal (1890-1910). En R. Ramos (coord.). *História de Portugal.* Esfera dos Livros.

Rebola, M. C. R. (coord.) (2003). CEA – Central Elevatória de Água(s) da Cidade de Évora. Itinerário Expositivo. Câmara Municipal de Évora.

Serra, J. B. (1997). O Estado liberal e os municípios. En L. E. da Silveira (coord.) *Poder Central, poder regional, poder local.* Cosmos.

Silva, A. F. (1997). *Crescimento urbano, regulação e oportunidades empresarias: a construção residencial em Lisboa, 1860-1930.* Instituto Universitário Europeu. Tese de doutoramento.

Silva, A. F. (2021). Guerra, crises e império: a economia portuguesa entre 1890 e 1930. En A.C. Pinto e N. G. Monteiro (eds.), *História Económica Contemporânea. Portugal 1808-2000.* Penguin Randon House.

Silva, A.F. e Cardoso de Matos, A. (2004). The Networked City: Managing Power and Water Utilities in Portugal, 1850s-1920s. *Business and Economic History – On Line,* 2, 1-45. http://www.thebhc.org/publications/BEHonline/2004/daSilvaMatos.pdf

Silva, A.F. e Sousa, M. L. (2009). In search of the urban variable: Understanding the roots of urban planning in Portugal. *Métropoles,* 6. https://doi.org/10.4000/metropoles.4029

Tostões, A. (1996). Ministério das Obras Públicas. En F. Rosas, J. M. Brito de Brandão (dir.). *Dicionário de História do Estado Novo* (pp. 585-598). Bertrand.

A instalação das modernas infraestruturas abastecimento de águas na cidade de Évora. O projeto, as opções de gestão e o debate político

Resumo: Desde a década de noventa do século XIX que o município eborense manifestou interesse em melhorar os tradicionais meios de abastecimento de água à cidade, através do que que então designava como um projeto modernizador. Para tal efeito procurou reunir as necessárias condições técnicas e financeiras, mediante concursos públicos para a conceção técnica do projeto e para os trabalhos de efetivação do mesmo. Particularmente no que diz respeito às obras de construção das infraestruturas para a captação das águas, à sua condução até ao centro urbano, e à distribuição pelos pontos de abastecimento público e particulares, as autoridades municipais apresentaram diversos concursos. Face à ausência de empresas interessadas, o próprio município acabou por assumir responsabilidade direta pelo arranque das novas infraestruturas. O processo foi moroso, intermitente, e passou por diversas dificuldades, sobretudo de ordem técnica e financeira, mas também políticas. Entre o arranque a inauguração oficial dos trabalhos passaram mais de vinte e cinco anos. O debate sobre o modelo de gestão das modernas infraestruturas de abastecimento de águas à cidade foi, ao longo do período, um dos temas mais debatidos pelas autoridades municipais. É nosso propósito identificar os aspetos técnicos do processo, analisar as deliberações municipais com vista ao seu desenvolvimento e os argumentos que as suportaram, bem como as relações entre os interesses públicos e os privados. Temos igualmente o propósito de avaliar a experiência eborense tendo como referência o debate sobre as modalidades de intervenção dos poderes públicos na organização das cidades, no período contemporâneo.

Palavras-chave: Modernização urbana, Infraestruturas, Abastecimento de águas, Ação pública.

The establishment of the modern water supply infrastructure in the city of Évora. The project, the management options, and the political debate.

Abstract: Since the nineties of the nineteenth century, the municipality of Évora expressed interest in improving the traditional means of water supply to the city, through what was then called a modernizing project. To this end it sought to gather the necessary technical and financial conditions, through public tenders for the technical design of the project and for its implementation. Particularly regarding the construction of the infrastructure works for collecting the water, conveying it to the urban centre and distributing it to public and private supply points, the municipal authorities put out various invitations to tender. In the absence of interested companies, the municipality itself ended up taking direct responsibility for the start-up of the new infrastructures. The process was slow, intermittent, and experienced various difficulties, mainly of a technical and financial nature, but also politics. More than 25 years passed between the start and the official inauguration of the works. The debate on the management model of modern water supply infrastructures to the city was, throughout the period, one of the most debated topics by municipal authorities. Our purpose is to identify the technical aspects of the process, analyse the municipal deliberations with a view to its development and the arguments that supported them, as well as the relationships between public and private interests. We also intend to evaluate the experience of the city of Évora with reference to the debate on the modalities of intervention of public powers in the organisation of cities in the contemporary period.

Keywords: Urban modernisation, Infrastructures, Water supply, Private management, Municipalisation

La instalación de las modernas infraestructura de abastecimiento de agua en la ciudad de Évora. El proyecto, las opciones de gestión y el debate político

Resumen: Desde los años noventa del siglo XIX, el municipio de Évora ha mostrado interés por mejorar los medios tradicionales de abastecimiento de agua a la ciudad, a través de lo que entonces se denominaba un "proyecto modernizador". Para ello, trató de reunir las condiciones técnicas y financieras necesarias, mediante licitaciones públicas para el diseño técnico del proyecto y las obras para su ejecución. Sobre todo en lo que respecta a la construcción de las obras de infraestructura para la recogida del agua, su conducción hasta el centro urbano y su distribución a los puntos de suministro públicos y privados, las autoridades municipales convocaron varias licitaciones. A falta de empresas interesadas, el propio ayuntamiento acabó responsabilizándose directamente de la puesta en marcha de las nuevas infraestructuras. El proceso fue lento, intermitente y experimentó diversas dificultades, principalmente de carácter técnico y financiero, pero también politicas. Pasaron más de 25 años entre el inicio y la inauguración oficial de las obras. El debate sobre el modelo de gestión de las modernas infraestructuras de abastecimiento de agua a la ciudad fue, durante todo el periodo, uno de los temas más debatidos por las autoridades municipales. Nuestro propósito es identificar los aspectos técnicos del proceso, analizar las deliberaciones municipales con vistas a su desarrollo y los argumentos que las sustentaron, así como las relaciones entre intereses públicos y privados. También pretendemos evaluar la experiencia eborense teniendo como referencia el debate sobre las modalidades de intervención de los poderes públicos en la organización de las ciudades, en la época contemporánea.

Palabras clave: Modernización urbana, Infraestructuras, Suministro de agua, Gestión privada, Municipalización

15.
ÁGUA EM VISEU: DESAFIOS DE UM PERCURSO CENTENÁRIO

José Manuel Brandão[1]
História, Territórios e Comunidades, polo na NOVA FCSH
do Centro de Ecologia Funcional – Science for People & the Planet
Laboratório Associado TERRA
Luís Manuel Simões
Centro de Investigação da Terra e do Espaço, Univ. Coimbra (CITEUC)
Instituto Politécnico de Viseu
Pedro Callapez
Centro de Investigação da Terra e do Espaço (CITEUC)
Universidade de Coimbra
Grupo de Investigación PaleoIbérica
Universidad de Alcalá
Vera Magalhães
Centro de Estudos em Arqueologia, Artes e Ciências do Património (CEAACP)
Universidade de Lisboa
Centro de Literatura e Cultura Lusófonas e Europeias (CLECPUL)
Universidade de Coimbra

A prestação de serviços de abastecimento de água e de saneamento de águas residuais, de forma segura, fiável, acessível física e economicamente e aceitável, é fundamental para a saúde pública e para o desenvolvimento sustentável das populações.
Carta de Lisboa, 2015[2]

[1] Autor correspondente. J.M. Brandão realizou este trabalho no âmbito da Unidade de I&D Centre for Functional Ecology – Science for People & the Planet (CFE), com a referência UIDB/04004/2020, com apoio financeiro da FCT/MCTES através de fundos nacionais (PIDDAC).

[2] International Water Association (2015). *Carta de Lisboa – Orientando as Políticas Públicas e Regulação do Abastecimento de Água Potável, Saneamento e Serviços de gestão de Águas Residuais.* https://iwa-network.org/resources/

INTRODUÇÃO

Perante a tendência atual de aumento da concentração urbana e de mudanças climáticas aceleradas, o grande desafio, colocado a diferentes escalas, é o de responder às necessidades de consumo, urbano, industrial e agrícola, tendo em consideração a progressiva escassez de água, a saúde pública e o ambiente, modificando os paradigmas tradicionais de gestão da água (Hassan, 2011).

Viseu, uma das maiores cidades do centro norte de Portugal, capital de distrito e sede de um município hoje com cerca de 100.000 habitantes, desde sempre sentiu o problema da escassez de água potável, recorrente durante os períodos de estio. Esta situação foi ditada, em boa medida, pela natureza granítica do substrato geológico regional, pouco favorável à formação de aquíferos de dimensão consonante com as demandas de uma população urbana em crescimento, e pela marcada sazonalidade climática, característica do *hinterland* planáltico beirão.

Durante séculos, os viseenses abasteceram-se com a água proveniente do rio Pavia que atravessa a cidade a noroeste, de poços e cisternas de uso particular, e de fontes abastecidas por pequenas minas, cujos caudais diminuíam acentuadamente –se não mesmo secavam– durante a estação quente. Assim, quando na manhã de 11 de março de 1900, no cruzamento da rua Formosa com a rua Direita, se abriu a primeira boca de incêndio, e a água captada nas vizinhanças da cidade, canalizada pela incipiente rede urbana, se elevou "à altura dos telhados vizinhos"[3], dava-se um grande passo a caminho da modernidade que, afinal, outras cidades portuguesas, já conheciam desde há alguns anos. Além da comodidade de ter água em casa, em quantidade e a qualquer hora, o momento significava, também, um travão às epidemias que em anos anteriores tinham assolado o país e a região, propagadas por águas inquinadas das fontes de chafurdo e outras águas conspurcadas de que a população se servia. Disso eram exemplo, em Viseu, as fontes de St.ª Cristina e da Regueira, e o próprio rio Pavia, destino final de muitos despejos.

Pressionada pela opinião pública plasmada na cáustica imprensa local, a municipalidade respondia aos desígnios do movimento de

[3] S/a (15/03/1900). Viseu. *O Primeiro de Janeiro.*

transição sanitária de finais de Oitocentos e às exigências do século xx, ampliando o sistema de abastecimento de água à cidade com novas captações; tentava-se acompanhar a evolução demográfica urbana que, após algumas décadas de crescimento anémico, registaria períodos de forte crescimento, ainda que com marcadas insuficiências nos períodos de estiagem. Contudo, o tempo demonstraria que um abastecimento satisfatório só seria atingido na década de 1980 com a tomada de águas do rio Dão, o qual garante, atualmente, mais de 90 % da água consumida no concelho.

No presente texto, esboça-se uma leitura diacrónica sobre a gestão, pela autarquia, do abastecimento de água à cidade de Viseu. Elencam-se os principais desafios balizados pela procura de equilíbrios –só conseguidos de forma transitória– entre a crescente demanda de água em quantidade e de qualidade, e a adversidade das condições geológicas e climáticas, sendo que estas últimas assumem, aos dias de hoje, particular relevância.

VISEU FINISSECULAR

Na transição da centúria, Viseu conservava a ambiguidade comum a uma cidade de arreigada fisionomia medieval com aspirações à modernidade prometida pelas transformações urbanas da segunda metade de Oitocentos. Por um lado, o despontar de Novecentos foi cúmplice da cidade que não cristalizara na tradição, não a enjeitando, porém; por outro, acusou com verossimilhança as contradições e as vicissitudes de um tempo político anunciador da mudança, redimensionando a questão à escala nacional.

A prolixa intervenção na malha urbana, redundante na definição de rossios extramuros e na abertura de arruamentos; ladeados de edifícios filiados numa nova cultura arquitetónica de feição burguesa e reformadora das sensibilidades estéticas; que já não gravitavam em torno do antigo eixo de circulação –a rua Direita[4]– alinhou, com efeito, propósitos de reconfiguração do espaço urbano conforme

[4] Orlando Ribeiro (1968), confirma a importância desta artéria no desenho da cidade antiga.

às exigências de regeneração, ordem e salubridade. Não obstante, qualificar de programa ou de política urbana o operoso conjunto de melhoramentos patrocinados pela edilidade –precedido do primeiro levantamento topográfico, em 1864[5]– encerrará, porventura, algum excesso, uma vez que aquele não agregou uma visão ampla da cidade, servida de critérios como sistematicidade, articulação e planeamento. Parece-nos, antes, que a iniciativa de reforma foi gizada à razão de necessidades espontaneamente emergentes, fosse a estação de caminho de ferro e a avenida Alberto Sampaio, os paços do concelho no novo fórum da cidade extramuros ou o mercado e o matadouro, cuja construção se comprometia com princípios higiénicos. A expansão da cidade e a ocupação de novos bairros –Ribeira, Massorim, S. Martinho– decorreu, também, do crescimento demográfico, que contou com o papel moderador da intensa emigração, e consequente pressão sobre o limes quatrocentista.

Não sendo despiciendo o que atrás se afirma, na verdade, as sucessivas vereações mostravam-se resolvidas a transfigurar a cidade, imprimindo-lhe uma tessitura convergente com as comodidades e os atrativos da vida moderna. Por conseguinte, os passeios públicos, o associativismo[6] e a filantropia prestavam-se a autênticos catalisadores sociais, projetando uma elite intelectual, amiúde com exercício político e/ou representação no universo confraternal, especialmente na Misericórdia, ou com ligações à florescente atividade comercial. De igual modo, o abastecimento de água e, mais tarde, de energia elétrica, compunham a face mais viva do progresso e da modernização urbana pretendidas, para além de responder aos preceitos de higiene veementemente regulados pelas coevas posturas municipais.

O mais recuado cartaz da rejuvenescida Feira Franca, datado de 1929, materializa bem a reconciliação dos predicados da cidade chegada ao século XX: tradição e modernidade. A mulher que ali figura, jovem, vistosa, elegantemente vestida e em pose determinada

---

[5] Trata-se da *Planta topographica da cidade de Vizeu* mandada levantar pela municipalidade em 1864, à guarda do Arquivo Histórico Municipal.

[6] O movimento associativo foi particularmente pródigo no período em apreço, o que se traduziu na formação e fusão de instituições de recreio, socorros mútuos e instrução, em harmonia com o levantamento feito por Maximiano Aragão (1936).

e insinuante seria a própria alegoria de uma cidade que se ansiava renovada, pronunciada, apta a responder aos desafios. De resto, era esta a cidade anunciada já no último quartel de oitocentos com a sintomática transferência do centro cívico e político-administrativo (siglado no pelourinho, paços do concelho e cadeia) da Praça Velha para o passeio de D. Fernando, novo rossio definido no arrabalde.

FALTA DE ÁGUA: DO PROBLEMA ÀS RESPOSTAS

A UM PASSO DA MODERNIDADE

O progressivo abandono das teorias miasmáticas e a tomada de consciência de que as águas contaminadas eram o principal veículo de transmissão de febres, cólera e outras doenças epidémicas, veio reforçar a responsabilidade dos órgãos de administração local no domínio da saúde pública. Com competências legais atribuídas em matéria de abastecimento de água e saneamento, faltavam, porém, aos municípios, os capitais necessários para proceder à exploração dos recursos disponíveis, dado o elevado custo das infraestruturas e o longo retorno dos investimentos. Se, em muitos casos, tal se resolveu mediante empréstimos com normas apertadas, reguladas pelo Código Administrativo, noutros, o Poder Local optou por contratualizar a construção e conceder a privados a exploração dos sistemas de abastecimento de água, à semelhança do que, de uma forma pioneira, fora feito em Lisboa e no Porto.

Pelos finais da década de 1870, Viseu tinha cerca de 7 000 habitantes e 1 690 fogos (Leal, 1890, p. 1548), vivendo o espectro das epidemias de cólera que, por diversas vezes ditara o cancelamento da centenária Feira Franca e determinara a formação de cordões sanitários na vizinha raia de Espanha. O número de chafarizes públicos funcionais era escasso, além de alguns serem de chafurdo ou estarem localizados em pontos extremos da cidade. As ruas eram local de todos os despejos. Como não havia água para lavagens regulares, nem tão pouco esgotos, tornavam-se fonte de males epidémicos. Um quadro sanitário preocupante e insustentável, que levou a Câmara Municipal de Viseu (doravante Câmara ou CMV), então presidida pelo médico Luís Ferreira de Figueiredo, a abraçar o desafio de melhorar as condições de higiene e de saúde pública, fornecendo à população água de qualidade, em quantidade aceitável, lançando, em 1879, o primeiro projeto de sistema de abastecimento de água à cidade.

Previa-se, então, canalizar a água da nascente da Pocariça junto à povoação de Travassós, poucos quilómetros a nordeste de Viseu, que debitava 400 a 500 m³/dia, e conduzi-la por gravidade a um reservatório situado a cota que garantisse a sua distribuição no interior da cidade, também por gravidade, alimentando chafarizes (2), fontanários (6), torneiras (13) e bocas de incêndio (17), e os prédios cujos proprietários requisitassem o serviço. Uma obra que o autor mostrava, entre consumos certos e venda dos sobejos, ser remuneradora para o município, que asseguraria a sua exploração[7]. Uma vez concluída, essa obra permitiria fornecer a cada habitante 17,5 litros de água por dia, volume considerado suficiente, tendo em conta a existência de poços e de chafarizes abastecidos por minas próprias, incluindo a do hospital, situada em terrenos anexos adquiridos com esse propósito (Magalhães, 2011).

Por esgotamento dos cofres municipais e mudança de prioridades, o projeto só seria retomado em 1890, quando a sua adequação foi solicitada ao engenheiro Nery Delgado, diretor da Comissão Geológica do Reino, cuja competência em matéria de abastecimento público de água, era reconhecida.

Acompanhado pelo engenheiro da Câmara, Delgado visitou a área de Mundão onde o anterior projeto previa fazer-se a captação, avaliando as nascentes existentes, nomeadamente no vale da Sabugosa, que anotaria como sendo as de maior potencial. Embora à data Delgado registasse um débito de apenas 300 m³/dia, em sua opinião, com uma exploração bem conduzida, poderiam vir a obter-se 1.000 m³/dia, o que daria um volume diário por habitante superior aos 100 litros almejados para Lisboa. Situadas a cota

[7] Arquivo Distrital de Viseu (ADVIS). *Projeto de condução de águas para abastecer Viseu*, 1879, cx. 2952 n.º 3.

elevada, estas águas poderiam ser conduzidas facilmente a Viseu, apenas por gravidade[8].

Os levantamentos topográficos de rigor e outras observações de campo executadas pelo técnico municipal, foram base fundamental para Delgado escolher o melhor traçado para a instalação de uma adutora em ferro fundido, bem como o local, em ponto elevado fronteiro à cidade, para implantar um reservatório com a capacidade de 2.450 m³, para alimentação gravítica da rede de distribuição urbana[9]. A seu tempo, acrescentava, poderia aumentar-se o volume aduzido encanando outras nascentes situadas mais a montante, a par de outras a cotas mais baixas como as de Salgueiro, Bermum e Pocariça (Figura 1), de forma a acompanhar, proporcionalmente, o crescimento da população.

Figura 1. As nascentes da Serra de Mundão, a NE de Viseu, exploradas em diferentes momentos, cujas águas eram encanadas até ao reservatório do alto de St.ª Eugénia, que alimentava parte do sistema em baixa. Década de 1940

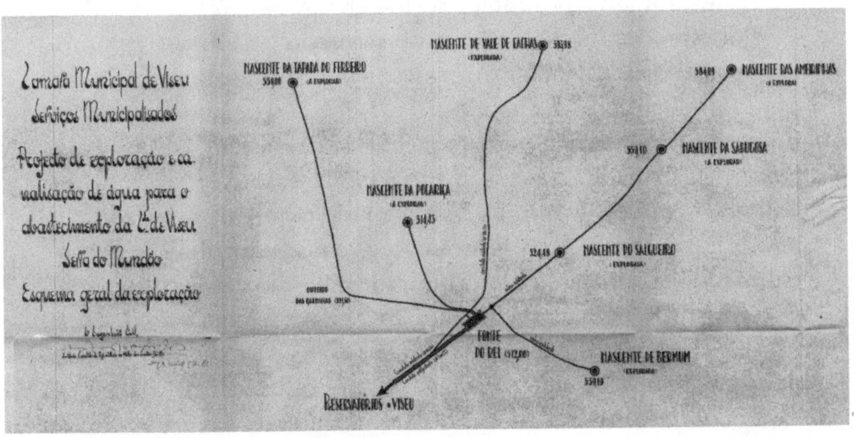

Fonte: Cortesia dos SMAS-Viseu.

[8] Arquivo Histórico do Laboratório Nacional de Energia e Geologia (LNEG/AHGM). *Projeto de captação de águas para Viseu*, 1892, fl. 2. CG01.01.245.

[9] LNEG/AHGM. *Projeto...*, fl. 18.

Não dispondo a Câmara dos fundos necessários para fazer as obras, nem podendo recorrer a novos empréstimos, a construção do sistema e a sua exploração foram colocadas em hasta pública, a que se apresentou um único candidato. Sublinhe-se que esta iniciativa tinha cobertura no Art. 55 n.º 4 do Código Administrativo de 1896, que garantia às Câmaras competência para deliberar sobre contratos "concedendo o exclusivo de abastecimento de águas em quaisquer povoações do município", não sendo, porém, tais deliberações executórias sem aprovação do governo por decreto, publicado na folha oficial.

Após algumas alterações à minuta inicial, que não protegia suficientemente o interesse público e, por isso, mereceu reparo do Ministério das Obras Públicas (Brandão et al., in press), as obras, e a exploração vertical dos sistemas de abastecimento de água à cidade de Viseu, por um prazo de 99 anos, com possibilidade de remissão aos 60 anos mediante indemnização, foram adjudicadas, em dezembro de 1897, a Manuel Vieira Borges, empresário do Porto, que, com um grupo de capitalistas nortenhos, constituiu a *Empreza das Aguas de Vizeu*, assumindo a posição de sócio-gerente[10].

Por este contrato superiormente aprovado[11], a Câmara comprometia-se a fornecer toda água proveniente das nascentes indicadas por Nery Delgado, chamando a si a realização de novos trabalhos de pesquisas e exploração caso aquelas não chegassem para as necessidades. Caberia ao concessionário a construção das estruturas de adução e armazenamento da água segundo o projeto elaborado por aquele engenheiro, e a construção do sistema de distribuição dentro da cidade. A Câmara instalaria bocas de incêndio e marcos fontanários, nos quais os viseenses teriam acesso gratuito à água, sendo-lhes, no entanto, vedado encher "qualquer vasilha que não o copo que por meio de um cadeado costuma estar preso aos marcos" (Art. 5.º).

O contrato estabelecia também a área urbana a servir, o modo de fornecimento –por metro cúbico medido em contador aferido–,

[10] Arquivo Distrital do Porto. *Cartório Tomás Restier, Escritura de constituição da Empreza das Aguas de Vizeu*, 7/09/1898. Registo de escrituras diversas fl. 46v-49.

[11] *Diário do Governo* (DG) n.º 293, de 23/12/1897.

fixando o preço de venda da água em 100 réis/m^3 e o aluguer dos contadores e torneiras em 120 e 30 réis mensais, respetivamente.

Finalmente, a 11 de março de 1900, abriu-se a boca de incêndio da rua Maria Pia (rua Formosa) às Quatro Esquinas, e a água "jorrou em meio dos aplausos da população citadina" (Vale, 1971, p. 5). Todavia, passada a euforia, voltavam à tona os problemas relacionados com a condução das obras no interior da cidade, a que se somavam a insuficiência do caudal distribuído e a fraca adesão dos viseenses à subscrição de um contrato de fornecimento cujas condições eram mal conhecidas[12]. Apontava-se o dedo ao empresário por não ter respeitado o projeto elaborado por Delgado, que indicara outra direção e localização para as minas, porventura a principal causa de não terem sido obtidos os caudais desejados, muito aquém dos previstos 80 a 100 litros/dia/habitante. Ademais, o reservatório construído em St.ª Eugénia, um ponto diferente do indicado por aquele engenheiro, tinha menos de metade da capacidade prevista, e a soleira mais baixa do que a definida no projeto, não podendo, por isso o sistema, servir senão a parte baixa e média da cidade[13].

As entrelinhas de um artigo publicado anos mais tarde pelo engenheiro Chefe da Repartição de Obras da CMV, indiciam que o projeto de Delgado terá sido ignorado e, porventura, substituído por outro certamente menos dispendioso, elaborado por "uma companhia francesa", de que não ficou rasto[14]. Ora sendo o concessionário das obras e do sistema um portuense, não será despiciendo admitir que tal projeto, se existiu, possa ter sido solicitado à *Compagnie Générale des Eaux pour l'Etranger*, concessionária das águas do Porto desde 1882[15].

As questões do abastecimento do precioso líquido adquirem outra dimensão com a publicação da Lei de 11 de maio de 1904 (Lei da Água), que obrigava os municípios à execução de obras respeitantes ao fornecimento de água potável e ao saneamento, tendo em vista a melhoria das condições de salubridade das populações e a defesa da

---

[12] S/a (29/04/1900). Abastecimento d'agua. *Commercio de Vizeu*.
[13] Acervo das Obras Públicas, *Projecto de exploração de águas na Serra da Muna e em Vale de Fachas destinadas ao abastecimento da cidade de Viseu*, 1940, CSOP, Parecer n.º 1125.
[14] Fonseca, A.X. (4/11/1945). O abastecimento de águas à cidade de Viseu. *Política Nova*.
[15] DG n.º 178, de 10/8/1882.

saúde pública. É certamente no espírito desta Lei estruturante, que a CMV entendeu assumir um segundo desafio: resolver a situação da escassez de água de forma perene, reforçando o caudal que chegava ao reservatório. Para empreender novos trabalhos de pesquisas contraiu empréstimos, que culminaram, em 1909, com a concessão especial de um crédito de 90:000$000 para aplicar na conclusão dos trabalhos de exploração de águas para abastecimento da cidade, para além da construção de esgotos e tanques asépticos onde iriam despejar esses canos[16].

MUNICIPALIZAÇÃO

Se bem que os Códigos Administrativos de 1878 e de 1896 tivessem já atribuído às Câmaras Municipais amplos poderes de deliberação em matéria de águas e saneamento, o debate das teses dos congressos municipalistas de 1903 e 1909, e os passos dados por algumas autarquias no sentido da desapropriação do controlo dos respetivos sistemas de abastecimento de água, gás e eletricidade, por privados[17], terão inspirado outros municípios a assumirem, também, a gestão dos seus sistemas de abastecimento de água, gás, eletricidade e viação.

No calor das transformações subsequentes à implantação da República em outubro de 1910, o Parlamento discutiu a redação de um novo Código Administrativo consumado na publicação da Lei n.º 88 de 7 de agosto de 1913, que dispunha, entre outras medidas, sobre a possibilidade das Câmaras deliberarem sobre a municipalização de serviços locais (Art. 94.º, n.º 19). Consagrava-se assim a autonomia do poder local, garantida pela Constituição republicana de 1911. Os argumentos para a municipalização eram "idênticos aos que atualmente justificam o movimento de "remunicipalização": fracasso generalizado e insatisfação com o serviço prestado, decorrente da falta de investimento e manutenção dos sistemas (McDonald,

---

[16] Carta de Lei de 2/10/1909, COLP, 1909, p. 574.

[17] *E,g.* Coimbra, 1906; Braga, 1913. Em Lisboa, desde 1911, discutia-se no Parlamento a possível municipalização da *Companhia das Águas de Lisboa* que, desde 1868, explorava o sistema de abastecimento à cidade. Contudo, tal não foi conseguido, mantendo-se a concessão na esfera empresarial.

2018, p. 49), não se considerando, no caso em apreço, motivações anticapitalistas.

Para o executivo municipal de Viseu, a referida Lei abria uma porta à passagem da concessão para a tutela da Câmara, uma vez que o serviço prestado pela *Empreza das Aguas de Vizeu* estava aquém do esperado, acumulando-se queixas dos munícipes, extremadas num relatório entregue à Câmara em 1909, que denunciava as irregularidades de construção e os atropelos ao projeto original, propondo novos trabalhos e captações[18]. Aparentemente sem consequências práticas é, no entanto, muito possível que esta apreciação tenha pesado no posicionamento da Câmara face à empresa, cuja fragilidade aumentava de dia para dia.

A insuficiência do serviço já tinha levado a edilidade a realizar, por sua conta, novos trabalhos de pesquisa e captação de águas para reforçar o abastecimento, bem como a nomear uma comissão destinada a avaliar a situação e propor as medidas que se mostrassem mais adequadas para minimizar os inconvenientes. Esta aprovou as obras em curso, recomendando, que a Câmara continuasse a fazer trabalhos de exploração em terrenos seus até se obter abundância de águas, e que só quando se verificasse que em terrenos municipais não havia água suficiente, é que se deveria recorrer a terrenos particulares, ou a expropriar nascentes por eles já exploradas[19].

Em abril de 1914, o presidente da CMV informou a vereação ter sido procurado pelos gerentes da empresa, propondo a cedência do contrato à Câmara, com todos os direitos da empresa e a entrega de todos os materiais empregues, pela quantia em que tudo fosse avaliado por peritos nomeados pela edilidade e pela empresa, ficando a Câmara obrigada ao juro de 5 % ao ano, do valor acordado[20]. Esta, entendeu aceitar a proposta, que traria poupanças no encargo anual com o concessionário, nomeando um perito que determinou um valor de cerca de 42.000$00, incluindo expropriações, obras de arte, conduta e rede de distribuição com os respetivos acessórios, no

[18] Biblioteca Municipal de Viseu (BMV), ata da sessão de Câmara de 04/02/1909, Lv. 1907-1909, fls. 221-223.

[19] BMV, ata de 26/01/1914, Lv. 1914-1915, fl. 2.

[20] BMV, ata de 27/04/1914, fl. 53v.

estado em que se encontrava, que não mereceu aprovação da empresa, que encontrara um montante superior[21]. O ponto de encontro entre as partes fixou-se nos 50.000$00, ficando a Câmara devedora desta importância mais juros, com a obrigação de amortizar anualmente pelo menos mil escudos[22]. O contrato de cessão seria assinado em 29 de junho desse mesmo ano[23] e, desde então, Viseu não tornaria a perder o controlo direto do sistema.

Em 1927, na sequência da publicação do Decreto 13:350 de 28 de março[24], o seu *Serviço de Abastecimento de Aguas*, que assegurava desde 1914 a captação, transporte, armazenamento e distribuição de água potável à cidade, seria transformado em *Serviços Municipalizados de Água e Saneamento* (SMAS), autónomos, modelo então adotado pela maioria dos municípios portugueses (EurEau, 2020). Reorganizados em 1933, os SMAS assumiram como missão "Fornecer à cidade de Viseu água potável em condições higiénicas irrepreensíveis, mediante distribuição ao domicílio do consumidor"[25]. Um enorme desafio, sobretudo tendo em consideração que a cidade registava, ao tempo, um forte crescimento demográfico.

CAPTAÇÕES NA SERRA DA MUNA

Se bem que decorrente do aumento da população, a demanda por maiores disponibilidades de água é, também, consequência da modificação de hábitos de higiene, traduzidos pela generalização da construção de instalações sanitárias nos prédios e esgotos, conjugação que, em Viseu, determinou a procura de novos mananciais, de molde a abastecer zona norte da cidade, fazendo face aos sucessivos episódios de escassez, ou mesmo de falta de água, agravados a cada estio.

A serra da Muna, erguida poucos quilómetros a norte da urbe, era há muito conhecida pela abundância de poços que serviam diversas áreas de regadio, ocupadas com hortas e milho. Consistia este

[21] BMV, ata de 13/05/1914, fl. 64v.
[22] BMV, ata de 21/05/1914, fls. 68-69v
[23] BMV, ata de 01/08/1914, fl. 77v.
[24] DG n.º 64 de 28/03/1927.
[25] SMAS, ata da sessão de 24/06/1933, Lv. 1, fl. 34v.

maciço numa zona onde as condições geológicas para a existência de aquíferos produtivos eram favoráveis, elevando-se, também, a cotas que permitiriam trazer a água à cidade por gravidade e com pressão. O seu aproveitamento foi estudado, em 1919, pelo engenheiro municipal Xavier da Fonseca (MOPC, 1935).

Entre 1924 e 1926 foi aberta uma mina em rochas graníticas alteradas, a cerca de 20 metros de profundidade. A água produzida era conduzida por gravidade até um reservatório semienterrado, construído em Bassar, com a capacidade de 1.200 m³, que entrou ao serviço em 1929 e ainda se mantém ativo, embora mais tarde reforçado[26]. Estas empreitadas contratadas pela CMV, viriam a prolongar-se pelos anos seguintes, com a abertura, sempre morosa e difícil, de novas galerias em diferentes direções.

Não sendo totalmente esclarecedores, os resultados do inquérito sobre o abastecimento de água potável lançado aos municípios no início dos anos trinta, retrata a situação de Viseu como uma cidade dependente de dois subsistemas –Mundão e Muna[27]–, cujas captações se situavam, cada uma delas, a cerca de uma dezena de quilómetros. No interior da cidade, o abastecimento era reforçado por quatro fontes com nascentes próprias e por poços, usados sobretudo pela população de menores recursos, ou quando faltava a água canalizada (situação recorrente). Este quadro é resumido em poucos números na Tabela 1, que permite estimar a disponibilidade diária média em cerca de 40 litros/habitante. Apenas beneficiada por decantação, a água fornecida, analisada em 1931, foi "classificada quimicamente de ótima e bacteriologicamente pura" (Guedes & Rodrigues, 1934).

[26] Na década de 1940, a capacidade instalada em Bassar seria reforçada com outro reservatório maior, construído nos mesmos terrenos, e uma estação de cloração. Ambos estão ao serviço servindo a zona a norte do centro urbano, sem que estas águas se misturem com as de outra proveniência.

[27] O aproveitamento da Muna permitia fornecer, em média, 26 litros/dia/habitante, volume ligeiramente superior à média do distrito de Viseu: c. 20 litros/dia/habitante (MOPC, 1935, p. 1).

Tabela 1. Alguns elementos relevantes sobre o abastecimento de água a Viseu

População (censo de 1930)	9.765 habitantes
Fogos (censo de 1930)	2.153
Consumidores (setembro de 1933)	605[28]
Preço do metro cúbico	2$00
Distância média às nascentes	c. 11.000 m
Reservatórios	St.ª Eugénia (800 m³) e Bassar (1.200 m³)
Rede de distribuição instalada	4.500 m
Consumo público diário (serviços públicos ou municipais)	200 m³
Consumo particular diário (fornecido nos domicílios)	170 m³
Consumo gratuito diário (fornecido nos marcos)	10 m³

Fonte: Guedes & Rodrigues, 1934 e MOPC,1935

A necessidade de aumentar o caudal fornecido a uma cidade que rasgava novos arruamentos segundo um plano de urbanização entretanto desenhado, com uma população a caminho dos 10 000 habitantes, determinou o prolongamento e a interligação das minas na serra da Muna. Estas, em 1936, tinham já cerca de 800 metros de comprimento com vários óculos (poços) forrados a cantaria de granito. Foram, também, retomados os trabalhos na zona de Mundão, Vale de Fachas, interrompidos durante uma década. Desta forma, previam os Serviços conseguir um equilíbrio entre consumos e disponibilidades, esperando vir a atingir uma disponibilidade diária, vizinha de 100 litros por habitante.

Entretanto, o presidente da edilidade não se coibia de responder à imprensa, admitindo que o abastecimento de águas à cidade, estava longe de satisfazer as necessidades do público, e menos ainda àquelas

[28] Valor discrepante Guedes & Rodrigues (1934, p. 112), que referem 1201 assinantes. Já Canavarro Morais (1937, p. 24) refere, nesse ano 1600 assinantes, uma subida porventura explicável pelas expectativas criadas pelos novos trabalhos de captação então em curso.

que decorreriam da entrada em funcionamento da rede de esgotos[29]. No ano seguinte, 1937, levaria os jornalistas a visitar os trabalhos em curso em ambos os locais, para avaliar os progressos conseguidos, resumidos na tabela 2.

Tabela 2. Trabalhos de captação de águas nas décadas de 1920 e 1930

Trabalhos	Muna / Bassar	Mundão
Extensão de minas abertas entre 1924 e 1926	246 m	
Extensão de minas abertas entre 1926 e 1931	261 m	
Extensão de minas existentes em 1932		256 m
Extensão de minas abertas entre 1932 e 1936	282,5 m	467 m
Extensão de minas abertas até junho de 1937		132 m
Óculos abertos de 1924 a 1936	156 m	123,5 m

Fonte: *Politica Nova*, n.º 73, 27/06/1937

Canavarro Morais (1937), responsável pelo novo plano de urbanização da cidade, não se furtava comentar que nessa data, não obstante os esforços da municipalidade, não se tinham ainda obtido os desejados resultados, interrogando-se se a água entretanto explorada nos trabalhos em curso em Vale de Fachas, ainda que junta com a água da Muna seria suficiente? "Como solução de momento, é muito provável; como solução definitiva talvez não" (Morais, 1937, p. 23).

Em tempos da Segunda Guerra Mundial, o avanço dos trabalhos não foi célere, pois os operários, atraídos pela exploração do volfrâmio, mais remuneradora, abandonavam aqueles serviços, e só com o aumento dos salários ao pessoal adventício, a Câmara conseguia alguns progressos.

[29] Leite, M. (14/06/1936), Serviços Municipalizados. *Politica Nova.*

ÁGUAS DE SUPERFÍCIE COMO ALTERNATIVA

A grande estiagem de 1943-1945, que determinou a imposição de pesadas restrições ao consumo público e particular e afetou a produção da central hidroelétrica de Ribafeita que fornecia Viseu, trouxe consigo uma dura realidade: "Nota-se, de dia para dia, o enfraquecimento das nascentes, e os habitantes dos locais elevados passam largos períodos sem abastecimento"[30].

É, neste cenário, que aumenta a convicção de que apenas com as captações subterrâneas não poderia aumentar-se o volume de água posto à disposição dos munícipes, ponderando-se, como alternativa, a captação de água no subleito do rio Vouga[31], solução que mereceu um projeto orçamentado em quase três milhões de escudos, a suportar pela municipalidade com um empréstimo a 20 anos. No entanto, explicava o presidente da Câmara, tanto a obtenção de um maior caudal para abastecer a cidade, como as necessárias obras na rede de distribuição, esperavam soluções que se não atingiam facilmente por "falta de dotação"[32].

Apesar do financiamento ter sido autorizado em setembro de 1948[33], o projeto de trazer as águas do Vouga foi abandonado por se ter demonstrado que, no ponto onde se previa instalar a captação, não só a água era pouca, como a sua tomada iria prejudicar o funcionamento da central hidroelétrica de Ribafeita, implantada poucos quilómetros a jusante. Além disso, a água teria de ser elevada de cerca de 150 m, tornado o processo muito caro[34], mesmo tendo em conta que, no período das chuvas, a maior produtividade das nascentes subterrâneas diminuiria os encargos do sistema, derivados do custo de elevação das águas do rio. Optou-se, assim pelo remedeio de se voltarem a fazer escavações na Muna e na Serra de Mundão, estendendo-se as preocupações dos edis às freguesias rurais, sendo que mais de metade

[30] SMAS, ata de 20/06/1945, Lv. 6, fl. 58v.
[31] A obra do rio Vouga foi aprovada por despacho de 17-09-1947 do ministro das Obras Públicas.
[32] Vale, A.L. (15/02/1948). Nota oficiosa. *Politica Nova.*
[33] DG n.º 293, 18/12/1948, Portaria de 11/12/1848.o
[34] Arquivo e Biblioteca Digital do Ministério das Finanças, Of. CMV ao ministro Obras Públicas, 31/05/1949.

das aldeias do concelho ainda usava fontes de chafurdo, "origem sabida das anuais epidemias de tifo"[35]. Um procedimento que não só confirma que o desenvolvimento dos sistemas de abastecimento de água é "um fenómeno eminentemente urbano" como sublinhado por Matés-Barco (2020, p. 14), como realça o acentuado contraste entre as cidades e as freguesias rurais, às quais –não obstante as iniciativas da administração local e os apoios do governo pelo Fundo de Desemprego– só depois de 1960 o Estado Novo acorreu de uma forma generalizada[36], em linha, aliás, com o que refere Matés-Barco (2017), para Espanha.

Pelo início da década de 1950, acentuando-se os consumos, às preocupações dos edis juntava-se a das condições de segurança das minas do subsistema de Muna/Bassar, na iminência de desabarem, ameaçando prejudicar o regular abastecimento da cidade, o que acontecera já no Mundão, uma vez que em ambos os pontos, as paredes das galerias não eram revestidas para facilitar as escorrências. Em paralelo alinhavam-se também as preocupações com o estado de conservação da rede de distribuição, instalada no início do século e com perdas de água, estimadas em cerca de 30 %, em prejuízo dos consumidores e de receitas para os Serviços[37].

O abandono da solução Vouga, mesmo que não definitivo, não impediu o desenvolvimento de outros projetos de recurso a águas superficiais. Refiram-se o de aproveitamento das águas do Mondego tomadas na projetada barragem de Girabolhos –peça fundamental do plano de regularização do rio e como reserva estratégica nacional de água–, um projeto que envolveria 21 municípios vizinhos (Themido, 1965), e o de tomada das águas do rio Dão com a construção da barragem de Fagilde e respetiva ETA (Estação de Tratamento de Águas), gerida pelos SMAS, cuja albufeira alimenta, desde 1984, o

[35] Vale, A.L. (15/02/1948). Nota oficiosa. *Politica Nova.*

[36] Pela Lei 2103, de 22/03/1960, o Estado anunciava o financiamento à construção de novas captações e redes de distribuição de água às povoações rurais com mais de 100 habitantes, enquanto prosseguia o plano de abastecimento das sedes de concelho, aprovado pelo Decreto 33:863 de 15/08/1944.

[37] Arquivo e Biblioteca Digital do Ministério das Finanças, Of. CMV ao ministro das Finanças, 15/08/1953.

concelho de Viseu e os vizinhos municípios de Mangualde, Nelas e Penalva do Castelo.

Embora as águas subterrâneas continuem, aos dias de hoje, a contribuir para abastecer Viseu, elas representam apenas, cerca de 6 % do consumo atual[38], volume que sobe ligeiramente na época de maior pluviosidade, provindo a quase totalidade da água consumida no concelho da barragem de Fagilde (Tabela 3).

Tabela 3. Captação e distribuição de água em Viseu em 2020 (milhares de m^3)

Água captada por origem		Água distribuída na rede pública
Águas subterrâneas	Águas de superfície	
749	8.569	7.943

Fonte: Pordata

Apesar da bacia hidrográfica a montante da barragem de Fagilde abranger 428 km^2, a capacidade de retenção da albufeira (2,5 hm^3) já não é suficiente para abastecer uma população de cerca de 150 mil habitantes; problema que ficou bem patente aquando da seca na península ibérica em 2017, que colocou 94 % do território português em situação de seca extrema, deixando a barragem em níveis historicamente mínimos, obrigando a abastecer os viseenses com águas provenientes de barragens vizinhas (Balsemão e Planalto Beirão), transportadas durante semanas num vaivém incessante de camiões-cisterna. Uma situação minimizada no ano seguinte, através da colocação de ensecadeiras nos descarregadores de superfície, com o objetivo de aumentar a capacidade de armazenamento da albufeira para 3,8 hm^3.

[38] Informação pessoal, SMAS.

GERIR A ÁGUA NO QUADRO DAS ALTERAÇÕES CLIMÁTICAS

LUGAR AOS DADOS METEOROLÓGICOS

A pressão exercida sobre os recursos hídricos pelo crescimento demográfico e económico, conjugada com as alterações climáticas que, desde há décadas, são fatores de perturbação do ciclo da água, colocam grandes desafios à sua gestão, aos quais urge dar respostas sustentáveis. Como refere em abstrato Nuno Campilho (2020), a sustentabilidade da gestão dos recursos hídricos passa por um planeamento estratégico e por investimentos que permitam antecipar as consequências das perturbações impostas ao ciclo da água, os quais requerem a manutenção de financiamentos público e comunitário. Com efeito, face aos constrangimentos impostos pelas alterações climáticas, a disponibilidade e a qualidade dos recursos hídricos numa região constitui uma das variáveis de maior incerteza (Batista, 2011; Cosgrove & Loucks, 2015). Viseu não é exceção, sofrendo o abastecimento público de água também o impacto desses constrangimentos, agravados pela vincada sazonalidade dos caudais disponíveis. Este, tem-se revelado um problema historicamente difícil de solucionar, como anteriormente referido.

Em Portugal Continental, o ano de 2022 foi considerado o mais quente dos últimos 92 anos e classificado como "extremamente quente e seco em relação à temperatura do ar e à precipitação", com o valor médio anual da temperatura média do ar superior em 1,38 °C em relação aos valores médios do período de 1971-2000 (IPMA, 2023, pp. 3, 5). Esta tendência ainda é mais notória considerando o intervalo de 1961-2021, em relação aos valores médios da normal climatológica de 1971-2000 (Figura 2).

Numa análise mais detalhada da situação particular de Viseu, consideraram-se como parâmetros tradutores da evolução dos fatores climáticos com maior impacto nas dinâmicas do ciclo da água, a média da temperatura média diária do ar, as médias das temperaturas máximas e mínimas diária do ar e a média da quantidade da precipitação total. Assim, tendo em consideração os dados obtidos na respetiva Estação Meteorológica (EMV) para o período de 1961 a 2016[39], verifica-se que a média da temperatura média diária do ar (TT) aumentou 0,55 ºC, tendo tal variação ocorrido de modo semelhante no conjunto dos meses de outono e inverno (outubro a março), +0,6 ºC, e nos meses de primavera e verão (abril a setembro), +0,5 ºC. No período em causa, registou-se um aumento da temperatura média diária do ar em todos os meses do ano, com as variações mais significativas em março (+1,2 ºC), agosto (+1,0 ºC), outubro (+0,8 ºC), abril (+0.7 ºC) e dezembro (+0,6 ºC) (Figura 3).

Figura 2. Anomalias da temperatura média anual e da quantidade de precipitação anual em Portugal continental entre 1961 e 2021, em relação aos valores médios da normal climatológica de 1971-2000

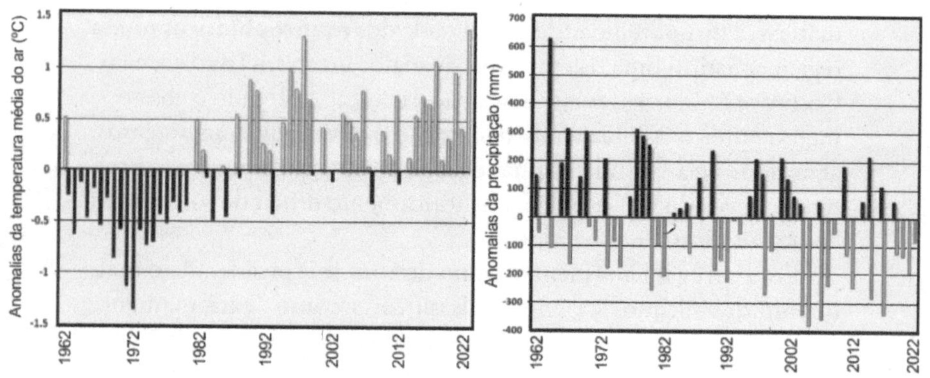

Fonte: Modificado de IPMA, 2023.

[39] Normais climatológicas de 1961-1990, 1971-2000, 1981-2010 e dados relativos ao período entre janeiro de 1992 e dezembro de 2016.

Figura 3. Média das temperaturas médias diárias do ar registadas na Estação Meteorológica de Viseu, nos períodos em análise. Assinalaram-se com elipses os meses com variações mais acentuadas.

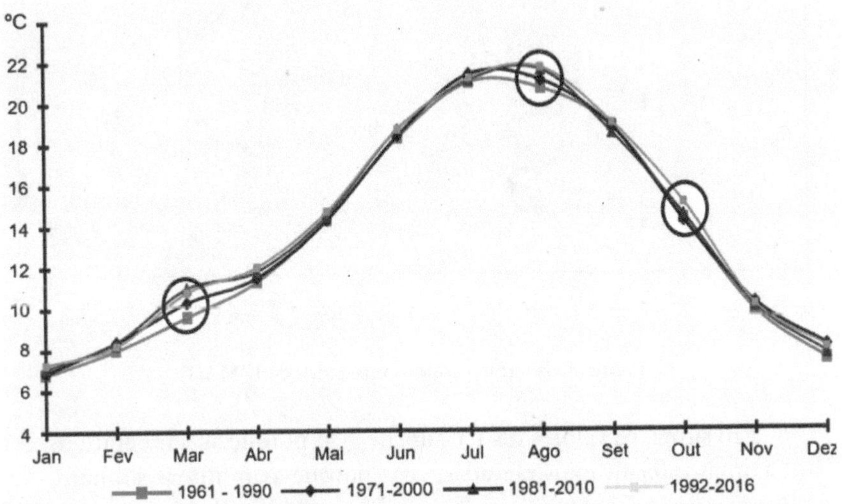

Fonte: elaboração própria com dados do IPMA.

Quanto à evolução da média das temperaturas máximas diárias do ar (TX) e da média da temperatura mínima diária do ar (TN) (Figura 4), verificou-se, respetivamente, que: 1) para TX, os registos apontam uma variação de -0,7 ºC, sendo esta descida mais acentuada nos meses de verão e de outono, com -1,1 ºC e -0,8 ºC, respetivamente; 2) para TN registou-se uma variação de +1,8 ºC, ponderando, em larga medida, o valor de TT. O aumento do valor de TN é igual ou superior a +1,5 ºC em todas as estações do ano, sendo, em média, de +2,1 ºC e de +2,0 ºC no outono e inverno, respetivamente.

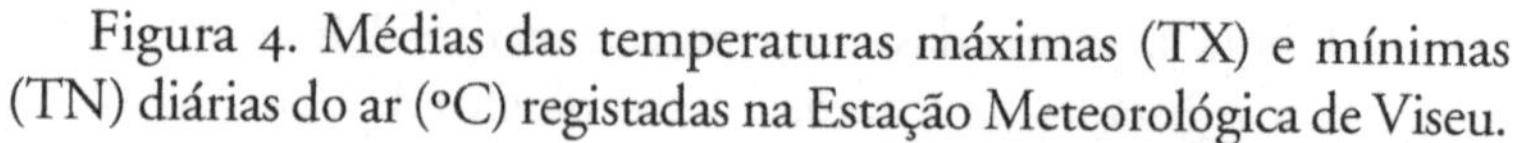

Figura 4. Médias das temperaturas máximas (TX) e mínimas (TN) diárias do ar (ºC) registadas na Estação Meteorológica de Viseu.

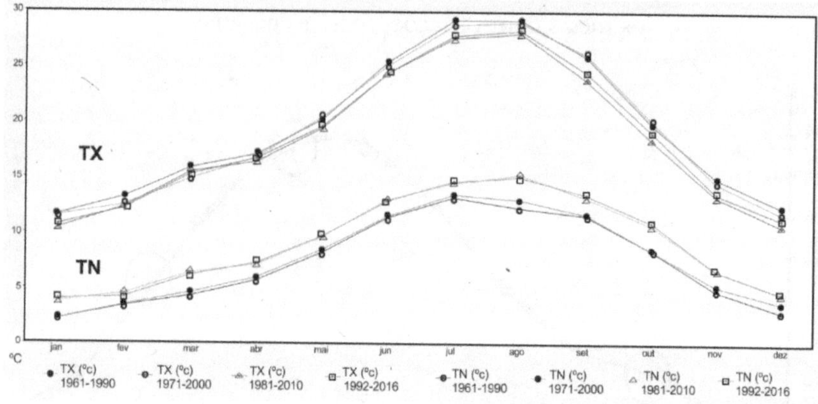

Fonte: Elaboração própria com dados do IPMA.

Em suma, os valores de TT sobem, não porque as temperaturas máximas estejam mais elevadas, mas porque as mínimas subiram. Ressalva-se, no entanto, que as oscilações verificadas nos registos das temperaturas, poderão estar afetadas pela alteração do local de implantação da EMV, em 1992. Situada no perímetro urbano de Viseu, à cota 443 m, esta estação passou para uma zona florestal periférica ao aeródromo, à altitude de 644,4 m[40].

Quanto aos valores das médias da quantidade de precipitação total registados na EMV (Tabela 4), verifica-se que o seu valor médio é de 1227,8±45,1 mm, não se registando variação significativa nos valores ocorridos nos quatros períodos em análise.

[40] Até 1992 a EMV (075) tinha como coordenadas: Latitude 40.40N; Longitude: 07.54W; altitude: 443 m. Em 1992 a EMV (560) passou a funcionar noutro local com as seguintes coordenadas: Latitude 40.7148ºN; Longitude: 07.8959W; altitude: 644,4 m.

Tabela 4. Precipitação registada na EMV, 1961-2016 (em mm)

Períodos	Precipitação
1961-1990	1200,2
1971-2000	1169,9
1981-2010	1284,3
1992-2016	1256,9

Fonte: dados do IPMA

Por sua vez, a análise da distribuição sazonal da precipitação revela que, entre 1992 e 2016, o outono (38 %) se tornou na estação do ano com maior valor de precipitação, por contraposição com o que acontecia nas normais climatológicas de 1961-1990 e anteriores, em que o inverno ocupava esse lugar. A partir dos anos 1971-2000, devido a esta inversão e, também, pelo facto de fevereiro ser o mês em que a diminuição da precipitação foi mais acentuada, o período de estiagem passou a ser, tendencialmente, mais longo. Em conformidade, os caudais das escorrências superficiais e subterrâneas passaram a atingir mais precocemente os seus mínimos no ano hidrológico.

PARA UM ABASTECIMENTO SUSTENTÁVEL

Viseu, como o restante país, encontra-se sob um cenário de mudanças climáticas, pautado não só pelo aumento da temperatura média diária do ar, significativamente afetado pelo incremento do valor médio da temperatura mínima diária do ar, mas, também, por um regime de precipitação anual caracterizado por episódios de chuvas intensas mais concentradas, alternando com períodos, cada vez mais longos e frequentes, de precipitação escassa, ou mesmo ausente. Acresce que, se entre séries temporais longas não são detetadas variações significativas na quantidade de precipitação total, à escala da década ou mesmo anual, já é clara a sucessão de anomalias negativas relativamente a valores médios da quantidade de precipitação total de normais climatológicas de referência (*e.g.* 1971-2000).

Neste quadro de constrangimento climático, o maior desafio consiste em aumentar a sustentabilidade do sistema de abastecimento de água existente, e em incrementar a resiliência do território e das atividades económicas e sociais que nele se desenvolvem (Owen, 2015), mediante a implementação de ações estruturantes de curto médio e longo alcance, algumas das quais já tomadas em mãos pela autarquia, na sequência da seca extrema de 2017, segundo o diagnóstico detalhado de Lemos et al. (2017). Refiram-se, por exemplo, os estudos prévios, realizados em sintonia com a Agência Portuguesa do Ambiente, no âmbito do projeto de construção de uma nova barragem no rio Dão, a jusante da atual, cuja albufeira terá uma capacidade de armazenamento de água estimada na ordem dos 7,5 hm^3. O incremento da capacidade de retenção e armazenamento de água tem por objetivo mitigar os efeitos dramáticos de seca prolongada como aquela que ocorreu em 2017.

Ainda no domínio da gestão sustentável dos recursos hídricos, assume particular relevância a recirculação do efluente da ETAR Viseu Sul e o seu consumo na rega de espaços verdes públicos, limpeza urbana e indústria. Esta infraestrutura sanitária está equipada com um sistema de ultrafiltração por membranas (MBR), que, no verão, lhe confere uma capacidade de produção diária de 14.000 m^3 de efluente tratado. De salientar que no verão de 2017, o tratamento por MBR foi complementado com desinfeção por ozono (ozonização) e o efluente, transportado em camiões-cisterna, foi utilizado para fins industriais em duas empresas instaladas no concelho de Viseu, ambas com grandes consumos de água. Igualmente importante é o esforço de diminuir o desperdício de água com a implementação de um sistema de teledeteção de perdas de pressão e fugas na rede de distribuição, diminuindo o desperdício de água.

Para além das medidas estruturais referidas, a autarquia viseense aprovou, em 2022, um conjunto de medidas de contingência para o abastecimento de água ao concelho, face às condições de seca meteorológica, entre as quais se salientam, a título de exemplo, a redução dos consumos na rega de jardins e espaços verdes públicos, a redução das pressões e caudais instantâneos nas redes públicas de distribuição de água, o desligar e esvaziar das fontes ornamentais públicas (SMAS, 2022). Em paralelo, estão previstas, campanhas de sensibilização à população para a situação de escassez de água, apelando à mudança de hábitos de consumo, no sentido da sustentabilidade e da circularidade do recurso hídrico; medidas na linha das recomendações da Estratégia Nacional de Adaptação às Alterações Climáticas, sintetizadas em Lopes et al (2012).

Ainda numa lógica de complementaridade aos subsistemas de abastecimento público de água e procurando diversificar as origens que colmatem o *deficit* de água potável causado pelo crescimento dos consumos, em 2022, foi solicitada a adesão do município de Viseu à *Águas do Douro e Paiva, S.A.*[41] para reforçar o sistema de abastecimento de água em alta, tendo também em vista ganhos de economia de escala e de harmonização de tarifários e, desejavelmente, menores custos para os consumidores.

CONSIDERAÇÕES FINAIS

Desde meados de Oitocentos que se assiste à definição de políticas e modelos de gestão da água, a que subjazem motivações de natureza ideológica (gestão pública ou privada; água como *commodity*...), de ordem prática (financiamento; recursos humanos; competição; regulação; tarifários...) e de cariz técnico-científico (condições hidrogeológicas, geomorfológicas e climáticas). Atualmente, o grande desafio é o de prover às crescentes necessidades de consumo, tendo em consideração a progressiva escassez de água, em quantidade e qualidade, a saúde pública e o ambiente; daí a pertinência de reavaliar os modelos de gestão, ganhando eficiência, garantindo equidade e apelando ao consumo sustentável.

Viseu, cidade e município, nunca deixou de acompanhar o ritmo de mudança dos paradigmas de gestão da água, embora nem sempre com a celeridade ou sucesso que as exigências de uma população em crescimento requereriam; todavia, sublinhe-se, as preocupações com

[41] Sociedade anónima de capitais públicos criada em 2017, responsável pela construção, gestão e concessão do sistema multimunicipal de abastecimento de água do sul do Grande Porto (https://www.addp.pt/).

a acessibilidade física e económica da população a águas de qualidade estiveram sempre presentes, pautando-se, atualmente pelas apertadas normas da Diretiva-Quadro da Água.

Para a edilidade, o maior dos desafios atuais é, sem dúvida, a urgência da construção de uma barragem que crie uma albufeira com capacidade que permita enfrentar melhor os desequilíbrios induzidos pela modificação da duração das estações do ano (chuvas concentradas, e maiores períodos de seca) e pelo menor espaçamento temporal de fenómenos meteorológicos excecionais. Igualmente pertinente, é a necessidade de identificar medidas de minimização do *stress* hídrico, elegendo a eficiência como critério (redução de perdas nos circuitos de distribuição, celeridade na resposta às demandas; minimização de desperdício...), e colocando o consumidor como um ativo na redução da pegada hídrica.

REFERÊNCIAS

Aragão, M. (1936). *Viseu. Instituições Sociais.* Seara Nova.

Baptista, J.F. (2014). *Uma abordagem regulatória integrada (ARIT-ERSAR) para os serviços de águas e resíduos.* ERSAR.

Brandão, J.M. & Callapez, P. (2017). *O abastecimento de água à Figueira da Foz em finais de Oitocentos.* Câmara Municipal da Figueira da Foz.

Brandão, J.M., Simões, L., Callapez, P. & Magalhães, V. (in press). *O abastecimento de água a Viseu em finais do século XIX.* Câmara Municipal de Viseu.

Campilho, N (2020). Como garantir a manutenção de um equilíbrio entre a sustentabilidade económica e a acessibilidade económica aos serviços de abastecimento e saneamento de águas residuais. *Recursos Hídricos*, 43(1), 47-55. https://doi.org/10.5894/rh43n1-cti4

Cosgrove, W.J. & Loucks, D.P. (2015). Water management: Current and future challenges and research directions. *Water Resources Research*, 51, 4823-4839. https://doi.org/ 10.1002/2014WR016869

EurEau, The European Federation of National Associations of Water Services (2020). *The governance of water services in Europe.* https://www.eureau.org/resources/

Guedes, A.M., & Rodrigues, A.P. (1934). *Inquérito sobre abastecimentos de água nos municípios do país*. Serviços Municipalizados de Águas e Saneamento do Porto.

Hassan, F. (2011). *Water history for our times*. UNESCO.

IPMA-Instituto Português do Mar e da Atmosfera (2022). *Boletim Climatológico anual preliminar de 2022*. https://www.ipma.pt/pt/media/noticias/documentos/2022/Resumo_Climatologico_Ano2022_2.pdf

Leal, A.P. (1890). *Portugal antigo e moderno: diccionario geographico, estatistico, chorographico, heraldico, archeologico, historico, biographico e etymologico de todas as cidades, villas e freguezias de Portugal*. Vol. 12. Livraria de Mattos Moreira & C.ª.

Lemos, L.E. (Coord.), Simões, L.M., Pinho, P.G. & Lopes, S.M. (2017). *Estratégia municipal de adaptação às alterações climáticas*. Município de Viseu. http://redciudadescencyl.eu/documentos/EMAAC%20Viseu.pdf

Lopes, M., Monteiro, A. C., Ribeiro, I., Sá, E., Martins, H., Coutinho, M. & Borrego, C. (2012). Alterações Climáticas e Gestão da Água em Portugal. *Revista Brasileira de Geografia Física*, 6, 1333-1357. https://doi.org/10.26848/rbgf.v5i6.232926

Magalhães, V.L. (2011). *O Hospital Novo da Misericórdia*. Santa Casa da Misericórdia de Viseu.

Matés-Barco, J.M. (2017). A regulação do abastecimento de água potável na Europa: Inglaterra e Espanha em perspetiva histórica. *História económica & história de empresas*, 20(1), 9-50. https://doi.org/ 10.29182/hehe.v20i1.487

Matés-Barco, J.M. (2020). El suministro de agua (siglos XIX y XX). Una historia discontinua. *Andalucía en la historia*, 68, 14-21.

McDonald, D. (2018). Remunicipalization: The future of water services? *Geoforum*, *91*, 47-56.

MOPC. Ministério das Obras Públicas e Comunicações (1935). *Inquérito sobre o abastecimento de águas e saneamento das sedes dos concelhos do País realizado pela comissão de engenheiros nomeada pelo Ministro das Obras Públicas e Comunicações por portarias de 12 de janeiro e 23 maio 1934. Distrito de Viseu*. Imprensa Nacional.

Morais, A.C. (1937). *Viseu e o seu programa de urbanização*. Tipografia de Alberto de Oliveira.

Owen, D. (2015). Changing the Paradigm: Managing Water Throughout the Cycle for Total Water Solutions. *Journal American Water Works Association*, *107*(6), 54-59. https://doi.org/10.5942/jawwa.2015.107.0092

Ribeiro, O. (1968). A Rua Direita de Viseu. *Geographica, revista da Sociedade de Geografia de Lisboa*, 16, 50-63.

SMAS – Serviços Municipalizados de Águas e Saneamento (2022). *Medidas de contingência para o abastecimento de água ao concelho de Viseu face à seca*. Câmara Municipal de Viseu. https://www.aguasdeviseu.pt/source/Plano%20de%20Conting%C3%AAncia%202022/Medidas%20Contingencia%20Abastecimento%20Agua%20ao%20Concelho%20de%20Viseu%20face%20a%20Seca.pdf

Themido, A.J. (1965). *O abastecimento de água a 21 concelhos da Região das beiras a partir das albufeiras projectadas no Mondego*. Separata do *Arquivo Coimbrão*, 21-22.

Vale, A.L. (1971). *Os finais da monarquia e começos da República nas atas da Câmara Municipal de Viseu*. Junta Distrital de Viseu.

Água em Viseu. Desafios de um percurso centenário

Resumo: No presente capítulo são revisitados os principais passos e desafios colocados à municipalidade de Viseu, cidade histórica do *hinterland* de Portugal central, quanto ao abastecimento público de água. Numa perspetiva de modernidade, este sistema começou a desenvolver-se em 1879, quando foi desenhado o primeiro projeto. Reformulado, viria a concretizar-se, ainda que parcialmente, entre 1897 e 1900, depois de concessionado a uma empresa de capitais privados. Insuficiente para as necessidades crescentes da população, foi reforçado posteriormente com a abertura de novas captações de águas subterrâneas e, já na década de 1980, com o recurso a caudais do rio Dão, captados na barragem de Fagilde. A tendência de crescimento da população urbana, conjugada com as alterações climáticas que afetam a região, demandam, entre outras medidas, novos modelos de gestão dos recursos hídricos e um apelo renovado ao consumo sustentável.

Palavras-chave: história da água; gestão da água; alterações climáticas; sustentabilidade; Viseu (Portugal).

Water in Viseu: Challenges of a centenary history

Abstract: This chapter revisits the main steps and challenges faced by the municipality of Viseu, a historic city in the hinterland of central Portugal, regarding public water supply. In a modern perspective, this system began to develop in 1879, when the first project was designed. Reformulated, it would come to materialize, although partially, between 1897 and 1900, after concession to a company of private capital. Insufficient to meet the growing needs of the population, it was later reinforced with the opening of new groundwater abstractions and, already in the 1980s, with the use of flows from the Dão River, captured in the Fagilde dam. The growing trend of the urban population, combined with the climate changes affecting the region, demand, among other measures, new models of water resources management and a renewed call for sustainable consumption.

Keywords: History of water; water management; climate change; sustainability; Viseu (Portugal).

El agua en Viseu: retos de una historia centenaria

Resumen: Este capítulo repasa las principales etapas y retos a los que se ha enfrentado el ayuntamiento de Viseu, ciudad histórica del interior del centro de Portugal, en relación con el abastecimiento público de agua. Desde una perspectiva moderna, este sistema comenzó a desarrollarse en 1879, cuando se diseñó el primer proyecto. Reformulado, llegaría a materializarse, aunque parcialmente, entre 1897 y 1900, tras su concesión a una empresa de capital privado. Insuficiente para satisfacer las crecientes necesidades de la población, fue reforzado posteriormente con la apertura de nuevas captaciones de aguas subterráneas y, ya en la década de 1980, con el aprovechamiento de los caudales del río Dão, captados en la presa de Fagilde. La tendencia creciente de la población urbana, unida a los cambios climáticos que afectan a la región, exigen, entre otras medidas, nuevos modelos de gestión de los recursos hídricos y un renovado llamamiento al consumo sostenible.

Palabras clave: historia del agua; gestión del agua; cambio climático; sostenibilidad; Viseu (Portugal).